Die Deutsche Bibliothek – CIP-Einheitsaufnahme

Mountainbike-Paradies Alpentour Steiermark,
Jürgen Pail/Franz Asböck/Ernst Sittinger. -
Graz; Wien; Köln: Verl. Styria, 2001
ISBN 3-222-12775-1


Autoren: Jürgen Pail – Gesamtkonzeption, Streckendaten, Allgemein- und Etappentexte,
Franz Asböck – Befahrungen Knittelfeld – Sölkpaß
Ernst Sittinger – Sittingers Fahrtenschreiber
Kartografie und Layout: Hagauer & Partner OEG, Graz „KartographieWerkstatt“
mit freundlicher Unterstützung von Mag. Kasimir Szarawara, Graz
Kartengrundlage: © BEV – 2001, Vervielfältigung mit Genehmigung des
BEV – Bundesamtes für Eich- und Vermessungswesen in Wien, Zl. 39974 / 01
Umschlaggestaltung: Andrea Malek, Graz
Gesamtherstellung: Medienhaus Styria
Titelfotos: Göttinger
ISBN 3-222-12775-1

Foto: Göttinger

Die Angaben in diesem Buch wurden sehr sorgfältig zusammengestellt und sind mit der Originalerfassung der Alpentour Steiermark ident. Trotzdem können Fehler nie ganz ausgeschlossen werden. Es werden nur offiziell geöffnete und beschilderte Strecken beschrieben. Bitte beachten Sie die angegebenen Öffnungszeiten! Die Befahrung erfolgt auf eigene Gefahr. Verlag und Autoren können keine Haftung für Schäden welcher Art auch immer übernehmen. Nach Auskunft des Streckenbetreibers ist die Streckenführung bis 2003 in unveränderter Form garantiert. Sollte es zu Streckenänderungen oder zeitlich befristeten Sperren aufgrund von Forstarbeiten oder Elementarereignissen kommen, beachten Sie bitte die Beschilderung.

**Streckenabschnitte**

1 bis 16

Mountain Biking Alpen Tour Steiermark

Etappenorte

Mountain Biking Romantik Tour Steiermark

Mariazell 860m
Palfau 538m
St. Gallen 510m
Bad Mitterndorf 809m
Mürzzuschlag 670m
Aflenz Kurort 763m
Ramsau 1125m
Haus 760m
Fischbach 1000m
Birkfeld 623m
Oberzeiring 932m
Knittelfeld 643m
St. Peter 860m
Köflach 449m
Graz 350m

CZ
Brünn
München
D
A8
A7
Linz
St. Pölten
S33
A22
Wien
Bratislava
A1
A21
A4
A3
SK
Eisenstadt
S4
S31
A14
Bregenz
S16
Kufstein
A12
Innsbruck
A13
Salzburg
A9
S6
A10
Györ
A2
CH
Graz
H
Villach
A2
Klagenfurt
A9
Bolzano
I
Maribor
Udine
SLO

## Alpentour

| | | |  |  | |
|---|---|---|---|---|---|
| 1 | **Ramsau** (1125 m) – **Bad Mitterndorf** (809 m) | 66,03 km | 1453 hm | 1769 hm | Seite 17 |
| 2 | **Bad Mitterndorf** (809 m) – **St. Gallen** (510 m) | 88,21 km | 1478 hm | 1777 hm | Seite 33 |
| 3 | **St. Gallen** (510 m) – **Palfau** (538 m) | 71,83 km | 2130 hm | 2102 hm | Seite 53 |
| 4 | **Palfau** (538 m) – **Mariazell** (860 m) | 72,70 km | 1439 hm | 1117 hm | Seite 65 |
| 5 | **Mariazell** (860 m) – **Mürzzuschlag** (670 m) | 63,23 km | 1608 hm | 1798 hm | Seite 81 |
| 6 | **Mürzzuschlag** (670 m) – **Fischbach** (1000 m) | 60,53 km | 2163 hm | 1833 hm | Seite 95 |
| 7 | **Fischbach** (1000 m) – **Birkfeld** (623 m) | 78,44 km | 2386 hm | 2763 hm | Seite 107 |
| 8 | **Birkfeld** (623 m) – **Graz** (350 m) | 84,22 km | 2353 hm | 2626 hm | Seite 125 |
| 9 | **Graz** (350 m) – **Köflach** (449 m) | 83,34 km | 2244 hm | 2145 hm | Seite 145 |
| 10 | **Köflach** (449 m) – **Knittelfeld** (643 m) | 73,54 km | 2710 hm | 2516 hm | Seite 159 |
| 11 | **Knittelfeld** (643 m) – **Oberzeiring** (932 m) | 45,68 km | 1351 hm | 1062 hm | Seite 175 |
| 12 | **Oberzeiring** (932 m) – **St. Peter a. K.** (860 m) | 52,56 km | 1678 hm | 1750 hm | Seite 189 |
| 13 | **St. Peter a. K.** (860 m) – **Haus i. E.** (760 m) | 84,22 km | 2442 hm | 2542 hm | Seite 199 |
| 14 | **Haus i. E.** (760 m) – **Ramsau** (1125 m) | 51,49 km | 1622 hm | 1257 hm | Seite 213 |

## Romantiktour

| | | | | | |
|---|---|---|---|---|---|
| 15 | **Mariazell** (860 m) – **Aflenz Kurort** (763 m) | 61,33 km | 1795 hm | 1892 hm | Seite 227 |
| 16 | **Aflenz Kurort** (763 m) – **Fischbach** (1000 m) | 100,69 km | 2453 hm | 2216 hm | Seite 239 |

Sittingers Fahrtenschreiber

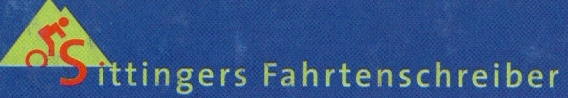

# Kraft gegen Schwerkraft

## Warum es unvermeidbar ist, längshangauf statt querfeldein zu fahren

Die Mühen der Ebene gibt es nicht. Dass es überhaupt Ebenen gibt, ist der Gipfel an geographischer Niveaulosigkeit. Ein Missverständnis der Erdkunde. Eine Nieder-Lage im tiefen, flachen Wortsinn. Ein Flüchtigkeitsfehler, wie er in einer hingehudelten Sieben-Tage-Welterschaffung eben passieren kann. Eben.

Hätte Gott die Ebene gewollt, dann hätte er den Schweiss nicht erfunden. Der Schweiss ist der Treibstoff der schiefen Ebene. Der Beweg-Grund in die Vertikale. Er lässt Menschen, die unter der Woche harmlos aussehen, zwangsläufig auf die schiefe Bahn geraten. Im Urlaub und am Wochenende steigen sie, in sonderbar bunte Kasperlgewänder gehüllt, in ihre Garagen und Keller hinunter. Dort stehen Wundermaschinen aus 7005er Aluminium, die besser sind als jeder Computer: 2x26-Zoll-Laufwerk, lebensechtes Sound- und Grafikdisplay, unerschöpflicher Arbeitsspeicher. Und ein Betriebssystem mit Mega-Herz..

Das Mountainbike symbolisiert die ganze Bandbreite menschlicher Existenz. Es bedeutet Freude und Leid, Freundschaft und Leidenschaft. Es steht für ultimativen Genuss und für endlose Höllenqualen. Es ist ein schlichtes Stück Edelmetall, zusammengehalten nur von Wadenkrämpfen, gerötetem Hintern und rasendem 180er Puls. Ein Potenzmittel für bikophile Egomanen. Das Viagra des Waldes: Täglich zweitausend Höhenmeter, gerührt und geschüttelt. „Y2k" einmal anders. Über mögliche unerfüllte Wünsche informieren Arzt, Kräuterpfarrer und Zwei-rad-Shop.

Das Mountainbike ist der Wille, der einen in die Berge versetzt. Kette um Kette, Zahn um Zahn: Eine Aufstiegshilfe zum „darauf abfahren". Ein Gesetz gegen die Schwerkraft. Seine Eigentümer sind nicht bloss Besitzer, sondern Besessene. Mountainbiker sind Menschen, die am Gipfel das Kreuz nicht nur sehen, sondern ihr Kreuz auch spüren wollen. Das Mountainbike ist der ganze, der eigentliche, der tiefe Sinn des Lebens.

Doch der Mensch lebt nicht vom Rad allein. Erst die ultimative Bike-Route bringt ihn endgültig zur Strecke. Rekorde gilt es zu brechen: Höher, weiter, steiler muss es sein, natürlich auch riskanter und dreckiger. Die Entgrenzung aller Grenzen ist angesagt. Mit steter Steigung wächst die Neigung. Nicht querfeldein, sondern längshangauf und gschreamszwischendurch lautet die Devise. Aber bitte mit System, denn Verirren im Unterholz ist uncool.

Die Alpentour Steiermark markiert in diesem Bereich den schmalen Grat zwischen Genie und Wahnsinn. Sie ist der Maschendrahtzaun, der jeden Biker gegen seine natürlichen Feinde schützt: gegen Jäger und Förster, Dreschflegel und Mistgabeln. Für rasenden Herzschlag und atemlose Spannung ist sowieso gesorgt – 27.000 Höhenmeter in 14

Etappen und 4.000 Höhenmeter in 2 Etappen Romantiktour daraufgelegt, sind ein Revier, das nur beschränkt als familientauglich gilt. Die Alpentour-Hinweisschilder sind wie Verkehrszeichen: Achtung, unbeschrankter Wahn-Übergang von einem Tal ins andere. Dazwischen steile Kurven, endorphingetränkte Höhepunkte und Berge, die einem Berge geben. Endlose Weiten, die man erobern muss, um sich von ihnen nicht erniedrigen zu lassen. Atemberaubende Anstiege, auf denen man sich wünscht, man wäre von Anfang an zuhause geblieben. Die Nase tropft, die Lunge brennt, das Trikot ist längst eine einzige Schweissnaht. Jetzt nur nicht aufgeben. Erst wenn der Wald sich lichtet und der Himmel plötzlich wieder tiefer am Horizont steht, werden die stummen Gnadenschreie des eigenen Körpers erhört. Die letzten Höhenmeter, der letzte Tritt: Ein kleiner Schritt für die Menschheit, aber ein grosser Schritt für jeden, der wieder einmal bis zum Gipfel durchgehalten hat.

Was versteht man unter einem Gipfel? Das Gesetz der Höhe ist gnadenlos: Wer unter dem Gipfel steht, der versteht nichts. Erst wenn man oben steht, ganz oben, beginnt man langsam zu begreifen. Ganz langsam. Man begreift, dass die Welt viele Perspektiven eröffnet, aber nur eine einzige Wahrheit kennt. Die Wahrheit der menschlichen Existenz besteht aus Schweiss, Aluminium und Kettenöl, aus Muskelkrampf und Herzklopfen.

Denn die Mühen der Ebene gibt es nicht. Es gibt nur die Genüsse der Gipfel.

## Alpentour Steiermark

### *Die längste durchgehend beschilderte Mountainbikestrecke der Welt!*

*Die Alpentour ist keine Mountainbikestrecke wie jede andere. Als große Runde durchzieht sie die ganze Steiermark nördlich von Graz und führt dabei durch die Vielfalt der steirischen Landschaft vom Hochgebirge bis ins Hügelland.*

*Als „Mountainbike-Weitwanderweg" konzipiert, bietet die Alpentour die Möglichkeit, etappenweise von Ort zu Ort und von Alpentour-Wirt zu Alpentour-Wirt zu fahren. Die vorgeschlagenen Etappen sind von einem durchschnittlich trainierten Mountainbiker in einem Tag zu bewältigen. Da aber der Ein- und Ausstieg überall an der Strecke möglich ist, kann jeder Mountainbiker die geplante Tagesleistung genau auf seine persönliche Verfassung abstimmen. Natürlich können Teilstücke, oft auch in Kombination mit regionalen Mountainbikerouten, für Ausfahrten und Tagestouren genutzt werden. Die Alpentour stellt keine übertriebenen fahrtechnischen Anforderungen an ihre Benutzer. Es gibt praktisch keine Schiebe- und Tragepassagen. Die Beschilderung ist durchgehend und erlaubt die Befahrung in beide Richtungen. Für alle Streckenteile, die über Privatgrund führen, bestehen Verträge mit den Grundeigentümern. Damit sind diese Wege offiziell freigegeben und fallen unter die landesweite Haftpflichtversicherung, die für Wegehalter und Mountainbiker gleichermaßen gilt.*

*Der größte Teil dieser Privatwege ist von 15. April bis 31. Oktober täglich von 2 Stunden nach Sonnenaufgang bis 1 Stunde vor Sonnenuntergang geöffnet. In diesem Zeitraum ist die Befahrung der Alpentour durchgängig erlaubt. Höhergelegene Streckenteile können jedoch aufgrund der Schneelage teilweise bis Mitte oder Ende Mai unpassierbar sein. Informationen über die Schneesituation gibt es bei den regionalen Tourismusinformationen und unter* **www.alpentour.at** *im Internet. Bei einigen Wegstücken besonders in der Region Graz ist die Befahrung ganzjährig gestattet.*

*Die 45 Alpentour-Wirte und -Servicebetriebe entlang der ganzen Strecke unterliegen strengen Qualitätskriterien. Sie garantieren bikergerechte Verpflegung und Beherbergung, sowie den Gepäcktransport von Wirt zu Wirt. Die Buchung kann direkt beim Wirt, über die zentrale Buchungs- und Informationsstelle oder im Internet unter* **www.alpentour.at** *erfolgen.*

*Die Romantiktour ist eine regionale Ergänzungsstrecke mit gleicher Qualität. Sie unterscheidet sich nur durch eine etwas andere Beschilderung von der Alpentour.*

## Gesamtstatistik

### Alpentour – Ramsau – Ramsau

| | | |
|---|---|---|
| ↻ | 976,02 km | 27057 hm |
| ↺ | 976,02 km | 27057 hm |

**Wege**

| | | |
|---|---|---|
| Hauptstraße | 171,46 km | 18% |
| Nebenstraße | 266,71 km | 27% |
| Fahrweg | 457,64 km | 47% |
| Karrenweg | 57,11 km | 6% |
| Fußweg | 23,10 km | 2% |

**Beläge**

| | | |
|---|---|---|
| Asphalt | 580,92 km | 60% |
| Schotter | 360,24 km | 37% |
| Erde | 27,96 km | 3% |
| Gras | 6,9 km | 1% |

**Schwierigkeiten**

| | | |
|---|---|---|
| leicht | 609,03 km | 62% |
| mittel | 300,83 km | 31% |
| schwer | 53,84 km | 6% |
| sehr schwer | 12,01 km | 1% |
| extrem | 0,31 km | 0% |

### Romantiktour – Mariazell – Fischbach

| | | |
|---|---|---|
| ↻ | 162,02 km | 4248 hm |
| ↺ | 162,02 km | 4108 hm |

**Wege**

| | | |
|---|---|---|
| Hauptstraße | 45,20 km | 28% |
| Nebenstraße | 21,56 km | 13% |
| Fahrweg | 87,47 km | 54% |
| Karrenweg | 4,40 km | 3% |
| Fußweg | 3,39 km | 2% |

**Beläge**

| | | |
|---|---|---|
| Asphalt | 88,52 km | 55% |
| Schotter | 69,93 km | 43% |
| Erde | 3,3 km | 2% |
| Gras | 0,27 km | 0% |

**Schwierigkeiten**

| | | |
|---|---|---|
| leicht | 88,58 km | 55% |
| mittel | 65,66 km | 41% |
| schwer | 5,53 km | 3% |
| sehr schwer | 2,22 km | 1% |
| extrem | 0,03 km | 0% |

Die Anforderungen, die die Bewältigung der einzelnen Streckenabschnitte an die Mountainbiker stellt, werden ganz bewusst in einer trockenen, sehr technischen Statistik dargestellt. Damit wird verhindert, dass persönliche Befindlichkeiten der Autoren während der Befahrung und vorübergehende Streckenzustände Einfluss auf die Bewertung der Teilstücke nehmen. Die Erhebung der Streckendaten erfolgte durch Befahrung mit dem Mountainbike. Von rund 3.000 Punkten der Strecke (Abzweigungen, Belagwechsel, Hoch- und Tiefpunkte etc.) liegen Kilometrierung, Seehöhe und textliche Beschreibung als Datenbasis vor. Die 16 Etappen sind somit in durchschnittlich 0,38 km lange Streckenstücke geteilt, denen jeweils Schwierigkeitsgrade, Wegbeläge und Wegarten zugeordnet sind. Aus dieser Datenmasse wurden die Höhenprofile und die Statistiken generiert. Die farbliche Darstellung der Schwierigkeitsgrade im Höhenprofil sowie der Wegarten und Wegbeläge in den darunterliegenden Balkendiagrammen ergibt eine exakte Aussage über jeden Kilometer der Strecke. In den Statistiken findet sich über die einzelnen Streckenabschnitte die in Zahlen gegossene objektive Wahrheit in Kilometer- und Prozentanteilen. Da je nach Trainingszustand Durchschnittsgeschwindigkeiten von 10 bis 25km/h möglich sind, wurde auf die Angabe von Fahrzeiten absichtlich verzichtet. Aufgrund der durchgehenden Beschilderung und der sehr genauen Darstellung der Strecke in den Detailkarten finden sich in diesem Buch auch keine der sonst üblichen Abzweigungsbeschreibungen. Die Etappentexte geben das reine Befahrungsfeeling und eine subjektive, unvollständige Auswahl von Zusatzinformationen wieder.

## Wege

Die Einordnung der Wegarten korrespondiert im Wesentlichen mit den Angaben der offiziellen „Österreichischen Karte 1:50.000" des Bundesamtes für Eich- und Vermessungswesen und gibt Auskunft über Wertigkeit und Breite des jeweiligen Verkehrsweges.

Haupt- und Nebenstraßen sind meist asphaltierte öffentliche Straßen mit mehr oder weniger Autoverkehr.

Als Fahrwege sind öffentliche, sehr verkehrsarme schmale Nebenstraßen oder Radwege sowie typischerweise private Forststraßen ausgewiesen.

Karren- und Fußwege kennzeichnen im Normalfall schmale und sehr schmale Wald- und Wanderwege.

## Beläge

Die Wegbeläge geben den zum Zeitpunkt der Befahrung vorhandenen Untergrund an. Vor allem durch die nachträgliche Asphaltierung von öffentlichen Schotterstraßen sowie den Ausbau von Karren- und Fußwegen zu Forststraßen kann es hier möglicherweise zu Abweichungen kommen.

## Schwierigkeitsgrade

Die Schwierigkeitsgrade werden durch ein „typisches Beispiel" und durch die Angabe der zur Bewältigung erforderlichen körperlichen Voraussetzungen definiert. Das Beispiel gibt die obere Grenze des jeweiligen Schwierigkeitsgrades an. Die Einstufung der einzelnen Streckenteile ist in den Höhenprofilen anhand der farblichen Darstellung ablesbar. Die Beurteilung der Gesamtschwierigkeit von längeren Streckenabschnitten obliegt der Einschätzung des jeweiligen Lesers aufgrund seiner persönlichen Voraussetzungen. Die erforderliche Kilometer- und Höhenmeterleistung sollte dabei berücksichtigt werden. Zum Beispiel ist die Überwindung eines Anstieges von 1.000 Höhenmetern auf einer mittelsteilen Asphaltstraße mit Schwierigkeitsgrad leicht sicher anstrengender als eine Passage von 300 Metern Länge mit der Einstufung extrem. In die Bewertung des Schwierigkeitsgrades fließt die Länge der Teilstücke nämlich nicht ein.

**Leicht** *(Trekking)*

Mittelsteile Asphaltstraße oder gepflegte Schotterstraße mit gleichmäßiger, griffiger Oberfläche. Keine besonderen fahrtechnischen und konditionellen Anforderungen

**Mittel** *(Einfaches Geländefahren)*

Sehr steile Asphaltstraße oder steile Schotterstraße mit gleichmäßiger Oberfläche (Typische Forststraße). Geringe fahrtechnische und mittlere konditionelle Anforderungen (..., Gleichgewichtsgefühl, Ausdauer, ...)

**Schwer** *(Sportliches Geländefahren)*

Sehr steile Schotterstraße oder steiler Weg mit ungleichmäßiger Oberfläche. Erhöhte fahrtechnische und konditionelle Anforderungen (..., Geschicklichkeit, Kraft,...)

**Sehr Schwer** *(Trial)*

Sehr steiler Weg oder Steig mit ungleichmäßiger, schwieriger Oberfläche. Hohe fahrtechnische und konditionelle Anforderungen (..., Konzentration, Mut, ...)

**Extrem** *(Extremes Geländefahren)*

Extrem steiler Weg oder Steig mit schwieriger Oberfläche, meist in ausgesetzter Lage, Schiebe- und Tragepassagen. Höchste fahrtechnische und konditionelle Anforderungen (..., Nervenstärke, ...)

# BESCHILDERUNG

*Die Beschilderung von Alpentour und Romantiktour ist durchgehend, egal ob auf öffentlichen oder privaten Wegen gefahren wird. Mindestens an jeder Kreuzung und Abzweigung, bei längeren eindeutigen Streckenteilen auch dazwischen sowie an allen Hauptpunkten sind die entsprechenden Wegweiser angebracht. Die Beschilderung ist für die Tourenbefahrung konzipiert und nicht für die Orientierung bei rennmäßigem Tempo geeignet.*

**HAUPTPUNKTTAFEL** *47 mal 63 cm*
**Standort:** *an den Hauptpunkten laut Alpentourkarte und -buch*
**Weiterfahrt:** *Strecke zweigt ab oder führt gerade weiter*
**Hinweis:** *enthält die Information über bis zum nächsten Etappenort noch zu fahrende Kilometer und Höhenmeter, immer zwei Tafeln pro Standort*

**DOPPELPFEILE** *55 mal 10 cm, Romantiktour 24 mal 24 cm*
**Standort:** *an Kreuzungen, Abzweigungen und zur Beruhigung zwischendurch*
**Weiterfahrt:** *Strecke führt gerade weiter*
**Hinweis:** *Ansicht meist parallel zur Fahrtrichtung, nur ein Wegweiser pro Standort, zusätzliche Richtungsinformation zu den Eckpunkten Ramsau, Mürzzuschlag, Graz (Romantiktour: Mariazell, Fischbach)*

**LINKS- RECHTSPFEILE** *55 mal 10 cm, Romantiktour 24 mal 24 cm*
**Standort:** *an Kreuzungen und Abzweigungen*
**Weiterfahrt:** *Strecke zweigt ab*
**Hinweis:** *Ansicht immer frontal zur Fahrtrichtung, immer zwei Wegweiser pro Standort*

MOUNTAIN BIKING ALPENTOUR STEIERMARK

**Liebe Gäste der Alpentour Steiermark !**

Der hier beginnende Streckenabschnitt befindet sich in Privatbesitz und wurde vom Grundeigentümer für die Befahrung mit Fahrrädern freigegeben. Bitte halten Sie aus Rücksichtnahme auf die freilebenden Tiere die Öffnungszeiten ein. Bedenken Sie, daß diese Wege in erster Linie forstbetrieblich genutzt werden und beachten Sie daher zu Ihrer eigenen Sicherheit die 10 Grundsätze für positives Mountainbiking in der Steiermark.

**ÖFFNUNGSZEITEN**
**15. April bis 31. Oktober**
von 2 Stunden nach Sonnenaufgang
bis 1 Stunde vor Sonnenuntergang

**Die 10 Grundsätze für positives Mountainbiking in der Steiermark**

**1 Fußgänger haben Vorrang**
Wir nehmen Rücksicht und sind freundlich zu Fußgängern und Wanderern. Bei Begegnungen benützen wir eine Fahrradklingel und fahren langsam vorbei. Wir meiden stark begangene Wege.

**2 Rücksicht auf die Natur**
Wir hinterlassen keine Abfälle und vermeiden unnötigen Lärm. Aus Rücksicht auf die freilebenden Tiere fahren wir nur bei vollem Tageslicht.

**3 Nur auf Wegen fahren**
Wir fahren niemals abseits von Straßen und Wegen.

**4 Auf Sicht fahren**
Wir fahren mit kontrollierter Geschwindigkeit und sind immer bremsbereit. Wir rechnen mit Gegenverkehr und fahren daher auf Sicht.

**5 Nie ohne Helm fahren**
Wir fahren prinzipiell immer (auch bergauf) mit Helm.

**6 Regeln beachten**
Wir halten auch auf Forstwegen die Straßenverkehrsordnung ein. Wir benützen markierte Strecken und beachten Fahrverbote.

**7 Weidegatter schließen**
Wir nähern uns dem Weidevieh im Schrittempo und schließen nach der Durchfahrt sämtliche Weidegatter. Dadurch vermeiden wir Flucht- und Panikreaktionen der Tiere.

**8 Nur technisch einwandfreie Mountainbikes benützen**
Wir kontrollieren und warten unsere Mountainbikes regelmäßig.

**9 Notfallpaket mitnehmen**
Wir führen immer ein Reparaturset sowie Verbandszeug mit.

**10 Richtige Selbsteinschätzung**
Wir überfordern uns selbst weder in fahrtechnischer noch in konditioneller Hinsicht.

PUNTIGAMER SCOTT

www.alpentour.at

**VERHALTENSREGELTAFEL** *60 mal 99 cm*
*Informiert über die Öffnungszeiten der Privatwege und die 10 Grundsätze für positives Mountainbiken in der Steiermark*

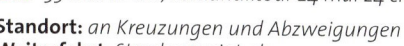

## Die 10 Grundsätze für positives Mountainbiking in der Steiermark

**1 Fussgänger haben Vorrang**
*Wir nehmen Rücksicht und sind freundlich zu Fußgängern und Wanderern. Bei Begegnungen benützen wir eine Fahrradklingel und fahren langsam vorbei. Wir meiden stark begangene Wege.*

**2 Rücksicht auf die Natur**
*Wir hinterlassen keine Abfälle und vermeiden unnötigen Lärm. Aus Rücksicht auf die freilebenden Tiere fahren wir nur bei vollem Tageslicht.*

**3 Nur auf Wegen fahren**
*Wir fahren niemals abseits von Straßen und Wegen.*

**4 Auf Sicht fahren**
*Wir fahren mit kontrollierter Geschwindigkeit und sind immer bremsbereit. Wir rechnen mit Gegenverkehr und fahren daher auf Sicht.*

**5 Nie ohne Helm fahren**
*Wir fahren prinzipiell immer (auch bergauf) mit Helm.*

**6 Regeln beachten**
*Wir halten auch auf Forstwegen die Straßenverkehrsordnung ein. Wir benützen markierte Strecken und beachten Fahrverbote.*

**7 Weidegatter schliessen**
*Wir nähern uns dem Weidevieh im Schrittempo und schließen nach der Durchfahrt sämtliche Weidegatter. Dadurch vermeiden wir Flucht- und Panikreaktionen der Tiere.*

**8 Nur technisch einwandfreie Mountainbikes benützen**
*Wir kontrollieren und warten unsere Mountainbikes regelmäßig.*

**9 Notfallpaket mitnehmen**
*Wir führen immer ein Reparaturset sowie Verbandszeug mit.*

**10 Richtige Selbsteinschätzung**
*Wir überfordern uns selbst weder in fahrtechnischer noch in konditioneller Hinsicht.*

## Notfallratgeber

**Verhalten nach einem Unfall:**

*Absichern des Gefahrenbereiches*
*Bergung und Erstversorgung des Verletzten*
*Hilfe holen*

*Zur Alarmierung der Rettung ist das Mitnehmen eines Mobiltelefons empfehlenswert. Es ist allerdings darauf hinzuweisen, dass in einigen Teilen der Alpentour keine Verbindung möglich ist. Zur Einweisung des Rettungsfahrzeuges muss eine möglichst genaue Beschreibung des Unfallstandortes gegeben werden. Wenn mehrere Helfer zur Verfügung stehen, kann eine Rettungskette (Standorte der Helfer an Abzweigungen) gebildet werden. Mountainbiker, die allein unterwegs sind, sollten sich in den Etappenorten bei den Tourismusbüros oder bei ihrer Unterkunft an- und abmelden.*

**Notruf-Nummern:**
*Bergrettung 140, Gendarmerie 133, Rettung 144*
*Alpines Notsignal (akustisch, optisch):*
*6 Zeichen pro Minute, 1 Minute Pause - wiederholen*
*Antwort: 3 Zeichen pro Minute*

## Ausrüstung

*Die Alpentour Steiermark kann nur mit Mountainbikes befahren werden. Trekking- oder Citybikes sind ungeeignet. Da die Labestationen teilweise relativ weit voneinander entfernt liegen, sollten eine Trinkflasche und eine kleine Nahrungsreserve unbedingt mitgeführt werden. Entsprechende Fahrrad- und Regenschutzbekleidung gehören zur Standardausrüstung. Zur Behebung von kleinen Pannen dient ein Reparaturset mit folgenden Bestandteilen: Reserveschlauch, Reifenheberset, $CO_2$-Patrone mit Adapter oder Pumpe, Werkzeugsatz in Taschenmesserform, Kettennieter. Für Notfälle ist die Mitnahme eines kleinen Erste-Hilfe-Sets mit Verbandszeug ratsam.*

# Von der Etappenübersicht ...

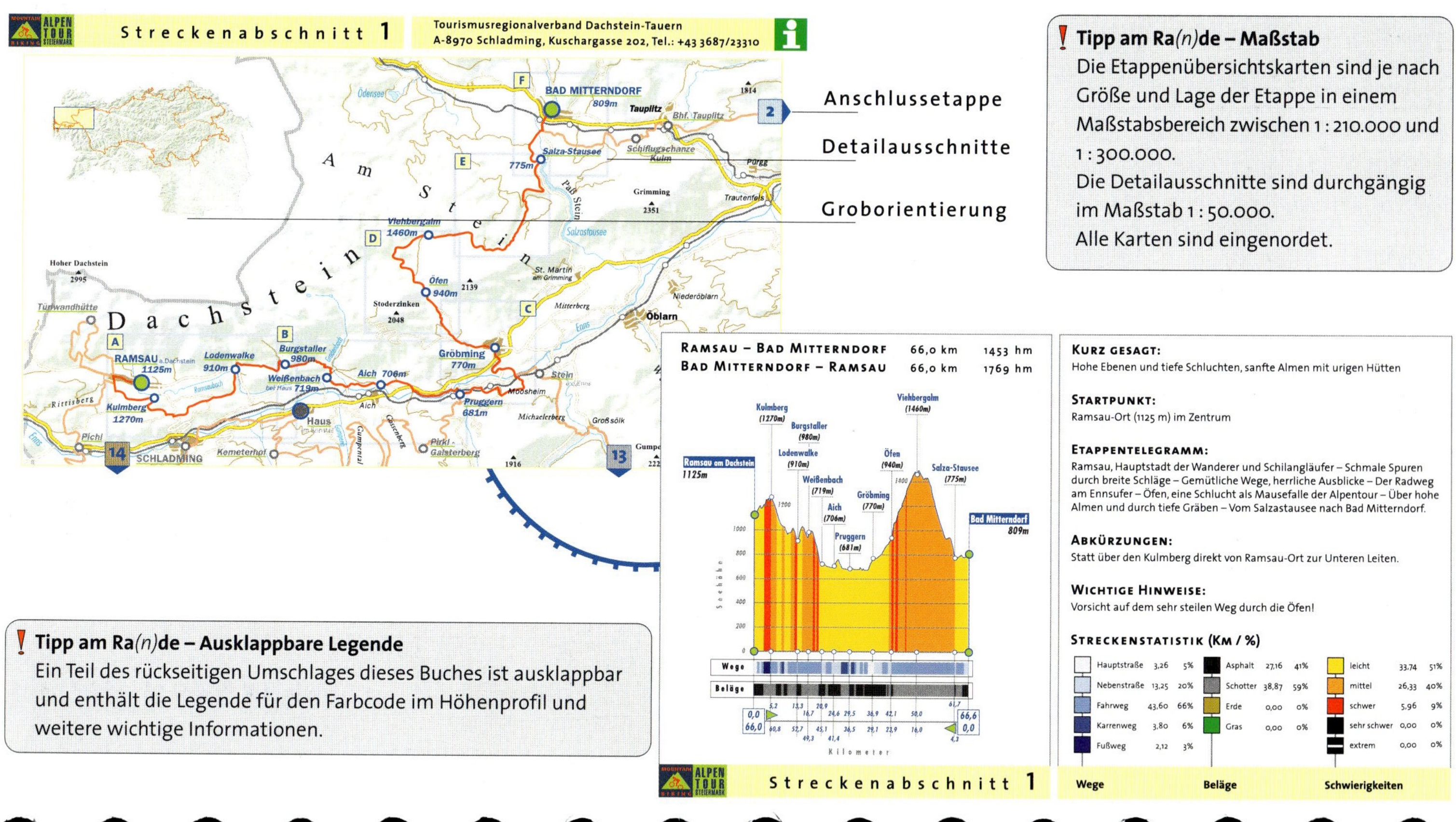


**! Tipp am Ra(n)de – Maßstab**

Die Etappenübersichtskarten sind je nach Größe und Lage der Etappe in einem Maßstabsbereich zwischen 1 : 210.000 und 1 : 300.000.
Die Detailausschnitte sind durchgängig im Maßstab 1 : 50.000.
Alle Karten sind eingenordet.

**! Tipp am Ra(n)de – Ausklappbare Legende**

Ein Teil des rückseitigen Umschlages dieses Buches ist ausklappbar und enthält die Legende für den Farbcode im Höhenprofil und weitere wichtige Informationen.

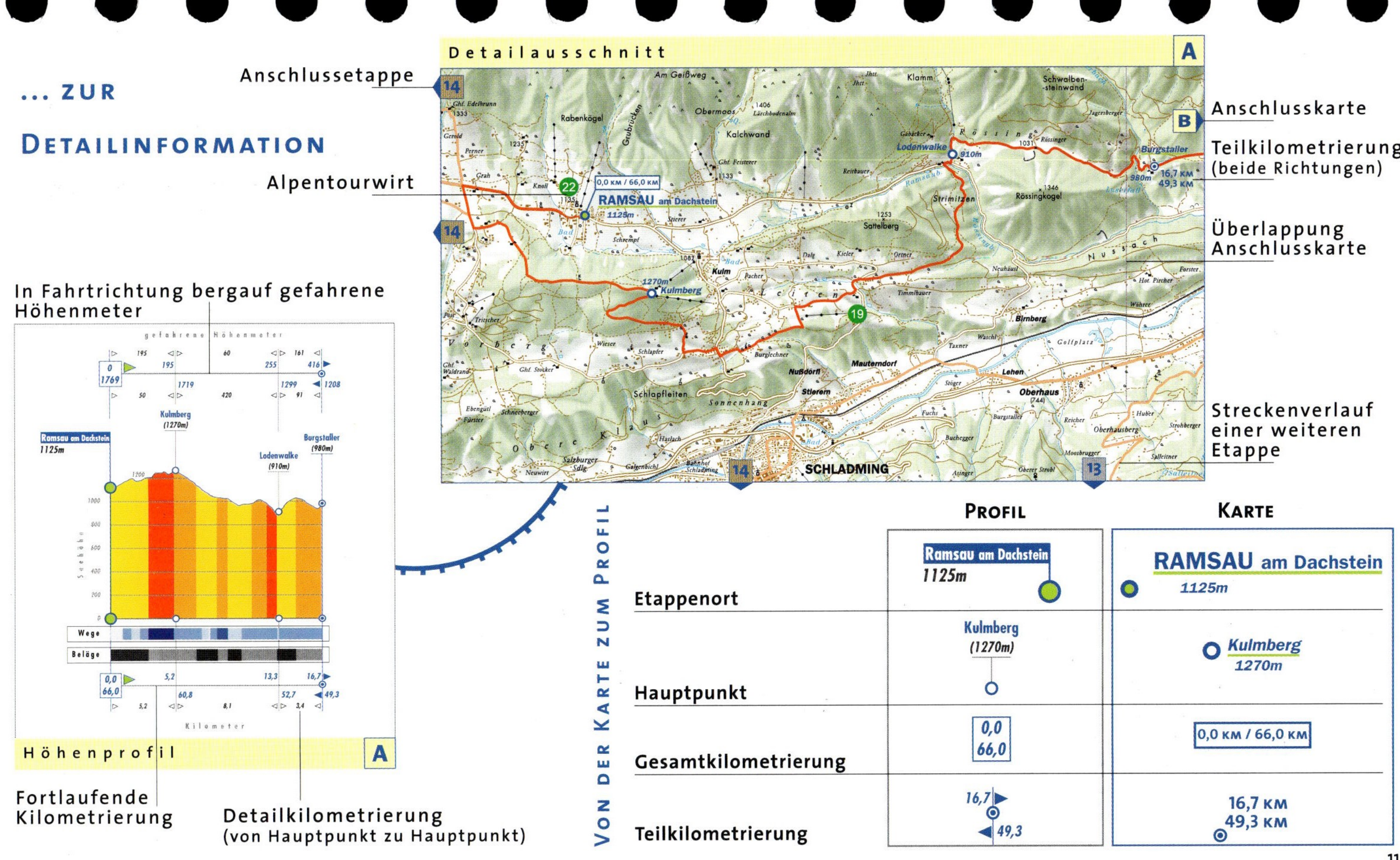
... zur
Detailinformation
Anschlussetappe
Alpentourwirt
In Fahrtrichtung bergauf gefahrene Höhenmeter
Detailausschnitt A
Anschlusskarte
Teilkilometrierung (beide Richtungen)
Überlappung Anschlusskarte
Streckenverlauf einer weiteren Etappe
RAMSAU am Dachstein 1125m
0,0 km / 66,0 km
Kulmberg 1270m
Lodenwalke 910m
Burgstaller 980m
16,7 km 49,3 km
SCHLADMING
Höhenprofil A
Fortlaufende Kilometrierung
Detailkilometrierung (von Hauptpunkt zu Hauptpunkt)
Von der Karte zum Profil
Profil
Karte
Etappenort
Hauptpunkt
Gesamtkilometrierung
Teilkilometrierung
Ramsau am Dachstein 1125m
Kulmberg (1270m)
0,0 66,0
16,7 49,3

www.Steiermark.com

## Unbeschwert, gepäckfrei Mountainbiken – die Alpentour-Wirte laden ein!

*45 Alpentour-Wirte und Servicebetriebe entlang der ganzen Strecke kümmern sich um Unterkunft und leibliches Wohl der Alpentour-Biker. Der Gepäcktransport von Wirt zu Wirt und strenge Qualitätskriterien – Radwaschplatz, versperrbare Radgarage, Wäscheservice gratis, radlergerechte Nahrung, Werkzeugausstattung etc. – garantieren lustvolles Bikevergnügen. Mountainbiker haben die Wahl:*
*Ein maßgeschneidertes Package vorab buchen oder einfach losfahren!*
*Um den Rest kümmern sich die Alpentour-Wirte.*

### Alpentour-Classic

*Gepäckfreies Biken von Alpentour-Wirt zu Alpentour-Wirt*
*Termin und Anzahl der Etappen frei wählbar!*
*Ein- und Ausstieg bei jedem Alpentour-Wirt!*
*Beispiel: 5 Etappen, 6 x Biker-Halbpension inkl. Gepäcktransport und Wäscheservice ab ATS 4.690,-- / Euro 340,-- (Preisbasis 2001)*

### Alpentour-Puzzle

*Ein Wochenende auf der Alpentour*
*Zwei Etappen Alpentour ohne Quartierwechsel, inkl. 2 x Rücktransport zum Ausgangspunkt.*
*Beispiel: 2 Etappen, 2 x Biker-Halbpension inkl. Rücktransport und Wäscheservice ab ATS 1.590,-- / Euro 115,-- (Preisbasis 2001)*

### WWW.ALPENTOUR.AT

*die Top-Site im Internet mit allen Informationen über die Alpentour*

### Alpentour-Routenplaner

*Planen Sie Ihre ganz persönlichen Streckenabschnitte!*

### Alpentour-Wirte

*Alle Preise für Biker-Halbpension und Gepäcktransport auf einen Click!*

### Alpentour-Online

*Online-Buchung von Alpentour-Wirt zu Alpentour-Wirt!*

### Alpentour-Gewinnspiel

*Gewinnen Sie Ihren Alpentour-Aufenthalt!*

### Alpentour-Fanshop

*Bestellen Sie Leiberl, Kappe, Alpentourbuch etc. ganz unkompliziert!*

### Buchung und Information

**Graz Tourismus, Herrengasse 16, A-8011 Graz**
**Tel. +43 316 8075-61, Fax +43 316 8075-15**
**E-Mail: alpentour@graztourismus.at**

Informationsfolder
RADTOUREN STEIERMARK –
gratis anfordern unter:
Steirische Tourismus GmbH
Tel. +43/316/4003-0
Fax +43/316/4003-0
info@Steiermark.com
www.Steiermark.com
Steiermark
RADTOUREN
Steiermark

## Alpentour Steiermark und Romantiktour – Daten und Fakten

- *1.138 Kilometer, 31.305 Höhenmeter, vom Hochgebirge bis ins Hügelland.*
- *16 Tagesetappen (für durchschnittliche Mountainbiker bewältigbar).*
- *Durchgehend in beide Richtungen beschildert.*
- *Ein- und Ausstieg überall an der Strecke möglich.*
- *Privatwege durch Verträge mit den Grundeigentümern offiziell freigegeben.*
- *Haftpflichtversicherung auf freigegebenen Privatwegen für Wegehalter und Mountainbiker.*
- *Größere konditionelle als fahrtechnische Anforderungen.*
- *Praktisch keine Schiebe- und Tragepassagen.*
- *Privatwege von 15. April bis 31. Oktober täglich von 2 Stunden nach Sonnenaufgang bis 1 Stunde vor Sonnenuntergang geöffnet. In der Region Graz ganzjährig.*
- *Höhergelegene Streckenteile aufgrund der Schneelage teilweise bis Mai unpassierbar.*
- *45 Alpentour-Wirte und –Servicebetriebe mit strengen Qualitätskriterien, bikergerechte Verpflegung und Beherbergung, Gepäcktransport von Wirt zu Wirt.*
- *Romantiktour, Ergänzungsstrecke mit gleicher Qualität. Etwas andere Beschilderung.*

## Die wichtigsten Adressen auf einen Blick

### Buchung und Information

*Graz Tourismus, Herrengasse 16, A-8011 Graz*
*Tel. +43 316 8075-61, Fax +43 316 8075-15*
*e-mail alpentour@graztourismus.at*

### Steiermarkinformation

*Steirische Tourismus GmbH, St. Peter Hauptstraße 243, A-8042 Graz*
*Tel. +43 316 4003-0, Fax +43 316 4003-30*
*www.Steiermark.com, e-mail info@Steiermark.com*

### Alles über den öffentlichen Verkehr

*Mobil Zentral, Schönaugasse 6, A-8010 Graz*
*Tel. +43 316 820606*
*www.verbundlinie.at, e-mail service@mobilzentral.at*

**WWW.ALPENTOUR.AT**

**Die Top-Site im Internet mit allen Informationen über die Alpentour**

Foto: Göttinger

# Ramsau – Bad Mitterndorf

*Auf der Flucht.* Puls: 142, Tendenz steigend. Status: noch überraschend gut. Wenn der Kerl in meinem Nacken nicht wäre. Ein Wildfremder, der sich unbemerkt angeschlichen hat. Der jetzt schon seit fünf Minuten an meinem Hinterrad klebt, als ob es irgend etwas zu holen gäbe. Die Alpentour ist doch keine Wettfahrt! Hoffentlich stört ihn wenigstens der intensive Schweißgeruch meines völlig durchnässten Trikots. „Funktionswäsche" nennt man sowas im Fachjargon.

Unten, als es im Ennstal über harmlose Hügelkuppen ging, waren wir für einen Moment unachtsam gewesen. Da haben sich die feindlichen Pedalritter auf leisen Conti-Reifen gnadenlos herangepirscht. Jetzt gibt es kein Entrinnen mehr. Hinter uns die kurbelnden Verfolger, vor uns ein aberwitziger Streckenabschnitt, der sich in drei Worten beschreiben lässt: „Schluss mit lustig". Bis zu 25 Prozent beträgt die Steigung in den berüchtigten Öfen.

Die Öfen: Ein Stein gewordener Höhenrausch hinter Gröbming. Der Antritt in die dritte Dimension. Sechs Kehren nur, aber die heizen dir so richtig ein. Wehe dem, der sich mit Vollgas hinaufschwindeln will! Trotzdem kein Mitleid: Jeder, der hier freiwillig antritt, hat es so gewollt. „Echt steil", wird er sich später noch lange denken.

Der Anstieg beginnt, vor allem jener der eigenen Pulsfrequenz. Zum Glück haben wir das akustische Warnsignal schon am Vortag ausgeschaltet, beim brutalen Ritt zur Dachstein-Türlwand. Rad an Rad kleben die Gruppen beieinander, ein Endorphin-Trip bis an die Grenze des Zusammenbruchs. Höhenmillimeterweise geht es über Holzbrücken und an Felsnasen vorbei. Nach fünf Minuten kommt das Ende so plötzlich wie alles begonnen hat. Die restliche Steigung zur Viehbergalm fühlt sich beinahe wie Flachland an. Von Konkurrenz übrigens keine Spur mehr, die Typen sind sogar richtig sympathisch. Nichts schweißt so zusammen wie Schweiß. Und Leni, die Sennerin auf der Alm, hat genügend Bier für alle.

MOUNTAIN BIKING ALPEN TOUR STEIERMARK

# Streckenabschnitt 1

Tourismusregionalverband Dachstein-Tauern
A-8970 Schladming, Kuschargasse 202, Tel.: +43 3687/23310

F
BAD MITTERNDORF
809m
Ödensee
1814
Tauplitz
Bhf. Tauplitz
2
Salza-Stausee
775m
Schiflugschanze Kulm
E
Pürgg
Am Stein
Paß Stein
Grimming
2351
Trautenfels
Viehbergalm
1460m
Salzastausee
D
Hoher Dachstein
2995
St. Martin am Grimming
Öfen
940m
2139
Stoderzinken
2048
Dachstein
C
Mitterberg
Niederöblarn
Türlwandhütte
Öblarn
Enns
A
B
RAMSAU a.Dachstein
1125m
Lodenwalke
910m
Burgstaller
980m
Gradenbach
Gröbming
770m
Walchen
Walchenbach
Weißenbach
719m
Aich 706m
Stein a.d.Enns
1848
Ramsaubach
Moosheim
Rittisberg
Kulmberg
1270m
Aich
Pruggern
681m
Michaelerberg
Großsölk
Haus im Ennstal
Gumpenbach
Gumpental
Gössenberg
Pichl
Enns
14
SCHLADMING
Kemeterhof
Pirkl - Galsterberg
1916
13
Gumpeneck
2226
N
M 1:210 000

| | | |
|---|---|---|
| **Ramsau – Bad Mitterndorf** | 66,0 km | 1453 hm |
| **Bad Mitterndorf – Ramsau** | 66,0 km | 1769 hm |

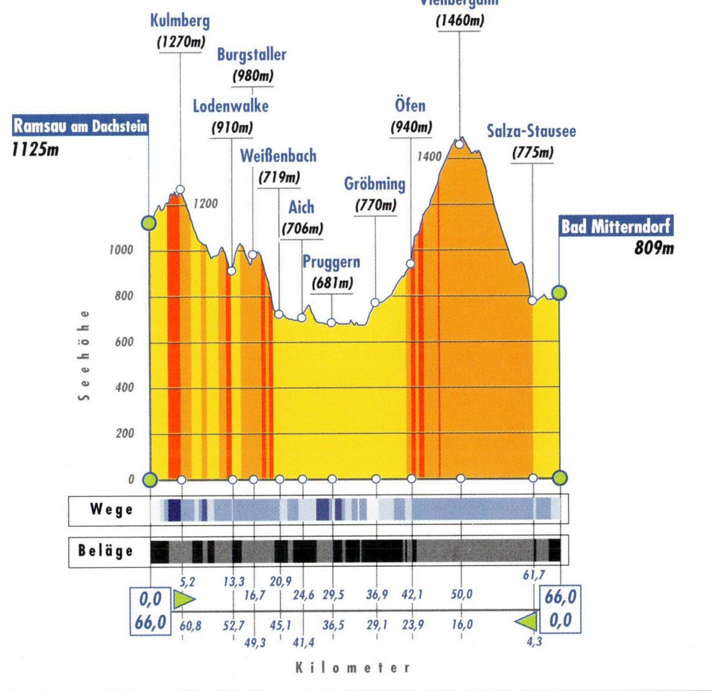


## Kurz gesagt:

Hohe Ebenen und tiefe Schluchten, sanfte Almen mit urigen Hütten.

## Startpunkt:

Ramsau-Ort (1125 m) im Zentrum.

## Etappentelegramm:

Ramsau, Hauptstadt der Wanderer und Schilangläufer – Schmale Spuren durch breite Schläge – Gemütliche Wege, herrliche Ausblicke – Der Radweg am Ennsufer – Öfen, eine Schlucht als Mausefalle der Alpentour – Über hohe Almen und durch tiefe Gräben – Vom Salzastausee nach Bad Mitterndorf.

## Abkürzungen:

Statt über den Kulmberg direkt von Ramsau-Ort zur Unteren Leiten.

## Wichtige Hinweise:

Vorsicht auf dem sehr steilen Weg durch die Öfen!

## Streckenstatistik (Km / %)

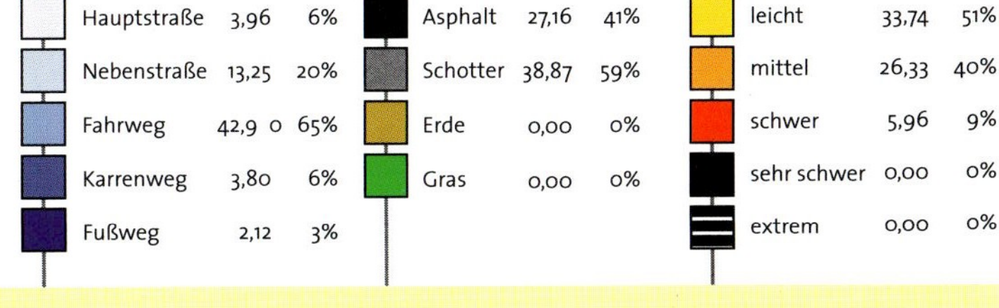

| Wege | Km | % | Beläge | Km | % | Schwierigkeiten | Km | % |
|---|---|---|---|---|---|---|---|---|
| Hauptstraße | 3,96 | 6% | Asphalt | 27,16 | 41% | leicht | 33,74 | 51% |
| Nebenstraße | 13,25 | 20% | Schotter | 38,87 | 59% | mittel | 26,33 | 40% |
| Fahrweg | 42,9 o | 65% | Erde | 0,00 | 0% | schwer | 5,96 | 9% |
| Karrenweg | 3,80 | 6% | Gras | 0,00 | 0% | sehr schwer | 0,00 | 0% |
| Fußweg | 2,12 | 3% | | | | extrem | 0,00 | 0% |

**Wege** **Beläge** **Schwierigkeiten**

# Detailausschnitt

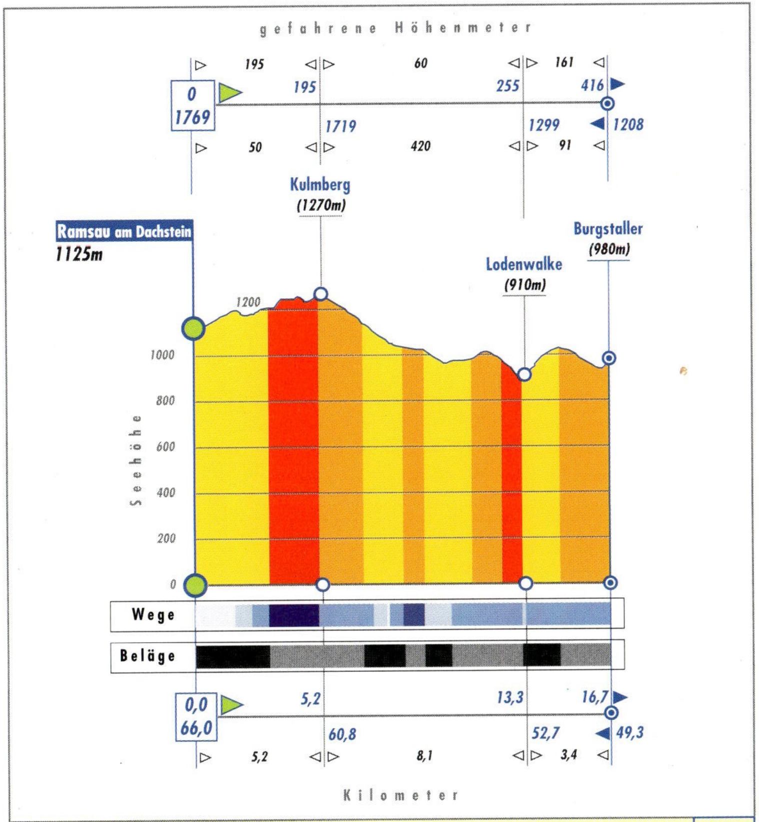

gefahrene Höhenmeter

0 / 1769 — 195 / 1719 — 255 / 1299 — 416 / 1208

195 — 60 — 161

50 — 420 — 91

Ramsau am Dachstein 1125m

Kulmberg (1270m)

Lodenwalke (910m)

Burgstaller (980m)

Seehöhe: 0, 200, 400, 600, 800, 1000, 1200

Wege

Beläge

0,0 / 66,0 — 5,2 / 60,8 — 13,3 / 52,7 — 16,7 / 49,3

5,2 — 8,1 — 3,4

Kilometer

Höhenprofil A

1

## Ramsau am Dachstein

19 **Landhotel Kielhuberhof Tel. +43 3687 81750** (siehe S. 28)

22 **Sportpension Ischi Tel. +43 3687 81901** (siehe S. 28)

*Weltmeisterschaftsort im ersten Stock über dem Ennstal – Das Hochplateau mit seinen saftigen Wiesen lädt zum gemütlichen Einrollen (nicht nur die Biker, sondern auch die Langläufer, Rollerski heißen die Dinger. Die brauchen aber Asphalt unter den Rollen) – Garantiert kein Asphalt bei der Fußweg-Rallye auf den Kulmberg.*

## Kulmberg

*Super Aussicht! Wenn man schauen will und sich nicht gleich den Schotterstraßenabflug gibt – „Gleiten durch die Leiten". Es fährt sich so schön, wie es sich reimt – Die Strimitzen, eine porös-sandige Angelegenheit, die viel mit Felswand und Schlucht zu tun hat (keine Angst vor der Strecke – sie ist sogar autobefahrbar).*

## Lodenwalke

*Trachtiger Abstecher in die Welt der grünen Röcke gefällig? In der Lodenwalke werden sie gewalkt, die Walkjanker und sonstigen Bestandteile der meist ländlichen Tracht. Das gewalkte Bikeroutfit als Funktionswäsche ist leider noch nicht erfunden. Der Biker-Walkjanker als versöhnliches Zeichen für unsere Freunde aus Forst und Jagd! – Hinauf in die Rössing und mitten durch zwischen Rössinger und Rössingkogel. Alles Rössing also und angenehm zu fahren.*

# Detailausschnitt

B

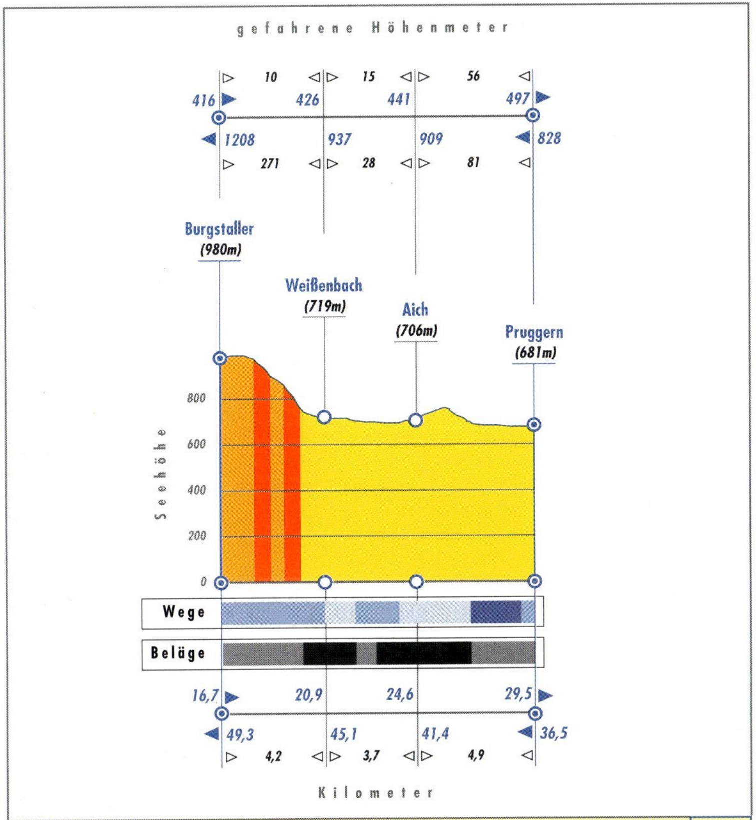

gefahrene Höhenmeter

416 ▶ 10 ◁ 426 ▷ 15 ◁ 441 ▷ 56 ◁ 497 ▶

◀ 1208 271 ◁ 937 ▷ 28 ◁ 909 ▷ 81 ◁ 828 ◀

Burgstaller (980m)

Weißenbach (719m)

Aich (706m)

Pruggern (681m)

Seehöhe

800

600

400

200

0

Wege

Beläge

16,7 ▶ 20,9 24,6 29,5 ▶

◀ 49,3 4,2 ◁ 45,1 ▷ 3,7 ◁ 41,4 ▷ 4,9 ◁ 36,5 ◀

Kilometer

Höhenprofil **B**

1

## Burgstaller

*Gasthof, Aussicht, Teich, flacher Weg im Wald – Überraschender Übergang in meist ausgeschwemmte Steilheit, die nach längerer Geradlinigkeit kurvige Züge annimmt.*

## Weissenbach

2
LANDIDYLL HARTWEGER TEL. +43 3686 5226 (SIEHE S. 29)


*Am gleichnamigen Bach, der allerdings im Laufe seines Laufes auch einmal als Ramsaubach und Rössingbach (siehe auch oben) in die ungeschriebene Geschichte eingegangen ist, aber jedenfalls in der Enns sein Ende findet – Der Biker lässt es nach Aich rollen, weshalb ihm dieses Schicksal vorläufig erspart bleibt.*

## Aich

*Dort sieht man von oben auf etwas, das sich Freizeitzentrum (Welcher Biker hat schon freie Zeit?) nennt und als Teich entpuppt. Den weiteren Verlauf der Etappe in die Überlegungen einbezogen, kann man den Punkt als Einladung zum „Eintauchen Nr. 1 - Schwimmen im Tale" bezeichnen – Weiterrollung ergibt Assach*

27
GASTHOF KOLLERHOF +43 3686 4308 (SIEHE S. 29)


*Und dann das Ennsufer (nicht Eintauchen) und der gleichnamige Radweg (Treten im Tale).*

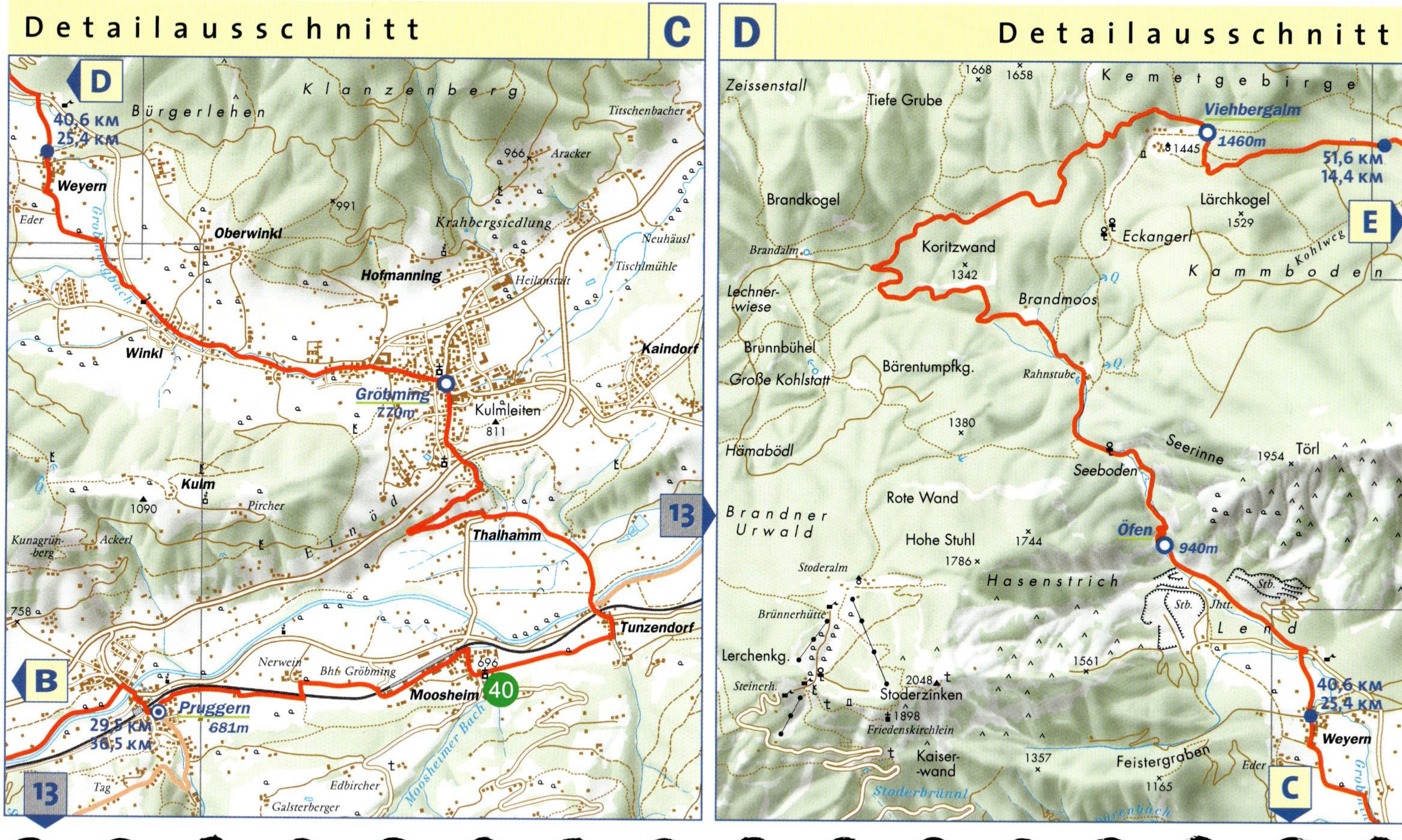
Detailausschnitt
C
D
Klanzenberg
Bürgerlehen
40,6 KM
25,4 KM
Weyern
Eder
Oberwinkl
991
966
Aracker
Titschenbacher
Krahbergsiedlung
Neuhäusl
Tischlmühle
Hofmanning
Heilanstalt
Winkl
Kaindorf
Gröbming
770m
Kulmleiten
811
Kulm
1090
Pircher
Einöd
Thalhamm
13
Kunagrün-berg
Ackerl
758
Tunzendorf
B
Nerwein
Bhf. Gröbming
696
Moosheim
40
Pruggern
681m
29,5 KM
36,5 KM
Moosheimer Bach
Tag
Edbircher
Galsterberger
Detailausschnitt
D
Zeissenstall
Tiefe Grube
1668
1658
Kemetgebirge
Viehbergalm
1460m
1445
51,6 KM
14,4 KM
Brandkogel
Lärchkogel
1529
E
Brandalm
Koritzwand
1342
Eckangerl
Kohlweg
Kammboden
Lechner-wiese
Brandmoos
Brunnbühel
Bärentumpfkg.
Rahnstube
Große Kohlstatt
1380
Hämabödl
Seerinne
1954
Törl
Seeboden
Rote Wand
Brandner Urwald
Hohe Stuhl
1744
1786
Öfen
940m
Stoderalm
Hasenstrich
Stb.
Jhtt.
Brünnerhütte
Lend
Lerchenkg.
1561
Steinerh.
2048
Stoderzinken
1898
Friedenskirchlein
40,6 KM
25,4 KM
Weyern
Kaiser-wand
1357
Feistergraben
1165
Eder
Stoderbrünnl
C

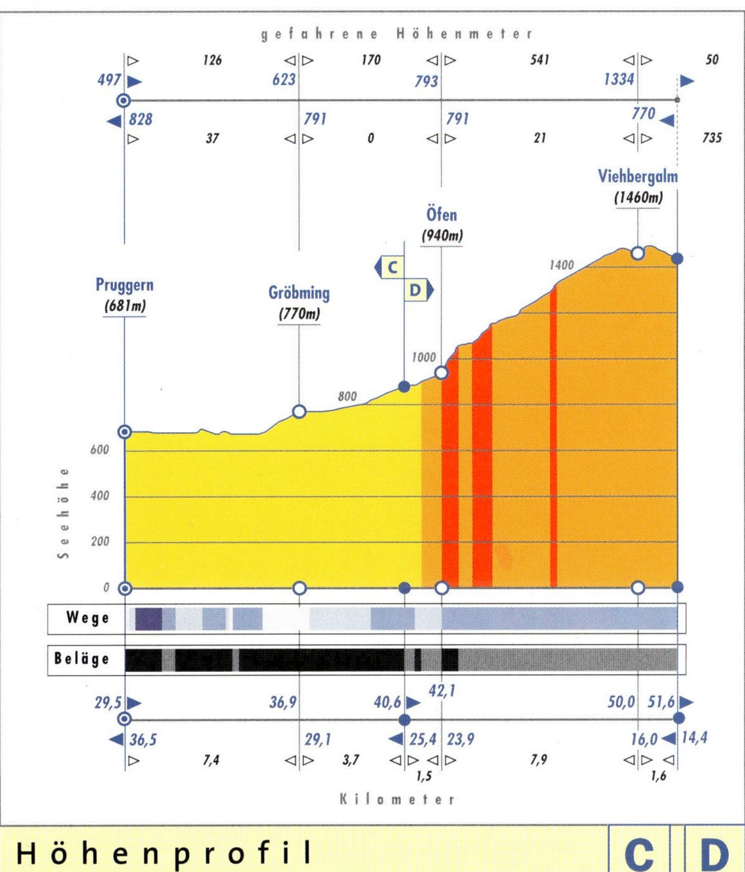


## Pruggern

*Kann sich für Orientierungsgenies als kritischer Punkt erweisen. Etappe 13 lauert auf mögliche Opfer. Merke: Wenn Du nach Bad Mitterndorf willst, halte Dich im Tal und meide alles, was nach Galsterberg riecht! (Weitere Ausführungen siehe Etappe 13) - Moosheim mit Unterkunft für Schlossbiker*

40 **Hotel Schloss Moosheim +43 3685 232100** (siehe S. 30)

*Tunzendorf und die Geier von Etappe 13 kreisen. Drüber über die Enns und hinauf nach Gröbming. Rechts weiter heißt Sölkpaß und das ist eine andere Geschichte im selben Buch.*

## Gröbming

*Gröbming hat Öfen und Öfen heizen ein! – Aber zuerst ist die Annäherung ans Thema angesagt. Gemütliche Sache im Angesicht von Kammspitz und Stoderzinken (Regional bedeutsame Bergpersönlichkeiten).*

## Öfen

*Geil ist ein Wort, das sich durch häufigen Gebrauch abnützt. Geil ist ein Zustand, der auf lange Sicht zu Abnützungserscheinungen führt. Bei „geil" ist also bei Wort und Zustand Vorsicht angesagt.*
*Nichtsdestotrotz: Die Öfen sind einfach geil. Biken durch die Öfen ist einfach ein geiles Gefühl. Punkt.*
*Mehr darüber ist selbst zu erfahren oder in Sittingers Fahrtenschreiber nachzulesen.*
*Nach den Öfen: Eine zähe Geschichte mit wechselnden Forststraßensteilheiten – Aber Labung wartet.*

1

## Detailausschnitt E

## F Detailausschnitt

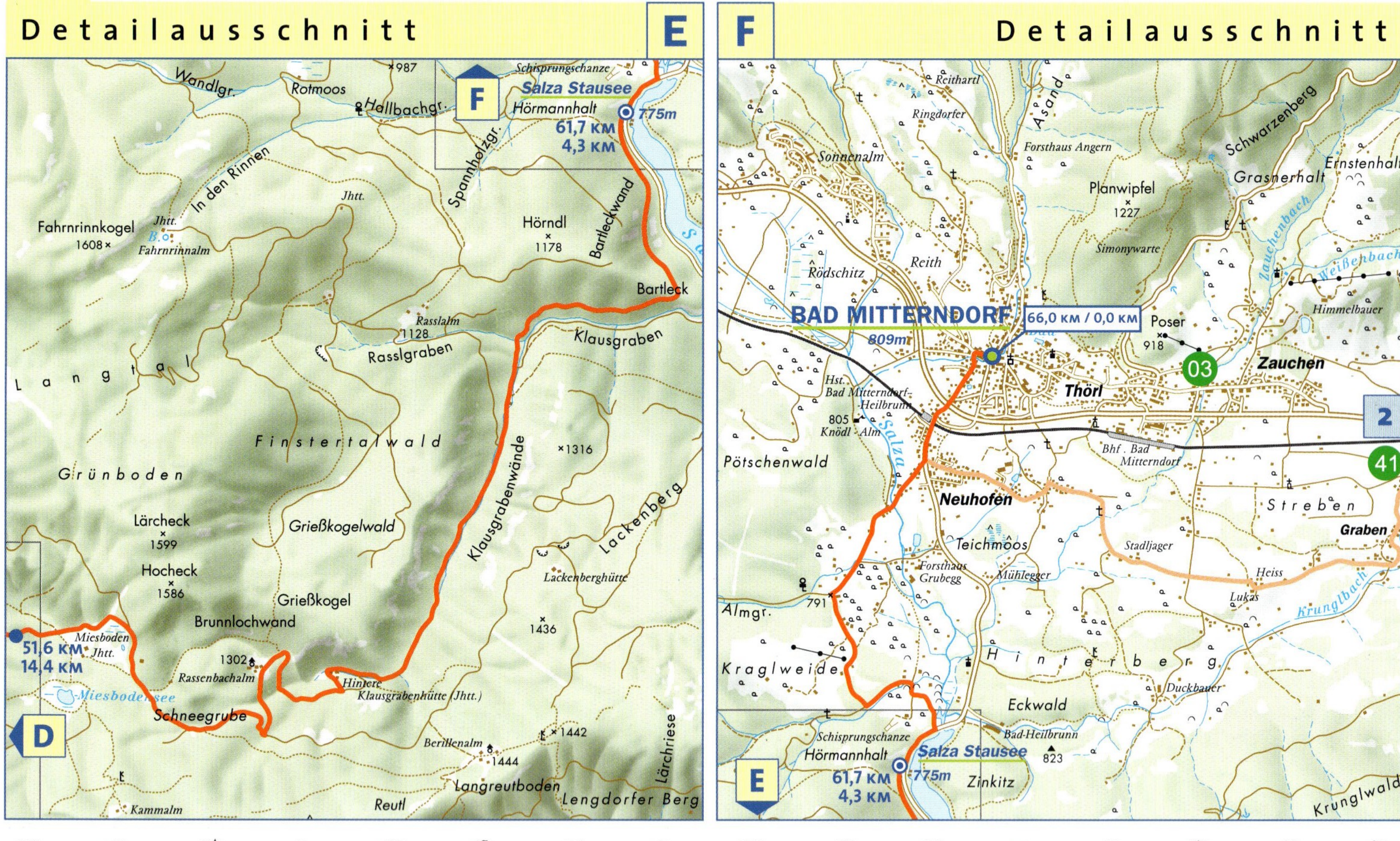

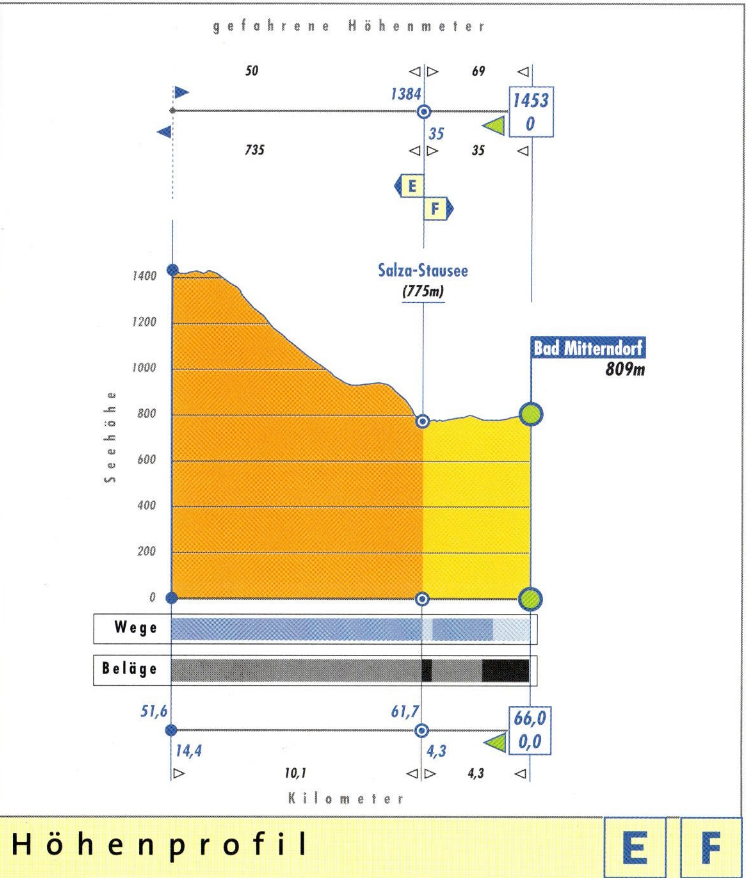


## VIEHBERGALM

*Vieh, Berg, Alm alles da – Leni, Hanni und so ähnlich heißen die Sennerinnen in den besten Jahren – Steirerkas (beim ersten Anblick unglaublich), Steirerkrapfen (detto) und Sauerkraut (ganz normal) Bikernahrung vom Feinsten – Das Plumpsklo hat wirklich ein ausgeschnittenes Herz in der Tür, wo es manchmal herausraucht (siehe Sauerkraut) – Danach MIESBODENSEE 1418 m Seehöhe (rechts weg 400 m) „Eintauchen Nr. 2 – Schwimmen im Gebirge", unvergessliches Gefühl – Und eins drauf, die Abfahrt forststraßig, lang, staubig, super.*

## SALZA-STAUSEE

*„Eintauchen Nr. 3 – Schwimmen zwischen Felswänden" unergründlich tief, Wasser schwarz – Wer ins Ennstal zurück will, fährt nach rechts hinten am See entlang weiter, ins Ennstal hinunter und über Mitterberg nach Gröbming (Viehbergrunde heißt das auf einheimisch) – Lässiger Ausklang in verspielter Wegführung bis nach Bad Mitterndorf.*

## BAD MITTERNDORF

**03 PENSION SPECKMOSER +43 3623 2567** **(SIEHE S. 50)**

**41 LANDHOTEL KANZLER +43 3623 2260** **(SIEHE S. 50)**

## Alpentourwirt

### Sportpension Ischi

**Richard Pickl**
**8972 Ramsau, Ort 159**
**Tel.: ++43 3687/81901**
**Fax: ++43 3687/8190110**
**info@ischi.at**
**www.ischi.at**

*Die Sportpension Ischi ist eine familiär geführte Frühstückspension, die auch Appartements anbietet. Der Schwerpunkt ist hier natürlich von Sport und Erholung bestimmt. Die Pension liegt zentral in der* **Top – Ferienregion Schladming/Ramsau am Dachstein** *mit den meisten Sonnentagen in der Steiermark.*

**Highlights:**
*Saunalandschaft, Solarium, Whirlpool, Swimmingpool, Bar, Aufenthaltsraum, Bibliothek,*
*Werkstatt für Mountainbiker bzw. Snowboarder, Parkplatz und freier Eintritt ins örtliche Hallenbad in Ramsau Ort (ca. 350 m entfernt)*

**Spezielle Angebote gibt´s in den Bereichen Mountainbike, Snowboard und Golf.**

## Alpentourwirt

### Landhotel Kielhuberhof

**Familie Tritscher**
**Leiten 82**
**8972 Ramsau**
**Tel.: ++43 3687/81750**
**Fax: ++43 3687/817504**
**office@kielhuberhof.com**
**www.kielhuberhof.com**

**... wo kommen wir denn da hin,**
*wenn wir den ganzen Tag nur biken, Tennis und Golf spielen, schwimmen oder im Dampfbad sitzen?*

**... ins Landhotel Kielhuber**
*Tennisplätze, Bioschwimmteich 400 m*$^2$*, Liegewiese im Traumgarten, Heu- und Kräuterdampfbad, Sauna, Infrarotsauna, Solarium, Sporthalle, Golf Partnerhotel, reichhaltiges Frühstücksbuffet, Wahlmenü mit Fleisch aus eigener Landwirtschaft, vegtarische Alternative, Salat und Dessertbuffet*

**Besuchen Sie uns auch im Winter, Spezielle Pauschalen bitte anfordern**

## ALPENTOURWIRT

### LANDIDYLL HARTWEGER

SANDRA UND HEINZ HARTWEGER
WEISSENBACH 23
A-8967 HAUS/ENNSTAL
TEL.: ++43 3686/5226 0
FAX: ++43 3686/5226 16
steyrer-fit@hartweger.at
www.steyrer-fit.at

*Steigen Sie ein in einen kleinen Flecken begnadeter Natur mit einer bemerkenswerten Infrastruktur - im Haus und in der Region.*

*Genießen Sie die* „STEYRER-FIT“*-Halbpension, mit dem ermunternden Frühstücksbuffet, dem Lunchbuffet mit kleinen Leckereien und Teebar bis 17. 00h und am Abend ein 4-gängiges Wahlmenü.*

*Erholen Sie sich im über 8000 m2 großen Garten mit beheiztem Freibad, Sonnenterrasse, Kneippbecken, Fischteich, Volleyballplatz, Kinderspielplatz... Benutzen Sie gratis die Tennisplätze und die Mountainbikes vorm Haus. Nach einem anstrengenden Tag im Gebirge – zu Fuß, auf dem Bike oder der Piste - träumen Sie in der großzügigen Saunalandschaft „Rock-Water“. Für Biker bieten wir spezielle Angebote wie z.B. gratis Wäscheservice, Bikegarage, Bikewerkstatt..... Herzlich Willkommen!*

**GUT DRAUF - „STEYRER-FIT BEIM HARTWEGER“**

## ALPENTOURWIRT

### KOLLERHOF

FAMILIE WILLIBALD KOLLER
ASSACH 34
8966 AICH – ASSACH
TEL.: ++43 3686/4308
FAX: ++43 3686/4308-34
info@kollerhof.at
www.kollerhof.at

**DER GEHEIME TREFFPUNKT FÜR BIKER!**

*Sportlich, aktiv und gesellig sind unsere Gäste, gemütlich und einladend unser Haus. Inmitten des Ennstales, entlang des Streckenabschnittes 1!*

*Unser familiär geführter Gasthof bietet für jeden Biker das Richtige und ist anspruchsvoller Ausgangspunkt für Touren z. B. auf den Stoderzinken oder die Viehbergalm.*

*Begeben Sie sich auch auf einen kulinarischen Streifzug durch unsere Küche und probieren Sie die regionale, steirische aber auch vegetarische Kost in unserm Haus. Entspannung nach einem langen Tag gibt´s in der hauseigenen Sauna.*

*Wochenpackages – mit geführten Touren, Ausgangspunkt Kollerhof, Wochenendangebote!!! Routenplaner im Internet.*

*Am Schnittpunkt von Alpentour und Ennsradweg (R7) bietet Pruggern einen idealen Platz für Mountainbiker. Der Vorteil des Ortes liegt auch darin, dass über den R7 alle tollen Touren der Region erfahrbar sind. Von Pruggern aus sind die Königstour* **„Viehbergalmrunde“**, *die* **„Tour de Kas“** *und die* **„Pscht die Gams“** *gut erreichbar.*

*Die Variante* **Bike & Trek** *ist hier optimal zu verwirklichen. Mit dem Rad so weit es geht und dann mit den Wanderschuhen weiter. Für Unterkünfte kontaktieren Sie bitte: www.pruggern.at Ansprechpartner im Ort: Kofler Alois im Gemeindeamt Pruggern*

*Wir empfehlen: Landgasthof Bierfriedl in Pruggern,*
*A-8965 Pruggern, 30*
*Tel.: ++43 3685/22206,*
*Fax: ++43 3685/222063*
*perhab@bierfriedl.at*
*Traditioneller Gasthof mit steirischen Spezialitäten, Einstellmöglichkeit für Räder, Trockenraum*

## Tourismusverband Pruggern

**8965 Pruggern, 96**
**Tel.: ++43 3685/222040, 22590**
**Fax: ++43 3685/20904, 222044**
**information@pruggern.at**
**www.pruggern.at**

## Alpentourwirt

**Hotel**

## Schloss Moosheim

**Familie Schrempf**
**Moosheim 1**
**8962 Gröbming**
**Tel.: ++43 3685/232100**
**Fax: ++43 3685/232106**
**schloss-moosheim@aon.at**
**www.schloss-moosheim.at**

**Wie anno 1150**

### Die Schlossanlage von Moosheim ist das Bike-Ausflugsziel No. 1 in der Dachstein - Tauern Region

*Direkt am R7 Ennsradweg und im Kreuzungspunkt der Alpentourrouten. Idyllischer Gastgarten im Schlosshof, Eisspezialitäten, Jausen, Traditionsrestaurant,* ******Sporthotel** *(45 Betten) mit Wander- Sport- Wellnessprogrammen für Begleitpersonen / Kinderbetreuung mit Reiten, Klettern, Fischen...*
*Wochenpauschale ab € 336, Kinderermässigung bis 100%.*

# Ausseerland – Salzkammergut

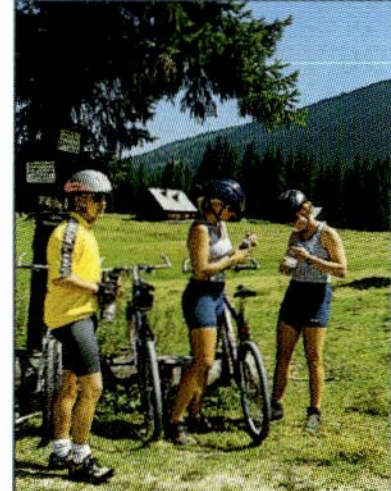

**Die Region Ausseerland – Salzkammergut hat hohe Kompetenz beim Thema Mountainbike.**

*Mehr als 70 km Forststraßen sind offiziell für Mountainbiker freigegeben und beschildert. Bad Mitterndorf ist außerdem Etappenziel der längsten Mountainbikestrecke der steirischen Alpentour (über 900 km, 27.000 m Höhenunterschied). Eine der schönsten Strecken dieser Tour führt vom Ennstal über die Viehbergalm nach Bad Mitterndorf. Die regionalen Mountainbikestrecken schließen unmittelbar an die Strecken im oberösterreichischen Salzkammergut an und ergeben so ein Netz von über 1200km.*

**Die beiden wichtigsten Mountainbike-Übergänge:**

### 1) Viehbergstrecke von Bad Mitterndorf ins Ennstal:

*Von Bad Mitterndorf 2 km zum Salzastausee (770 m) auf Asphalt, dann abwechselnd einmal flacher, dann wieder steil und wild 14,5 km über Miesboden, Viehbergalm (zeitweise bewirtschaftet, 1440 m) bis zur „Brandalm" (1350 m). Von dort steil abwärts über die „Öfen" bis Gröbming-Winkel im Ennstal (800 m, 4,5 km) – Gesamtstrecke 20 km.*
*Der Heimweg führt von dort entlang der Landstraße auf Asphalt gemütlich nach St. Martin am Grimming, dann ansteigend zum Salzastausee und diesen entlang wieder flache ca. 15 km zum Ausgangspunkt Bad Mitterndorf zurück.*

### 2) Salza-Strecke von Bad Mitterndorf zum Grundlsee:

*In der Ortsmitte von Bad Mitterndorf (780 m) zweigt man in Richtung Kochalm ab und fährt vorerst 5 km auf einer Asphaltstraße ziemlich flach entlang des Salzabaches. Ab der Kochalm wird es schotterig und man fährt ansteigend zum „Rechenplatz" (1008 m). Almerisch geht´s schweißtreibend Richtung „Salzaalm" (1122 m, ab Kochalm 4,5 km). Ein sehr geländiger Übergang führt ins Grundlseerische. Die folgende Forststraße führt abwärts bis zum Grundlsee (709 m). Ein Abstecher zum Toplitzsee, zur Fischerhütte lohnt sich, schon wegen des kühlen Gastgartens – und der vorzüglichen Fische (!) Gesamtstrecke bis Toplitzsee ca. 18 km.*

**Tourismusregionalverband Ausseerland - Salzkammergut**
8990 Bad Aussee
Tel.: ++43 3622/540 40
Fax: ++43 3622/540 40-7
info@ausseerland.at
www.ausseerland.at

Foto: Malin

# Bad Mitterndorf – St. Gallen

*Mit dem Essen kommt der Appetit. Also bitte, dann greifen wir eben zu Messer und Gabel. Genauer: zu Höhenmesser und Federgabel. Diesmal steht eine Tour de Gourmet durch das mittlere Ennstal auf dem Programm. Die ist vergleichsweise zwar keine allzu schwere Kost, aber doch mit giftigen Einlagen versehen. An den steilen Hängen des Ennstales hat sich schon so mancher Kettenblattsalat seine Zähne ausgebissen.*

*Wie üblich besteht die Speisenfolge aus einem attraktiven Menü von 27 Gängen, die per Seilzug aufgetragen werden. Wobei man aber keinesfalls mit dem ersten Gang beginnen darf. Denn zu Beginn geht es gemächlich mit großer Übersetzung im Schatten des Grimming dahin. Eingefleischte Kilometerfresser dürfen mit beiden Wadeln zugreifen. Doch die schroffen Felswände machen bald Appetit auf mehr. Die erste Steilpassage zum Spechtensee lässt einem bereits das Wasser zusammenrinnen. Nein, nicht im Mund – der ist zu sehr mit Keuchen beschäftigt, während das Bike geduldig Höhenmeter um Höhenmeter schluckt. Nach diesem amuse geule werden einige leichtverdauliche Happen serviert, bevor mit den Anstiegen Mitterberg und Strechau die stark gepfefferten Hauptspeisen auf das konifizierte Silbertablett kommen.*

*Doch nichts wird so heiß gegessen wie gekocht, der Fahrtwind beim Downhill sorgt für Abkühlung und die nächsten 20 Kilometer darf ohne viel Aufwand geschlemmt werden. Abbille für dieses irdische Vergnügen wird im Kloster zu Admont jederzeit gewährt.*

*Als Dessert-Komposition wartet der Buchauer Sattel, dessen hart gesottene Steilkehren garantiert schwer verdaulich sind und auch noch am nächsten Tag im Magen liegen. Unter dem Strich also ein geschmacklich fein abgestimmtes Festmahl, das die Spreu der Alltagsradler vom Weizen(bier) der wahren Genuss-Biker trennt. Wer bei dieser Speisekarte (Maßstab 1:200.000) noch auf Diät setzt, dem ist nicht mehr zu helfen. Mahlzeit!*

© TRV Ausseerland – Salzkammergut

MOUNTAIN BIKING ALPEN TOUR STEIERMARK

# Streckenabschnitt 2

Tourismusregionalverband Ausseerland – Salzkammergut
A-8990 Bad Aussee, Kurhausplatz 55, Tel.: +43 3622/54040

Gr. Woising 2064
2128
Lahngangsee
Toplitzsee
Gr. Hochkasten 2389
Warscheneck 2388
Hochmölbing 2336
2198
1965
Tauplitzalm
Steirersee
Salza
Grimmingbach
Großer Pyhrgas 2244
Haller Mauern
Bosruck 1992
954 Pyhrnpaß
1720
2172
Gr. Maiereck 1764
Laussa
Altenmarkt bei St. Gallen
Weißenbach an der Enns
ST. GALLEN 510m
Beim Zinödl
Großer Buchstein 2224
861 Buchauer Sattel 861m
Weng b.Admont 648m
Hall 625m
Admont 640m
Gstatterboden
Gesäuse
Hochtor 2369
Admonter Reichenstein 2251
Johnsbach
1778
A
B
C
D
E
F
G
H
I
1
3
BAD MITTERNDORF 809m
Tauplitz
Bhf. Tauplitz 835m
Schiflugschanze Kulm 825m
1814 Spechtensee 1075m
Spechtensee
1828
Weißenbach a.d. Enns
Wörschach 650m
Stainach
Pürgg
Grimming 2351
Paß Stein
Salzastausee
Trautenfels
Putterersee
Aigen im Ennstal
Irdning
Döllach 636m
LIEZEN
Mitterberg 1020m
805m Burg Strechau
Lassing
Blosen 1724
Selzthal 636m
ROTTENMANN
Ardning
633m
Abzweigung Frauenberg
Enns
Dürrenschöberl 1737

## Bad Mitterndorf – St. Gallen 88,2 km 1478 hm
## St. Gallen – Bad Mitterndorf 88,2 km 1777 hm

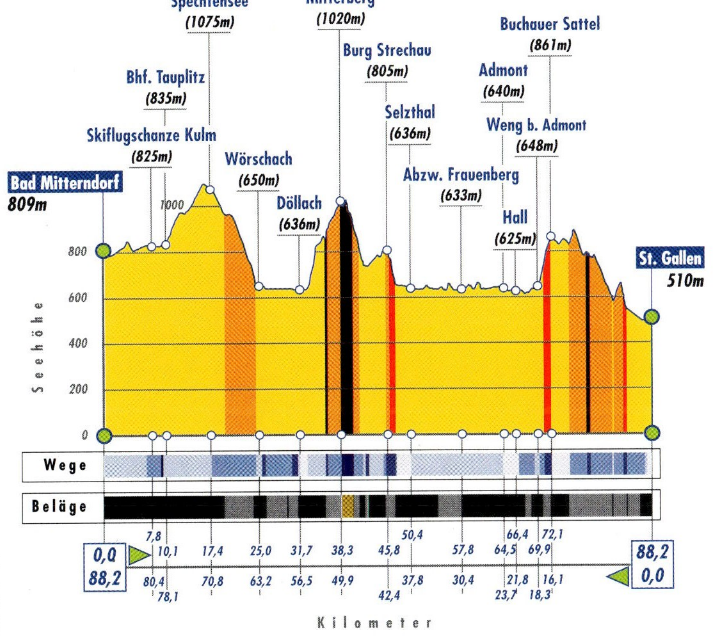


## Kurz gesagt:

Giftige Steigungen und die Reize der Ebene.

## Startpunkt:

Bad Mitterndorf (809 m) im Ortszentrum bei der Tourismusinformation.

## Etappentelegramm:

Bad Mitterndorf, genussvolles Radeln im Angesicht des Grimming – Ein Rendezvous mit den Schifliegern am Kulm – Das Ennstal und der Reiz der Flachheit – Steile Passagen über Mitterberg und Burg Strechau – Lockeres Rollen auf alten Straßen – Wege in ständigem Auf und Ab bis St. Gallen.

## Abkürzungen:

Statt über Mitterberg und Burg Strechau auf der alten Bundesstraße zwischen Liezen und Selzthal.
Statt über Forstwege auf der Bundesstraße zwischen Buchauer Sattel und St. Gallen.

## Wichtige Hinweise:

Sehr lange Etappe, genaue Zeiteinteilung notwendig.

## Streckenstatistik (Km / %)

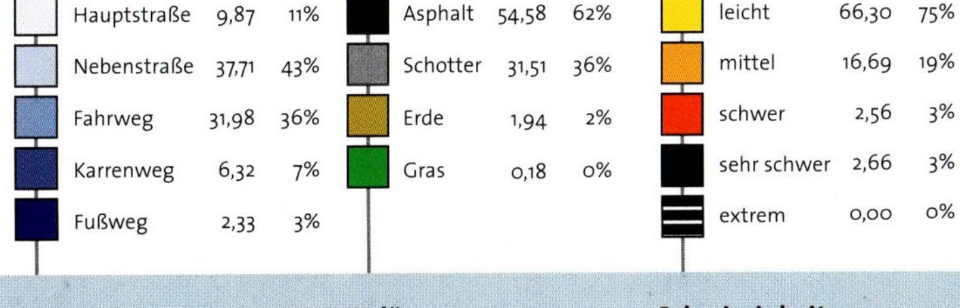

| Wege | | | Beläge | | | Schwierigkeiten | | |
|---|---|---|---|---|---|---|---|---|
| Hauptstraße | 9,87 | 11% | Asphalt | 54,58 | 62% | leicht | 66,30 | 75% |
| Nebenstraße | 37,71 | 43% | Schotter | 31,51 | 36% | mittel | 16,69 | 19% |
| Fahrweg | 31,98 | 36% | Erde | 1,94 | 2% | schwer | 2,56 | 3% |
| Karrenweg | 6,32 | 7% | Gras | 0,18 | 0% | sehr schwer | 2,66 | 3% |
| Fußweg | 2,33 | 3% | | | | extrem | 0,00 | 0% |

# Detailausschnitt

A

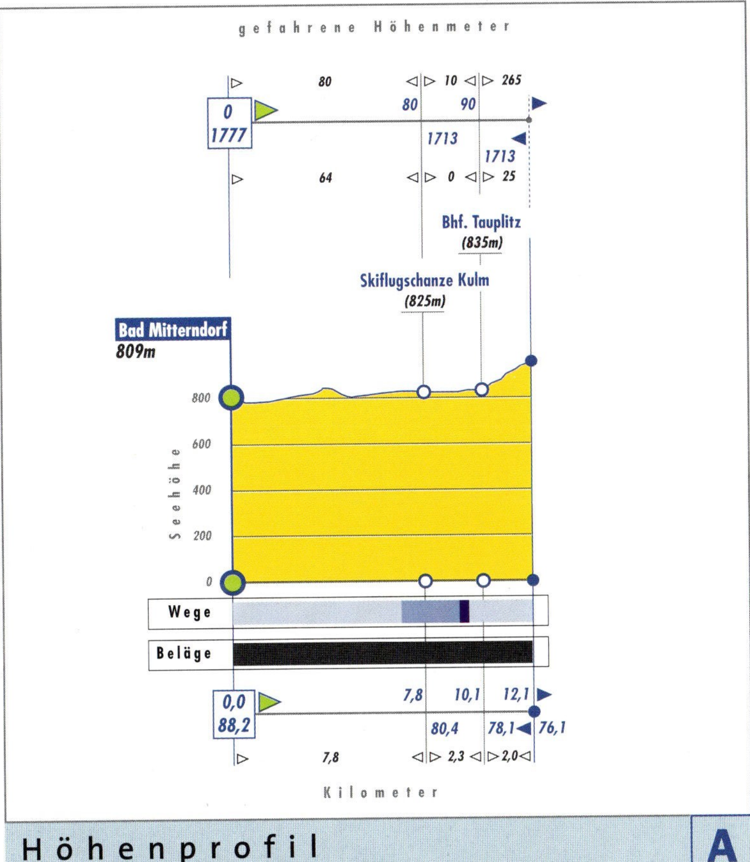


2

## Bad Mitterndorf

03 **Pension Speckmoser** **Tel. +43 3623 2567** (siehe S. 50)

41 **Landhotel Kanzler** **Tel. +43 3623 2260** (siehe S. 50)

*Ausseerland – grüne Wiesen, zügige Rollerei auf den Wegen der Flachradler und über allem thront der Grimming (eh schon wissen – Bergpersönlichkeit, diesmal aber von landesweiter Bedeutung), steinernes Monument der Bergsteigerfreuden und mountainbikemäßig unbezwingbar.*

## Schiflugschanze Kulm

*Ein Riesending eingebettet in die Landschaft – Wer wissen will, was wirklich steil ist, der schaue sich den Aufsprung an! Dort wo die Schiflieger von „Bei 200 m-Weite ins Flache springen" reden, wäre mit dem Bike schon Salto rückwärts angesagt.*

## Bhf. Tauplitz

*Perspektivenwandlung in punkto Grimmingblick von „Tal zu Berg" auf „Halbhoch zu Berg", erkämpft durch wiegetrittfähige Asphaltstraßensteilheit – Anschließend einstweiliger Abschied von der Bergpersönlichkeit, gefolgt von luftigem Gleiten durchs Almenland.*

## Detailausschnitt

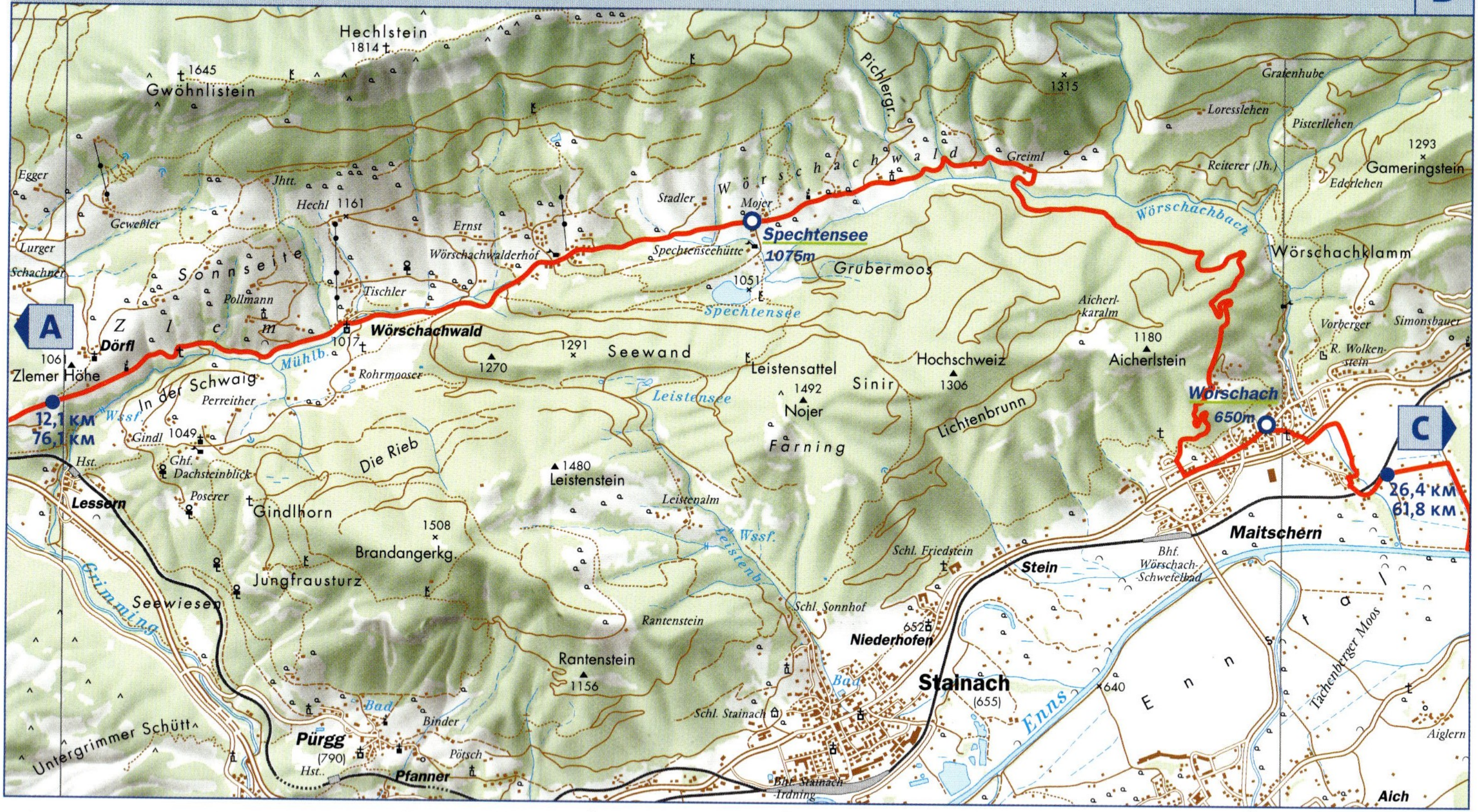
B
A
C
Hechlstein
1814
Gwöhnlistein
1645
Egger
Geweßler
Lurger
Schachner
Sonnseite
Zlem
Pollmann
Dörfl
Zlemer Höhe
12,1 km
76,1 km
Hechl 1161
Ernst
Wörschachwalderhof
Tischler
Wörschachwald
1017
Mühlb.
Rohrmooser
In der Schwaig
Perreither
Gindl 1049
Wssf.
Hst.
Ghf. Dachsteinblick
Lessern
Poserer
Gindlhorn
Die Rieb
Seewand
1270
1291
Stadler
Mojer
Wörschachwald
Spechtensee
1075m
Spechtenseehütte
1051
Spechtensee
Grubermoos
Pichlergr.
1315
Greiml
Leistensattel
1492
Nojer
Sinir
Leistensee
Farning
Hochschweiz
1306
Lichtenbrunn
Aicherl-karalm
1180
Aicherlstein
Grafenhube
Loresslehen
Pisterllehen
1293
Gameringstein
Reiterer (Jh.)
Ederlehen
Wörschachbach
Wörschachklamm
Vorberger
Simonsbauer
R. Wolkenstein
Wörschach
650m
26,4 km
61,8 km
1480
Leistenstein
Leistenalm
Wssf.
Leistenb.
1508
Brandangerkg.
Jungfrausturz
Seewiesen
Grimming
Untergrimmer Schütt
Rantenstein
Rantenstein
1156
Schl. Sonnhof
Schl. Friedstein
Stein
Maitschern
Bhf. Wörschach-Schwefelbad
Niederhofen
652
Stainach
(655)
Bad
Schl. Stainach
Bhf. Stainach-Irdning
Enns
640
Ennstal
Tachenberger Moos
Aiglern
Aich
Pürgg
(790)
Hst.
Bad
Binder
Pötsch
Pfanner

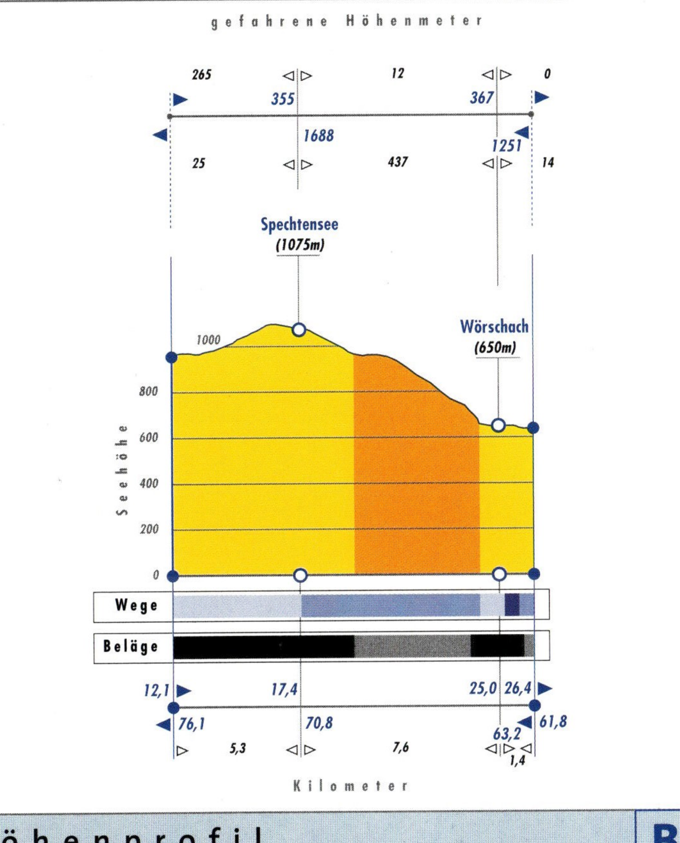


2

## Spechtensee

*Bei entsprechender Wetterlage zur Abkühlung bestens geeignet – Vor allem bei umgekehrter Befahrung wohltuend. Was sich als lockere Schottertraßenabfahrt ins Ennstal darstellt, entpuppt sich bergauf als ganz ordentliche Steigung in hitzespendender Südhanglage.*

## Wörschach

*Völlig am Boden! Des Ennstales nämlich – Ein Wiedersehen mit der Enns und dem gleichnamigen Radweg, der in der Flachheit des Talbodens einen Zick-Zack-Kurs steuert – Motto: Grundstücksgrenzenvermessung per Bike.*

**! Tipp am Ra*(n)*de – Die Alpentour und die Eisenbahn**
Die größte Flexibilität bei der Befahrung von mehreren Tagesetappen bietet die An- und Abreise mit der Eisenbahn in Kombination mit der Bahnhofsabholung und dem Gepäcktransport durch die Alpentour-Wirte. Die besten Ein- und Ausstiegspunkte für Zugreisende sind Schladming, Liezen, Selzthal, Mürzzuschlag, Bruck an der Mur, Kapfenberg, Graz und Knittelfeld. Informationen über Tarif und Fahrplan aller öffentlichen Verkehrsmittel der Steiermark bietet **Mobil Zentral** unter Tel.: +43 316 820606.

# Detailausschnitt

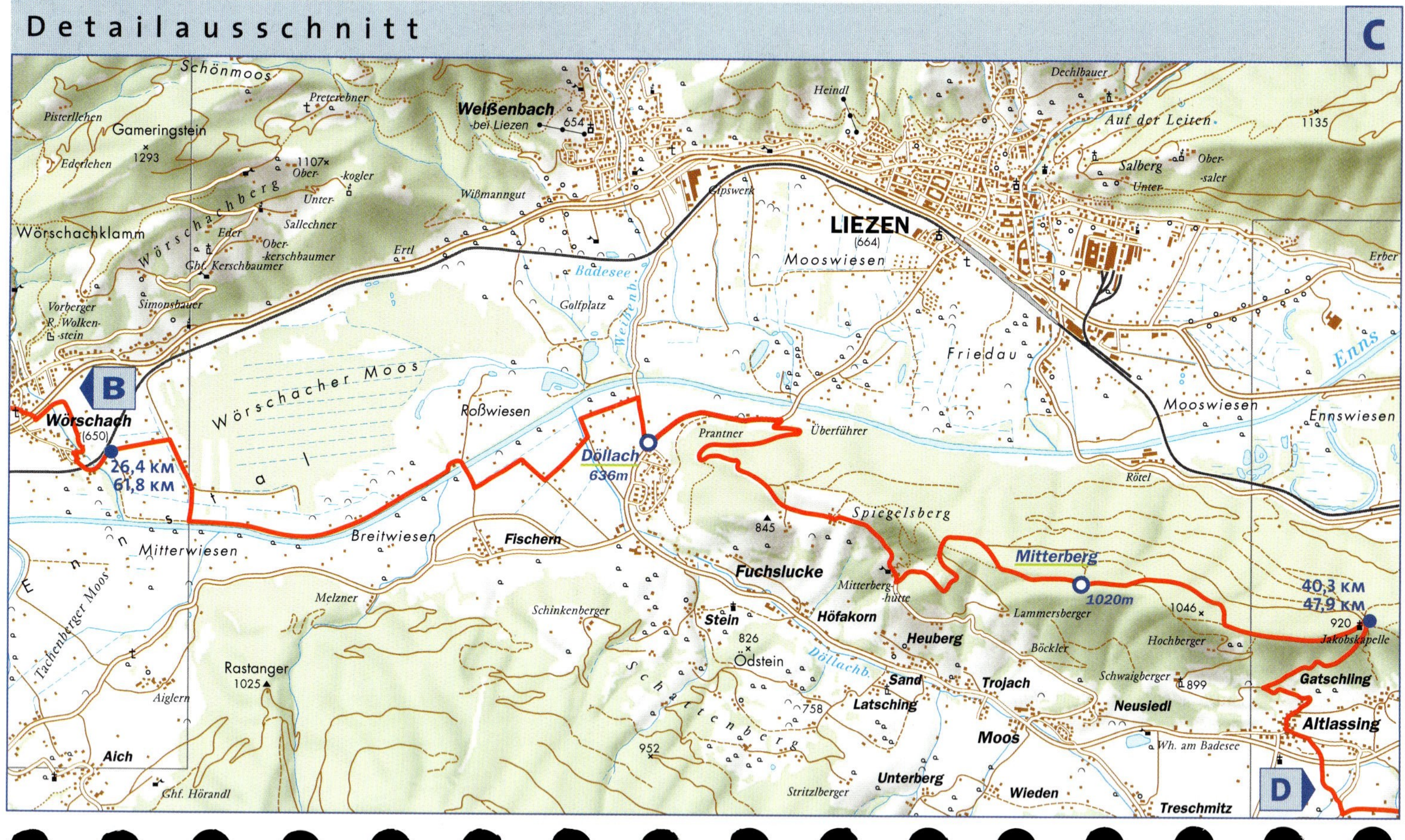

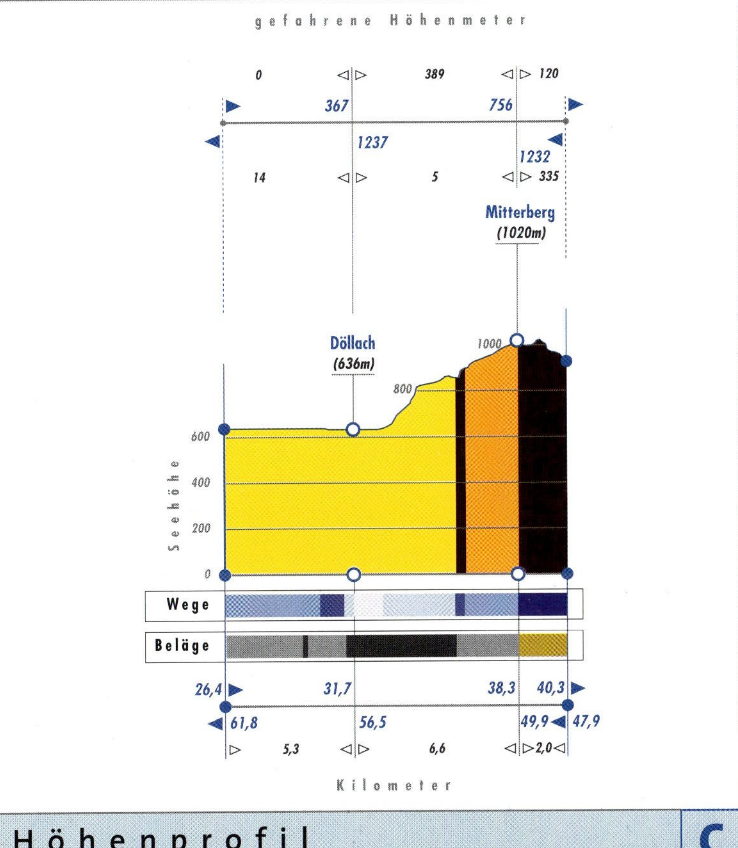


## DÖLLACH

*Schluss mit flach, Schluss mit Tal, Schluss mit lustig – Ganz so arg wird es aber nicht. Die Höhengewinnung geht vorerst asphaltmäßig vor sich und führt dann sogar „hocheben" weiter. Dieser Umstand lässt Zeit zum Rückblick auf Ennstal und Grimming. Bei letzterem ist es gleichzeitig der Abschiedsblick – „Giftige Steigungen" Kapitel 1 nennt sich der ruckartige Stieg, der folgt.*

## MITTERBERG

*Genauer gesagt der Liezener bzw. Lassinger Mitterberg (kommt auf den Blickpunkt an). Im Ennstal heißen nämlich alle Berge, die paradoxerweise mitten im Tal stehen, Mitterberg – Was folgt, fällt für die einen unter die Kategorie „Wahnsinn", für die anderen unter „Geiler Downhill". Jedenfalls steht die durchgehende Erstbefahrung bergauf in Gegenrichtung noch aus (diesbezügliche Mitteilungen unter alpentour@aon.at möglich).*

**! Tipp am Ra*(n)*de – Alpentour-Befahrungsrichtung**
Alpentour und Romantiktour sind durchgehend in beide Richtungen beschildert und befahrbar. Die Streckenabschnitte sind von Ramsau ausgehend aufsteigend durchnummeriert. Dieser Nummerierung folgend bezieht sich die Beschreibung auf eine Befahrung im Uhrzeigersinn. Das hat allerdings rein darstellungstechnische Gründe. Befahrungsrichtung, Ein- und Ausstieg können beliebig gewählt werden.

## Detailausschnitt D

## D Höhenprofil

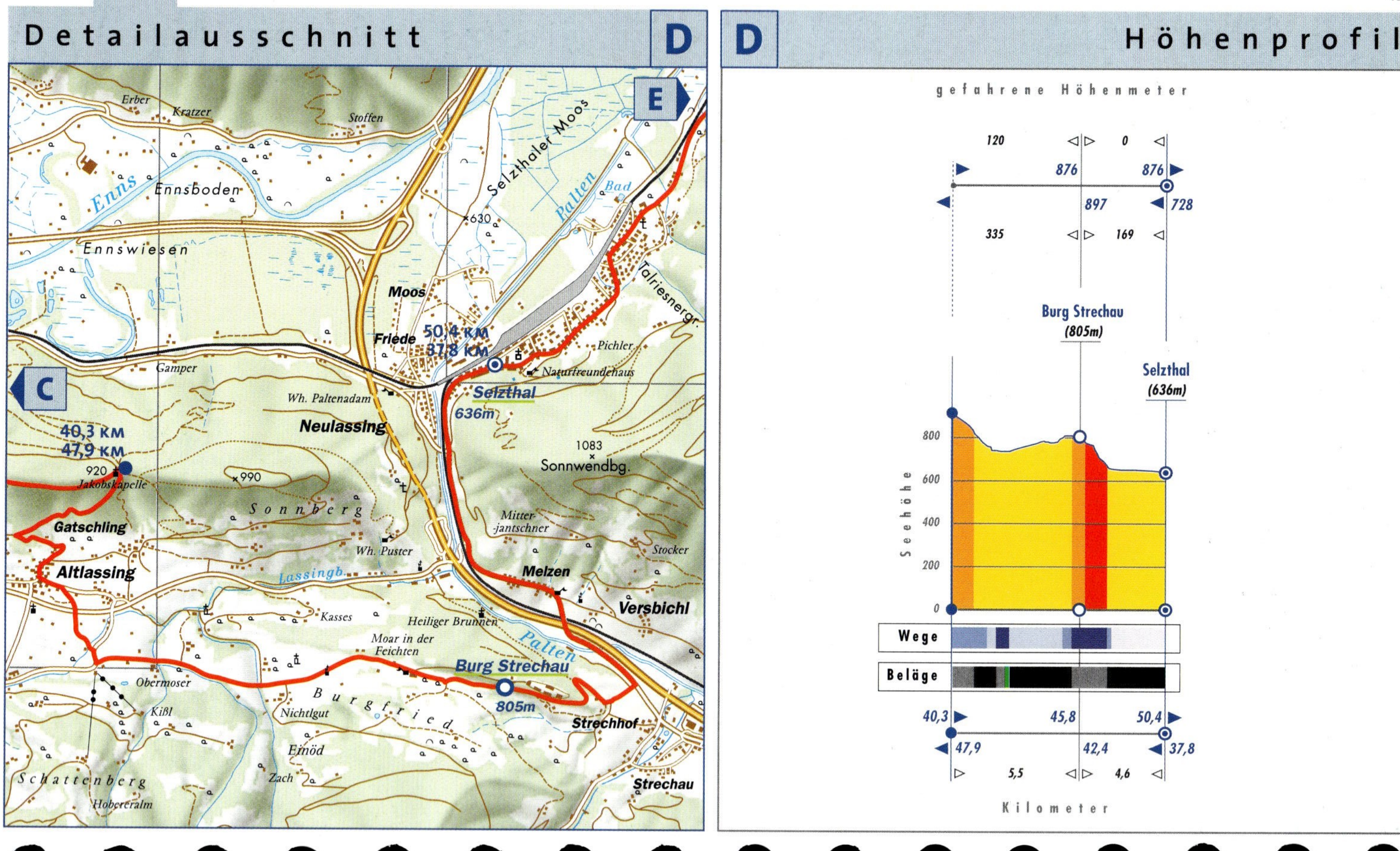

# Detailausschnitt

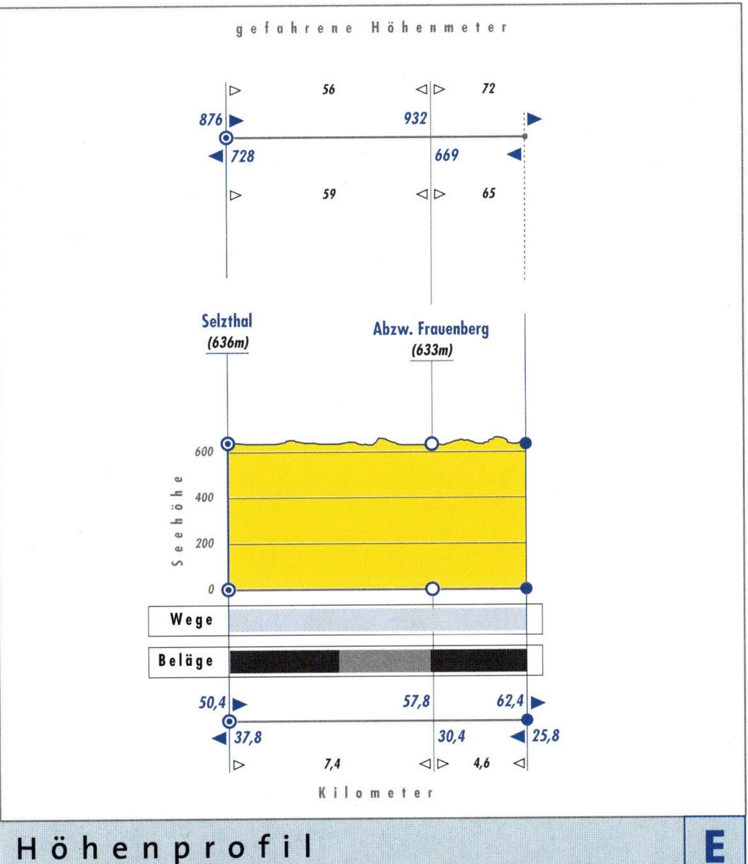


## Burg Strechau

*Rollen bei Lassing – Lässige Wege entlang der Burg – Hauptstraße nach Selzthal.*

## Selzthal

*Eisenbahnknoten und somit günstiger Einstieg für Bahnreisende – Flach und lang am Berg und Gleis entlang.*

## Abzweigung Frauenberg

*Ennsboden – Frauenberg – Kirchenblick.*

**! Tipp am Ra*(n)*de – Info und Buchungshotline der Alpentour**
Information und Buchung der Alpentour-Wirte unter
**www.alpentour.at**
oder bei
**Graz Tourismus**
Tel.: +43 316 8075-63
e-mail: alpentour@graztourismus.at

## Detailausschnitt F

## G Detailausschnitt

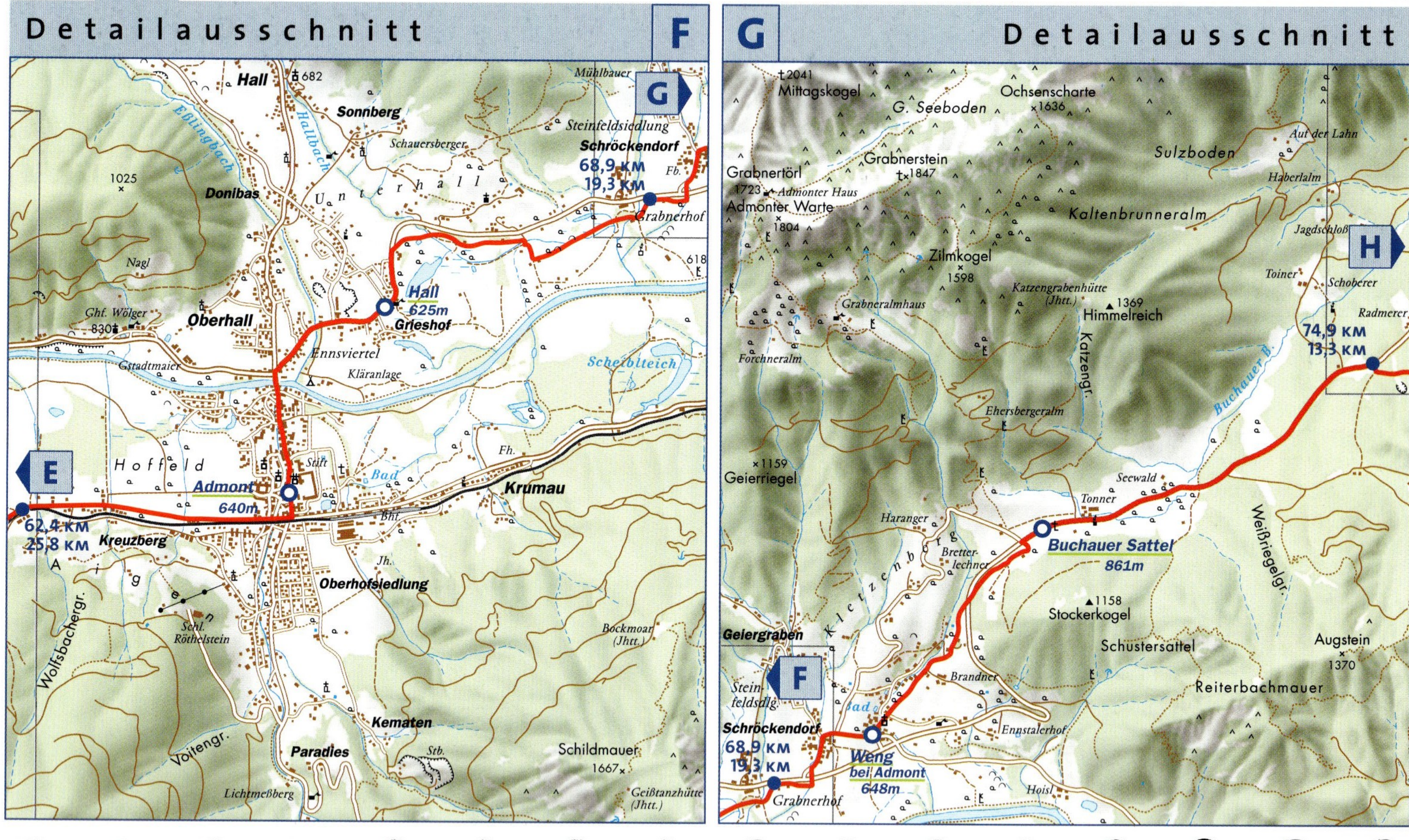

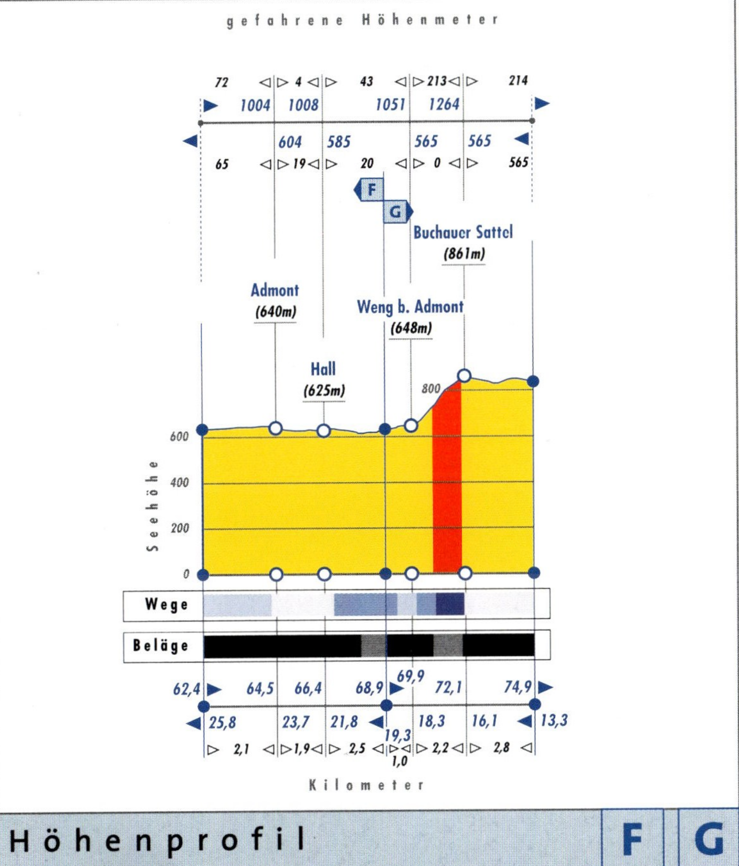


## Admont, Hall

*Weitere Ennsbodenrollerei – Stift Admont mit weltberühmter Stiftsbibliothek und großem Waldbesitz, der garantiert nicht brüderlich mit den Mountainbikern geteilt wird. Deswegen wird das vorliegende Buch wahrscheinlich auch nicht Eingang in das Register der Stiftsbibliothek finden.*

## Buchauer Sattel, Weng

*„Giftige Steigungen" Kapitel 2 – Kurz und knackig – Teile der Wegstrecke präsentierten sich vor der Inbesitznahme durch die Biker als Bachbett – Forststraßiges Auf und Ab unterbrochen von „Giftige Steigungen" Kapitel 3 (noch kürzer und noch knackiger) – Wunderschöne Rollerstrecke am Bach mit Wasserspielgelände (gibt es wirklich!).*

**! Tipp am Ra*(n)*de – Alpentour-Feedback**
Alles was den Alpentourbiker freut oder stört, kann an kompetenter Stelle abgeladen werden. Die Meinung zum Alpentourbuch, Informationen über fehlende Wegweiser, positive und negative Erfahrungen mit den Alpentour-Wirten, Wünsche, Verbesserungsvorschläge, Anfragen und Beschwerden bitte per e-mail an: **alpentour@aon.at** oder wenn es wer allen sagen will: Gästebuch auf **www.alpentour.at**

Detailausschnitt H

Detailausschnitt I

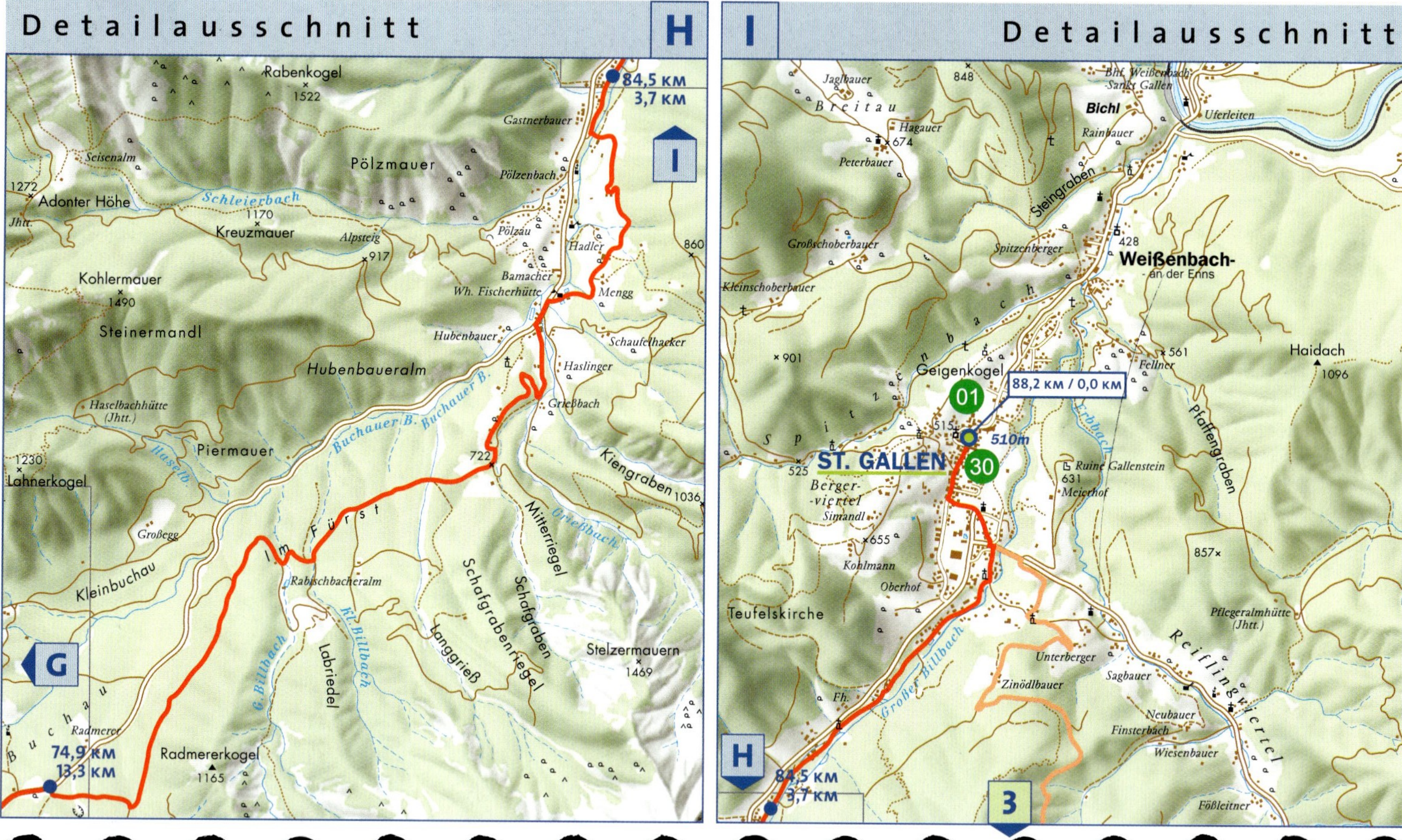

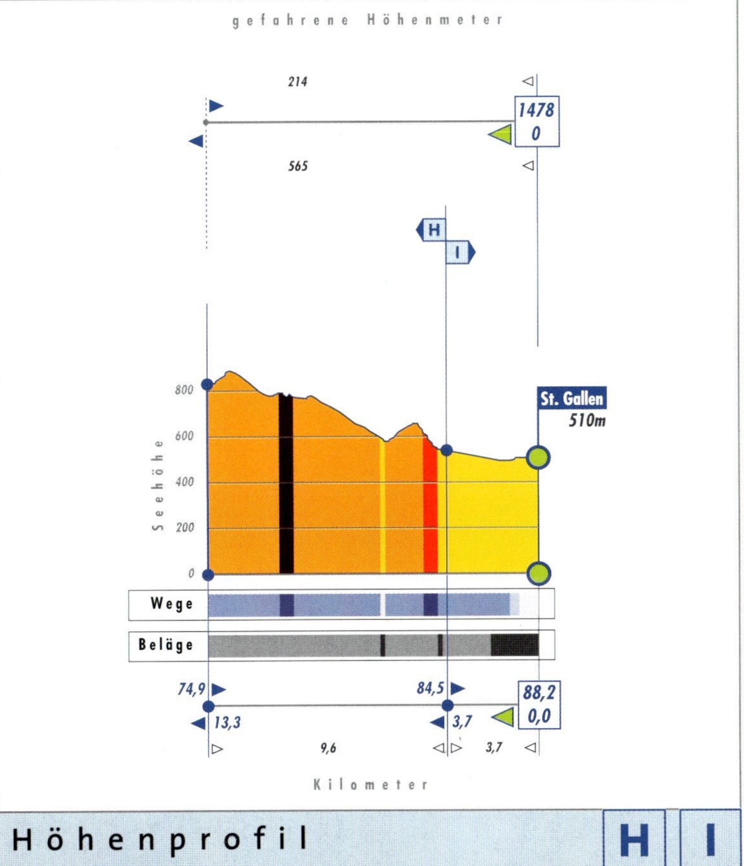


## St. Gallen

01 **Gasthof Hensle** **Tel. +43 3632 7171** (siehe S. 52)

30 **Bici-Sport-Trantura** **Tel. +43 3632 7775** (siehe S. 52)

**! Tipp am Ra(n)de – Die Hauptpunkte der Alpentour**

Zur besseren Übersichtlichkeit der Streckenabschnitte werden in der Karte und den Höhenprofilen die sogenannten Hauptpunkte der Alpentour angeführt. Es handelt sich meist um markante Stellen und Orte an der Strecke. Aus dem Höhenprofil sind die jeweiligen Entfernungen in Kilometern und Höhenmetern ablesbar. Vor Ort befinden sich an diesen Stellen immer zwei größere Wegweiser, die die Entfernungen (in km und hm) zu den nächsten Etappenorten in beiden Fahrtrichtungen angeben.

**! Tipp am Ra(n)de – Alpentour-Classic**

Das klassische Angebot der Alpentour-Wirte: Biken von Wirt zu Wirt mit Biker-Halbpension inkl. Gepäcktransport. Einstieg bei jedem Alpentour-Wirt möglich. Information und Buchung unter

**www.alpentour.at**

oder bei

**Graz Tourismus**

Tel.: +43 316 8075-63

e-mail: alpentour@graztourismus.at

## Alpentourwirt

## Pension Speckmoser

**Fam. Speckmoser**
**Zauchen 95**
**8983 Bad Mitterndorf**
**Tel.: ++43 3623/2567**
**Fax: ++43 3623/25674**
**speckmoser@salzkammergut-hotels.at**
**www.salzkammergut-hotels.at/speckmoser**

*Die Pension Speckmoser ist eine familiär geführte Pension, die spezielle Angebot für Biker und Wanderer anbietet.*

*Ausgangspunkt für 1.200 km Biketouren ins Salzkammergut. Spezielle Angebote für Mountainbiker.*

### Highlights

- *Im Haus steht Ihnen eine Sauna sowie ein umfangreiches*
- *Massageangebot zur Verfügung.*
- *Freier Eintritt ins Thermalbad Heilbrunn, 2 km vom Haus entfernt.*
- *Versperrbarer Radunterstellplatz mit Reparaturmöglichkeit.*
- *Kostenlose Abholung vom Bahnhof.*
- *Im Winter spezielle Angebote für Langläufer.*

## Alpentourwirt

## Landhotel Kanzler

**Familie Kanzler**
**Krungl 2**
**8983 Bad Mitterndorf**
**Tel.: ++43 3623/2260**
**Fax: ++43 3623/2260-3**
**landhotel.kanzler@badmitterndorf.at**
**www.goldenindex.com**

**Familienbetrieb seit 3 Generationen!**

*Zimmer mit DU, WC, SAT-TV und Telefon – Nach der Tour „Entspannung PUR"! Hallenbad, Sauna, Dampfsauna, Whirlpool, Massagen, Solarium, schöner Wellnessbereich.*
*Für Mountainbiker besteht kein Menüzwang, sondern – genießen Sie unser großes Salatbuffet und die hausgemachten regionalen und vegetarischen Speisen nach unserer aktuellen Restaurantkarte zum Halbpensionspreis!*

*Sie finden bei uns den* **idealen Ausgangspunkt** *für zahlreiche Mountainbike – Touren im Salzkammergut*

- *Service-, Wasch- und Einstellplatz für die Bikes!*
- *Kartenmaterial & Tourenbeschreibung!*
- *Gratis Wäscheservice!*
- *1000 km bestens ausgesuchte Strecken im Salzkammergut*
- *Mountainbiker-Pauschalen*
- *Bikerjause*
- *Leih-Bikes*
- *Versperrbarer Fahrradraum mit Werkzeug*
- *Down-Hill-Strecke*
- *Rückholdienst*
- *Wir liegen direkt am Salzkammergutradweg 19*

# Bergregion Grimming

## Die Alpentour in der Bergregion Grimming:

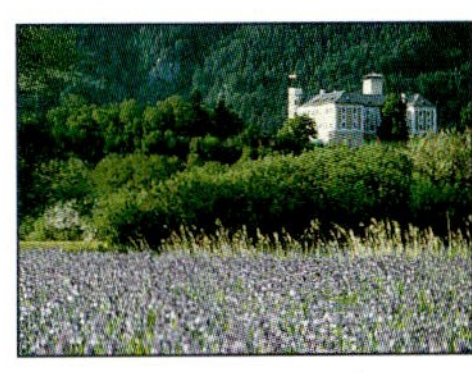

*Am Übergang des Steirischen Salzkammergutes zur Bergregion Grimming liegt mitten im Ennstal am Fuße des Grimming (2351 m) das malerische* **Schloss Trautenfels**. *Als Burg Neuhaus erstmals 1260 urkundlich genannt, verfügt der Herrschaftssitz über prachtvolle barocke Gemälde und Stuckdecken. Mit dem Landschaftsmuseum und den jährlich wechselnden Sonderausstellungen werden dem Besucher täglich besondere Meisterwerke präsentiert. Der Schlosswirt bietet mit einem großen Gastgarten allen Radfahrern und Ausflüglern eine traumhafte Aussicht über das Ennstal sowie kulinarische Köstlichkeiten. Ein lohnender Abstecher führt in das* **„Kripperl der Steiermark“** *nach Pürgg. Die Pfarrkirche und weltberühmte Johanniskapelle mit Fresken aus dem 12. Jahrhundert können auch mit Führung besichtigt werden.*

*Durch Wörschachwald hindurch geht's hinauf zum* **Spechtensee**, *einem idyllisch gelegenen Alpensee, der auch einen traumhaften Bogenschützenparcours beheimatet. Die anspruchsvolle Abfahrt Richtung Wörschach bietet einen der schönsten Ausblicke über das Ennstal. Das Stainacher Erlebnisbad und der* **wärmste Alpenmoorsee** *der Steiermark – der Putterersee – laden zu einem Sprung ins erfrischende Nass. Zusätzlich können in Stainach eine der ältesten Kirchen des Ennstals (Kirche Niederhofen) und in Aigen im Ennstal die letzterbaute Kirche der Steiermark im 2. Jahrtausend (Kirche zum Hl. Florian) besucht werden. Bei der Ortsdurchfahrt durch Wörschach stechen die Pfarrkirche St. Anna und die* **Burgruine Wolkenstein** *ins Auge.*

*Nach einem Abstecher zu Fuß in die* **Wörschachklamm** *(eine der schönsten Österreichs) locken steirische Schmankerl in den verschiedensten Gaststätten. Die weitere Route führt am Wörschacher Moos vorbei zu den Freizeitanlagen von Weißenbach und hinauf über den Mitterberg zur prächtigen* **Burg Strechau**.

*Nach der Durchfahrt durch den Bahnknotenpunkt Selzthal lockt die von weitem sichtbare* **Wallfahrtskirche Frauenberg** *Fotografen und Kulturfreunde nach Ardning und weiter nach Admont. Das weithin bekannte Benediktiner Stift beherbergt neben einem kunst- und naturhistorischen Museum auch die weltgrößte Stiftsbibliothek. Eine Vielzahl von Konditoreien und Gasthöfen versüßen den Aufenthalt in der Gesäuse-Region. Von Admont aus führt die Route weiter durch die malerischen Orte Hall/Admont und Weng bis zum letzten großen Anstieg vor St. Gallen – dem Buchauer Sattel.*

**Tourismusregionalverband**
**Bergregion Grimming**

**Hauptplatz 11**
**8940 Liezen**
**Tel.: ++43 3612/24525**
**Fax: ++43 3612/25826**
**trv@urlaubsland.at**
**www.urlaubsland.at**

## 01 Alpentourwirt

### Gasthof Hensle ★★★

**Familie Guttmann**
**Markt 43**
**8933 St. Gallen**
**Tel.: ++43 3632/7171**
**Fax: ++43 3632/717123**

**gh.hensle @utanet.at**
**www.tiscover.com/gasthof-hensle**

**Das romantische Haus am Marktplatz!**
*Unser Betrieb liegt direkt am Ennsradweg und an der Alpentour-Steiermark. Wir sind ein bikerfreundliches Unternehmen, und unser Gasthof bietet Ihnen beste Unterkunft und „Radler"-gerechte Verpflegung. Die Wirtsleute „biken" selbst und können Ihnen über Ihre Touren bestens Auskunft geben. Unsere Küche bietet vorwiegend Produkte aus dem Naturpark Eisenwurzen. Die neu eingerichteten Zimmer in der Dependance bieten Ihnen den idealen Erholungswert mit „Wohlfühlgarantie".*

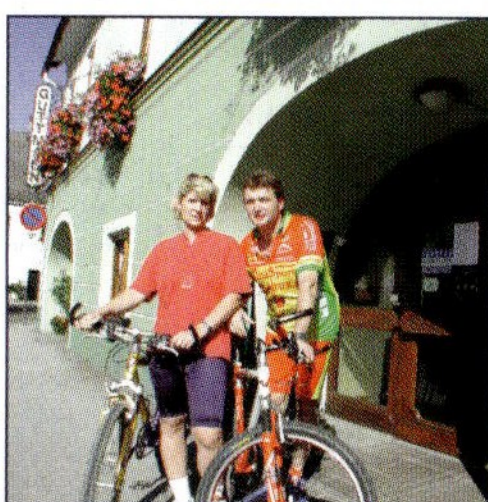

- *38 Betten*
- *Radtransfer*
- *Radgarage*

*Radtransfer von St. Gallen auf die Mooshöhe (Ausgangspunkt für das Hintergebirge im Nationalpark Kalkalpen)!*
*Radausflüge: Durch das Reichraminger Hintergebirge, St. Gallner Runde durch den Naturpark Eisenwurzen, Mountainbiken auf der Alpentour-Steiermark und rund um St. Gallen.*

## 30 Alpentour - Service-Point

**Ihre Servicestelle im Naturpark Eisenwurzen**

### Bici-Sport Trantura KEG

**Anna u. Max Trantura**
**Markt 46**
**8933 St. Gallen**
**Tel. u. Fax: ++43 3632/7775**
**bicisport@surfeu.at**
**Service Hotline: 0664/411 8673**

*Mitten im herrlichen Österreich, im nördlichsten Teil der Steiermark, umgeben von den Gesäusebergen im Naturpark Eisenwurzen liegt der schöne Markt St.Gallen. Sport und Kultur sind seit vielen Generationen schon ein fixer Bestandteil dieser Region.*
*Auch der Radsport in allen Arten findet hier sein zu Hause, ebenso wie unser Radshop* **Bici-Sport-Trantura**. *Direkt im Zentrum von St. Gallen haben wir uns vor über 20 Jahren angesiedelt und lassen durch unsere typisch italienische Gestaltung und Atmosphäre Radsportherzen höher schlagen. Pinarello – Colnago – Fondriest sowie Scott – G.Fischer – Trek – Klein sind nur einige Marken, die wir hier nennen möchten. Handarbeit wird bei uns nach wie vor groß geschrieben. So wird der Großteil der Räder in verschiedenen Farben und Größen ganz nach Wunsch des Kunden zusammengebaut, die richtige Rahmengröße für das Rennrad oder Mountainbike wird über das Multi-Media-Data-System Italia ermittelt. Mit Rädern von* **Bici-Sport-Trantura** *sind sie immer in richtiger Position und fahren um Klassen besser.*

# St. Gallen – Palfau

Sie hätten natürlich auch Tunnel und Brücken bauen können. Oder jede Gebirgsgegend großräumig umfahren, man muss ja nicht immer ganz oben sein. Haben sie aber nicht. Unsere Vorfahren, die in mühsamer Arbeit Pfade durch die alpinen Wälder schlugen, setzten lieber auf die Bezwingung der schiefen Ebene und auf das ständige Auf und Ab der Gebirgspässe und Talquerungen. Schiefer als durch dieses edle Schiefergestein geht's wohl nicht. Ganz nach dem beliebten Motto: Der Weg zu mein' Dirndl is stoanig. In diesem Fall sind es bei St. Gallen vor allem die Gallensteine, die purzeln.

Die Bezwingung dieser halsbrecherischen Strecken war schon immer ein Abenteuer. Nicht ohne Grund heißt es ja: zur Strecke bringen. Freilich, damals nannte man den tollen Singletrail noch Eselspfad, und wenn jemand zur Strecke gebracht wurde, dann waren es Lastesel oder Maultiere. Doch die Zeit bleibt nicht stehen, im 20. Jahrhundert wurde das Rad neu erfunden und die Zeit für den hochalpinen Drahtesel war reif. Irgendwie müssen die Altvorderen schon damals an die Weiterentwicklung des Alpentransits gedacht haben: Irgendwann, in ferner Zeit, werden unsere in edles Transtex gehüllten Nachfahren diesen Wahnsinn nachfahren. (Jetzt wissen wir auch, warum wir Nachfahren heißen.) Hoch oben in den Ennstaler Alpen spüren Biker sehr schnell, was schlaue Physiker einst errechnet haben: Arbeit ist Kraft mal Weg. Und Arbeit ist gleich die doppelte Arbeit, wenn die Kraft erst einmal weg ist. Darum drei Bike-Regeln: Beim Zinödl sollst Du nicht trödeln. Am Karl-August-Steig wird Dir schwarz vor den Augen. Und wer beim Anstieg zur Naturfreundehütte noch immer Naturfreund ist, sollte rasch entmündigt werden.

Erst spät am Abend, wenn nach der Kraft endlich auch der Weg weg ist, tritt in den Wirtshäusern rund um Palfau das Hebelgesetz in Kraft: Wer schwere Bierkrüge stemmt, darf frische Gerstenkraft tanken. Denn Hopfen und Malz sind noch lange nicht verloren.

Foto: Malin

# Streckenabschnitt 3

Steirisches Oberland, Naturpark Eisenwurzen
A-8933 St. Gallen, Marktplatz 35, Tel.: +43 3632/7714

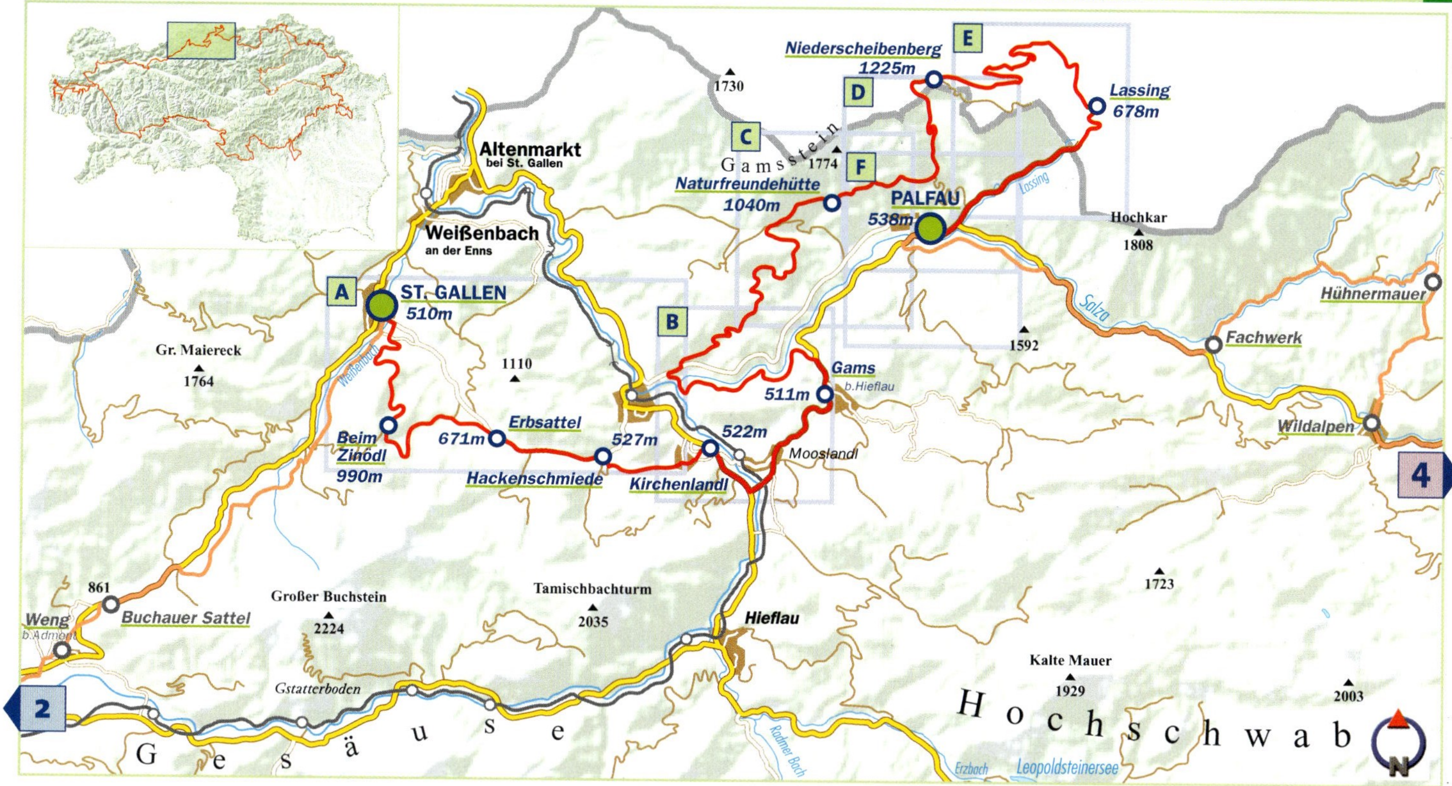

Niederscheibenberg 1225m
E
D
C
F
Lassing 678m
1730
Gamsstein 1774
Naturfreundehütte 1040m
PALFAU 538m
Lassing
Hochkar 1808
Altenmarkt bei St. Gallen
Weißenbach an der Enns
A
ST. GALLEN 510m
B
Salza
Hühnermauer
Fachwerk
1592
Gr. Maiereck 1764
Weißenbach
1110
Gams b.Hieflau 511m
Wildalpen
Beim Zinödl 990m
671m Erbsattel
527m
522m
Moosland!
Hackenschmiede
Kirchenlandl
4
861
Weng b.Admont
Buchauer Sattel
Großer Buchstein 2224
Tamischbachturm 2035
Hieflau
1723
Kalte Mauer 1929
2003
Gstatterboden
2
Gesäuse
Hochschwab
Radmer Bach
Erzbach
Leopoldsteinersee
N

M 1:210 000

| **St. Gallen – Palfau** | 71,8 km | 2130 hm |
|---|---|---|
| **Palfau – St. Gallen** | 71,8 km | 2102 hm |

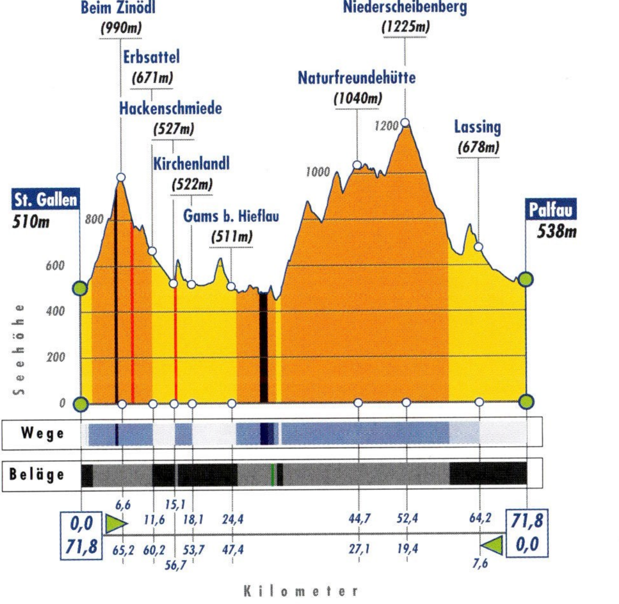

## Kurz gesagt:

Zähe Anstiege, herrliche Abfahrten.

## Startpunkt:

St. Gallen (510 m) am Hauptplatz bei der Tourismusinformation.

## Etappentelegramm:

St. Gallen, Forstwege in prachtvollen Wäldern – Ein steiler Schnapper nach Landl – Gams, wilde Steige mit Steilabbrüchen zur Salza – Panoramastrecke durch gewaltige Steilhänge – Ein Abstecher ins Niederösterreichische – Lange Abfahrt, Gegenstieg und Ausrollen nach Palfau.

## Abkürzungen:

Statt über die Forstwege beim Zinödl auf der Hauptstraße zwischen St. Gallen und Erbsattel.

## Wichtige Hinweise:

Labestationen meist nur in den Tälern.

## Streckenstatistik (Km / %)

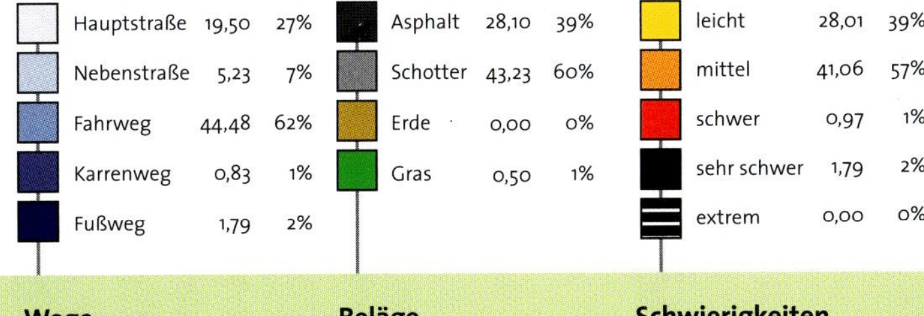

| Wege | km | % | Beläge | km | % | Schwierigkeiten | km | % |
|---|---|---|---|---|---|---|---|---|
| Hauptstraße | 19,50 | 27% | Asphalt | 28,10 | 39% | leicht | 28,01 | 39% |
| Nebenstraße | 5,23 | 7% | Schotter | 43,23 | 60% | mittel | 41,06 | 57% |
| Fahrweg | 44,48 | 62% | Erde | 0,00 | 0% | schwer | 0,97 | 1% |
| Karrenweg | 0,83 | 1% | Gras | 0,50 | 1% | sehr schwer | 1,79 | 2% |
| Fußweg | 1,79 | 2% | | | | extrem | 0,00 | 0% |

Wege | Beläge | Schwierigkeiten

# Detailausschnitt

A

0,0 KM / 71,8 KM
ST. GALLEN
510m
01 30
Geigenkogel
515
Gh. Ederer
Berger-viertel
Simandl
Ruine Gallenstein
631
Meierhof
Laboden
Pfaffengraben
655
Kohlmann
Oberhof
857
Pflegeralm-hütte (Jhtt.)
Reiflingviertel
Unterberger
Sagbauer
Zinödlbauer
Großer Billbach
Neubauer
Finsterbach
Wiesenbauer
Oberreith
Fößleitner
Stockingeralm
Abel
867
Meierhube
Erbbach
Zinödlberg
1294
Beim Zinödl
990m
860
1096
Schwarzsattel
Jh. Schindlgraben
799
Maierbach
Rauchkuppe
1136
Erbsattel
671m
Schoberer
Stangl
Schloß Kassegg
Kotgr.
Leitenbauer
Sittlinger
Erb
Grünbauer
Peter
Hubenbauer
Stadelbauer
Gh. Schnabl
Pfarrerlucke
588
Wolfsbach
Wegscheid-hütte
Rehkogel
972
985
Rotbach
Hochkogel
Schwarzkogel
Jhtt.
Toter Mann
1045
Jhtt.
1110
Sittlingerkg.
Lärchkogelhütte (Jhtt.)
1087
Lärchkogel
Steinau
Graßbichlhütte (Jhtt.)
Futtergraben
940
Hörndlkg.
Jhtt.
Wedelalm
Eckhütte (Jhtt.)
Scheiblingbach
Scheiblinghof
Kupfer
Hackenschmiede
527m
Fh.
Übergang
Kern
Erk
Enns
Oberauer
Krippau
Blöckenbach
Nasenbauer
Ramsauhof
712
Reiflingberg
449
Bhf.
Großreifling
Sportplatz
Wh. Peterbauer
871
Lehenberg
Jodlbauer
955
Krippaubach
Kienaspitze
994
Kiena-bauer
Salza
Salzabauer
Rainbauer
Pg
17,3 KM
54,5 KM
546
Kirchenlandl

2

B

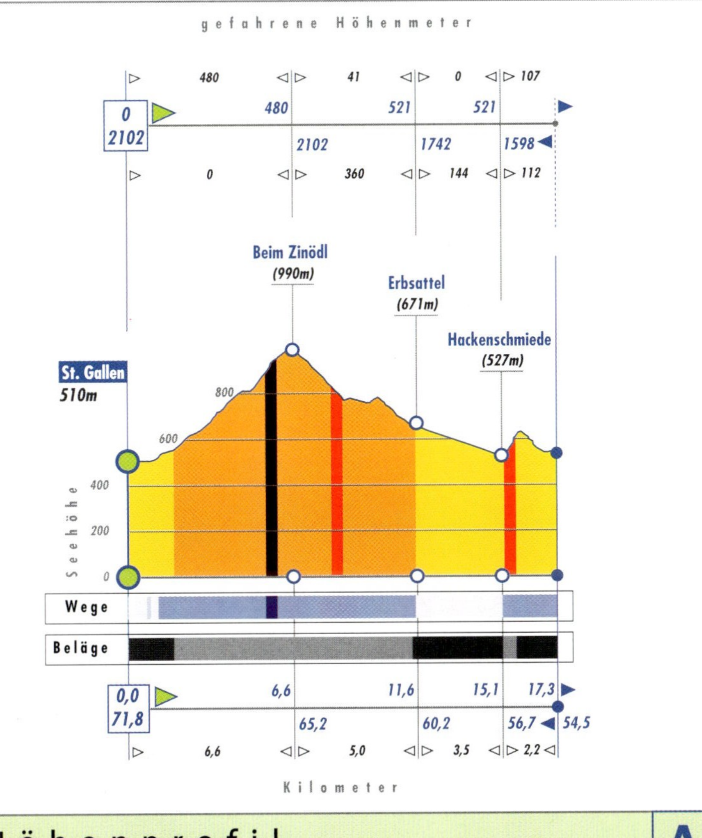


## St. Gallen

01 **Gasthof Hensle** **Tel. +43 3632 7171** (siehe S. 52)

30 **Bici-Sport-Trantura** **Tel. +43 3632 7775** (siehe S. 52)

*Heimatort der Alpentourpioniere – Die Burg Gallenstein wacht über die Biker – Wiesen, Wälder, Bäche – 500 Höhenmeter zum Aufwärmen.*

## Beim Zinödl

*Wer Wald hat, hat Forstraßen. Wer Forststraßen hat, hat Mountainbiker. Zur Fortbewegung über längere Distanzen eignen sich diese Autobahnen der Waldbewirtschaftung vorzüglich und bieten Lebensraum für Forstfahrzeuge, Biker und Wanderer . Das Zusammenleben dieser grundverschiedenen Spezies bewegt sich zunehmend von Zwietracht nach Eintracht.*

## Erbsattel

*Wer erbt nicht gerne? Vor allem dann, wenn man den Erblasser vorher nicht gekannt hat. Der Erbsattel vermacht uns ein langes, gerades Abgleiten auf glattem Asphalt.*

## Hackenschmiede

*Gleitstück hinter uns, Tretstück vor uns – Wir schwingen uns aus den Niederungen des Tales auf zu einem Punkt, der Übergang heißt und den wir zur Überfahrt nutzen – Steile Sache mit gemütlicher Rückseite.*

## Detailausschnitt B

## Detailausschnitt C

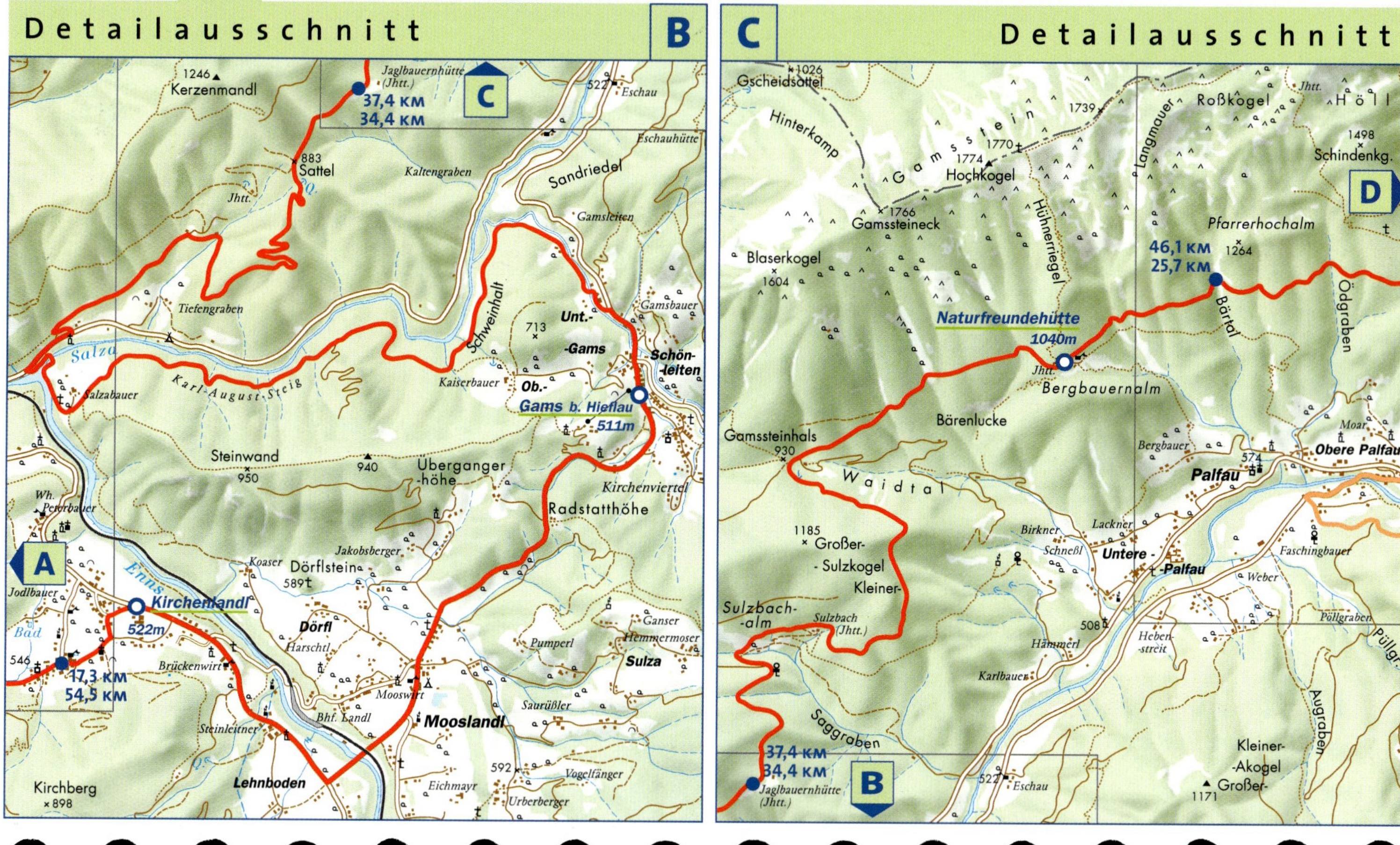

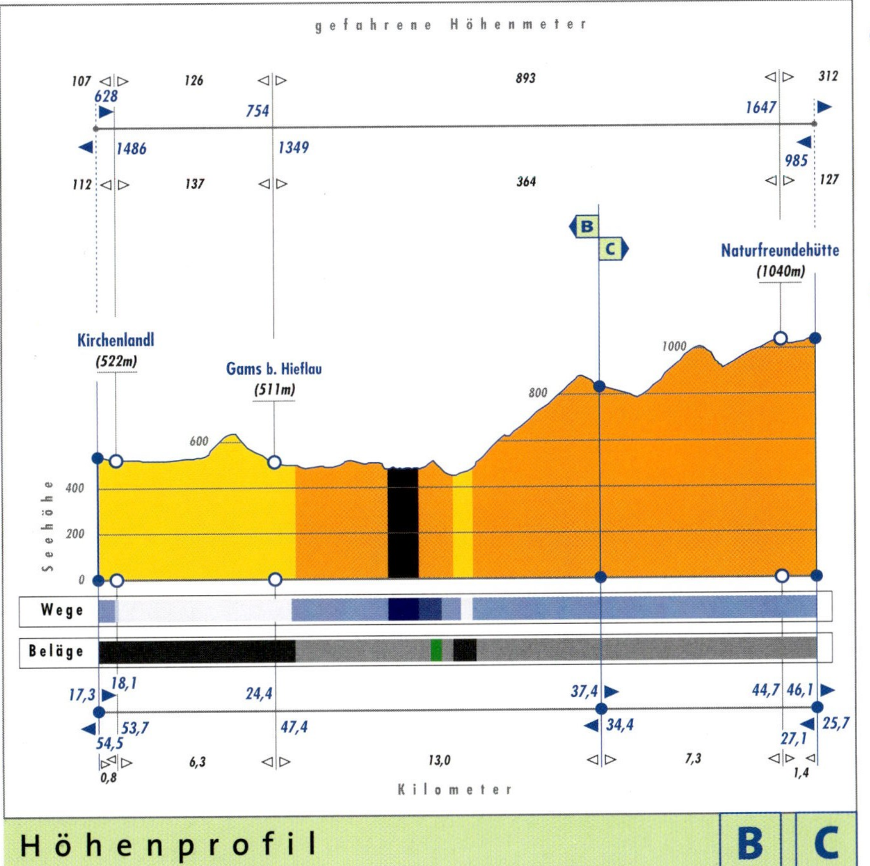


3

## ○ Kirchenlandl

*Kirchenlandl (inklusive Kirche), Wiedersehen mit der Enns (inklusive Brücke) und Mooslandl (inklusive Badeteich) in schnellem Aufeinanderfolgen bei minimaler Anstrengung und maximaler Straßenbreite mit durchschnittlichem Verkehrsaufkommen (sprich: Hauptstraße).*

## ○ Gams bei Hieflau

*Bachuferpromenadenweg (Gamsbach) mit Übergang zu Flußuferpromenadenweg (Salza-Uferweg, erstes Vorkommen) in harmlos forststraßlicher Ausformung etwas über den Dingen – Abrupter Eintritt in die Welt des Steiges (Singletrail, für die Leser einschlägiger Magazine), namentlich Karl-August-Steig – Dieser Karl-August muss ein begnadeter Biker gewesen sein. Sein Steig ist nämlich teilweise teuflisch: Prinzipiell, wenn auch schwer, fahrbar. Allerdings lautet die Strafdrohung bei Ausrutschern auf „Freier Fall senkrecht Richtung Salza"! Die große Fallhöhe lässt dem Stürzenden sicherlich genügend Zeit, sein bisheriges Bikerleben Revue passieren zu lassen. Also: Lieber schieben als fliegen! – Dann letzter Ennsblick, gestaute Sache.*

Detailausschnitt D

Detailausschnitt E

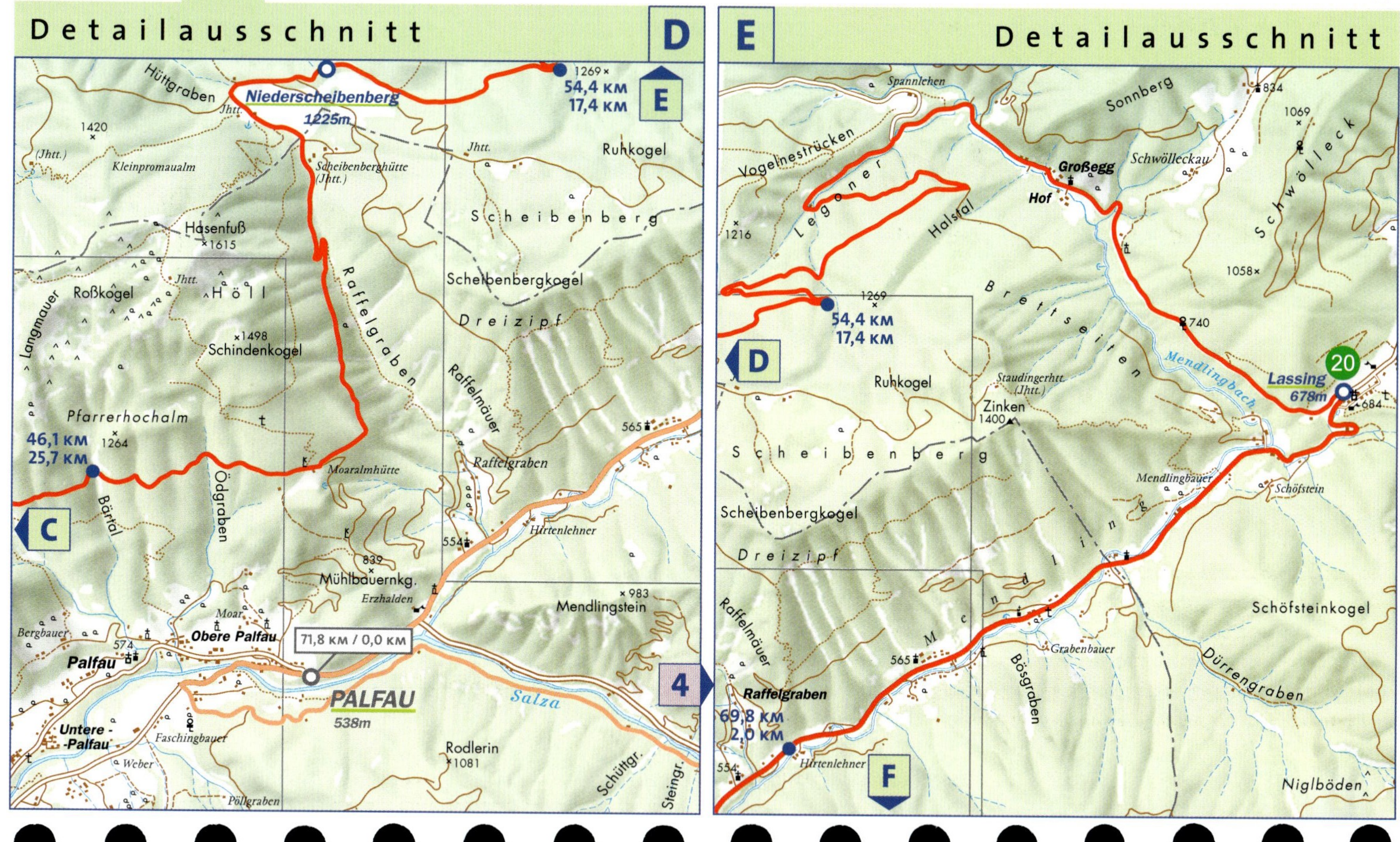

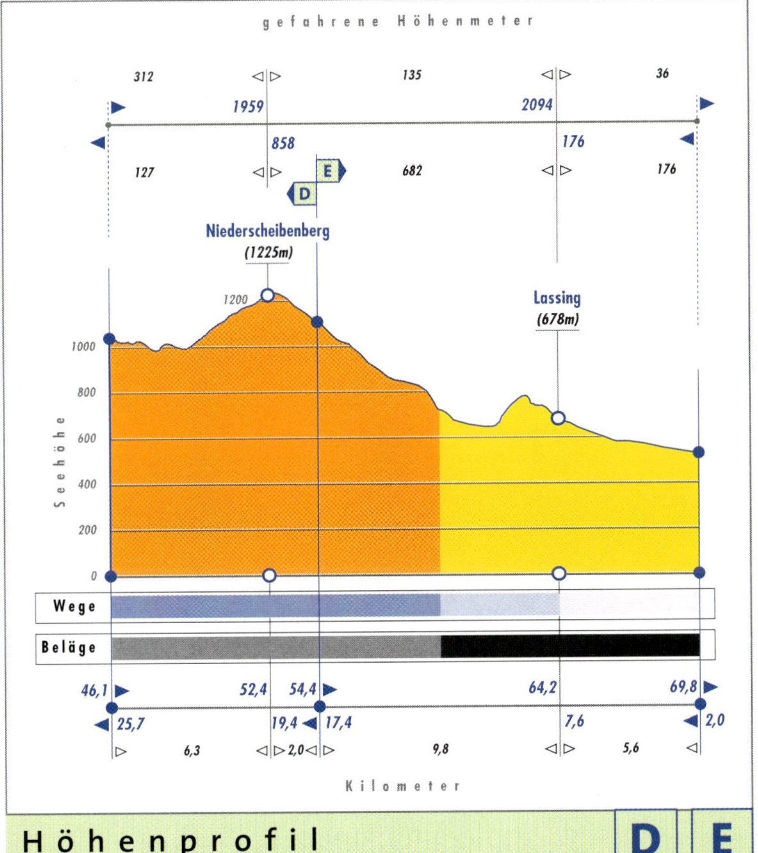


3

## Naturfreundehütte

*Die Geschichte einer Annäherung! Wenn der Weg das Ziel ist, dann ist der Biker hier auf dem richtigen Weg. Das Ziel taugt als Ziel aufgrund von unkalkulierbaren Öffnungszeiten nur sehr bedingt. So gesehen dient der Begriff Hütte hier meist nur als architektonische und nicht als gastwirtschaftliche Bezeichnung – Nebenbei: Die umgebenden Forststraßen erscheinen endlos und auch endlos trocken, wenn in Gams kein Wasser in die Flaschen gefunden hat.*

## Niederscheibenberg

*Höchster Punkt der Etappe heißt Nieder-, ist es ganz und gar nicht und liegt darüberhinaus in Niederösterreich – Almerisch – Elendslanger Forststraßen-Abwärtsfetzer.*

## Lassing

**20 Gasthof Fahrnberger Tel. +43 07484 72 34** (siehe S. 64)

*Mendlingtal, Mendlingbach, Erlebniswelt mit betriebsfähiger Holztriftanlage – wohlverdientes „Austriften" auf der Straße mit Bundeslandwechsel – Die Steiermark grüßt, Biker grüßt zurück, wenn er noch kann.*

## Palfau

**11 Gasthof Stiegenwirt Tel. +43 03638 219** (siehe S. 64)

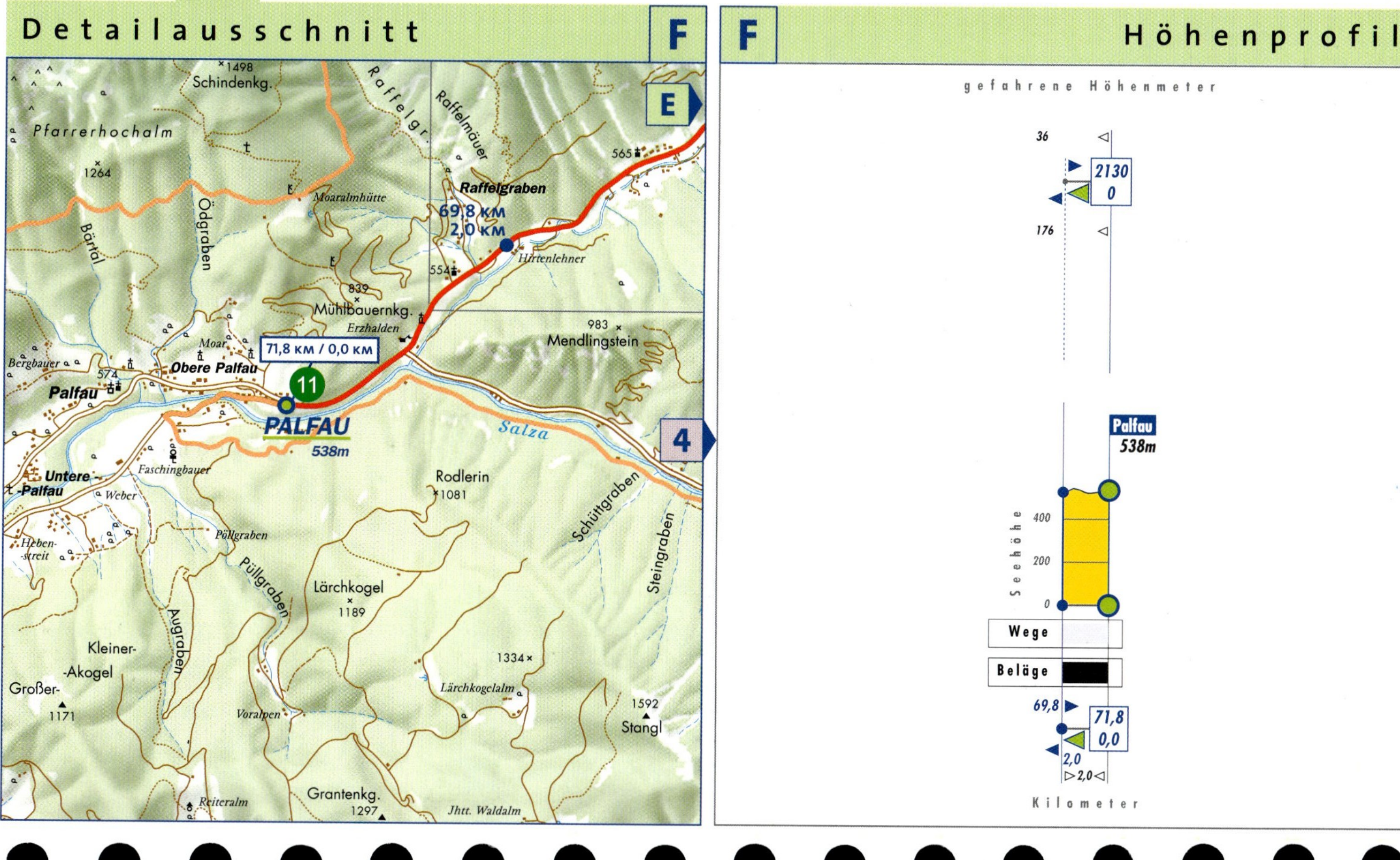
3
Detailausschnitt
F
F
Höhenprofil
E
4
1498
Schindenkg.
Pfarrerhochalm
1264
Raffelgr.
Raffelmäuer
565
Raffelgraben
Moaralmhütte
Bärtal
Ödgraben
69,8 KM
2,0 KM
Hirtenlehner
554
839
Mühlbauernkg.
Erzhalden
983
Mendlingstein
Moar
71,8 KM / 0,0 KM
Bergbauer
574
Obere Palfau
Palfau
11
PALFAU
538m
Salza
Faschingbauer
Untere-
-Palfau
Weber
Rodlerin
1081
Schüttgraben
Steingraben
Heben-
-streit
Püllgraben
Püllgraben
Lärchkogel
1189
Augraben
Kleiner-
-Akogel
Großer-
1171
1334
Lärchkogelalm
Voralpen
1592
Stangl
Reiteralm
Grantenkg.
1297
Jhtt. Waldalm
gefahrene Höhenmeter
36
2130
0
176
Palfau
538m
Seehöhe
400
200
0
Wege
Beläge
69,8
71,8
0,0
2,0
2,0
Kilometer

# Tourismusregionalverband Steirisches Oberland

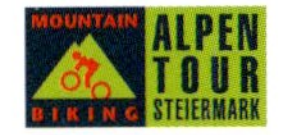


## Naturpark Steirische Eisenwurzen

*Abseits des Massentourismus finden Sie im Naturpark Eisenwurzen traditionelles Kulturgut und Naturdenkmäler. Der Naturfreund erlebt auf Waldwegen und bei Bergtouren sowie beim Wildwassersport, Mountainbike und Extrembergsteigen einzigartige landschaftliche Attraktionen. Freundliche Gasthäuser, Bauernhöfe und Pensionen sorgen für das Wohlergehen der Gäste.*

**Weitere Infos: www.oberland.cc**

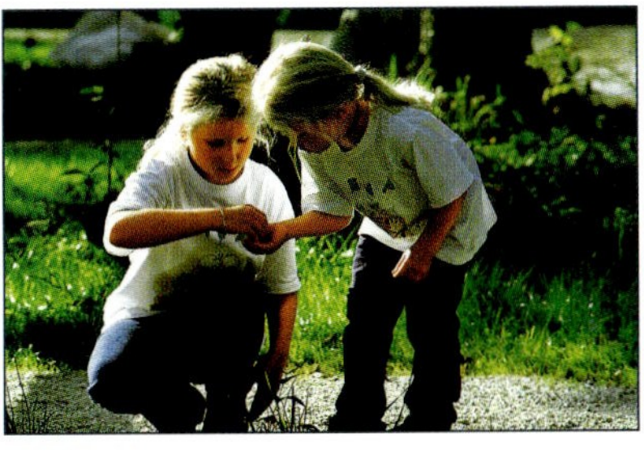

## Wasserspielpark Eisenwurzen

### Erlebbarkeit des Elements Wasser

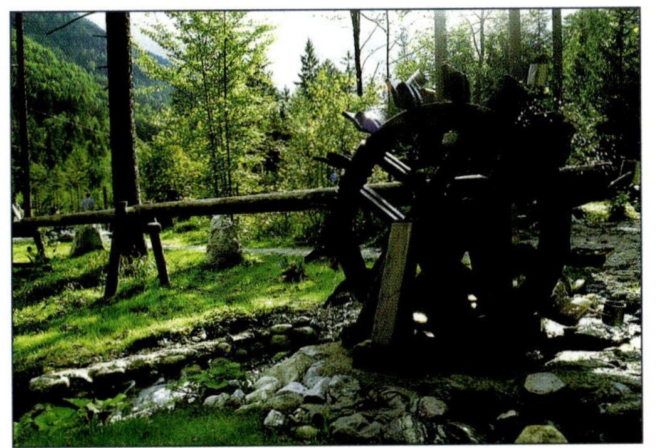

*Die Eigenschaften des lebensspendenden Elements stehen im Mittelpunkt des „Wasserspielpark Eisenwurzen". Wasser fühlen, staunen, fließen lassen, umleiten, transportieren und damit transportiert werden – das alles trägt dazu bei, auf lustvolle Weise Erfahrungen zu sammeln.*
*Wissen wird durch Spaß und Freude am eigenständigen Erarbeiten vermittelt. Schöpfräder und Stauanlagen veranschaulichen die Kraft des Wassers. Anhand von Archimedischen Spiralen fließt das feuchte Nass bergauf, und wird dort auch gleich als Antrieb unserer Holztriftanlage genutzt.*

**Tourismusregionalverband**
**Steirisches Oberland**
**Naturpark Eisenwurzen**
**Markt 35**
**8933 St. Gallen**
**Tel.: ++43 3632/7714**
**Fax: ++43 3632/7714-10**
**naturpark@steirer-oberland.co.at**
**www.eisenwurzen.com**

20 **ALPENTOURWIRT**

## GASTHOF FAHRNBERGER

**FAMILIE NAHRINGBAUER**
**LASSING 19**
**3345 GÖSTLING/YBBS**
**TEL.: ++43-7484-72340**
**FAX: ++43-7484-723450**
**ghfahrnberger@netway.at**
**www.tiscover.com/gh-fahrnberger**

**BIKER-GASTHOF**
*mit gemütlicher Atmosphäre und guter regionaler Küche*

- *Nette Zimmer*
- *Sauna, Solarium, Massage*
- *Schattiger Gastgarten*
- *Hauseigener Bioschwimmteich*

**DIREKT AN DER ALPENTOURSTRECKE GELEGEN!!!**

11 **ALPENTOURWIRT**

## GASTHOF STIEGENWIRT

**FAM. THALHUBER**
**8923 PALFAU 159**
**TEL.: ++43 3638/219**
**FAX: ++43 3638/2194**
**office@stiegenwirt.at**
**www.stiegenwirt.at**

*Unser Haus liegt direkt an der Alpentour im Etappenziel Palfau.*
*Wir bieten Ihnen sportlergerechte Speisen und schöne Zimmer, ausgestattet mit Du/WC, TV und teilweise Balkon.*
*Gerne nehmen wir Ihre Reservierung auch per E-mail an!*

*Als Ausgangspunkt für Raftingtouren lassen sich bei uns zwei traumhafte Naturerlebnisse,* **RAFTING UND MOUNTAINBIKING**, *optimal verbinden.*

*Natürlich haben wir auch entsprechende Angebote für Sie vorbereitet. Nach einem anstrengenden Tag können Sie in der Sauna oder lieber im Gastgarten den Tag ausklingen lassen und sich entspannen.*

**KENNEN SIE SCHON DAS ALPENTOUR - PUZZLE??**
*Zwei Etappen der Alpentour erleben, ohne dabei das Quartier zu wechseln.*

# Palfau – Mariazell

*Wer braucht schon den Euro?* Alpentour-Fahrer haben längst ihre Einheitswährung: Moos, Schotter, Flieder. Ganz einfach Kies eben. Und besonders im Frühling viele Blüten. Bezahlt wird sowieso auf der ganzen Strecke: Mit Schweiß, mit blauen Flecken, mit ganzem Einsatz. Wer sich schon jemals an die Inflation (lateinisch: Aufblasung) eines Fahrradschlauchs gewagt hat, der fühlt sich nachher mit Sicherheit geschlaucht. Ohne Fleiß kein Preis, und bei diesen Preisen bleibt einem ganz schön die Luft weg.

Andererseits kriegt man auf der Alpentour auch eine Menge geboten. Man fährt im edlen Cabrio über chromblitzende Bäche. Das Getriebe macht jeden Fahrer zum Getriebenen. Der Motor kommt nur selten ins Stottern, weil ihm meist sowieso schon beim ersten Anstieg die Luft ausgeht. Apropos Luft: Die ausgefeilte Zwei-Ventil-Technik sorgt bei Überdruck für eine wahre Leistungsexplosion. Auch die extrem sportliche Abstimmung des Luxusgefährts kann sich sehen lassen: Zwei Gaspedale (klick, klick!), dafür aber kein Bremspedal. Eine Direktlenkung, die schon kleinste Fehler zum überschlagenden Erlebnis macht. Die straffe, sportwagenähnliche Federung und die überragende Straßen(-graben-)lage vollenden das Vergnügen. Sogar von ungeübten Fahrern kann das Gefährt in jeder einigermaßen rutschigen Kurve mühelos tiefergelegt werden. Dazu kommen noch vielfältige Extras: Alufelgen und Breitreifen helfen über jeden Komplex hinweg. Die ausgereifte Open-Air-Vollklimatisierung lässt Regen, Schnee, orkanartige Sturmböen oder sogar heftige Gewitter zum hautnahen Erlebnis werden. Wer Luxus liebt, wird sich über feinste heimische Hölzer und geschmeidiges Rindsleder (auf lebenden Original-Kühen!) freuen. Und wer unbedingt einen Stern für sein Selbstwertgefühl braucht, kann jederzeit einen solchen reißen.

Als Nachteil gilt nur der hohe Verbrauch: Auch bei sparsamer Fahrweise liegt der selten unter zehn Litern je 100 Kilometer. Nicht Diesel, sondern Bier, natürlich.

# Streckenabschnitt 4

Tourismusregionalverband Mariazeller Land – Hochschwab
A-8630 Mariazell, Hauptplatz 13, Tel.: +43 3882/4700

Niederscheibenberg
Lassing
A
PALFAU
538m
3
Lassing
Hochkar
1808
Salza
1592
B
Fachwerk
553m
Hühnermauer
770m
Wildalpen
607m
C
Kräuterin
Hochstadl
1919
1939
1770
Salza
Lassingbach
E
Radmerbach
Großer Zellerhut
1639
Reuschlackenhütte
1165m
Zeller Hüte
Hochpunkt
1175m
D
Rotmoos
685m
Weichselboden
680m
Zeller Staritzen
1619
Zellerain
1125
F
Erlaufsee
Mariazeller Bürgeralpe
1266
St. Sebastian
MARIAZELL
860m
Köckensattel
1092m
Tribein
Gußwerk
5
15
Aschbach
Gollrad
Seebergsattel
1253
Seewiesen
Hochschwab
1723
Hochschwab
2277
Kalte Mauer
1929
Gr. Ebenstein
2123
2096
1990
1682
N

M 1:220 000

| **Palfau – Mariazell** | 72,7 km | 1439 hm |
|---|---|---|
| **Mariazell – Palfau** | 72,7 km | 1117 hm |

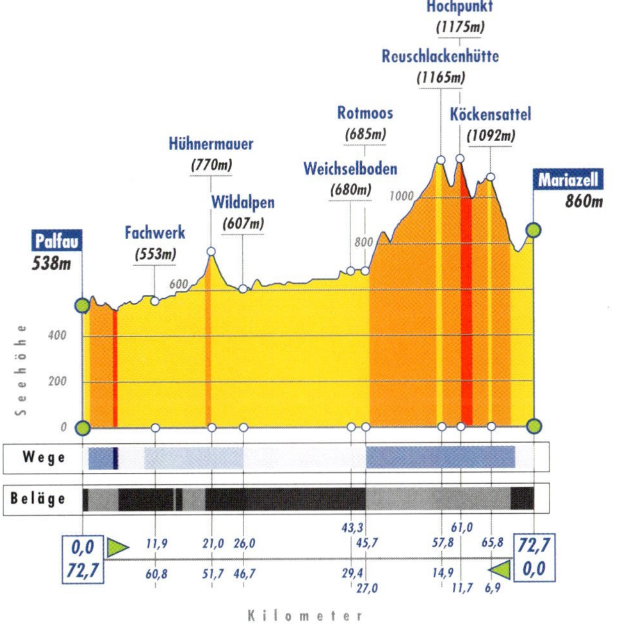


## Kurz gesagt:

Lange Wege entlang von Fluß und Bach.

## Startpunkt:

Straßenkreuzung Obere Palfau (538 m) beim Stiegenwirt.

## Etappentelegramm:

Palfau, Uferwege an der Salza – Schmale Täler, breite Bäche – Die Einsamkeit der Hühnermauer – Auf der Straße neben dem Wildwasserparadies – Endlose Forstwege in herrlichen Wäldern bei Mariazell.

## Abkürzungen:

Statt über Hühnermauer auf der Bundesstraße zwischen Fachwerk und Wildalpen.

## Wichtige Hinweise:

Keine Labestation zwischen Wildalpen und Köckensattel.

## Streckenstatistik (Km / %)

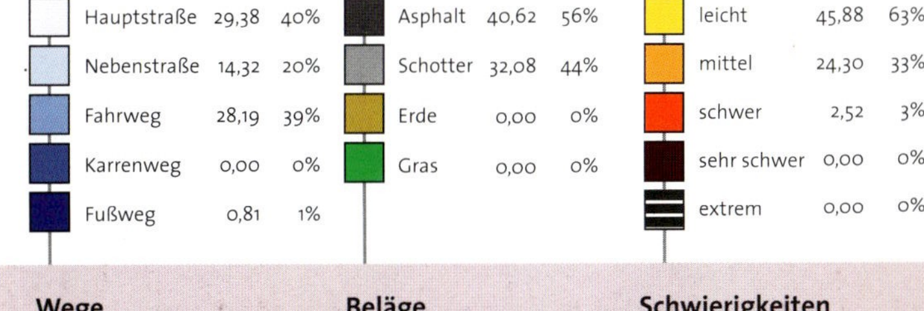

| Wege | | | Beläge | | | Schwierigkeiten | | |
|---|---|---|---|---|---|---|---|---|
| Hauptstraße | 29,38 | 40% | Asphalt | 40,62 | 56% | leicht | 45,88 | 63% |
| Nebenstraße | 14,32 | 20% | Schotter | 32,08 | 44% | mittel | 24,30 | 33% |
| Fahrweg | 28,19 | 39% | Erde | 0,00 | 0% | schwer | 2,52 | 3% |
| Karrenweg | 0,00 | 0% | Gras | 0,00 | 0% | sehr schwer | 0,00 | 0% |
| Fußweg | 0,81 | 1% | | | | extrem | 0,00 | 0% |

Detailausschnitt A

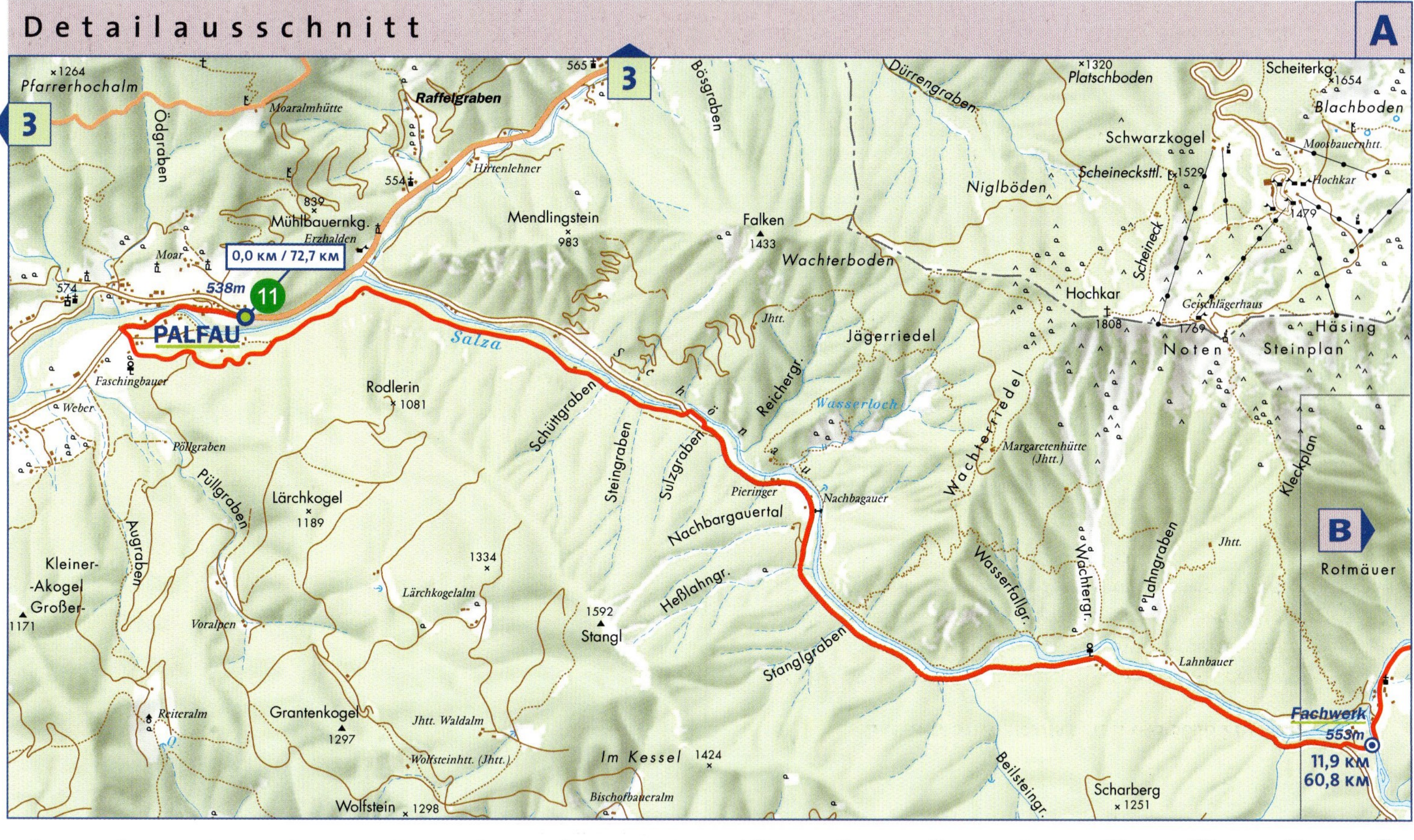

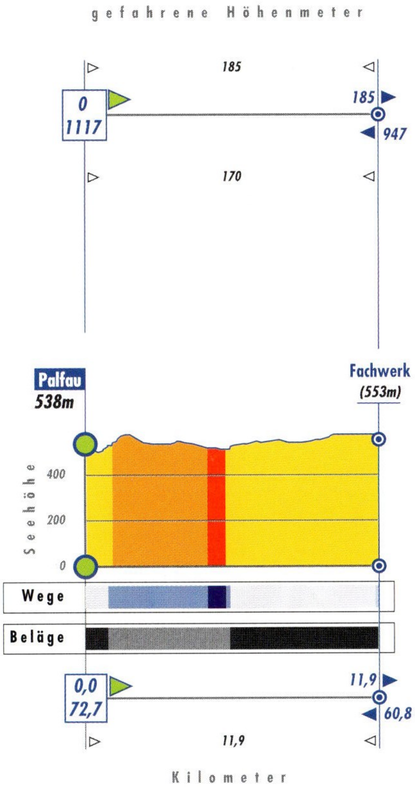

gefahrene Höhenmeter

185

0
1117

185
947

170

Palfau
538m

Fachwerk
(553m)

Seehöhe
400
200
0

Wege

Beläge

0,0
72,7

11,9
60,8

11,9

Kilometer

Höhenprofil A

4

## Palfau

### 11 Gasthof Stiegenwirt Tel. +43 3638 219 (siehe S.64)

*„An der Wacht“ heißt die Kreuzung in Palfau und „Auf der Hut“ sein heißt es gleich darauf am Salza-Uferweg (zweites Vorkommen) – Poetisch-friedlicher Beginn an einem Ort namens Paradies – Endung unter der Salzabrücke – Dazwischen legt sich einer quer, Schüttgraben, je nach Schüttung in der Erscheinungsform Graben oder Schotterhaufen.*

## Fachwerk

*Salzatal Teil 1: Hauptstraßige Wellenbewegung von landschaftlicher Imposanz entlang der Salza – Prinzipiell ist die Kombination Hauptstraße und Asphalt Feindesland für jeden Biker. Aber wenn es keinen anderen Weg gibt, ist jede Diskussion darüber müßig. Die Devise lautet: Dahinkurbeln und Landschaft genießen – Und dann ins Nebental zur weiteren Erholung, immer am Bach.*

> **! Tipp am Ra*(n)*de – Ausklappbare Legende**
> Ein Teil des rückseitigen Umschlages dieses Buches ist ausklappbar und enthält die Legende für den Farbcode im Höhenprofil.

# Detailausschnitt

B

A

C

Fachwerk
553m
11,9 km
60,8 km

Hühnermauer
770m

Wildalpen
607m

31,0 km
41,7 km

Mühlkogel
Baumkogel
1165
Klammsattel
Krumpenkogel
1098
Krainerbrandhöhe
Weittalkogel
949
Hochkogel
980
Scheibenberg
Kranzl
864
757
Rotmäuer
Griesmäuer
Hanserschattseite
Jägersattel
769
Eibensattel
Jägerberg
Lerchkogel
997
Hanserkogel
1085
Scheinberg
943
Mauerkögel
1049
Kräuterhals
709
Löwekogel
615
Kleiner Torstein
1192
Arzberghöhle
Arzberg
Mitterberg
978
Hegenstein
1172
Rauchmäuer
Gwandl
Imbach
Hopfgarten
Holzäpfeltal
Bruann
Salza
Schreinbach
Breitenries
Kaltengr.
Mühlgraben
Unsinniggraben
Eibengr.
Kornkogelgraben
Jägertal
Lerchgraben
Kühbachau
Breiterb.
Krimpenbach
Schneidergr.
Schifterkogelgr.
Ennsleitengr.
Weißgraben
804
Eschtal
Wöhry
Krumpenalm
Krumpen
Christerbauer
Zisleralm
Casari
Grabner
Brandl
Krw.
Musel
Glimitzer
Steinbruch
Fischerau
Burgstallort
Muselhtt.
Krw
Nasenbaueralm
Jhtt.
Fischerreith
Bergerbauer
Spannring
Dipplbauer

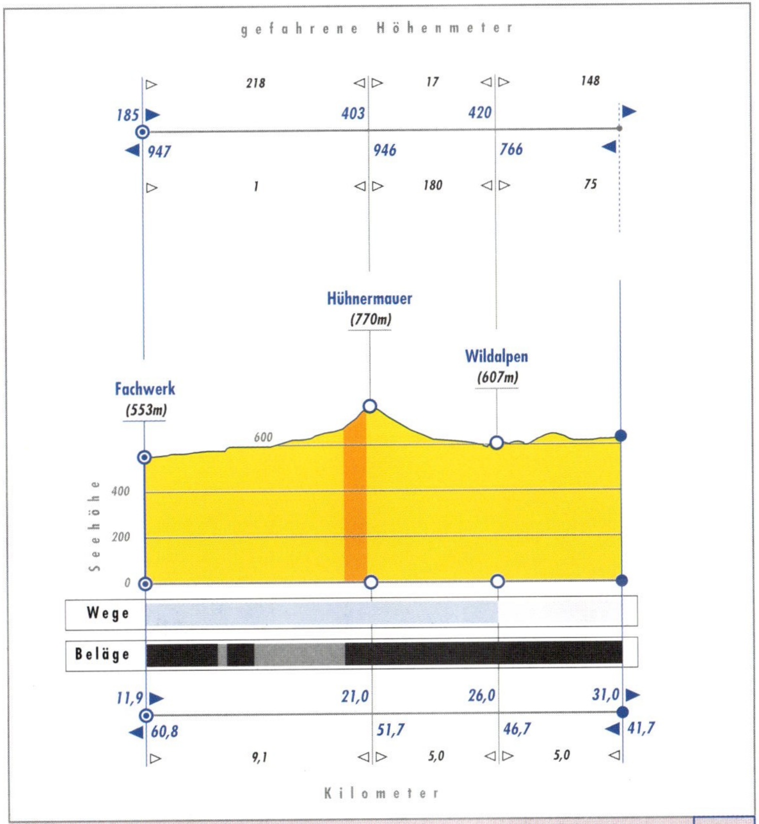

gefahrene Höhenmeter

| | | | |
|---|---|---|---|
| 218 | 17 | 148 | |
| 185 | 403 | 420 | |
| 947 | 946 | 766 | |
| 1 | 180 | 75 | |

Hühnermauer (770m)

Wildalpen (607m)

Fachwerk (553m)

600

400

200

0

Seehöhe

Wege

Beläge

| | | | |
|---|---|---|---|
| 11,9 | 21,0 | 26,0 | 31,0 |
| 60,8 | 51,7 | 46,7 | 41,7 |
| 9,1 | 5,0 | 5,0 | |

Kilometer

Höhenprofil

B

4

## O Hühnermauer

*Von Hühnern keine Spur. Auch von sonst niemandem – Ein einsamer, steiler Zacken in 45 km gemächlichem Höhenprofil – Ein paar heftige Tritte herausgestoßen aus den noch frischen Wadeln und darauf der direkte Wechsel zu genußvollem Abrollen.*

© TRV Mariazeller Land – Hochschwab, Stadt Wien

## O Wildalpen

*Kanu, Kajak, Rafting, die Zauberwörter der Wildwasserfreaks, allgegenwärtig in der Metropole der Paddler – Apropos Metropole: Das Wiener Trinkwasser wird von uns lieben Steirern vom Hochschwab über Wildalpen frei Haus in die Bundeshauptstadt geliefert. (Mit dem steirischen Bier verhält es sich ähnlich. Was wir aber verschmerzen, solange die Alpentour-Wirte ausreichend versorgt sind.) – Merke-1: Wer in steirische Bäche pinkelt, macht sich keine Freunde in Wien. Merke-2 (lebenswichtiger als 1): Bis Köckensattel kein Gasthaus!*

# Detailausschnitt

C

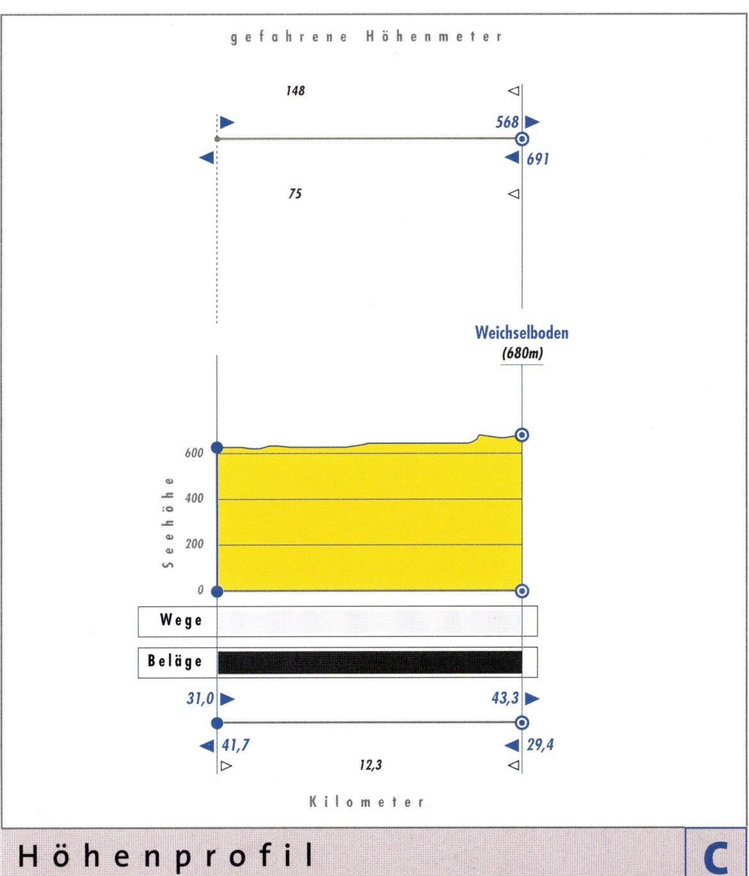


## Weichselboden

*Salzatal Teil 2: Gleiche Geschichte wie Teil 1, nur länger - Gratis mitgeliefert werden Radwegumfahrungen von Straßentunnels. Beim Überqueren der Straße vor dem Tunnelportal kommt ein gewisses „Quatschfeeling" (Quatsch, sagte der Frosch unter dem Autoreifen) auf. Wenig Verkehr und geschultes Biker- und nicht Froschauge halten die Gefahr aber in engen Grenzen. Frösche können dafür besser singen.*

## Rotmoos

*Rotmoos zeigt uns den Beginn an. Ein Beginn hat immer etwas von einem Anfang. Wir wissen nun endlich wieder etwas anzufangen mit unseren überteuerten High-Tech-Tretmaschinen, die uns Urlaubs- und Weihnachtsgeld, oder beides, gekostet haben. Wir spüren das Knirschen von Sand und Schotter unter den Stollen und sind glücklich.*

**! Tipp am Ra*(n)*de – Die richtige Ausrüstung für Alpentour-Biker**
Zur durchgehenden Befahrung geeignet sind nur Mountainbikes. Fahrradbekleidung, Regenschutz, Trinkflasche, Nahrungsreserve und ein Erste-Hilfe-Set gehören zur Standardausrüstung. Reparaturset zur Behebung von Pannen: Reserveschlauch, Reifenheber, Pumpe, Werkzeugsatz in Taschenmesserform, Kettennieter.

## Detailausschnitt D

E

Der Aufgespreitzte
1356
48,7 KM
24,0 KM
1201
Todeskogel
Waschenpelz
Fuchsriegel
Kniebichl
Falkenkogel
1035
Spannkogel
Sulzkogel
1457
Falkensattel
1228
1296
Gratmauer
Rote Mauern
Hochleiten
Hals
Jh. Sulzboden
Umundumkogel
1119
Annerltal
Kaltlacke
Rotmoos
685m
Klausriegel
Gutenbrand
1313
Bockmauer
Klausgraben
Türnseegr.
Pirknerquelle
Ameiskogel 1471
Rotriegel
C
1595
43,3 KM
29,4 KM
Weichselboden
680m
Weichselboden
Fh.
Höllbachquellen

## D Höhenprofil

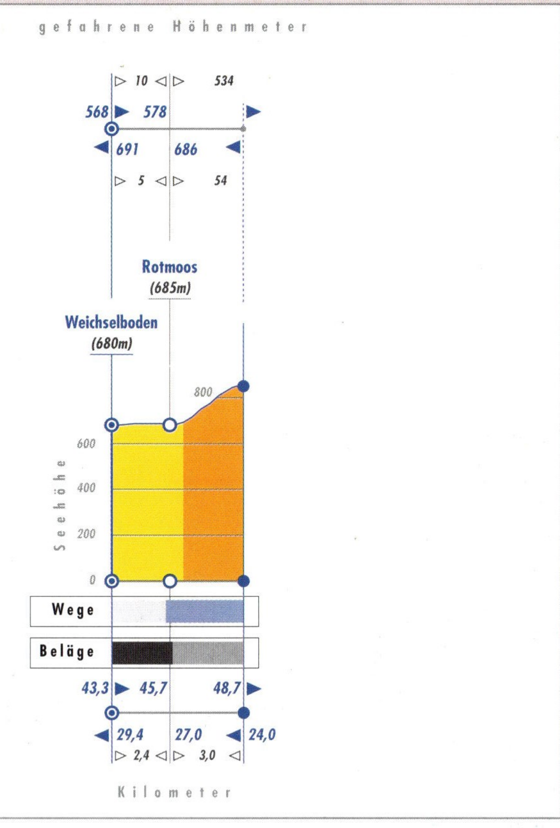

© TRV Mariazeller Land – Hochschwab, Brauhaus Verlag, Foto Cermak

# Detailausschnitt

E

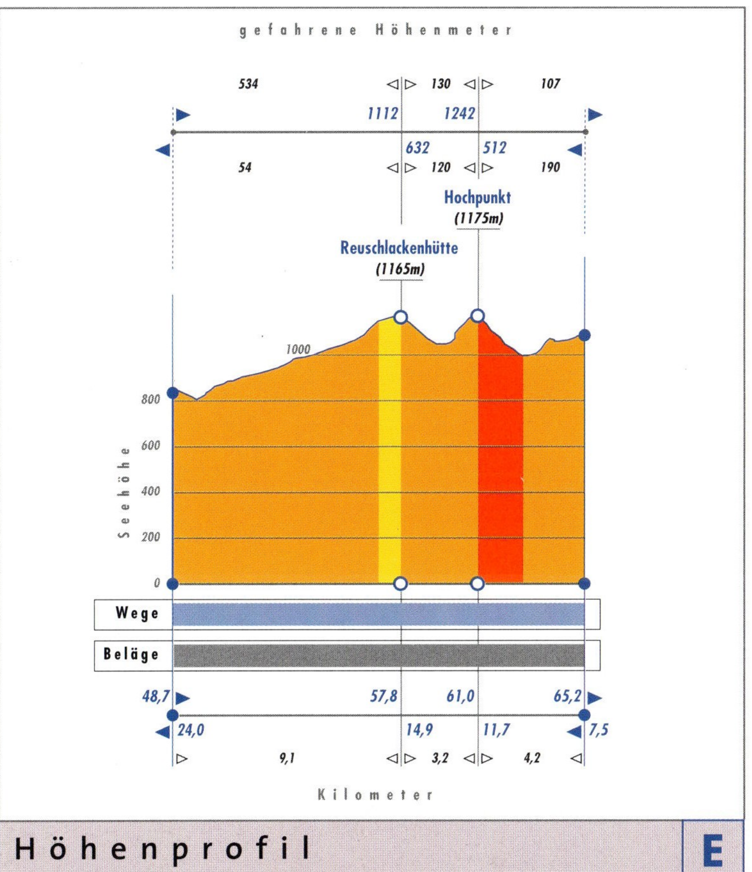


## Reuschlackenhütte

*Glück währt nie ewig. Zähe Partie bis zur Hütte (Privat und unbewirtschaftet), aber herrliche Eindrücke, forststraßig und meist am Bache.*

## Hochpunkt

*Der No Name unter den Hauptpunkten der Alpentour. Er heißt, wie er ist. Das bedeutet allerdings, dass es vorher hinauf und nachher hinunter geht. Und das ganz ordentlich geneigt. Mehr ist darüber nicht zu sagen.*

## Köckensattel

*Romantiktour, Abzweigung oder Einmündung, je nach Standpunkt. Der übliche Standpunkt ist ein Fahrpunkt, bewegt sich talwärts Richtung Mariazell und wird damit zum Wallfahrtspunkt. Von Mariazell aus gesehen ist jede Anfahrt, noch mehr jeder Anmarsch, eine Wallfahrt (Das Wort Wallmarsch ist zum Zeitpunkt der Drucklegung dieses Machwerkes noch nicht erfunden). Aus der Sicht des Mountainbikers kann dieser Standpunkt (Fahrpunkt, Wallfahrtspunkt) geteilt werden.*

## Mariazell

- 05 **Hotel Schwarzer Adler Tel. +43 03882 28 63** **(siehe S. 79)**
- 08 **Brauhaus Mariazell Tel. +43 03882 25 23** **(siehe S. 79)**
- 14 **Hotel Goldene Krone Tel. +43 03882 25 83** **(siehe S. 80)**

## Detailausschnitt F

## F Höhenprofil

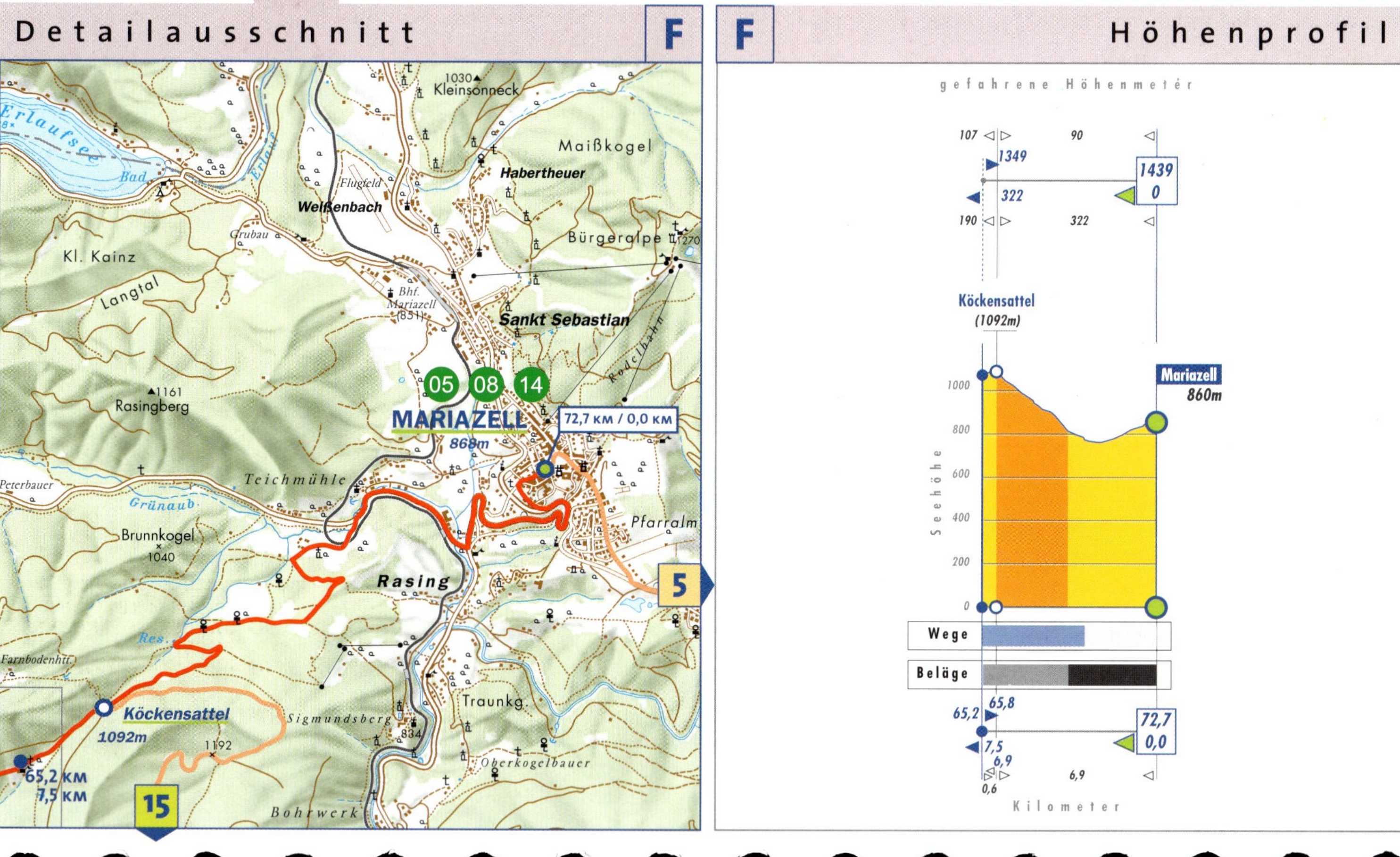

## 05 Alpentourwirt

### Hotel Schwarzer Adler Pension Schwarzer Ochs

**Fam. Kloepfer**
8630 Mariazell, Hauptplatz 1
Tel.: ++43 3882 28630
Fax: ++43 3882 286350
adler-mz @kom.at
www.steiermark.com/adler-mz

*Das Hotel Schwarzer Adler ist ein* **Vier-Sterne-Hotel** *im Zentrum von Mariazell und liegt direkt gegenüber der Basilika.*

*Gastfreundschaft hat in unserem Haus schon seit 1764 Tradition. Diese Tradition und der Standard eines Vier-Sterne-Hotels im Stadtzentrum von Mariazell sind die Garanten für einen unvergesslichen Aufenthalt im Schwarzen Adler.*

*Die Zimmer sind geschmackvoll ausgestattet – einige mit Balkon und Blick auf die Basilika, selbstverständlich mit Bad oder Dusche, WC, Fön, Telefon, Radio und Sat-TV.*

*Für Ihr leibliches Wohl wird bestens gesorgt. Unser Küchenchef verwöhnt Sie mit heimischen Schmankerln und internationalen Spezialitäten. Neben dem Restaurant gibt es eine große Gästeterrasse, ein Café mit Schanigarten, Tagungs- und Konferenzräume sowie ein Spielzimmer für Kinder. Auch ein Personenlift gehört zum Standard dieses Hauses.*

**Halb- und Ganztagesausflüge** *nach Wien, Burgenland-Neusiedlersee, in die Wachau und Melk und zu den vielen Ausflugszielen und Sehenswürdigkeiten in der Steiermark machen Mariazell und das Hotel Schwarzer Adler zum idealen Aufenthaltsort.*

MOUNTAIN BIKING ALPEN TOUR STEIERMARK

## 08 Alpentourwirt

### Wirtshausbrauerei Brauhaus Mariazell

**Hannes Girrer**
Wienerstrasse 5
8630 Mariazell
Tel.: ++43 3882/2523
Fax: ++43 3882/25238
brauhaus@mariazell.at
www.mariazell.at/brauhaus

*Frisch gebrautes Bier aus der* **„Tankstelle der Alpentour"**
*Girrer Bier - so einzigartig wie die Alpentour!*
*Komm und genieße: Hausgebrautes, naturtrübes Bier, Hausmannskost oder fleischlose Gerichte, die Atmosphäre eines Jahrhunderte alten Hauses, den Gastgarten mit seinen Hopfenlauben, eine Nacht im „Braumeisterzimmer"...*

*Details (Bilder, Preise, Speisekarte) im Internet! www.mariazell.at/brauhaus*

*Warme Küche von 11 bis 14 und 17.30 bis 20.30 Uhr,*
*Donnerstag ganztägig und Sonntag ab 14 Uhr geschlossen.*

## 14 Alpentourwirt

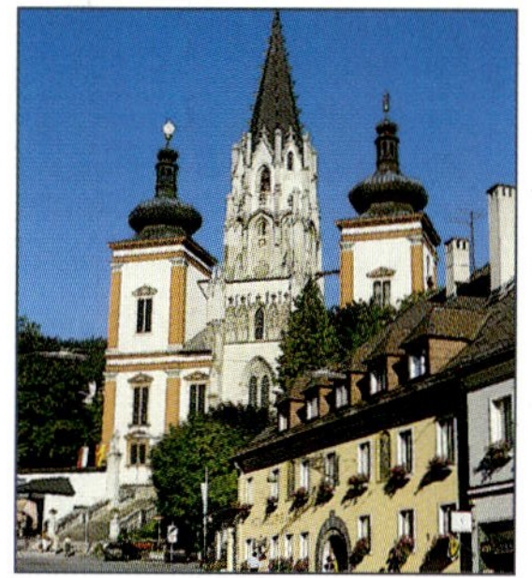

### Hotel Goldene Krone

**Alfred Enne**
**Grazerstrasse 1**
**8630 Mariazell**
**Tel.: ++43 3882/25830**
**Fax: ++43/3882/258333**
**goldene-krone@netway.at**
**www.mariazell.org/krone**

**Täglich frische, hausgemachte Nudelspezialitäten!**

*Gediegene und behagliche Gasträume in sonnigen Farben eingerichtet versprechen einen angenehmen Aufenthalt. Die Goldene Krone liegt direkt am Hauptplatz von Mariazell vis à vis der berühmten Basilika. Fühlen Sie sich wie zu Hause. Liebevoll eingerichtete Zimmer laden zum Entspannen und Wohlfühlen ein. Die Goldene Krone ist ganzjährig geöffnet, alle Komfortzimmer verfügen über Bad, WC, Telefon und Sat-TV.*

**Goldene Krone – Cafe**
*Nehmen Sie Platz in unserem gemütlichen Cafe und genießen Sie hausgemachte Köstlichkeiten.*

**Goldene Krone – Restaurant**
*Eine herrliche Vielfalt von herzhaften, steirischen Schmankerln sowie leichte, kreative Kost aus der Vollwert- und Naturküche steht zur Auswahl.*

*Lernen Sie das* **Mariazeller Land** *von allen Seiten kennen*

*– lassen Sie Ihr Moutainbike stehen und genießen Sie die Ruhe und unsere wunderschöne Umgebung*

*weit mehr zu bieten als nur einen Etappenort auf Ihrer Route.*

*Hier nur einige* **Highlights**:
*Besuchen Sie doch das Holzknechtland auf der Bürgeralpe, den Erlaufsee oder den Hubertussee. Durchwandern Sie die Ötschergräben und das Salzatal, tauchen Sie ein in die Vergangenheit bei einem Besuch im Heimathaus oder im Montanmuseum...*

*...oder ziehen Sie sich einfach in die Stille der Basilika zurück und tanken Kraft für die nächste Tour.*

### Tourismusverband Mariazeller Land

**Hauptplatz 13**
**8630 Mariazell**
**Tel.: ++43 3882/2366**
**Fax: ++43 3882/3945**
**tv-mzl@kom.at**
**www.mariazell.at**
**www.tiscover.com/mariazellerland**

# Mariazell – Mürzzuschlag

*So muss sich Gott das Paradies ausgedacht haben:* Pilgerhorden in Ausflugsbussen, Easy Rider in Heavy-Metal, Kitschverkäufer am Kirchenplatz. In Mariazell ist immer was los, vom Lebkuchenmarkt bis zum Totengedenken. Dazwischen ein paar müde Mountainbiker, die den giftigen Hügel auch bewältigt haben. Die Bikeschuhe hämmern gnadenlos auf den kalten Kirchenboden. Maria steht gütig in der Maria-Zelle und blickt verständnislos auf das Häuflein der Elenden, die im Schweiße ihres Angesichts um neue Kraft für ihre müden Zellen bitten.

Gnadenmutter statt Flügelmutter, Kirchenglocke statt Fahrradglocke, Rosenkranz statt Zahnkranz – ein metaphysisches Meeting zwischen Biken und Beten, zwischen Eiligen und Heiligen. Die Andacht vor dem Antritt soll letzte psychische Reserven mobilisieren. Noch eine Kerze angezündet, auf dass die Muskeln ordentlich brennen mögen. Dann geht es weiter, die Salza flußaufwärts, sozusagen kerzengerade hinauf. Eine wahrlich gesalzene Strecke. Die guten Vorsätze zerrinnen wie Kerzenwachs. Mit letzter Wasserkraft geht's auf die Dürriegelalm, getrieben von der elementaren Landschaft und dem heißen Keuchhusten der Verfolger, die schon lange Lunte gerochen haben.

Kann es noch steiler werden? Ja, und zwar hinunter: Auf die rasante Abfahrt fahren nur Selbstmörder ab. Eine Zeitlang kämpft jeder mit dem Gleichgewicht, dann ist es jedem gleich, dass das „gleich" verlorengeht. Was übrigbleibt, ist pures Gewicht. Wer sein Radl liebt, der schiebt, doch wer sein Radl hegt, der trägt. Tragepassage! Also bitte, nur keine Trägheit vorschützen. Die Situation ist ebenso zungen- wie halsbrecherisch: „Jähzornige Jäger jagen jählings die trägen Träger der trägen Räder..." Deutlich spürt man jetzt das eigene Kreuz – ein typisches Zeichen des Mariazell-Besuches. Und auf dem schweren und steinigen Boden reift rasch die Erkenntnis: Wer ein Rad besitzt, ist nicht nur Fahrzeuglenker, sondern manchmal auch Fahrzeug-Halter.

MOUNTAIN ALPEN TOUR BIKING STEIERMARK

# Streckenabschnitt 5

Tourismusregionalverband Waldheimat-Mürztal
A-8680 Mürzzuschlag, Wiener Straße 4, Tel.: +43 3852/4770

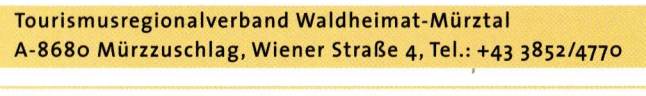

A
St. Sebastian
MARIAZELL
860m
Köckensattel
Salza
Lahnsattel
1016
Halltal
1523
4
Tribein
Mooshubenwirt
899m
Gußwerk
Frein
an der Mürz
B
1647
Kalte Mürz
Tonion
1699
Dürriegelalm
1353m
1574
Schneealpe
C
Windberg
1903
Rax
Altenberg
an der Rax
Heukuppe
2007
Preiner
Gscheid
1070
Niederalpl
Niederalpl
Paßhöhe
Falken-
steinalm
Mürzsteg
782m
965m
Mürz
Neuberg
an der Mürz
740m
Altenberg
Auf der Öd
1104m
D
Aschbach
Veitschalpe
Hohe Veitsch
1981
Gollrad
Raxenbach
Kapellen
703m
1565
Nikolokreuz
1418
E
Seebergsattel
1253
Großveitsch
Veitsch
Rauschkogel
1720
1682
Kleinveitsch
1410
Spital
am Semmering
Semmering
Fröschnitzbach
MÜRZZUSCHLAG
670m
Steinbach
15
6
N
M 1:210 000

**Mariazell – Mürzzuschlag** 63,2 km 1608 hm
**Mürzzuschlag – Mariazell** 63,2 km 1798 hm

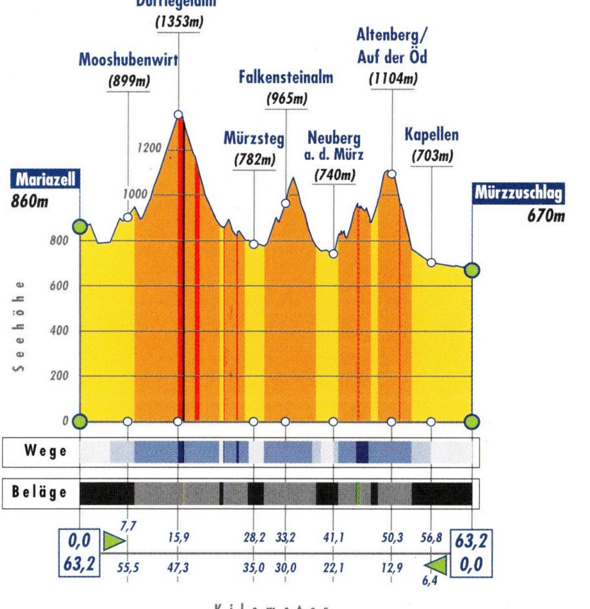


## Kurz gesagt:

Über weite Almen und durch breite Täler.

## Startpunkt:

Am Fuße der Hauptstiege zur Basilika Mariazell (860 m).

## Etappentelegramm:

Mariazell, Wallfahrer und Mountainbiker – Mooshuben, Landschaft zum Durchatmen – Gräben, Bäche, Almen – Von der Mürz hinauf auf halbe Höhe – Interessante Wege unter der Schneealpe – Im Mürztal bei Mürzzuschlag.

## Abkürzungen:

Statt über die Falkensteinalm auf der Bundesstraße zwischen Lanau und Krampen.
Statt über Altenberg/Auf der Öd auf der Bundesstraße zwischen Neuberg und Kapellen.

## Wichtige Hinweise:

Achtung bei den Abzweigungen aus dem Mürztal.

## Streckenstatistik (Km / %)

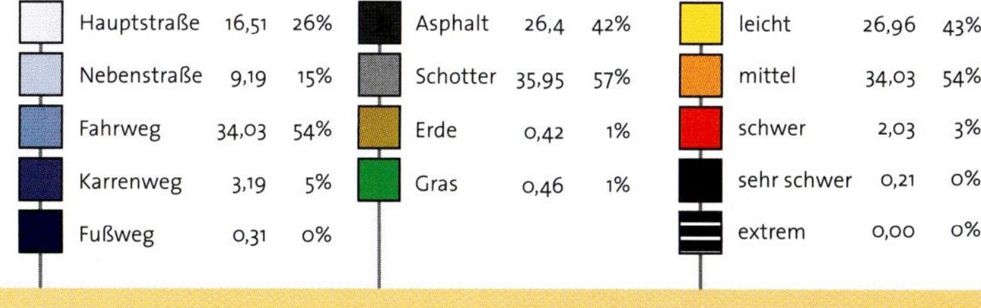

| Wege | km | % | Beläge | km | % | Schwierigkeiten | km | % |
|---|---|---|---|---|---|---|---|---|
| Hauptstraße | 16,51 | 26% | Asphalt | 26,4 | 42% | leicht | 26,96 | 43% |
| Nebenstraße | 9,19 | 15% | Schotter | 35,95 | 57% | mittel | 34,03 | 54% |
| Fahrweg | 34,03 | 54% | Erde | 0,42 | 1% | schwer | 2,03 | 3% |
| Karrenweg | 3,19 | 5% | Gras | 0,46 | 1% | sehr schwer | 0,21 | 0% |
| Fußweg | 0,31 | 0% | | | | extrem | 0,00 | 0% |

## Detailausschnitt A

## Detailausschnitt B

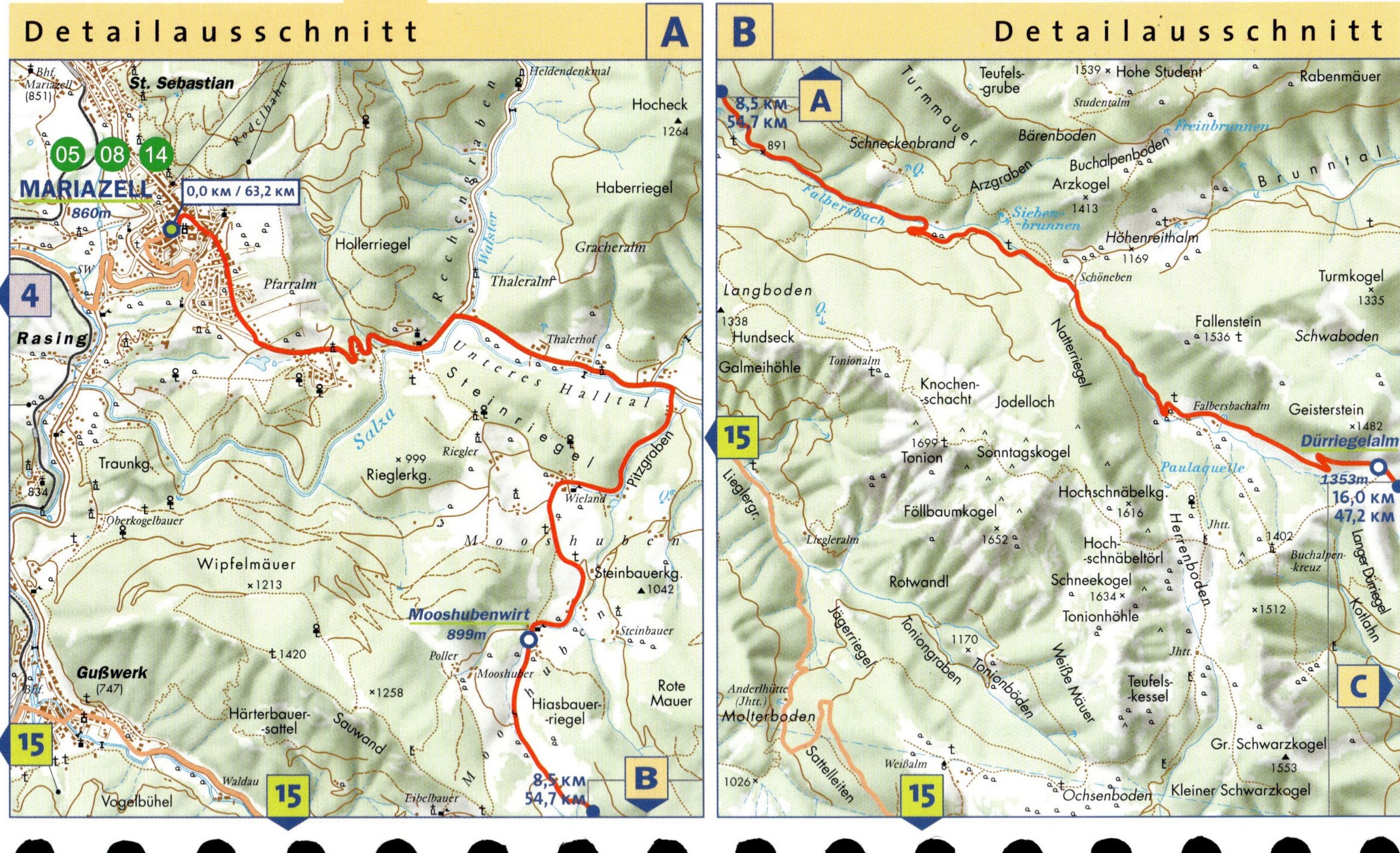

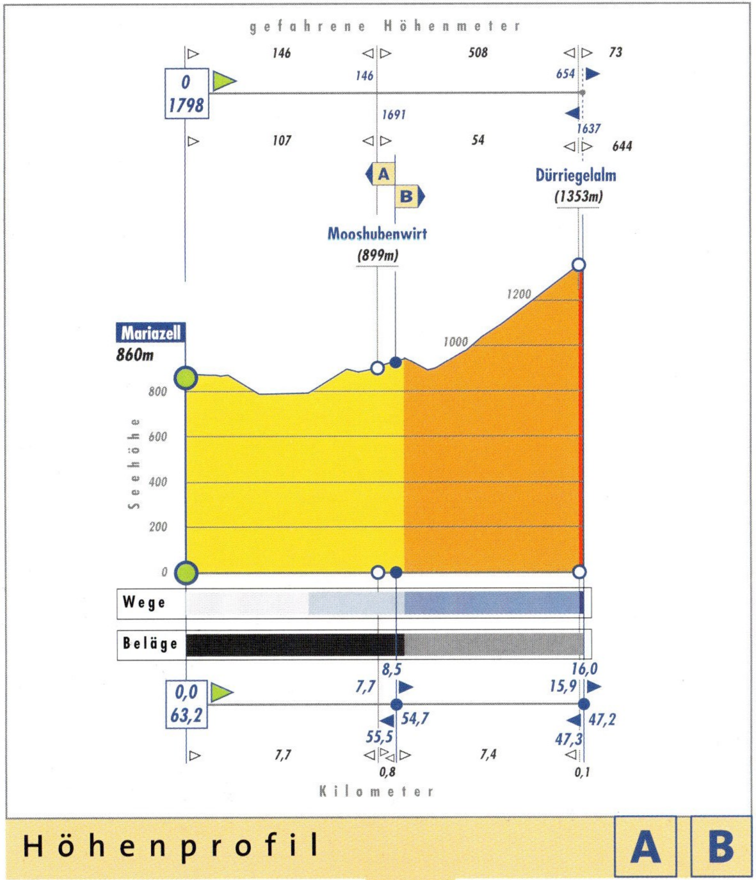

gefahrene Höhenmeter

146 · 508 · 73

0 / 1798 · 146 · 654

1691 · 1637

107 · 54 · 644

A · B

Dürriegelalm (1353m)

Mooshubenwirt (899m)

Mariazell 860m

1200 · 1000 · 800 · 600 · 400 · 200 · 0

Seehöhe

Wege

Beläge

8,5 · 16,0

0,0 / 63,2 · 7,7 · 15,9

54,7 · 47,2

55,5 · 47,3

7,7 · 7,4

0,8 · 0,1

Kilometer

Höhenprofil A B

## Mariazell

05 **Hotel Schwarzer Adler Tel. +43 3882 2863** (siehe S. 79)

08 **Brauhaus Mariazell Tel. +43 3882 2523** (siehe S. 79)

14 **Hotel Goldene Krone Tel. +43 3882 2583** (siehe S. 80)

*Der „Frontalzusammenstoß" der Mountainbiker mit den Wallfahrern im altehrwürdigen Wallfahrtsort Mariazell ergibt ein interessantes Flair – Auf der Hauptstraße den Kreuzberg hinunter ins Halltal – Lohnender Abstecher entlang der Walster (Plätschern im Flusse belebt müde Hintern) zum Hubertussee – Aus dem Halltal gemächlich hinauf zum Mooshubenwirt.*

## Mooshubenwirt

*Lockeres Rollen durch eine herrliche Hochebene – Schotter unter den Stollen beim Eintauchen in den Freingraben – Lange Geraden, schöne Schotterwege, im Freingraben nach Schöneben (ist zwar schön, aber ganz und gar nicht eben) und weiter durch die Almenlandschaft (Kuhfladen-alarm) hinauf auf die Dürriegelalm.*

Foto: Sikorski (Ausschnitt)

# Detailausschnitt

16,0 KM
47,2 KM
B
Königsalm
Großer Königskogel
1574
Langer Dürriegel
Koflahn
Alter Königsgraben
Rapoltenkogel
Hirschriegel
1408
Buchalpengraben
Gschwandgraben
Vierundzwanzig Gräben
Fischerriegel
Alte Gräben
Roßlochklamm
1004
Steinerschlag
Planiktal
Neue Gräben
Kreuzgrabenhöhe
950
Großer Seekopf
1323
Lechnerriegel
1233
Niederalpl
Ghf. Gamsjäger
Schöner Schlag
Ederwiese
Im Tiergarten
Im Seebach
Kl. Seekopf
1182
Hocheck
1067
Ruthboden
Kompek
Dobrein
Dobreinb.
Seebach
803
Pöltl
Mürzsteg
782m
13
Lanauwand
Kreuzmauer
1094
Kl. Muckenriegel
1313
Mitterstand
Weitengrund
Schütt
Thürnerwand
1404
Burg
G. Lahngraben
Ob. Brünntalgr.
Mt. Brünntalgr.
Unt.
Schwarzbrunnau
Scheiterboden
Mürz
Gamsjäger
Faschinghaus
Schöggl
Höllwand
Höllgraben
Reiserkoppen
Bockkogel
1181
Gamsengraben
Kohlmaißgraben
Kohlmaißwand
1533
Geierköppen
Zuckerhut
1410
Frostengraben
Ehemaliges kaiserliches Jagdschloß
Rabengraben
Salzwänd
Kaiserhaus (Jh.)
Teufelsbadstube
Buchalpl
1444
Schafkogel
Blühwände
1416
Blühboden
Schnittlerwiese
Lachalm
1590
Lachalpe
1563
Blahstein
Rötel-wand
Im Tirol
Lachalpengraben
Eisernes Törl
1346
Ausgang
Tirol
1015
Klauskogel
816
Innerer Krampengr.
39,1 KM
24,1 KM
Krampen
Kastenriegel
Ochsenboden
1201
Lärchsteinwand
Falkensteinalm
965m
Katzental
Lanau
Kastenleiten
Lippbauer
Dürrenthal
Riesbrücke
Wolfschneise
Feldbauer
D
Schafkogel
1135

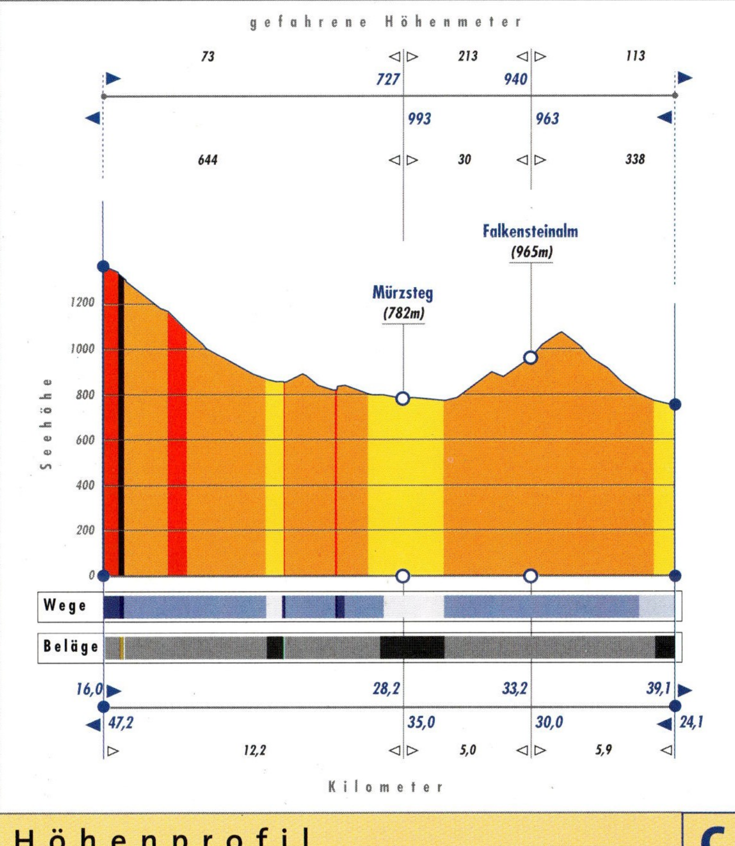


## DÜRRIEGELALM

*Zur Almzeit im Sommer kühle Labung beim Senner, im Frühjahr und Herbst: glücklich, wer seine Flasche beim Bach in Schöneben gefüllt hat! – Grobe Almwege, ein knackiger Steig, eine Forststraßenrally mit Serpentinenschulung und schwindelerregenden Einblicken in den Buchalpengraben – Ein kurzes Stück Haupstraße und auf wechselnden Naturwegen (im Winter sagen sie Loipe dazu!) nach Mürzsteg.*

## MÜRZSTEG

**13** **HOTEL APPELHOF TEL. +43 3859 2223** **(SIEHE S. 92)**

*Ein kleiner Abstecher zum Bundespräsidenten gefällig? Das ehemalige kaiserliche Jagdschloss dient als Sommerresidenz – Auf dem Radweg im Mürztal – Aus dem Tale auf die Alm – Schotter und Staub.*

## FALKENSTEINALM

*Prächtige Almen und ebensolche Wälder – Lässiger Forststraßenhobler und geschwindes Rollen am Bache, der Tirol heißt – Von der Ortschaft Krampen (vergleiche auch: Mundartausdruck für Spitzhacke) weiter auf der Straße im Mürztal.*

# Detailausschnitt

D

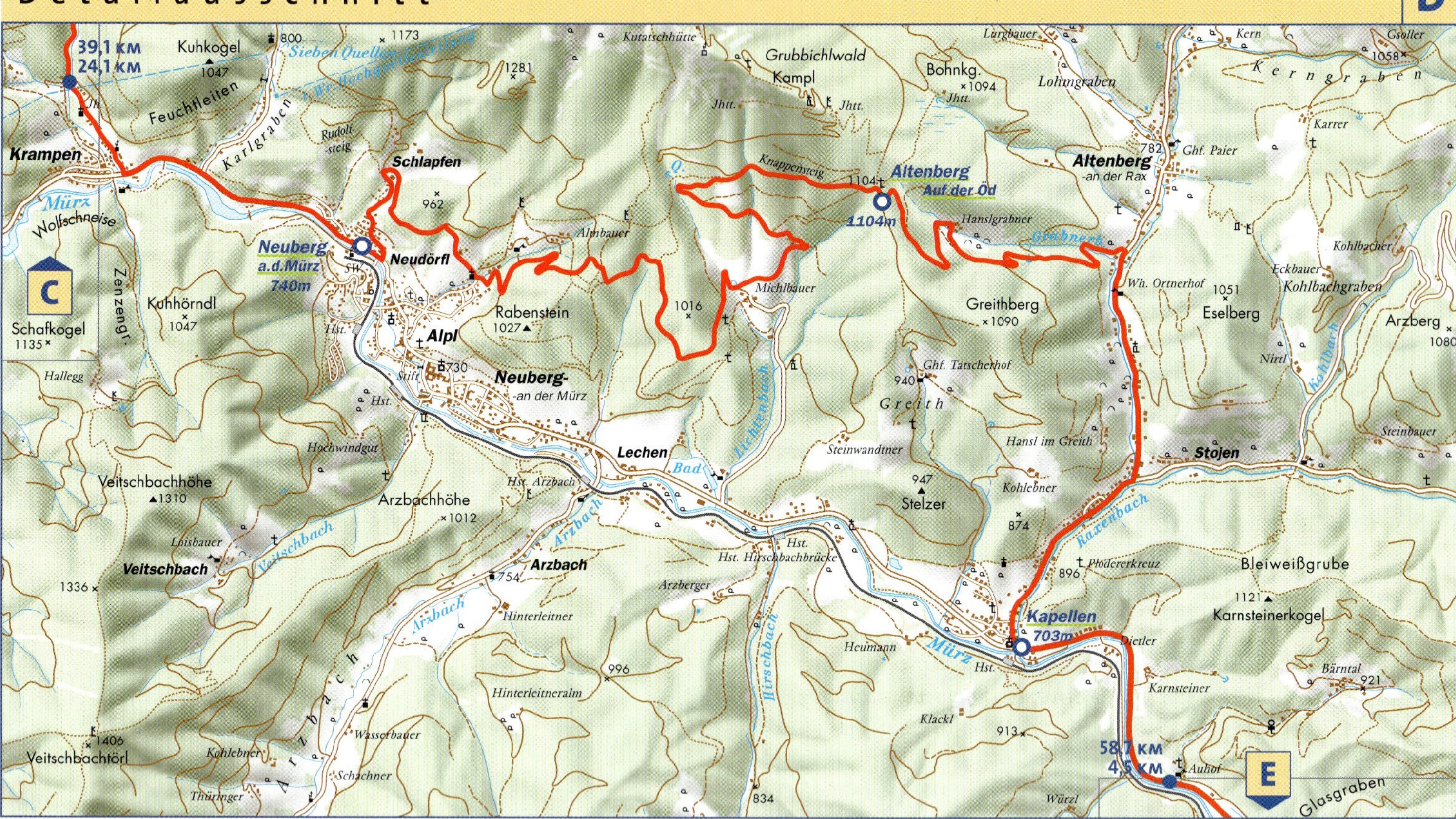

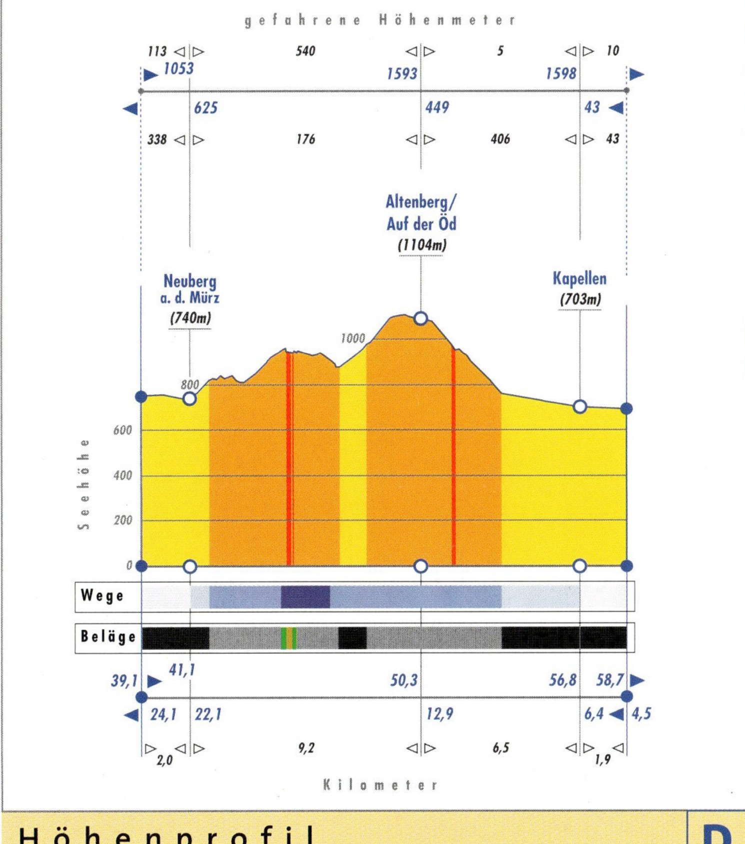


5

## NEUBERG AN DER MÜRZ

*Hinein und gleich hinauf – Gotikfans machen den Abstecher zum Neuberger Dom in der Ortsmitte – Wechselnde Wege und Beläge, Wälder, Wiesen und urige Rindviecher – Der Knappensteig, wo wir ihn fahren, ist gar kein Steig und der Bergbau ist Geschichte.*

## ALTENBERG / AUF DER ÖD

*Die Schneealpe schaut herunter und Auf der Öd ist es gar nicht öd – Wilde Schikanen mit höllischem Gefälle durch den Bauernhof Hanslgrabner – Achtung-1: freilaufende Kinder – Bremsen! Achtung-2: Super hausgemachtes Brot und Butter = Butterbrot – Stehenbleiben – Schotterstraßenabflug nach Altenberg an der Rax (wobei Altenberg im Tale und die Rax ein Berg ist).*

## KAPELLEN

*Im Mürztal, das sich von seiner hauptstraßigen Seite zeigt, weiter – Vorbei am Tiefental, wo ganz gefinkelte Alpentourbiker die Regionalbeschilderung mit der Alpentourbeschilderung verwechseln. Aber wem schaden schon ein paar zusätzliche Kilometer und Höhenmeter?*

## MÜRZZUSCHLAG

25 **GASTHOF LENDL TEL. +43 3852 2226** (SIEHE S. 92)

16 **HOTEL KOHLBACHER TEL. +43 3854 2022** (SIEHE S. 93)
**LANGENWANG 7KM**

# Detailausschnitt E

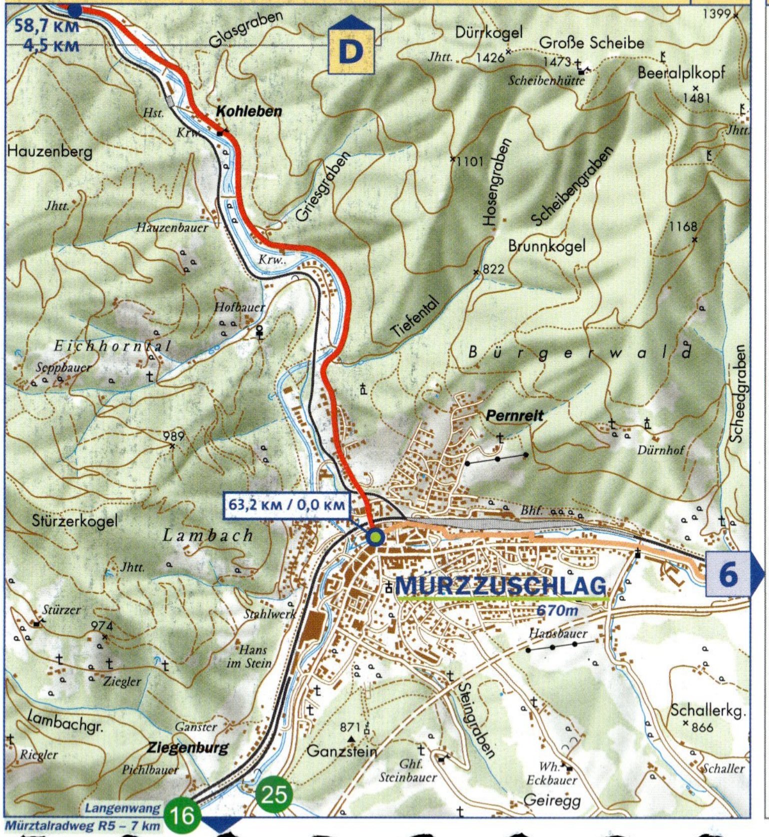

58,7 KM
4,5 KM
D
Glasgraben
Dürrkogel
1426
Große Scheibe
1473
Scheibenhütte
Beeralplkopf
1481
1399
Kohleben
Hauzenberg
Hauzenbauer
Griesgraben
Hosengraben
Scheibengraben
1101
1168
Brunnkogel
822
Tiefental
Hofbauer
Eichhorntal
Seppbauer
Bürgerwald
Pernreit
Dürnhof
Scheedgraben
989
Stürzerkogel
Lambach
63,2 KM / 0,0 KM
Bhf.
6
MÜRZZUSCHLAG
670m
Stahlwerk
Stürzer
974
Hans im Stein
Hausbauer
Ziegler
Lambachgr.
Ganster
Ziegenburg
Riegler
Pichlbauer
871
Ganzstein
Ghf. Steinbauer
Steingraben
Wh. Eckbauer
Geiregg
Schallerkg.
866
Schaller
Langenwang
16
25
Mürztalradweg R5 – 7 km

# E Höhenprofil

gefahrene Höhenmeter
10
1608
0
43
Mürzzuschlag
670m
600
400
200
0
Seehöhe
Wege
Beläge
58,7
4,5
63,2
0,0
4,5
Kilometer

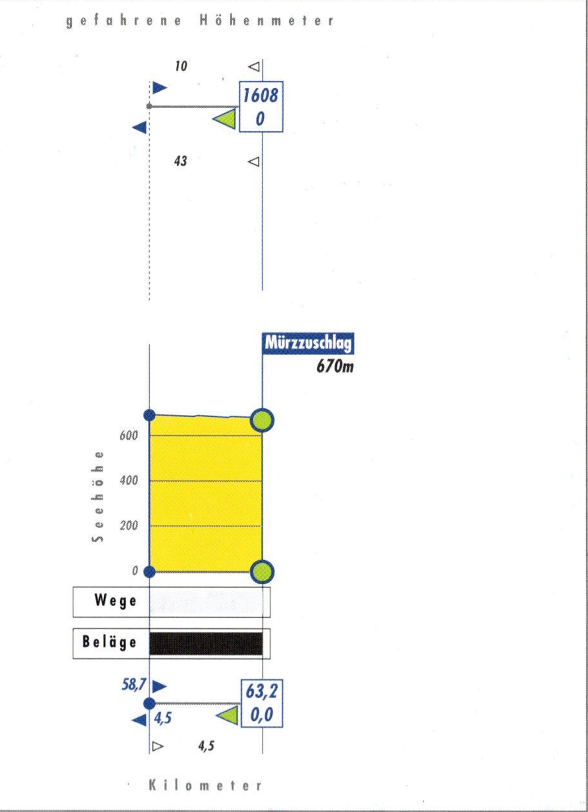

# Mariazeller Land – Hochschwab

**Die Harmonie der Kontraste**

*Sie wollen* **Alpentour und Romantiktour?** *Die Region Mariazeller Land – Hochschwab hat beides!*

**2 Spektakuläre Mountainbikestrecken:**

**„Romantiktour"** *von Mariazell Richtung Aflenz-Kurort mit Panoramablick zum Hochschwab-massiv nach Fischbach.*

*Über steile Hänge, schroffe Felsen wie auch blühende Almwiesen und liebliche Täler führt die 1. größte zusammenhängende beschilderte Etappenstrecke zur Alpentour Steiermark. Insgesamt 4500 Höhenmeter auf 200 km Mountainbikewegenetz warten auf geübte Mountainbiker – ob Trekking oder einfaches bis extremes Geländefahren, in die Pedale darf getreten werden und das nicht zu wenig.*

**„Alpentour"** *von Ramsau kommend durch das naturbelassene Salztal nach Mariazell, dem viel bereisten Wallfahrtsort und durch unberührte Landschaften nach Mürzzuschlag.*

**Radwege:** *Murradweg, Mürztalradweg*
*Öffentliche Verkehrsmittel: Bahnhof Mariazell, Großreifling, Bruck/Mur, Kapfenberg.*

*Mountainbiker und Begleiter finden im Mariazeller Land – Hochschwab eine Vielzahl an Sport- und Freizeitmöglichkeiten, denn hier lassen sich gleich mehrere Urlaube in einem vereinen.*

**Ob Kultur und Lebensfreude pur,**
**Sport und Religion,**
**Business und Gesundheit,**
**Stadt und Natur**

*die Region Mariazeller Land – Hochschwab hat alles.*

**Mountainbikegenuss ohne Ende**

**Tourismusregionalverband**
**Mariazeller Land – Hochschwab**
**Hauptplatz 13**
**8630 Mariazell**
**Tel.: ++43 3882/4700**
**Fax: ++43 3882/4700-47**
**region-mh@utanet.at**
**www.mariazellerland-hochschwab.at**

## Alpentourwirt

### Familien und Kinderhotel
### Appelhof

Gisela Wisniewski
8693 Mürzsteg 4
Tel.: ++43 3859/2223
Fax: ++43 3859/210413
reception@appelhof.at
www.appelhof.at

*Hotel Appelhof in Mürzsteg, direkt an der Alpentour gelegen. Bietet den Bikern ein schönes Hallenbad, Tepidarium, Whirlpool zum Entspannen und einen Fitnessraum, Turnhalle, Indoorspielplatz. Hervorragende einheimische, auch fleischlose Kost. Buffet mit alkoholischen Getränken inklusive.*

| | |
|---|---|
| *Romantikappartement ab* | *1240.–* |
| *Kinderhotel* | *790.–* |
| *Jugendgästehaus* | *590.–* |
| *Hüttendorf* | *230.–* |

*(Preisbasis 2001)*

*Als Alternative zum Biken zwischendurch steht auch ein Tennisplatz kostenlos zur Verfügung.*
*Auch für Gruppen geeignet.*

## Alpentourwirt

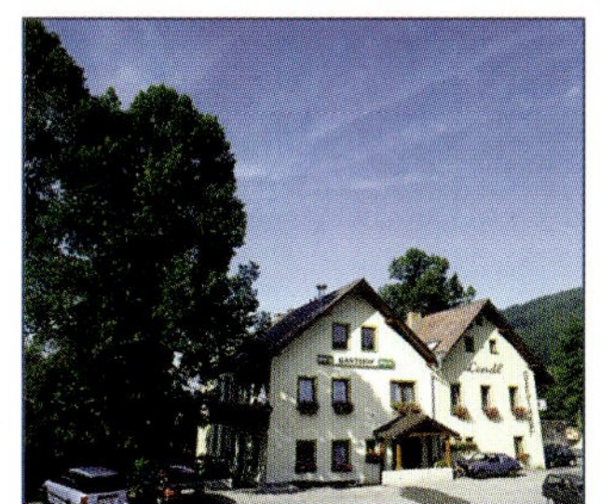

### Gasthof Lendl

Familie Lendl
Grazerstr. 77
8680 Mürzzuschlag
Tel.: ++43 3852/2226
Fax: ++43 3852/22264
gasthof.lendl@netway.at
www.gasthoflendl.at

*Unser Gasthof liegt am Etappenziel Mürzzuschlag, 2 km vom Zentrum Richtung Süden.*

**Ausgangspunkt für die Romantiktour!**

*Wir bieten den Alpentourbikern:*

- *freie Menüwahl*
- *Taxitransport*
- *Rückholung bei Tagestouren.*

## ALPENTOURWIRT

### CAFÉ-RESTAURANT HOTEL KOHLBACHER

FAM. KRAINER
GRAZERSTR. 12
8665 LANGENWANG
TEL.: ++43/3854/2022
FAX: ++43/3854/20224
hotel.kohlbacher@aon.at
www.tiscover.at/hotel-kohlbacher

*Ein Abstecher von der Alpentour oder Romantiktour zu unserem Hotel zahlt sich auf jeden Fall aus.*

- KOMFORTABLE ZIMMER
- GEMÜTLICHES RESTAURANT
- NUDELKELLER
- CAFE
- GROSSER SITZGARTEN

*Im Zentrum der Alpentour liegt inmitten waldreicher Berge und wunderschöner Wanderwege die Etappenstadt* **MÜRZZUSCHLAG**. *Von hier aus können Sie zwischen 2 Etappen wählen: über Mürzzuschlag nach Mariazell oder über Mürzzuschlag nach Fischbach. Ein besonderes Schmankerl für Mountainbiker ist die in Anbindung an die Alpentour geschaffene* **ALMENTOUR**. *Ein Fixpunkt im Veranstaltungskalender ist der schon zum 3. Mal stattfindende Mountainbike-Marathon. Für hungrige Mountainbiker bietet der Alpentourwirt Lendl Bikermenüs und steirische Schmankerl.*

*Mürzzuschlag begeistert aber nicht nur durch die zentrale Einbindung in die Alpen- und Almentour, sondern auch durch seine Wanderwege, Sportstätten und Museen. Begleiten Sie im Brahmsmuseum den Meister durch sein schöpferisches Leben. Treffen Sie den Dichter Peter Rosegger und seine Künstlerfreunde danach im Roseggerstübl in Toni Schrufs „Alter Ratsburg". Apropos: Wussten Sie, dass in Mürzzuschlag vor über 100 Jahren Toni Schruf den Siegeszug des alpinen Schilaufs begündete? Im Wintersportmuseum sehen Sie, wie`s begonnen hat. Ein Anziehungspunkt jüngster Geschichte ist das Kunsthaus in der mit moderner Architektur revitalisierten Franziskanerkirche. Das Kunsthaus ist mit Ausstellungen, Lesungen, Konzerten und Symposien ein internationaler Treffpunkt von Kunst und Wissenschaft.*

### STADTMARKETING MÜRZZUSCHLAG

WIENER STRASSE 4
8680 MÜRZZUSCHLAG
TEL./FAX: ++43 3852 3399
STADTMARKETING.MZ@NETWAY.AT
WWW.MUERZZUSCHLAG.AT

Foto: Pail

# Mürzzuschlag – Fischbach

## *Ja bitte, wo geht's denn da zur Alpentour?*

*In der Fußgängerzone von Mürzzuschlag-City erntet man auf die wichtigste aller Fragen nur glotzendes Staunen. Das allgemeine Unverständnis der sich müde dahinschleppenden Grau-in-grau-Passanten wird durch das schreiend bunte „Kasperlgewand" der Biker noch verstärkt. Jetzt ist wenigstens klar, warum es „Fußgänger-Zone" und nicht etwa „Bike-and-Fun-Area" heißt. (Geht es nach dem Verkehrsgeschehen, müsste das Stadtzentrum sowieso „Schwerverkehrsinsel" oder „Stinkwolkenkuckuckshausen" heißen)*
*Also rasch rauf auf den Sattel und den Semmering. Den Wegweiser „Spital" bitte nicht ernstnehmen! Vorerst ist nicht einliefern (ins Krankenhaus), sondern ausliefern (an die Naturgewalten) angesagt. Also rechts weg und auf's Stuhleck, wobei es sich um einen ganz schön hohen Stuhl handelt. Wie immer folgt ein Kampf gegen die Eigenschaftsworte schief (wie schiefe Ebene), hängend (wie hängende Kurven, Zungen), atemlos (Fahrer, Schönheit) und manchmal auch gerade (noch gutgegangen...). Zwei beinahe überhängende Vertikalpassagen noch, dann sind wir oben, Scott-sei-Dank. Einmal volltanken, bitte. Und Wasser nachschauen. Und ich spüre auch schon den reifen Druck... Ein bis zwei Bars (egal ob vorne oder hinten) wären jetzt nicht schlecht. Doch die Enttäuschung folgt auf den geschwollenen Fuß: Es gibt nicht einmal ein Gasthaus.*

*Daher rasch weiter über die nächsten paar Hügel. Am Fuße des Hauereck dann neuerlich Pech: Links steht zwar ein wunderbarer Schlepplift, der ist aber nur im Winter in Betrieb. Im Sommer schleppt er höchstens die Radfahrer, die sich ihrerseits kraftlos in Richtung Bergstation schleppen. Jetzt nur nicht schlapp machen – wo es so steil rauf geht, muss es irgendwann auch wieder runtergehen. Das ist freilich auch kein Vergnügen, denn im Wald warten Matsch und Gatsch und manchmal leider auch Platsch. Merke: Wurzelholz-Einlagen kommen nicht nur auf noblen Armaturenbrettern vor. Es kann sich auch um das Brettern über die Alpentour handeln.*

Foto: Pail

MOUNTAIN BIKING ALPEN TOUR STEIERMARK

# Streckenabschnitt 6

Tourismusregionalverband Waldheimat-Mürztal
A-8680 Mürzzuschlag, Wienerstraße 4, Tel.: +43 3852/4770

A
5
1410
MÜRZZUSCHLAG
670m
Kleinveitsch
Spital
am Semmering
777m
Fröschnitzbach
Semmering
Steinbach
Ganzbach
B
Beim Stuhleck
1590m
Feistritzsattel
1290
Stuhleck
1782
Pfaffensattel
1372m
Veitsch
Hönigsberg
Langenwang
Troiseck 1466
Mürz
Krieglach
Mitterdorf
im Mürztal
Pretulbach
C
Pretul
1409
Traibach
Rettenegg
862m
Feistritzwald
Wartberg
im Mürztal
Haueureck
1300m
Feistritz
KINDBERG
D
Alpl
1062m
1099
Stanglalpe
1490
Mürzhofen
St. Kathrein
am Hauenstein
Ratten
1191
Breitenbrunn
Allerheiligen
im Mürztal
Stanz
im Mürztal
Jasnitz
St.Lorenzen
im Mürztal
Stanzbach
E
1498 Teufelstein
Fischbacher Alpen
St. Jakob
im Walde
16
Jasnitzbach
Auf der Schanz
Waldbach
Lafnitz
FISCHBACH
1000m
7
1032
N

M 1:210 000

| | | |
|---|---|---|
| **Mürzzuschlag – Fischbach** | 60,5 km | 2163 hm |
| **Fischbach – Mürzzuschlag** | 60,5 km | 1833 hm |

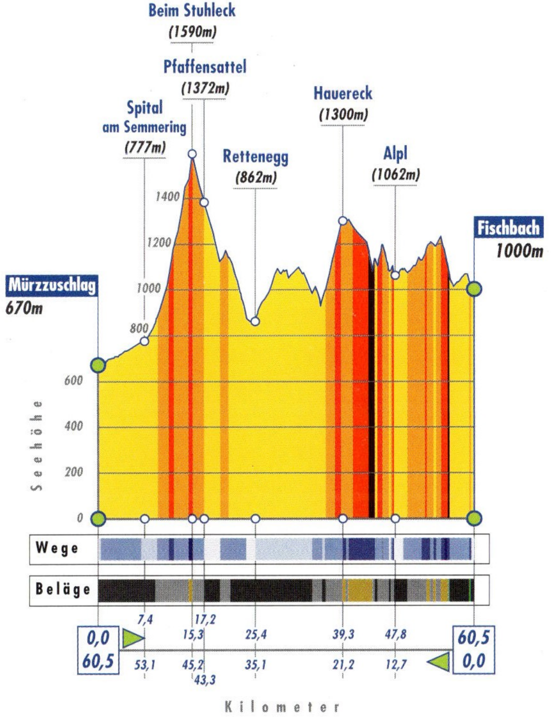

Beim Stuhleck (1590m)
Pfaffensattel (1372m)
Spital am Semmering (777m)
Rettenegg (862m)
Hauereck (1300m)
Alpl (1062m)
Mürzzuschlag 670m
Fischbach 1000m

Seehöhe: 0, 200, 400, 600, 800, 1000, 1200, 1400

Wege
Beläge

| 0,0 | 7,4 | 15,3 | 17,2 | 25,4 | 39,3 | 47,8 | 60,5 |
|---|---|---|---|---|---|---|---|
| 60,5 | 53,1 | 45,2 | 43,3 | 35,1 | 21,2 | 12,7 | 0,0 |

Kilometer

Streckenabschnitt 6

## Kurz gesagt:

Hohe Almen und wilde Wege.

## Startpunkt:

Mürzzuschlag (670 m) im Ortszentrum vor der Kirche.

## Etappentelegramm:

Mürzzuschlag, im Tal in Richtung Semmering – Der lange Weg auf das Stuhleck – Sanfte Wege durch steile Wiesen – Der steile Hang zum Hauereck – Schwierige Trails nach Alpl und Fischbach.

## Abkürzungen:

Statt über Hauereck und Alpl im Feistritztal zwischen Rettenegg und Fischbach.

## Wichtige Hinweise:

Schwierige Trails zwischen Fischbach und Hauereck.

## Streckenstatistik (Km / %)

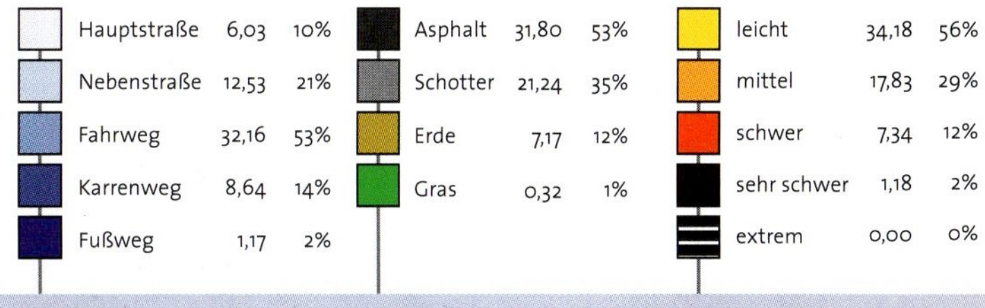

| Wege | km | % | Beläge | km | % | Schwierigkeiten | km | % |
|---|---|---|---|---|---|---|---|---|
| Hauptstraße | 6,03 | 10% | Asphalt | 31,80 | 53% | leicht | 34,18 | 56% |
| Nebenstraße | 12,53 | 21% | Schotter | 21,24 | 35% | mittel | 17,83 | 29% |
| Fahrweg | 32,16 | 53% | Erde | 7,17 | 12% | schwer | 7,34 | 12% |
| Karrenweg | 8,64 | 14% | Gras | 0,32 | 1% | sehr schwer | 1,18 | 2% |
| Fußweg | 1,17 | 2% | | | | extrem | 0,00 | 0% |

# Detailausschnitt

A

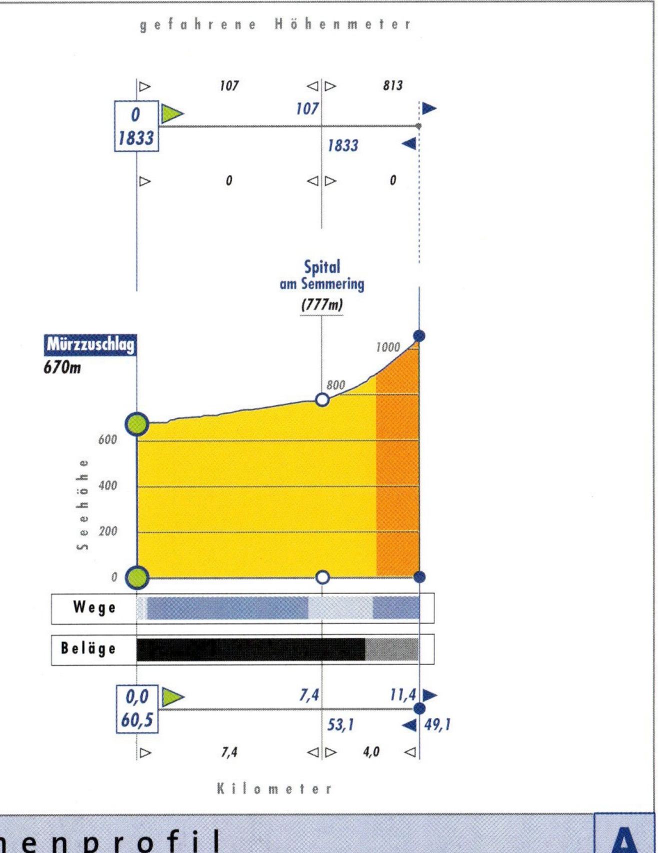


## Mürzzuschlag

**25 Gasthof Lendl Tel. +43 3852 2226** (siehe S. 92)

**16 Hotel Kohlbacher Tel. +43 3854 2022** (siehe S. 93)
**Langenwang 7km**

*In Mürzzuschlag schlägt die Mürz zu, indem sie weiter beharrlich dem gleichnamigen Tal folgt und die Alpentour links liegen lässt. Semmeringradweg heißt das Geheimnis der Anreise nach und nicht ins Spital am Semmering.*

## Spital am Semmering

*Eisenbahnmäßig steht diesem Ort das Schicksal der Untertunnelung bevor. Basistunnel nennt sich ein Verfahren zur Untergrabung von Bergpersönlichkeiten jeglicher Art. Züge brauchen Basistunnels, Mountainbiker brauchen Berge als Basis (ihrer Existenz) – 813 Höhenmeter auf einmal (unsere germanischen Freunde sagen „am Stück") – Wechselnde Wege von schotterstraßig läppisch, bis Wiesenstieg zum Hinhalten. Hinhalten ist ein Fachausdruck der Rennfahrer, der ungefähr „Treten bis zum Speiben" (= Erbrechen) bedeutet.*

**! Tipp am Ra*(n)*de – Alpentour-Online**
Unter **www.alpentour.at** sind Alpentour und Romantiktour online buchbar.

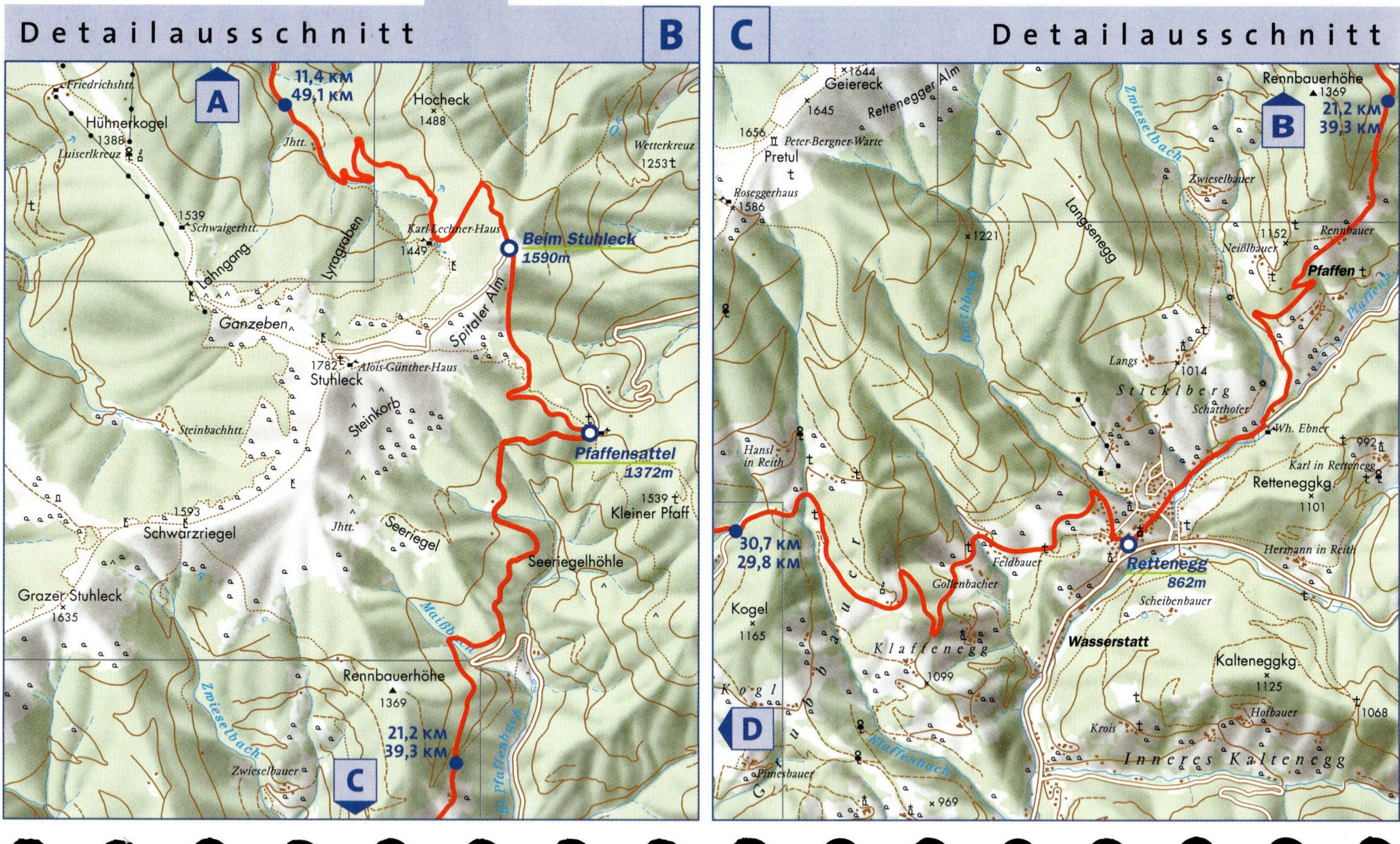
Detailausschnitt
B
C
Detailausschnitt
A
11,4 KM
49,1 KM
Hocheck
1488
Friedrichshtt.
Hühnerkogel
1388
Luiserlkreuz
Jhtt.
Wetterkreuz
1253
1539
Schwaigerhtt.
Lahngang
Lyragraben
Karl-Lechner-Haus
1449
Beim Stuhleck
1590m
Spitaler Alm
Ganzeben
1782
Alois-Günther-Haus
Stuhleck
Steinkorb
Steinbachhtt.
Pfaffensattel
1372m
1539
Kleiner Pfaff
1593
Schwarzriegel
Jhtt.
Seeriegel
Seeriegelhöhle
Grazer Stuhleck
1635
Maißbach
Rennbauerhöhe
1369
Zwieselbach
21,2 KM
39,3 KM
Zwieselbauer
Kl. Pfaffenbach
1644
Geiereck
1645
Rettenegger Alm
1656
Peter-Bergner-Warte
Pretul
Roseggerhaus
1586
Rennbauerhöhe
1369
21,2 KM
39,3 KM
Zwieselbach
Zwieselbauer
Langsenegg
1221
1152
Neißlbauer
Rennbauer
Pfaffen
Pfaffenb.
Reithbach
Langs
1014
Sticklberg
Schatthofer
Wh. Ebner
992
Karl in Rettenegg
Hansl in Reith
Retteneggkg.
1101
30,7 KM
29,8 KM
Feldbauer
Gollenbacher
Rettenegg
862m
Hermann in Reith
Scheibenbauer
Kogel
1165
Klaftenegg
1099
Wasserstatt
Kalteneggkg.
1125
Kogl
D
Grubbauer
Klaftenbach
Hofbauer
1068
Krois
Inneres Kaltenegg
Pimesbauer
969

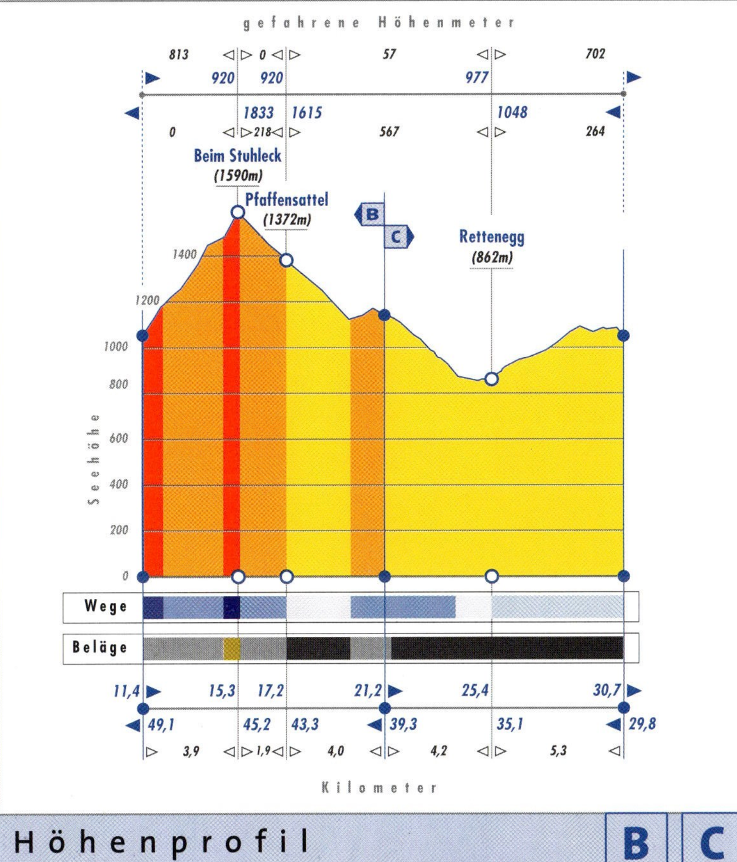


## BEIM STUHLECK

*Beim Stuhleck ist nicht am Stuhleck und bedeutet, dass ein Gipfelsieg nur mittels Abstecher zu machen ist. Dieser Eingebung sollten angesichts der kommenden Anstrengungen allerdings reifliche Überlegungen bezüglich der eigenen physischen und psychischen Verfassung vorangehen – Grobschottriger Downhill, dass die Fetzen fliegen.*

## PFAFFENSATTEL

*Der Gegensatz von grob-schottrig, könnte als feinporig-asphaltig bezeichnet werden. Im Gegensatz zu fliegenden Fetzen spricht man in diesem Falle von surrend schmierenden Reifen. Gegensätze ziehen sich an und bilden Schnittstellen, die dann namentlich in Erscheinung treten (zum Beispiel Pfaffensattel) – Talwärts auf glatter Straße – Überraschender Absprung ins Gemüse mit anschließender Landung in Rettenegg.*

## RETTENEGG

*Hier tritt ein neuer Fluß ins Bikerleben, die Feistritz. Anders als bei Enns und Mürz definiert sich diese Beziehung in weiterer Folge nicht durch Entlangfahren, sondern durch Drüberfahren – Nebenstraßen hinauf in den Halbstock und Gott sei Dank quer durch (und nicht mitten hinauf über) unglaublich steile Wiesen.*

# Detailausschnitt

D

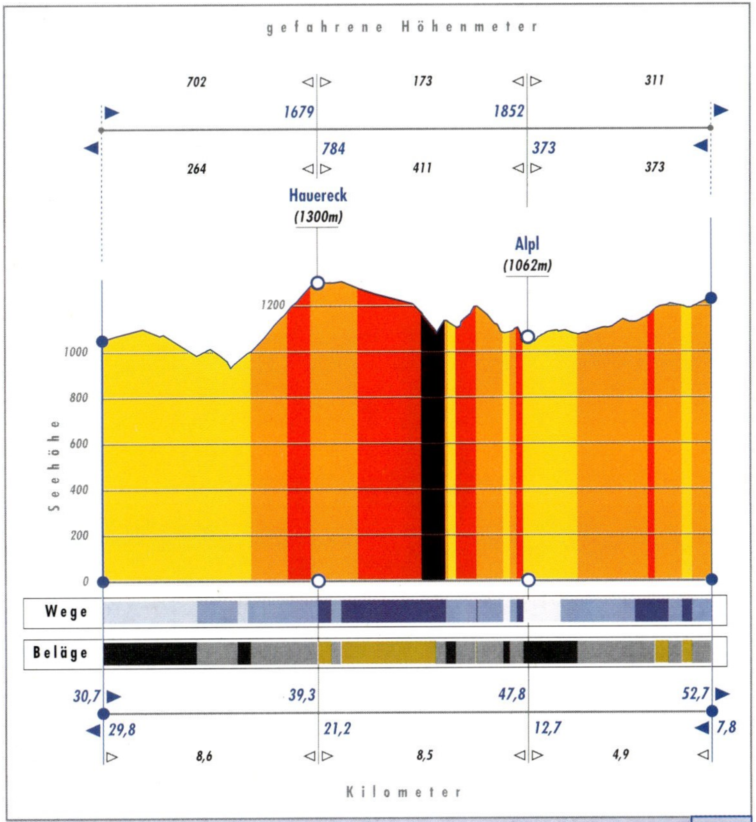

gefahrene Höhenmeter

702 · 173 · 311

1679 · 1852

784 · 373

264 · 411 · 373

Hauereck (1300m)

Alpl (1062m)

Seehöhe: 0 · 200 · 400 · 600 · 800 · 1000 · 1200

Wege

Beläge

30,7 · 39,3 · 47,8 · 52,7

29,8 · 21,2 · 12,7 · 7,8

8,6 · 8,5 · 4,9

Kilometer

Höhenprofil D

## Hauereck

*Schipisten sind immer steil. Zumindest aus der Bikersicht von unten. Zur mountainbikemäßigen Bewältigung von Schipisten können bestehende Fahrwege herangezogen werden, die in ihrer winterlichen Nutzung meist als Familienabfahrten deklariert sind. Sommerlich betrachtet, kann davon keine Rede sein. Außer das Biker-Bike-Verhältnis nimmt Vater-Sohn-Züge an (oder umgekehrt) – Nach der Bergstation flache bis mäßig steile, erdige bis gatschige, schottrige bis felsige Wege, gefolgt von einer Einkerbung mit Neigung in Richtung Vertikale.*

## Alpl

18 **Hotel Waldheimathof** **Tel. +43 03855 8251** (siehe S. 106)

*Rundreise am Alpl zur Bestätigung des vorigen Exkurses über Schipisten. Die Frage nach dem Wieso stellt sich auf jedem Meter der beinharten Auffahrt und findet ganz oben sogar drei Antworten: Hütte, bewirtschaftete Hütte, bewirtschaftete Hütte mit Ausschank. Als Schaum auf dem wohlverdienten Bier, eine Aussicht die den Namen der Gegend hinreichend und endgültig erklärt: Waldheimat, und das soweit das Auge reicht – Weiters: Abwechslungsreiche Wege. Soll heißen, fließender Übergang von einem ins andere, vom Steilen ins Flache, vom Leichten ins Schwierige, vom Breiten ins Schmale und so weiter und umgekehrt. Die Essenz des Mountainbikens komprimiert auf 13 km und abgefüllt in die Geborgenheit der Waldheimat.*

## Fischbach

**Gasthof Zellerhof** **Tel. +43 03170 207** (siehe S. 106)

## Detailausschnitt E

## E Höhenprofil

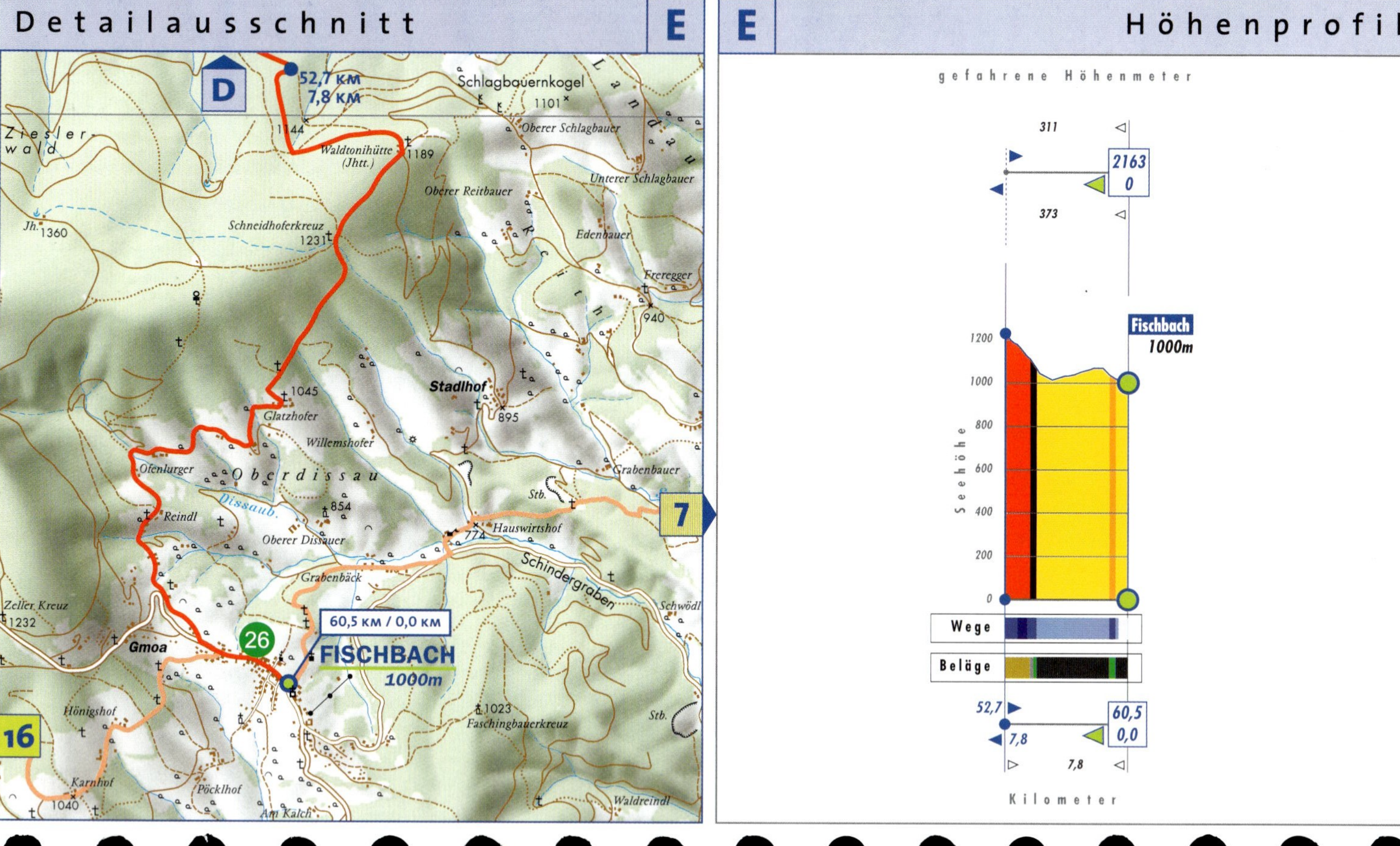

## Waldheimat – Mürztal

*Wo findet man noch so schön unberührte, intakte Natur? Unsere Region ist die waldreichste der Steiermark – eintauchen, wohlfühlen oder aktiv sein – alles ist möglich!*

*Es ist kein Zufall, dass die klassische Reise-Hauptachse zwischen Donau und Adria just über den Semmering verläuft.*
*Nicht nur Durchreisende verlangt es sommers und winters nach harmonischem Da-Bleiben: Komfortable 4-Sterne-Häuser, kuschelige Pensionen, solide Landgasthöfe und naturnaher Urlaub am Bauernhof beweisen persönliche Noten bezüglich Kultur, Natur & Kulinarium. Auf biologische Landwirtschaft spezialisierte „Ernte-Betriebe" und der besonders populäre Ab-Hof-Verkauf schlagen neue Brücken zwischen Stadt und Land. Urlaubstage gehen schließlich durch Kopf und Magen –* **TYPISCH STEIRISCH!** *Das besondere Flair eines „romantischen Zimmers" mit dem Himmelbett macht das Übernachten zum besonderen Erlebnis.*

## Waldheimat-Mürztal „Steirische Romantik" pur

*Radsportbegeisterte messen sich auf der ALPENTOUR STEIERMARK, auf der ROMANTIKTOUR von Fischbach nach Mariazell oder auf der MÜRZER ALMENTOUR. Aber auch Hobbyfahrer und Trekkingbiker kommen voll auf ihre Rechnung und rollen den Mürztalradweg, Feistritztalradweg, Semmering- und Veitschtalradweg entlang.*

*Aber auch die zahlreichen Passstraßen über Semmering, Pfaffensattel, Alpl, Preiner Gescheid, Niederalpl, Pretalsattel, Schanzsattel sind eine echte Herausforderung.*

*Unsere Alpentourwirte und radlerfreundliche Betriebe laden zur Stärkung und zum Verweilen ein.*

*VERANSTALTUNGEN:*
*MOUNTAIN MASTERS MÜRZ in Mürzzuschlag*

**WWW.M-M-M.AT**

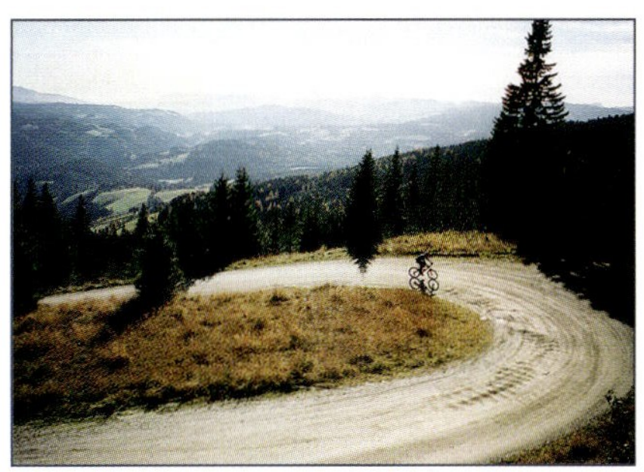

**Tourismusregionalverband**
**Waldheimat – Mürztal**

Wienerstrasse 4
8680 Mürzzuschlag
Tel.: ++43 3852/4770
Fax: ++43 3852/5394
tourismusregionwm@netway.at
www.tiscover.com/waldheimat-muerztal
www.almentour.at

## Alpentourwirt

Das freundliche Kinderhotel

### Hotel Waldheimathof

**Familie Bruggraber**
**8671 Alpl, 4**
**Tel.: ++43 3855/8251**
**Fax: ++43 3855/8254**
**waldheimathof@netway.at**
**www.waldheimathof.at**

**Das (4-Stern) Waldheimathof-Almdörfl direkt an der Alpentour,** *liegt im Herzen der Fischbacher Alpen, in Peter Roseggers Waldheimat. Im romantischen Almdörfl mit traditionellen Holzbauten, gemütlichen Stuben und herzlichen Mitarbeitern fühlen Sie sich gleich wie zu Hause. Kulinarisch werden unsere Feinschmecker verwöhnt mit regionalen Schmankerln, es gibt aber auch ballastoffreiche Menüvariationen für unsere Sportler, wie Nudeln und Vollwertgerichte oder frische Salate und Produkte aus der Region.*

*Die 500 m² Familienwasserwelt mit* **Hallenbad, Saunalandschaft,** *Fichtenadel-Solebad sowie Kosmetik und Beautyabteilung ladet ein, die Seele baumeln zu lassen!!*
*Speziell für Mountainbiker ist unser Romantikrestaurant, der Dörflheurige und die Kressbachalmhütte (geöffnet von Juni bis Oktober) direkt an der Alpentour gelegen.*

*Der Waldheimathof liegt auf der Wegstrecke zwischen Mürzzuschlag und Bruck a.d. Mur ideal für ihre Relaxübernachtung.*

MOUNTAIN BIKING ALPEN TOUR STEIERMARK

## Alpentourwirt

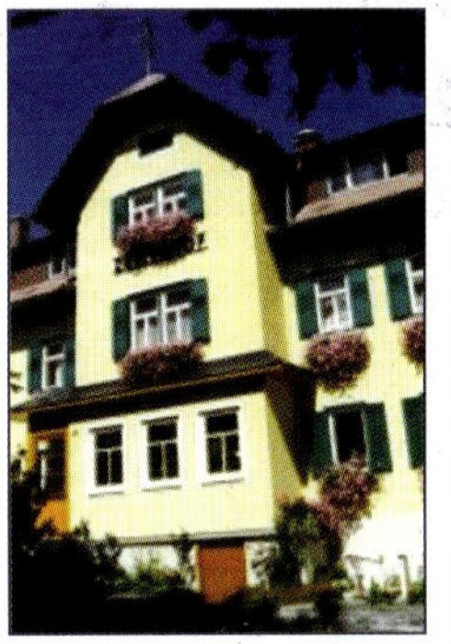

### Gasthof Zellerhof

**Familie Prettenhofer**
**8654 Fischbach, 41**
**Tel.: ++43/3170/2070**
**Fax: ++43/3170/2074**
**pretti@zellerhof-fischbach.at**
**www.tiscover.com/gasthof.zellerhof**

*Unser Gasthof liegt direkt an der Alpentour Steiermark, im Etappenort Fischbach.*

*Wir bieten Ihnen Fahrradraum, Werkstatt für kleinere Reparaturen und Radwäsche gratis, ebenso wie Wäscheservice. Auch bieten wir gegen Vereinbarung Gepäcktransport, Rückholung vom Endpunkt der Tour beim Alpentour-Puzzle.*

*Auf der kulinarischen Seite richten wir uns ganz nach den Bedürfnissen der Biker-Gäste. Ob sportlich leicht oder bodenständig deftig, wir verwöhnen Sie gerne.*

# Fischbach – Birkfeld

## *Von Fischbach nach Birkfeld an einem Tag:*

*Ein harmloser, geradezu lächerlicher Auftrag. Die Oststeiermark von ihrer biedersten Seite. Harmloses Hügelland eben. Für die mickrigen 20 Kilometer Luftlinie lohnt sich kein Aufwärmen, kein Aufblasen der Reifen, nicht einmal das Packen des Rucksacks. Man rollt in Freizeitmanier die gemütlichen Kehren hinab und lässt sich dabei von den feisten Fahrgästen der Feistritztalbahn begaffen, die hinter ihren Bratlfettbroten hervorquellen. Aus deren angeödeter Sicht mag das ja (hoffentlich!) cool wirken. Aber in Wahrheit hat diese träge Touristenrunde mit anspruchsvollem Biken ungefähr so viel zu tun wie Hansi Hinterseers Hit-Geheul mit der Sangeskunst in der Wiener Staatsoper.*

*Soviel zum großen Irrtum, der an diesem Tag schon sehr schnell auf der Strecke bleiben sollte. Die „Graue Steinwand" stellt sich vor Strallegg mit ihrer ganzen Schärfe dem Biker entgegen. Hoppla?! Ein überdimensionaler Mugel für eine Landschaft, die angeblich nur ein paar Hügel zu bieten hat. Dann kommt der wahre Hammer: hinauf und hinunter, in jeden Graben eingetaucht und sogleich auf der anderen Seite wieder mühsam emporgekrochen, bevor die nächste Senke die mühevoll gewonnenen Höhenmeter mit einem Schlagloch wieder zunichte macht. Eine zermürbende Prozedur. Langsam würgt sich die Wahrheit hervor: Diese Spazierfahrt artet zur Kraftprobe aus. Kein Zufall, dass wir uns gerade beim „Toten Mann" befinden.*

*Apropos Befinden: Körper und Rad verschmelzen zur ächzenden Masse, zum vollgefederten Vierziggelenker ohne Steuermann. Die Ellen liegen schon fast an den Speichen, die Bandscheiben an den Scheibenbremsen, die Knie knien sich ordentlich rein. Die zerschundenen Sisiphüsse schmerzen. Bei der Abfahrt nach Miesenbach kommt Freude auf, die sogleich wieder brutal am steilen Gegenhang zerschellt. Wie wahnsinnig muss man sein, um den Umweg über Pöllau zu nehmen? Nach fast achtzig Kilometern die Antwort: Es war gar kein Wahnsinn. Nur Wahn, ganz ohne Sinn. Oder?*

MOUNTAIN BIKING ALPEN TOUR STEIERMARK

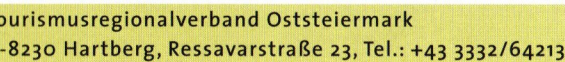

# Streckenabschnitt 7

Tourismusregionalverband Oststeiermark
A-8230 Hartberg, Ressavarstraße 23, Tel.: +43 3332/64213

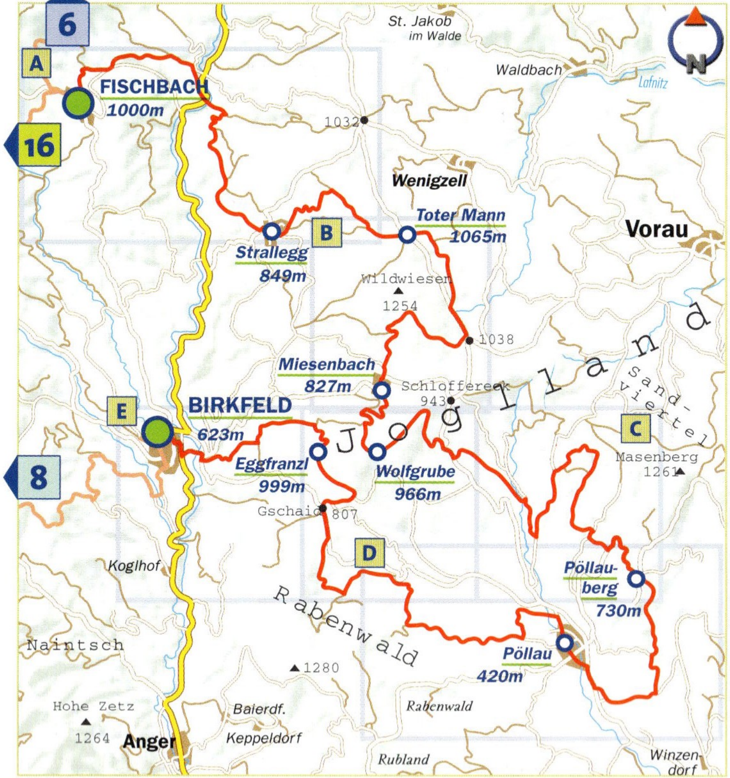

6

A

FISCHBACH 1000m

16

St. Jakob im Walde

Waldbach

Lafnitz

1032

Wenigzell

Strallegg 849m

B

Toter Mann 1065m

Vorau

Wildwiesen 1254

1038

Miesenbach 827m

Schlofferegg 943

Joglland

Sand-viertel

E

BIRKFELD 623m

8

Eggfranzl 999m

Wolfgrube 966m

C

Masenberg 1261

Gschaid 807

D

Koglhof

Rabenwald

Pöllau-berg 730m

Pöllau 420m

Naintsch

1280

Hohe Zetz 1264

Anger

Baierdf.

Keppeldorf

Rabenwald

Rubland

Winzendorf

M 1:210 000

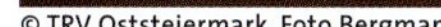

© TRV Oststeiermark, Foto Bergmann

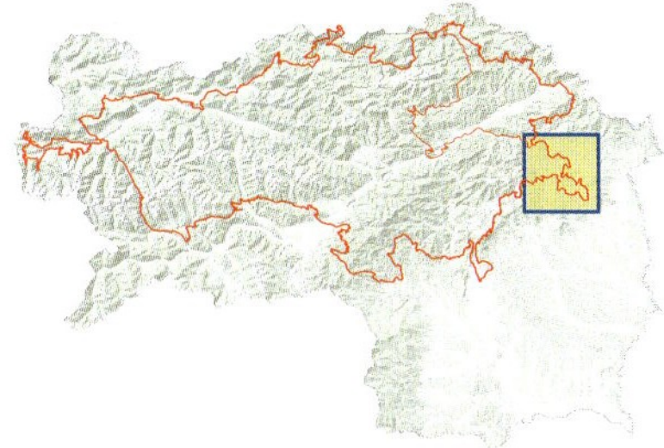

| | | |
|---|---|---|
| **Fischbach – Birkfeld** | 78,4 km | 2386 hm |
| **Birkfeld – Fischbach** | 78,4 km | 2763 hm |

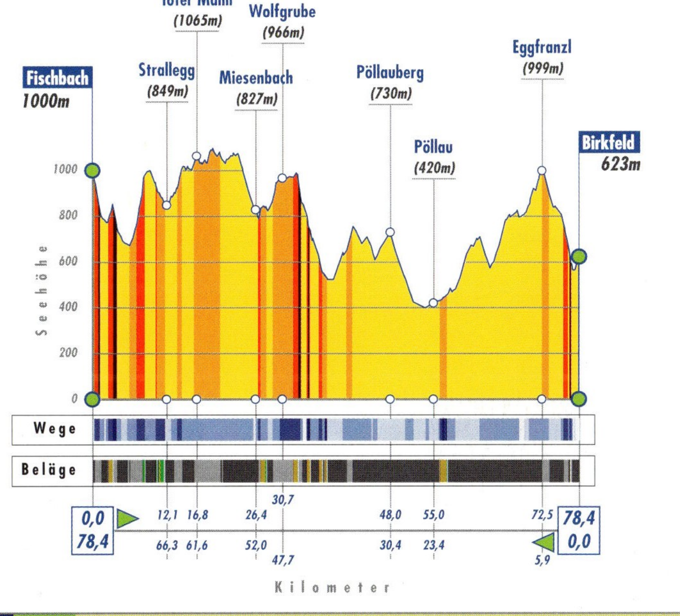


## Kurz gesagt:

Ständiges Auf und Ab im Hügelland.

## Startpunkt:

Fischbach (1.000 m) im Ortszentrum vor der Kirche.

## Etappentelegramm:

Fischbach, interessante Pfade ins Feistritztal – Steile und flache Abschnitte über runde Hügel – Herrliche Aussichten und abwechslungsreiche Wege – Gemütliches Radeln um zwei große Kirchen – Auf halber Höhe über dem Pöllauer Tal – Kurz, steil, kernig nach Birkfeld.

## Abkürzungen:

Statt auf den Hügeln entlang des Pöllauer Tales auf der Hauptstraße im Tal.

## Wichtige Hinweise:

Teilweise komplizierte Wegführung, Achtung bei den Abzweigungen.

## Streckenstatistik (Km / %)

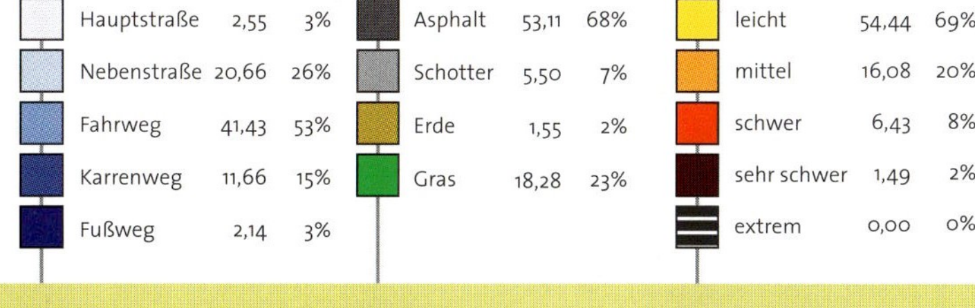

| Wege | km | % | Beläge | km | % | Schwierigkeiten | km | % |
|---|---|---|---|---|---|---|---|---|
| Hauptstraße | 2,55 | 3% | Asphalt | 53,11 | 68% | leicht | 54,44 | 69% |
| Nebenstraße | 20,66 | 26% | Schotter | 5,50 | 7% | mittel | 16,08 | 20% |
| Fahrweg | 41,43 | 53% | Erde | 1,55 | 2% | schwer | 6,43 | 8% |
| Karrenweg | 11,66 | 15% | Gras | 18,28 | 23% | sehr schwer | 1,49 | 2% |
| Fußweg | 2,14 | 3% | | | | extrem | 0,00 | 0% |

# Detailausschnitt

A

6

16

26

0,0 KM / 78,4 KM

FISCHBACH

1000m

Strallegg

849m

B

16,0 KM

62,4 KM

Oberdissau
Dissaub.
Reindl
854
Oberer Dissauer
Grabenbäck
Stb.
774
Hauswirtshof
Sulzbach
Schindergraben
Schwödlwand
Schwödl
845
Sulzer
Unterdissau
Gmoa
Hönigshof
1023
Faschingbauerkreuz
Fischbacher Wald
Stb.
Unterer Dissauer
Pöcklhof
Am Kalch
Gaihof
Waldreindl
814
Mittlerer Waldriegel
1123
945
Hofbauer
Fischbach
Reithkogel
1157
Jh.-Gießhübl
Anger
Jägerkreuz
Hochenorter
Reith
Pesendorfer
Kleinschneidhofer
Ebenhofer
Weberkogel
1047
In der Grub
640
Unterer-
Pangasegger
Oberer
Kleinbach
Rohrhofer
Riegler
Hinterleitner
985
Pacher
940
Holzbauer
716
Fraunschmied
Fraunb.
Federreither
Kleinlandl
Ghf. Lechner
Höll
974
Feilhoferkg.
1020
Feilhofer
Hansgaugl
Brandl
Sobl
947
Popp
Gauglhof
Unterer-
Rosenbichler
Oberer-
Unterer-
Oberer-
Grill
Rinderhof
1072
Grauer Stein
Holzeckkreuz
Wiedenbauer
Zwieselbauer
Zwieselgr.
Breitegger
Unterer-
Wurzwaller
Oberer-
1050
In Hinteregg
Auf der Halt
Schlagbauer
Reisenegger
Ödbauer
1032
Lußbauer
Ohrenhofer
Kerschenbauer
Krauserschöckl
1132
Krauser
Feldbauer
Lichtenegger
Schneebergerhimmel
1119
Schneeberger
851
Gaulhofer
Hochegger

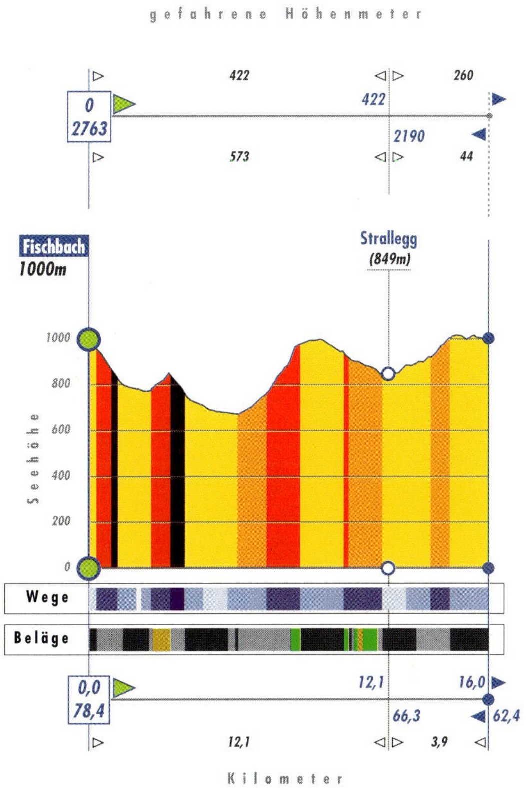

gefahrene Höhenmeter

| | | | |
|---|---|---|---|
| 0 / 2763 | 422 | 422 / 2190 | 260 |
| | 573 | | 44 |

Fischbach 1000m

Strallegg (849m)

Seehöhe: 1000, 800, 600, 400, 200, 0

Wege

Beläge

| | | | |
|---|---|---|---|
| 0,0 / 78,4 | 12,1 | 12,1 / 66,3 | 16,0 / 62,4 |
| | 12,1 | | 3,9 |

Kilometer

Höhenprofil A

## Fischbach

### 26 Gasthof Zellerhof Tel. +43 3170 207 (siehe S. 106)

*Fischbach liegt auf 1000 m Seehöhe. Das bedeutet von Fischbach aus gesehen sollte es tendenziell eher bergab als bergauf gehen respektive fahren. Vor allem dann, wenn Biker sich in die angeblichen Niederungen der Oststeiermark begibt. Aus obersteirischer Welt- und damit gleichzeitig Steiermarksicht unter besonderer Berücksichtigung der mountainbikeweltlichen Belange ist die Oststeiermark hügelig und Hügel sind nix. Diese Sicht allerdings hält nur so lange, wie sie als Fernsicht auftritt. Aus der Nähe betrachtet, kurzsichtig sozusagen, geben die Hügel den Blick frei auf ihre gen- und biketechnisch nachgewiesenen direkten Verwandten, die sogenannten Gräben. Und Gräben sind was! Der Feistritzgraben zum Beispiel (er heißt nur deswegen üblicherweise Feistritztal, weil die Feistritz ein Fluss ist und Flüsse haben Täler) zeichnet sich durch einen Radweg mit genormter Flachneigung aus (ehemalige Bahntrasse). Herrlich leicht zu fahren! Aber nicht für Alpentourbiker! Denn diese queren das Tal = Graben, und dessen Wände sind eher senkrecht als flach geneigt. Einseitig auch schipistig. Beidseitig bikerherzerfreuende Wege.*

## Strallegg

*Aussichtsreiches Fahren rund um Strallegg – Wechselnde Wege – Gleiten, Strampeln, Reissen, Drücken, alles da.*

# Detailausschnitt B

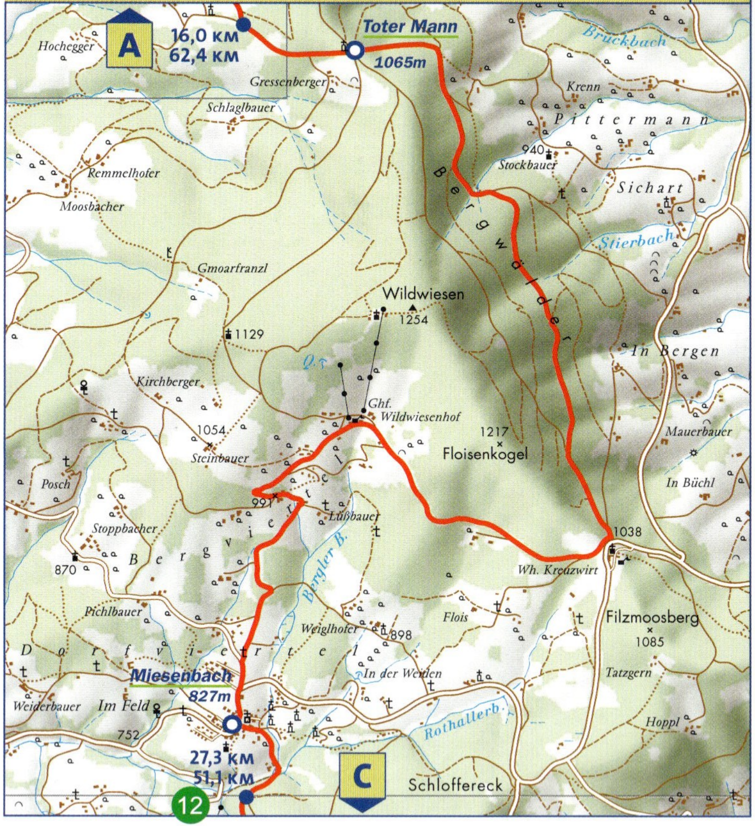
A
16,0 KM
62,4 KM
Hochegger
Toter Mann
1065m
Gressenberger
Bruckbach
Krenn
Schlaglbauer
Pittermann
940
Stockbauer
Remmelhofer
Moosbacher
Sichart
Bergwälder
Stierbach
Gmoarfranzl
Wildwiesen
1254
1129
In Bergen
Kirchberger
Ghf.
Wildwiesenhof
1217
1054
Floisenkogel
Mauerbauer
Steinbauer
In Büchl
Posch
991
Lußbauer
Stoppbacher
1038
Bergler B.
870
Bergviertel
Wh. Kreuzwirt
Pichlbauer
Flois
Filzmoosberg
Weiglhofer
898
1085
Dorfviertel
Miesenbach
In der Weiden
Tatzgern
827m
Weiderbauer
Im Feld
Rothallerb.
Hoppl
752
27,3 KM
51,1 KM
C
Schloffereck
12

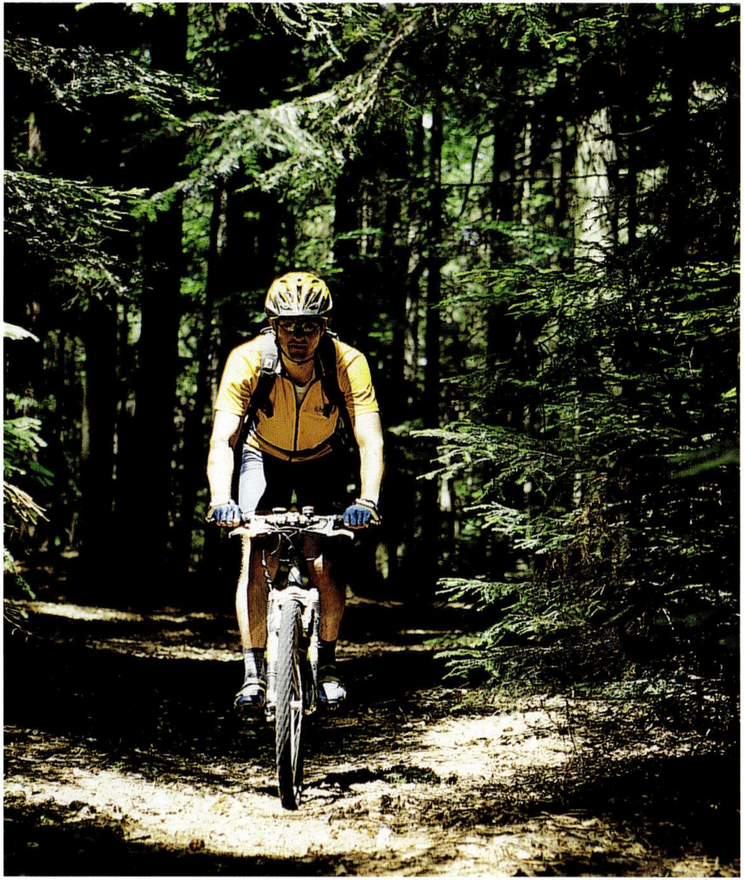

Foto: Sikorski

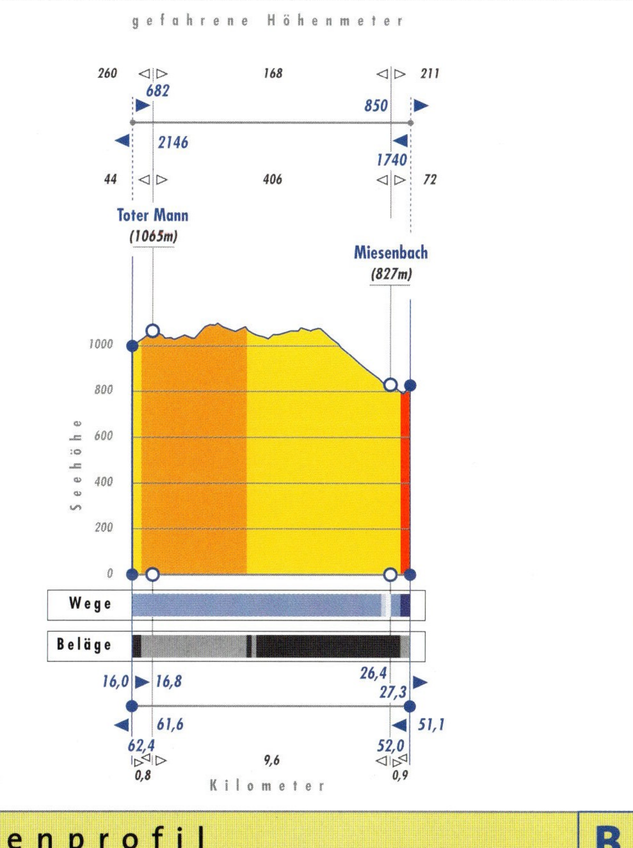


## Toter Mann

*Irgendwann gelangt jeder und alles an einen toten Punkt. Ein toter Punkt ergibt sich durch Abwesenheit. Endgültig gesehen durch Abwesenheit von Leben. Die Bikersprache meint mit „tot sein" jedoch lediglich die Abwesenheit konditioneller Fähigkeiten in Relation zu der vor einem liegenden Aufgabe (= Graben, oststeirisch gesprochen). Das hat natürlich alles überhaupt nichts mit dem geografischen Ort „Toter Mann" zu tun, der sich als Straßenkreuzung präsentiert. – Schotterstraßen im Wald und Asphaltstraßen zur Wildwiesen.*

## Miesenbach

**12 Gasthof Wiesenhofer Tel. +43 3174 83 60** **(siehe S. 122)**

*Asphalt-Gleitflug in den Ort – Mühle und Furt – Steiler Stieg mit flachem Auslauf – Wieder einmal ein Schilift. Diesmal aber als Querpassage und mit wiesenhoferischer Einkehr.*

**! Tipp am Ra*(n)*de – Alpentour-Öffnungszeiten**

Die durchgehende Befahrung von Alpentour und Romantiktour ist aufgrund der Vereinbarungen mit den Eigentümern der Privatwege von 15. April bis 31. Oktober täglich von 2 Stunden nach Sonnenaufgang bis 1 Stunde vor Sonnenuntergang gestattet. Bei den öffentlichen Wegstücken und allen Strecken in der Region Graz ist die Befahrung ganzjährig erlaubt.

# Detailausschnitt

C

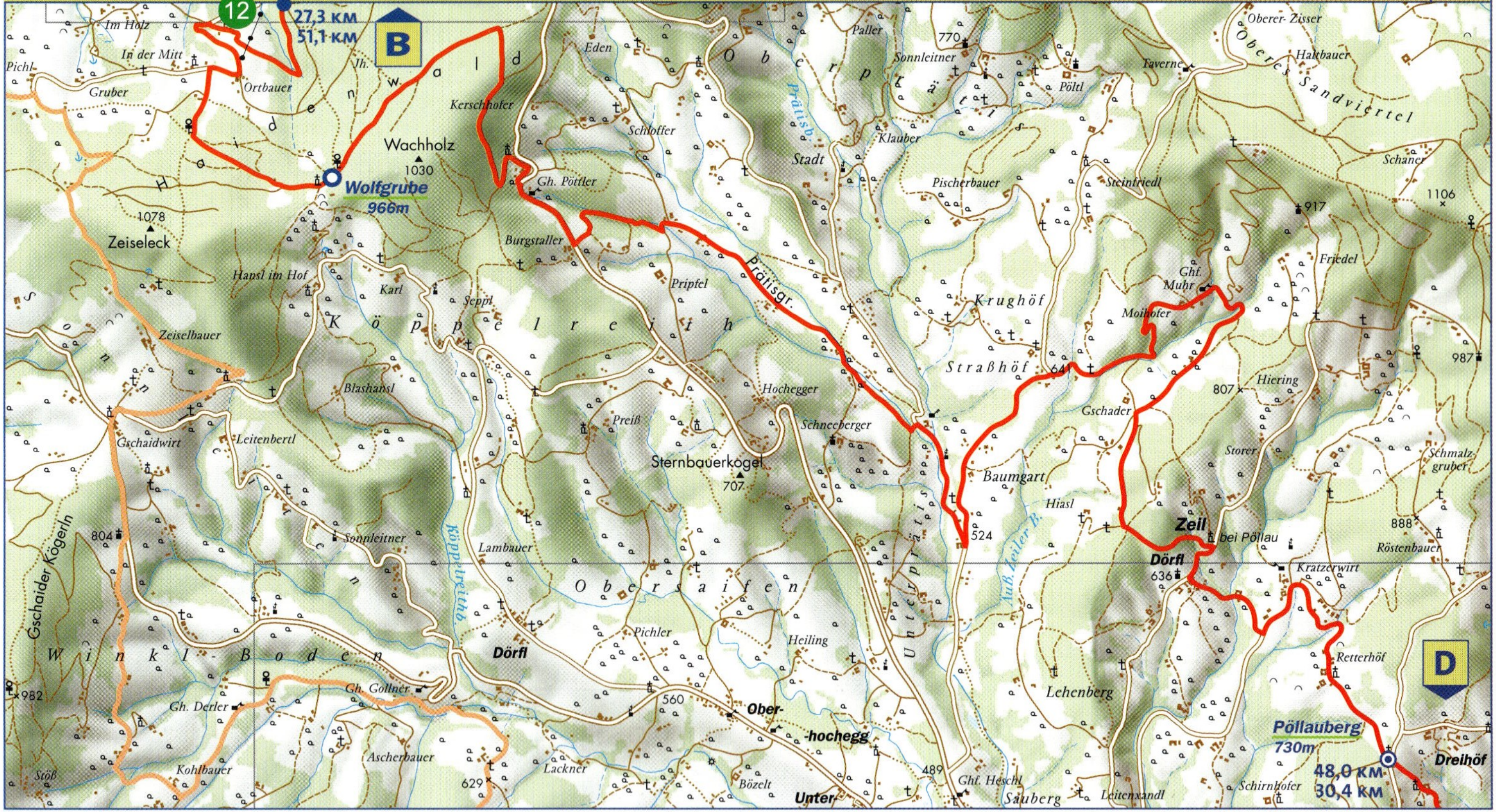

B

12

27,3 km
51,1 km

Wolfgrube
966m

Wachholz
1030

Zeiseleck
1078

Im Holz
In der Mitt
Pichl
Gruber
Ortbauer
Kerschhofer
Eden
Schloffer
Gh. Pöttler
Burgstaller
Hansl im Hof
Karl
Seppl
Pripfel
Prätisgr.
Zeiselbauer
Blashansl
Gschaidwirt
Leitenbertl
Preiß
Hochegger
Schneeberger
Sternbauerkögel
707
Sonnleitner
Lambauer
Dörfl
Pichler
Heiling
Gh. Gollner
Gh. Derler
Kohlbauer
Ascherbauer
Lackner
Bözelt
Stöß
629
560
489
804
982
Gschaider Kögerln
Winkl-Boden
Köppelreith
Obersaifen
Ober-
hochegg
Unter-
Unterprätis
Paller
Sonnleitner
770
Pöltl
Klauber
Stadt
Pischerbauer
Steinfriedl
Taverne
Oberer Zisser
Oberes Sandviertel
Haltbauer
Schaner
1106
917
Friedel
Ghf. Muhr
Moihofer
Krughöf
Straßhöf
641
807
Hiering
987
Gschader
Storer
Schmalzgruber
Baumgart
Hiasl
524
Auß. Zeiler B.
Zell
bei Pöllau
Dörfl
636
Kratzerwirt
888
Röstenbauer
Retterhöf
Lehenberg
Ghf. Heschl
Sauberg
Leitenxandl
Schirnhofer
Pöllauberg
730m
48,0 km
30,4 km
Dreihöf

D

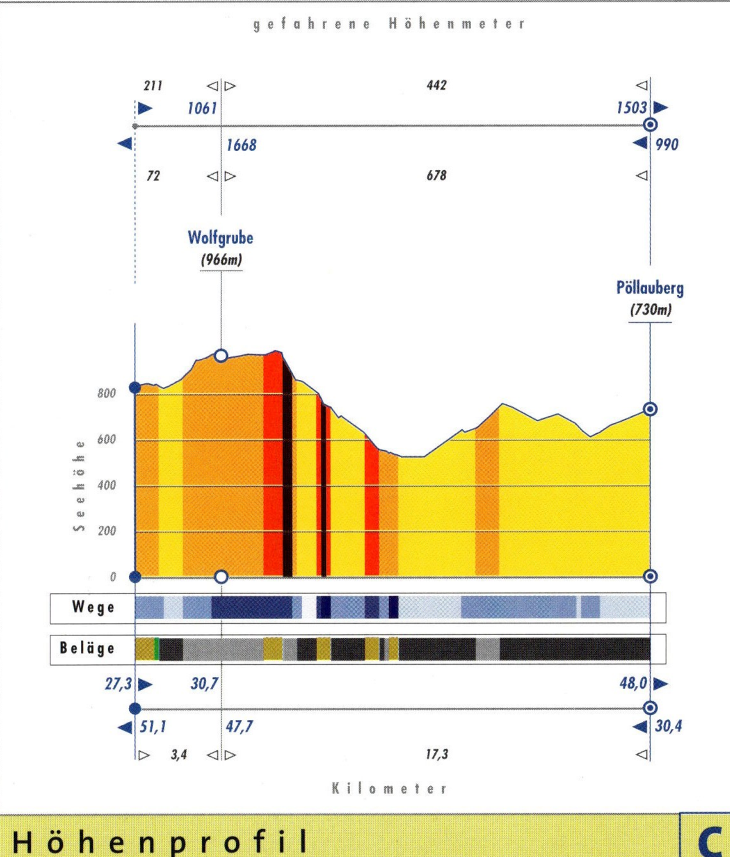


Höhenprofil

C

## O WOLFGRUBE

*Wölfe treten für gewöhnlich im Rudel auf. Einsame Wölfe dagegen sind Ausgestoßene, die verlassen und verloren ihre Kreise ziehen. Die Bikerwelt kennt sowohl das Rudel als auch die Einsamkeit. Für weniger geübte Biker kann es auf den Wegen von der Wolfgrube ins Pöllauer Tal auch im Rudel ziemlich einsam werden. Dann nämlich, wenn die wölfische Wildheit mancher Teilstücke einer ängstlichen Zimperlichkeit gegenübersteht.*

**! Tipp am Ra*(n)*de – Alpentour-Wirte**
Die Alpentour-Wirte (auch auf der Romantiktour) haben alles, was Mountainbiker brauchen! Versperrbare Radgarage, Radwaschplatz, Werkzeugausstattung, Wäscheservice, bikergerechte Verpflegung alles inklusive in der Biker-Halbpension. Besonderer Hit: Gepäcktransport von Wirt zu Wirt zum Fixpreis pro Person! Information und Buchung unter **www.alpentour.at** oder **bei Graz Tourismus**
Tel.: +43 316 8075-63
e-mail: alpentour@graztourismus.at

Detailausschnitt

D

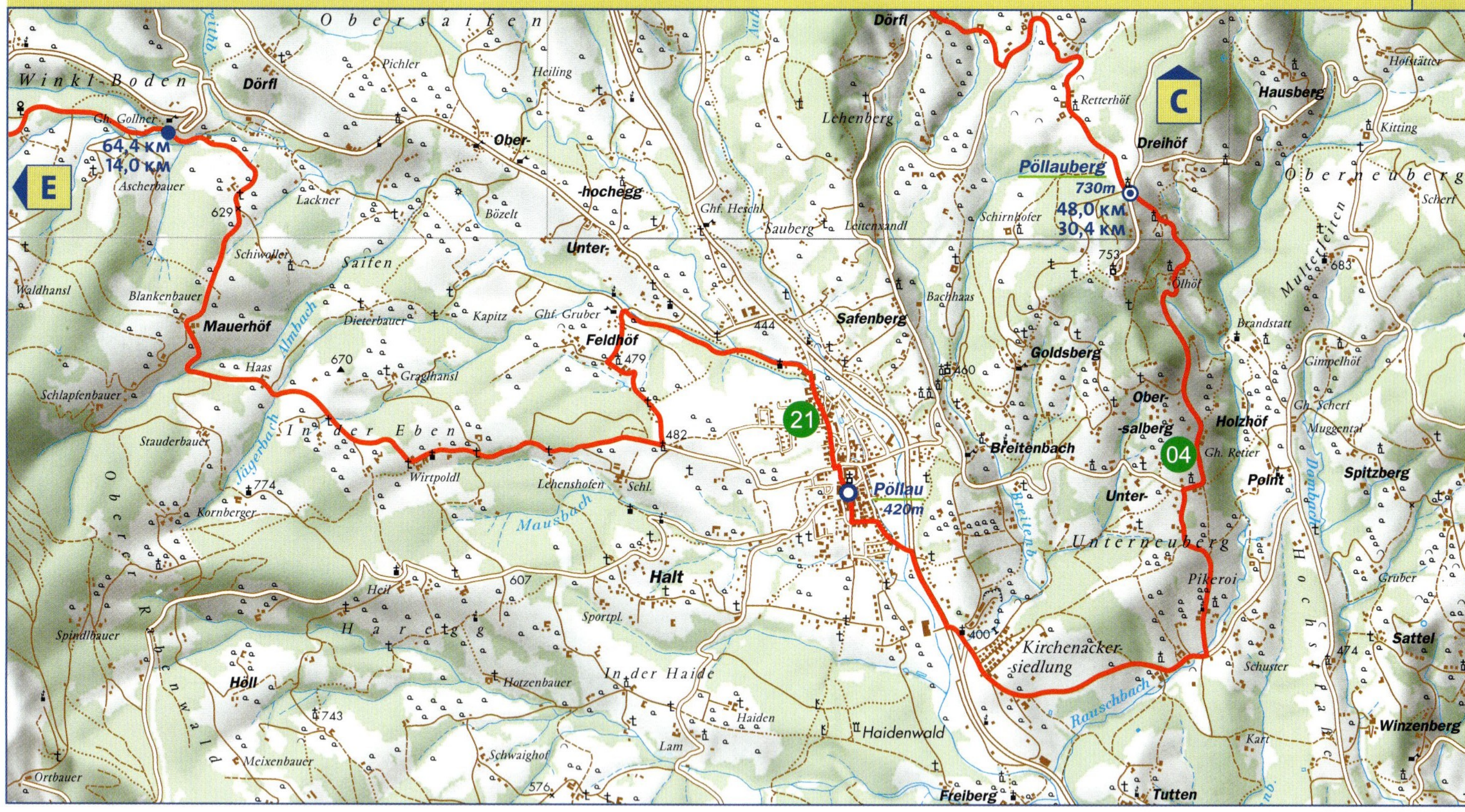

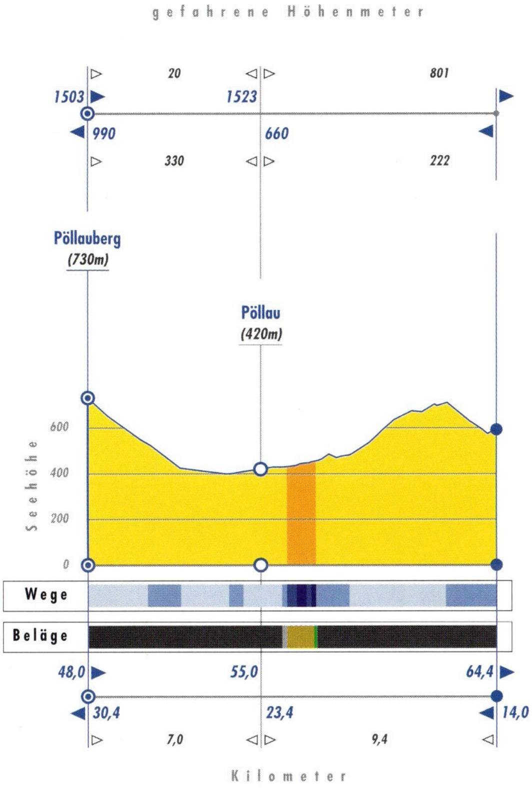

gefahrene Höhenmeter

| | 20 | | 801 | |
|---|---|---|---|---|
| 1503 | | 1523 | | |
| 990 | | 660 | | |
| | 330 | | 222 | |

Pöllauberg (730m)

Pöllau (420m)

Seehöhe: 600, 400, 200, 0

Wege

Beläge

| 48,0 | | 55,0 | | 64,4 |
|---|---|---|---|---|
| 30,4 | | 23,4 | | 14,0 |
| | 7,0 | | 9,4 | |

Kilometer

Höhenprofil D

## PÖLLAUBERG

### HOTEL RETTER TEL. +43 3335 26 90 (SIEHE S. 122)

*Berg mit Kirche (lohnender Abstecher) – Apfelland grüßt plantagenmäßig – Freier Blick ins flachere Hügelland, wo die Hügel zu Wellen und die Gräben zu Mulden werden. Wir wenden uns ab und gleiten hernieder von kirchlichen Höhen auf den Boden des Pöllauer Tales.*

## PÖLLAU

### PENSION CÄCILIA TEL. +43 3335 27 48 (SIEHE S. 123)

*Kirche, Schloss, Pöllau, mitten durch – Am Bacherl dahin, erdige Sache – Erhebung über die Tiefe des Tales auf die Hälfte der Höhen. Durchschnittlich gesehen ist halbe Höhe ein mittlerer Begriff. In der Mitte dahin fahren klingt nach gleiche Höhe, somit nach wenig Neigung, somit mit Rücksicht auf die zeitlich, räumlich dahinterliegenden Anstrengungen nach gemütlichem Ausrollen. Zudem sprechen wir hier von Asphalt. Die Wirklichkeit zeigt uns aber die statistisch höhenprofilierten Schwankungsbreiten durch die Abweichung von durchschnittlicher Mitte gnadenlos auf. – Mit drei Wörtern: Auf und Ab!*

# Detailausschnitt

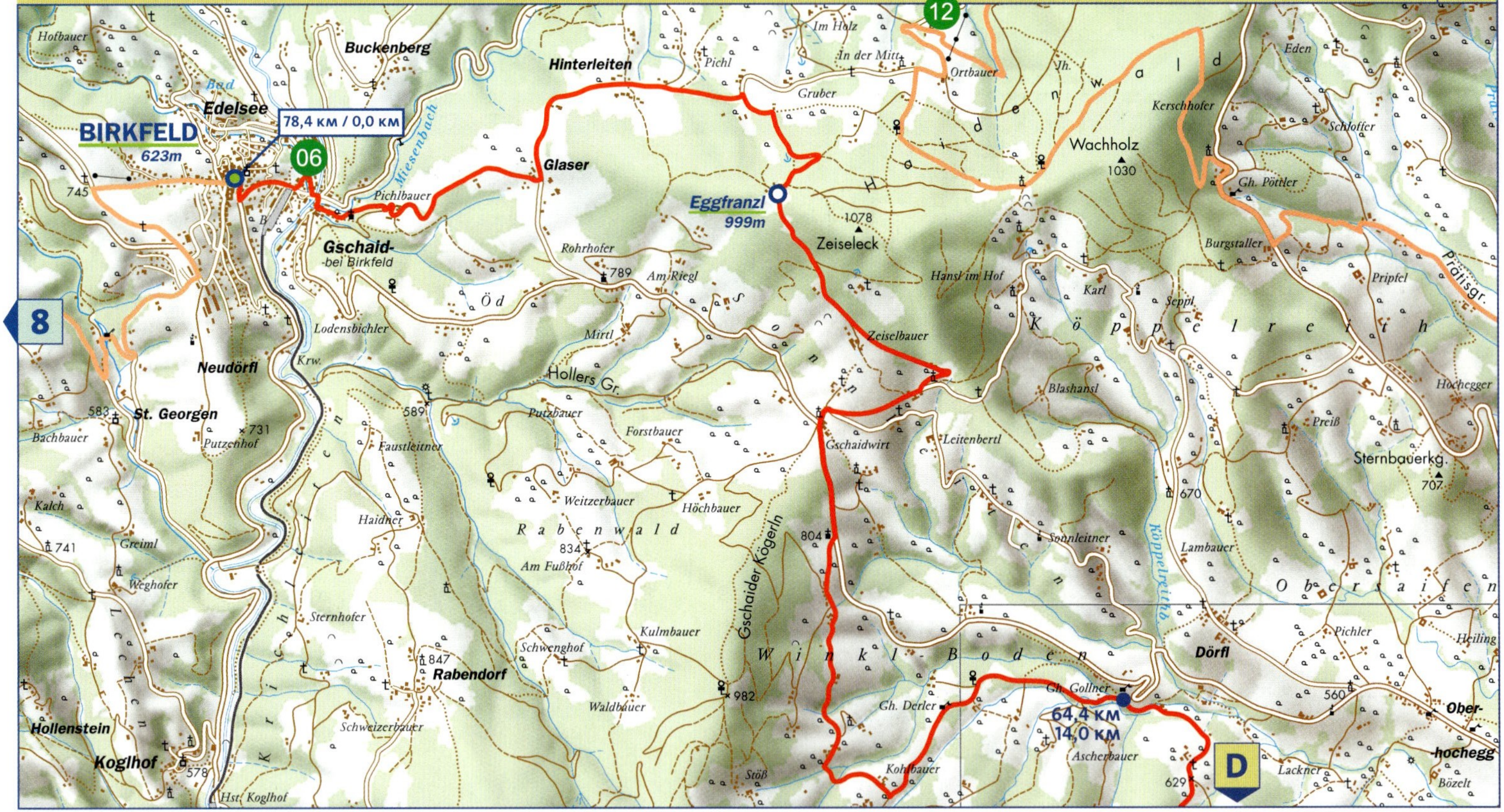

E

BIRKFELD
623m
78,4 км / 0,0 км
06
Edelsee
Hofbauer
Buckenberg
Hinterleiten
Pichl
Im Holz
In der Mitt
12
Ortbauer
Gruber
Glaser
Pichlbauer
Miesenbach
Eggfranzl
999m
1078
Zeiseleck
Wachholz
1030
Kerschhofer
Eden
Schloffer
Gh. Pöttler
Burgstaller
Pripfel
Prätisgr.
Gschaid-
-bei Birkfeld
Rohrhofer
789
Am Riegl
Öd
Lodensbichler
Mirtl
Hansl im Hof
Karl
Seppl
Köppelreith
Zeiselbauer
8
Neudörfl
Krw.
Hollers Gr.
589
St. Georgen
583
Bachbauer
731
Putzenhof
Putzbauer
Forstbauer
Faustleitner
Blashansl
Gschaidwirt
Leitenbertl
Preiß
Hochegger
Sternbauerkg.
707
Kalch
741
Greiml
Weghofer
Haidner
Weitzerbauer
Höchbauer
Rabenwald
834
Am Fußhof
804
670
Sonnleitner
Lambauer
Obersaifen
Köppelreithb.
Sternhofer
Kulmbauer
Gschaider Kögerln
Winkl-Boden
Pichler
Heiling
Dörfl
Schwenghof
847
Rabendorf
982
Waldbauer
Gh. Derler
Gh. Gollner
64,4 км
14,0 км
560
Ober-
-hochegg
Hollenstein
Schweizerbauer
Kohlbauer
Ascherbauer
Koglhof
578
Hst. Koglhof
Stöß
629
D
Lackner
Bözelt

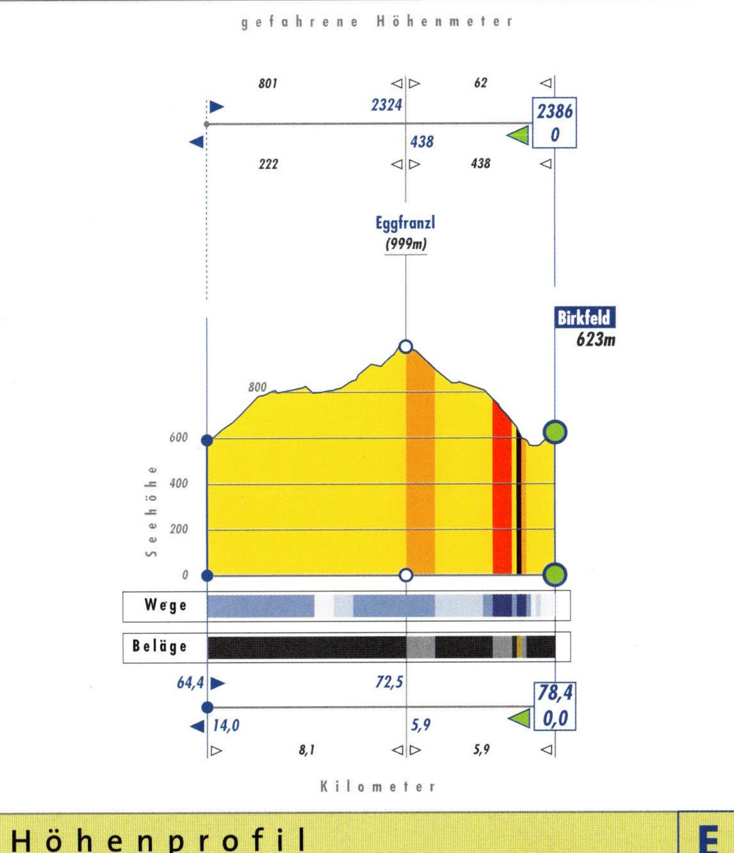


## Eggfranzl

*Ist dort, wo der Weg ein Eck macht – Belangloses end- und etappenzielorientiertes Dahinfahren – Vertikalen- und Anliegertraining beim Hinunterstich nach Birkfeld.*

## Birkfeld

06 **Gasthof Birkfelderhof Tel. +43 3174 45 62** (siehe S. 123)

**! Tipp am Ra*(n)*de – Alpentour-Streckenabschnitte**
Die vorgeschlagenen Streckenabschnitte sind von einem durchschnittlich trainierten Mountainbiker in einem Tag zu bewältigen. Natürlich können jederzeit längere oder kürzere Tagesetappen gewählt werden. Zu achten ist auf die Verfügbarkeit von Unterkünften.
Der Hit: Routenplaner unter **www.alpentour.at**

# Oststeiermark

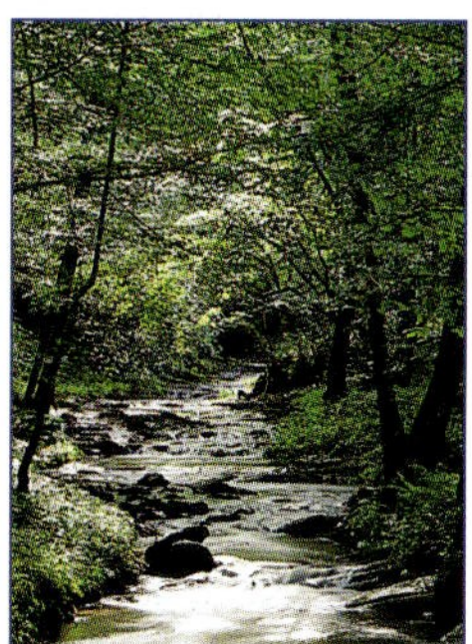

**Die Oststeiermark hat entlang der Alpentour viel zu bieten:**

*nehmen Sie sich ein wenig Zeit und besichtigen Sie das* **„Stoani-Haus“** *in Gasen, der Heimat der Stoakogler oder die* **„Brandlucken-Huabn“** *auf der Brandlucken, ein Greissler-Museum und uriges Wirtshaus, die* **Wallfahrtskirche Heilbrunn** *oder den* **Kult-Wanderweg Miesenbach**, *wo man auf alte Sagen der Heimat, Lochsteine und Menhire stösst, das* **„Felsbildmuseum“** *im Gasthof Mosbacher in Strallegg, wo alte Kultstätten dokumentiert sind oder das* **Schloss Pöllau** *mit seinen Sonderausstellungen und dem „Steirischen Petersdom“.*

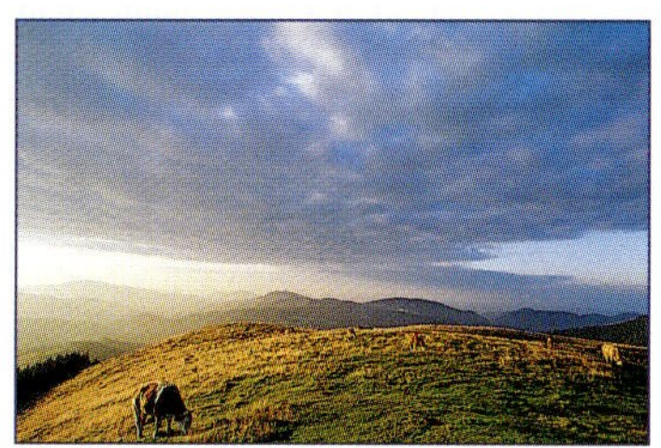

*Kulinarische Schmankerl finden Sie in der* **Ölmühle Fandler** *und beim* **Lebkuchenerzeuger Ebner** *im Markt Pöllau, beim* **Obsthof Retter** *am Pöllauberg mit seinen Edelbränden und in der* **„Buchtelbar“** *in Wenigzell mit ihren Riesen-Germspeisen.*

*Machen Sie einen Abstecher mit der* **Feistritztalbahn**, *der schönsten Dampfeisenbahn des Landes, besuchen Sie den neuen* **Golfplatz** *in Passail-Fladnitz, der im Herbst 2001 eröffnet wird oder den* **Natur-Kraft-Park** *mit dem Natur-Badesee in Pöllau.*

**Tourismusregionalverband**
**Oststeiermark**
**Ressavarstrasse 23**
**8230 Hartberg**
**Tel.: ++43 3332/64213**
**Fax: ++43 3332/63990**
**info@oststeiermark.com**
**www.oststeiermark.com**

## Etappenort Fischbach

*Auf der Etappe Mürzzuschlag – Fischbach erreichen Sie beim „Schneidhofer Kreuz" das Tor zur Oststeiermark und das höchstgelegene Dorf dieser Region -* **Fischbach**

*Ein ständiges Auf und Ab ist Markenzeichen für diese Strecke und eine echte Herausforderung für alle Biker. Aber ihre Mühen werden bei uns belohnt:* **herrliche Aussicht, gemütliche Gasthäuser,** *Fischbacher Schmankerl und die Herzlichkeit der Fischbacher lassen Ihre Vorfreude auf die nächste Tour wachsen. Die Möglichkeiten dafür sind vielfach: weiter auf der Alpentour Richtung Birkfeld-Pöllau, auf der Romantiktour nach Mariazell oder Sie genießen unsere Regionalroute die „Fisch-Biker-Tour", die Sie ebenfalls voll fordern wird.*

### Tourismusverband Fischbach

**Gemeindeamt**
**8654 Fischbach 11a**
**Tel.: ++43 3170/206**
**Fax: ++43 3170/206-24**
**Mobil: Hr. Zink: 0664 3694728**
**tourismus@fischbach.steiermark.at**
**www.tiscover.com/fischbach**
**Mo-Fr.7-12 und 13 bis 17 Uhr,**
**Mittwoch nachmittag geschlossen**

## Die natürliche „Mountainbike-Arena" Pöllauer Tal

*Der* **Naturpark Pöllauer Tal** *lädt ein, die Natur in ihrer ursprünglichen Form zu erforschen. Auf 124 km² vermittelt das Pöllauer Tal ein unvergleichliches Natur-, Kultur- und Freizeiterlebnis - vor allem aber durch das milde Klima sowie die vielen* **kulinarischen Spezialitäten** *einen besonderen Erholungswert für Körper, Geist und Seele. Neben dem Radangebot werden auch noch 40 km Reitwege und zahlreiche Themenwanderwege angeboten. Die Einheit des Naturparks wird durch die umfassenden kulturellen Angebote (Konzerte, Austellungen) und die sehenswerten Kirchen von Pöllau und Pöllauberg abgerundet.*

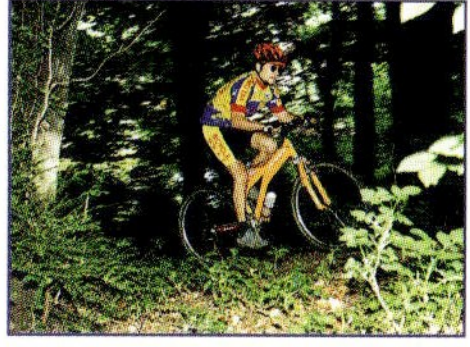

*Rund um die natürliche* **„Mountainbike – Arena"** *Pöllauer Tal wird dieser Naturraum durch einzigartige Inhalte wie den 1. österreichischen* **Naturkraftpark,** *einen Naturerlebnispark und die Erlebnisgärten des Gartendorfes Pöllauberg für immer als „Weg zur Kraft" in Erinnerung bleiben.*

*Naturpark Pöllauer Tal – Ihr Ansprechpartner entlang der Alpentour-Gemeinden: Sonnhofen, Pöllauberg, Pöllau, Rabenwald, Saifen Boden*

### Tourismusverband Naturpark Pöllauer Tal

**8225 Pöllau, Schloss 1**
**Tel.: ++43 3335/4210**
**Fax: ++43 3335/4235**
**tv.poellau@ito.at**
**www.naturpark-poellauertal.at**

## Alpentourwirt

### Gasthof Wiesenhofer

A-8190 Miesenbach 21
Tel.: ++43 3174/8360
Fax: ++43 3174/8360 DW 38
gh.wiesenhofer@aon.at
www.gh-wiesenhofer.com

*Unser Gasthof ist ein*
**gemütlicher Familienbetrieb in der Oststeiermark.**

*Wir bieten Ihnen moderne Komfortzimmer ( insgesamt 38 Betten ). Die Zimmer sind mit WC, Dusche, gepolsterter Sitzecke, Radio, Sat-TV und einem Balkon ausgestattet. Für Biker stehen eine Werkstatt und Unterstellplatz zur Verfügung. Es besteht die Möglichkeit, die Trikots zu waschen.*

*Der Gasthof liegt auf einer sonnigen Terrasse auf etwa 800 m Seehöhe* **direkt an der Alpentour**. *Die herrliche Lage im waldreichen Hügelland bietet dem Mountainbiker ein sehr anspruchsvolles Fahrvergnügen, das gerne unterschätzt wird, da es ein ständiges bergauf und bergab zu bewältigen gibt.*

## Alpentourwirt

### Seminar Hotel Retter

8225 Pöllauberg 88
Tel.: ++43 3335/2690
Fax: ++43 3335/2690-51
hotel@retter.at
www.retter.at

*Eine Pause tut gut: Verwöhnen Sie Ihren Partner und entspannen Sie sich inmitten des Oststeirischen Hügellands umgeben von Schlössern der „steilen" Alpentourstrecke.*

**Retter is better**

**„LUXUS-KUSCHEL-TRAUM"**

*3 Tage lang sich mal was gönnen und genießen...*
*Sie wohnen in unseren neuen Gartensuiten (à 60 m²) mit großem Wohn- und Schlafbereich, extra großem Kuschel- oder Wasserbett, ausgestattet mit TV und Video, Hifi-Anlage, großzügigem Badezimmer, Whirlpool oder Dampfkabine und eigenem Gartenausgang zu unserem Naturschwimmteich. In der Gartensuite erwarten Sie ein Obstkorb mit verführerischen Leckereien, kuschelige Bademäntel, eine Flasche edelster Rotwein, eine Flasche Sekt im Badezimmer, Massageöle, Kerzen und die Blume, die sagt: „Ich liebe Dich". Endlich einmal schlafen solange Sie wollen. Wir servieren Ihnen Ihr Frühstück ans Bett.*

**Das Fest der Sinne:** *Wir kochen wie Aphrodite und verzaubern Sie mit einem erotischen 6-Gang-Menü, das sich langsam vom belebenden Aperitif über die flirtende Vorspeise zum Höhepunkt der Hauptspeise steigert, um dann mit einem himmlischen Dessert sanft auszuklingen.*

**...ein unvergessliches Wochenende steht Ihnen bevor...**

*Pro Person für 2 Übernachtungen öS 3.100,-- (€225,--)*
*(Preise gültig bis 31.12.2001)*

## Pension Cäcilia

**Fam. Wilfinger**
**A-8225 Pöllau**
**Ortenhofenstrasse 69**
**Tel.: ++43 3335/2748**
**Fax: ++43 3335/4148**
**r.wilfinger@htb.at**

**STOP! SWIMMING-POOL**

*Radlerfreundliche Frühstückspension liegt direkt an der Alpentourstrecke, und lädt alle begeisterten Biker ein, auch den erfrischenden und entspannenden Pool zu benützen!*

**Weiters bieten wir noch:**
*Reichhaltiges Frühstückbuffet mit Müsliecke*
*Transfer für Bike und Fahrer*
*Wasch- und Einstellplatz fürs Bike*
*Wäscheservice*
*Ausstattung der Zimmer: DU/WC, SAT-TV, Radiowecker, Balkon, Gästekühlschrank, gemütlicher Sitzgarten und Kinderspielplatz, Fitness- und Tischtennisraum, Basketball und Tischtennis outdoor.*
*Kleiner Biker-Shop*

**Erfahren Sie auch die Mountainbike-Arena des Naturparks Pöllauer Tal**

# 06 Alpentourwirt

## Gasthof - Pension Birkfelderhof

**M. Kristoferitsch**
**Edelseestr.43**
**8190 Birkfeld**
**Tel.: ++43 3174/4562**
**Fax: ++43 3174/45626**
**birkfelderhof@aon.at**
**www.birkfeld.com**

- *17 Komfortzimmer (Bad/WC/SAT-TV und Balkon)*
- *Infrarot Sauna*
- *Trainingsraum*
- *Radverleih von 40 hochwertigen Citybikes*
- *50 Meter zum Ausgangspunkt des R8 Feistritztal Radweges, einem der schönsten Familienradwege Österreichs*
- *Wäscheservice (gratis)*
- *Gesundheitsbewusste Gaststätte sowie steirische Schmankerl*
- *Spezielle Radlermenüs*
- *Frischgepresste Säfte*
- *Milchmixgetränke*
- *Bäuerliche Most- und Edelbrand Spezialitäten*
- *Große steirische Weinauswahl*

# Birkfeld – Graz

## *Die Auffahrt stand auf des (Höhen-)Messers Schneide:*

*Die letzte Kehre wäre fast zur Um-Kehre geworden. Zu schnell war der Puls, zu dünn die Luft, zu langsam das Fortkommen auf den grob geschotterten Wegen im Nordosten von Graz. Doch nichts auf der Welt ist so unumkehrbar wie die gesammelten Höhenmeter auf dem Bike-Computer. 2142 Meter sind es heute schon – Jägerlatein für Biker eben. So etwas gibt man nicht auf, das hütet man wie einen Schatz. Schweiß und Schotter sind wertvoller als Geld und Gold. Da mögen die biederen Halbschuhtouristen, die den Schöckl soeben mit der Gondel erklommen haben und sich fröstelnd an die dünne Höhenluft gewöhnen, noch so verwundert dreinschauen. Was man nicht in den Beinen hat, hat man auch nicht im Kopf. Oder so ähnlich.*

*Dabei hatte der Tag noch ganz lustig begonnen, bis zur Brandlucken war das gewohnte Brennen in den Oberschenkeln kaum zu spüren gewesen. Von nun an ging's steil bergab – mit angezogenen Bremsen und angezogenen Jacken. Hinunter auf einem Wallfahrer-Weg, wo man vor lauter Bildstöcken und Kruzifixen die eigenen Knochen nicht mehr spürt. Danach hilflose Gruppengeographie in der Weizklamm: Abzweiger versäumt, Karte durchnässt. Und der öde Kompass zeigt wie immer stur nach Norden. Also mühsam zurück Richtung St. Kathrein. Verirren ist menschlich.*

*Die Orientierung auf der Alpentour ist prinzipiell ein Kinderspiel: Im Zweifelsfall geht es immer bergauf, nur im Verzweiflungsfall geht's bergab, und selbst dann nur mit der Moral. Schmale Wege kommen vor breiten, Dickicht vor Gestrüpp, Wasserfälle vor Hohlwegen. Ist das Gelände irrtümlich eben, dann entscheidet der Straßenbelag: Fels geht vor Schlamm, Schlamm vor Moos, Moos vor Wiese, Wiese vor Sumpf. Erst dann kommt Schotter. Und hinter jedem dritten Eierschwammerl weist rechts die Wurzel aus den Himbeerstauden den Weg. Im Winter bitte vorher die Schneewächten queren. Aber da ist das Befahren der Alpentour sowieso untersagt.*

Foto: Sikorski

MOUNTAIN BIKING ALPEN TOUR STEIERMARK

# Streckenabschnitt 8

Tourismusregionalverband Graz und Umgebung
A-8010 Graz, Herrengasse 16, Tel.: +43 316/8075-0

D
Semriach
Plenzengreith
Garrach
Peggau
Deutsch-feistritz
Schöckl 1445
Schöckl 1440m
E
Kleinstübing
St. Radegund
Ebersdorf
Friesach
Geierkogel
1018
Rinnegg
Kumberg
9
F
Stattegg 419m
Weinitzen
Faßlberg
Gratwein
Gratkorn
Judendorf
Straßengel
Graz Andritz
Graz Mariatrost 426m
Stifting
Plankenwarth
763
Kainbach
Steinberg
Thalersee
GRAZ
Hauptplatz
350m
G
Authal
N

Teichalm
A
1531
Sommeralm
BIRKFELD 623
Mixnitzbach
1548
1404
Brandlucken 1130m
Heilbrunn 1032m
7
B
Koglhof
Raab
Toberbach
1287
St. Kathrein am Offenegg 978
Naintsch
C
Fladnitz a.d. Teichalm
Passail 653m
Weizklamm
Hohe Zetz 1264
Balerdf.
Anger
1271
Fladnitzbach
Weizbach
Arzberg 579m
1088
Plenzen-greith
Garrach
Mortantsch
Schöckl 1440m
St. Radegund

M 1:210 000

| | | |
|---|---|---|
| **Birkfeld – Graz** | 84,2 km | 2353 hm |
| **Graz – Birkfeld** | 84,2 km | 2626 hm |

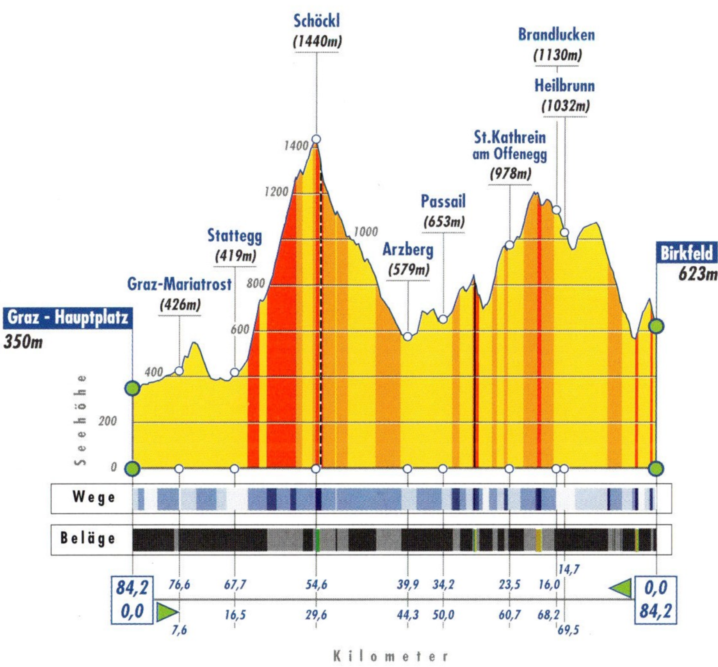


## Kurz gesagt:

Lange Wege, tiefe Gräben und der Grazer Hausberg.

## Startpunkt:

Birkfeld (623 m) am Hauptplatz - Fußgängerzone.

## Etappentelegramm:

Birkfeld und die lange Annäherung an die Brandlucken – Almen und lichte Wälder – herrliche Wiesen über sanften Kuppen - ein zäher Graben und bissige Anstiege auf den Schöckl – Steinige Pisten vom Grazer Hausberg – Schleife zum Ausrollen über Stattegg und Mariatrost in die Grazer City.

## Abkürzungen:

Statt über Mariatrost auf der Hauptstraße direkt zwischen Stattegg und Graz. Statt über den Schöckl halb rund um den Schöckl.

## Wichtige Hinweise:

Keine Alpentourbeschilderung in der Grazer Innenstadt. Von Graz Mariatrost bis Graz Hauptplatz dem städtischen Radweg folgen.

## Streckenstatistik (Km / %)

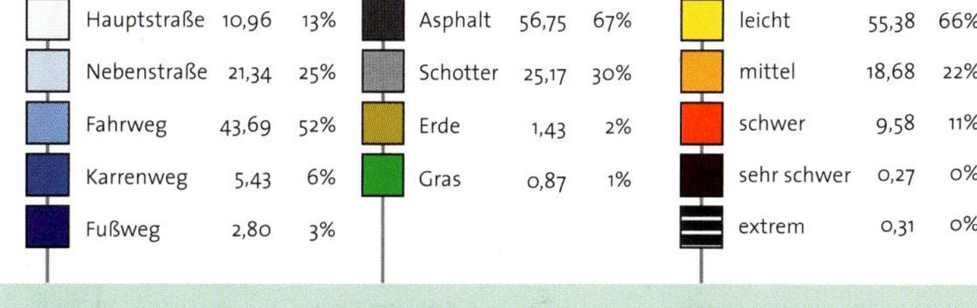

| Wege | Km | % | Beläge | Km | % | Schwierigkeiten | Km | % |
|---|---|---|---|---|---|---|---|---|
| Hauptstraße | 10,96 | 13% | Asphalt | 56,75 | 67% | leicht | 55,38 | 66% |
| Nebenstraße | 21,34 | 25% | Schotter | 25,17 | 30% | mittel | 18,68 | 22% |
| Fahrweg | 43,69 | 52% | Erde | 1,43 | 2% | schwer | 9,58 | 11% |
| Karrenweg | 5,43 | 6% | Gras | 0,87 | 1% | sehr schwer | 0,27 | 0% |
| Fußweg | 2,80 | 3% | | | | extrem | 0,31 | 0% |

# Detailausschnitt

A

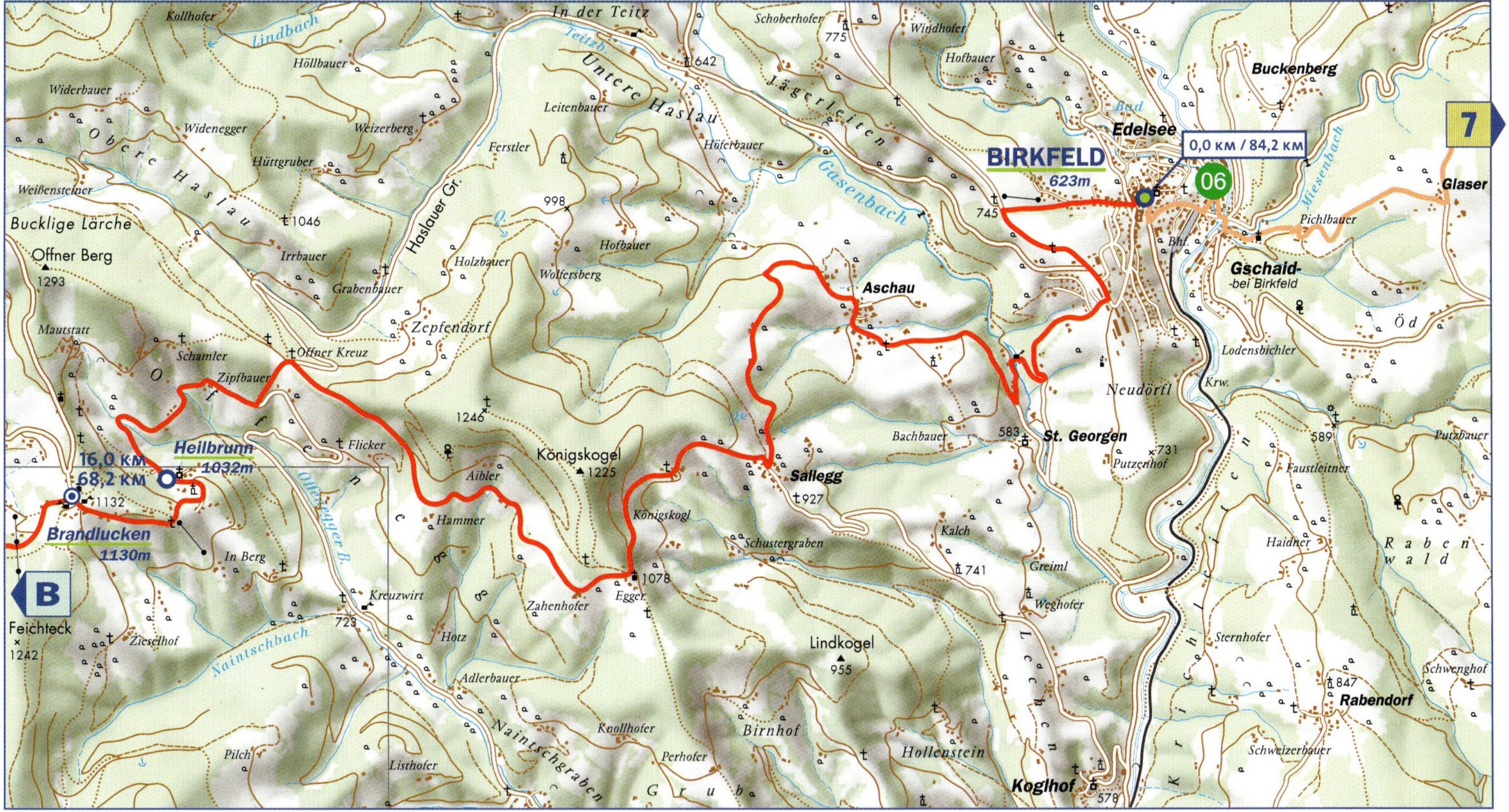

Kollhofer
Lindbach
In der Teitz
Schoberhofer
775
Windhofer
Höllbauer
Teitzb.
642
Hofbauer
Widerbauer
Untere Haslau
Jägerleiten
Buckenberg
Widenegger
Weizerberg
Leitenbauer
Bad
Edelsee
Obere Haslau
Hüttgruber
Ferstler
Höferbauer
BIRKFELD
623m
0,0 km / 84,2 km
06
7
Miesenbach
Glaser
Weißensteiner
Gasenbach
745
Pichlbauer
Bucklige Lärche
1046
Haslauer Gr.
998
Bhf.
Offner Berg
1293
Irrbauer
Holzbauer
Hofbauer
Gschaid-
-bei Birkfeld
Grabenbauer
Wolfersberg
Aschau
Mautstatt
Zepfendorf
Öd
Schamler
Offner Kreuz
Lodensbichler
Zipfbauer
Offner Berg
Neudörfl
Krw.
1246
589
Flicker
Bachbauer
583
St. Georgen
Putzbauer
Heilbrunn
1032m
Königskogel
1225
731
Putzenhof
Faustleitner
16,0 km
68,2 km
Aibler
Sallegg
1132
927
Königskogl
Hammer
Brandlucken
1130m
Schustergraben
Kalch
Haidner
Rabenwald
In Berg
Greiml
741
B
Kreuzwirt
1078
Zahenhofer
Egger
Weghofer
Feichteck
1242
723
Zieselhof
Naintschbach
Hotz
Lindkogel
955
Sternhofer
Adlerbauer
847
Rabendorf
Schwenghof
Knollhofer
Birnhof
Lechen
Kirchleiten
Pilch
Perhofer
Hollenstein
Schweizerbauer
Listhofer
Naintschgraben
Grub
Koglhof
578

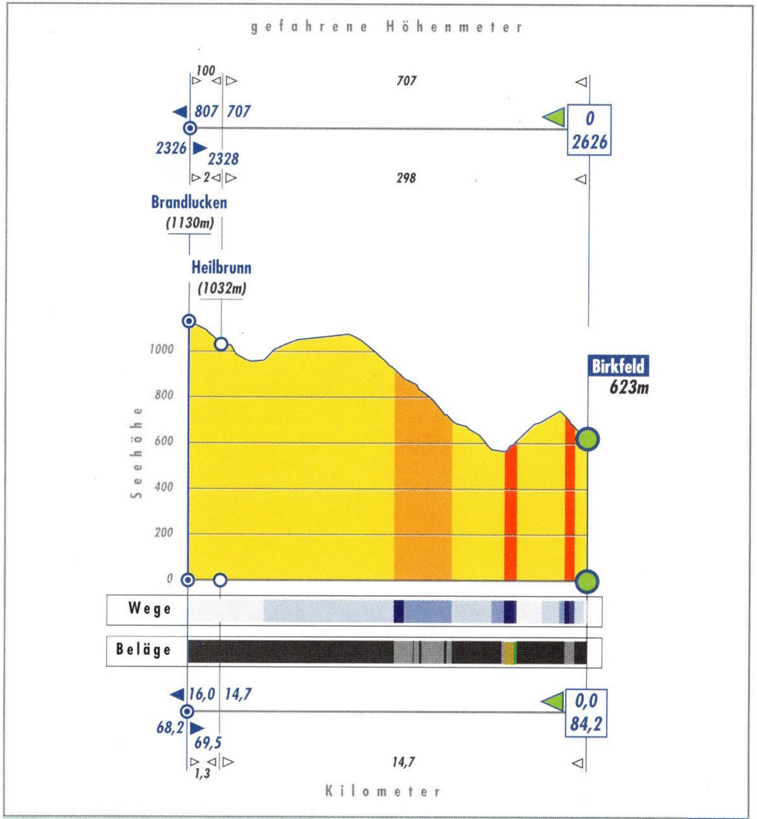

gefahrene Höhenmeter

100 707

807 707 0

2326 2328 2626

2 298

Brandlucken (1130m)

Heilbrunn (1032m)

Birkfeld 623m

Seehöhe 1000 800 600 400 200 0

Wege

Beläge

16,0 14,7 0,0

68,2 69,5 84,2

1,3 14,7

Kilometer

## Birkfeld

**06 Gasthof Birkfelderhof Tel. +43 3174 45 62** (siehe S. 123)

*Birkfeld liegt oberhalb. Oberhalb des Feistritztales nämlich. (Fluß 1 für Leute mit Gedächtnis)*
*Kurze bissige Auffahrt, gefolgt von Rollerei, gefolgt von kurzer interessanter Abfahrt, gefolgt vom eigentlichen Sinn und Zweck der Übung der Annäherung an Graz. Von Birkfeld aus betrachtet hat Graz noch immer etwas mit Ferne zu tun. Natürlich hat die Automobilisierung praktisch aller über 18-Jährigen den Fernbegriff etwas in Richtung Nähe verschoben, aber seit dem Bestehen der Alpentour ist zwischen Birkfeld und Graz wieder eine gewisse Distanziertheit getreten. Eine ordentliche Strecke also. Zumindest alpentourlich.*

## Heilbrunn / Brandlucken

*Nebenstraßliche Angelegenheit in der Auffahrt. Im Sinne von „Fahren auf Nebenstraßen" – Nebenstraßliche Angelegenheit in der Weiter-, Auf-, Ab- und Hinüberfahrt. Im Sinne von „Fahren neben (= abseits) jeglicher Straße". Kurz: Wechselnde Wege, lustig zu fahren.*

# Detailausschnitt

B

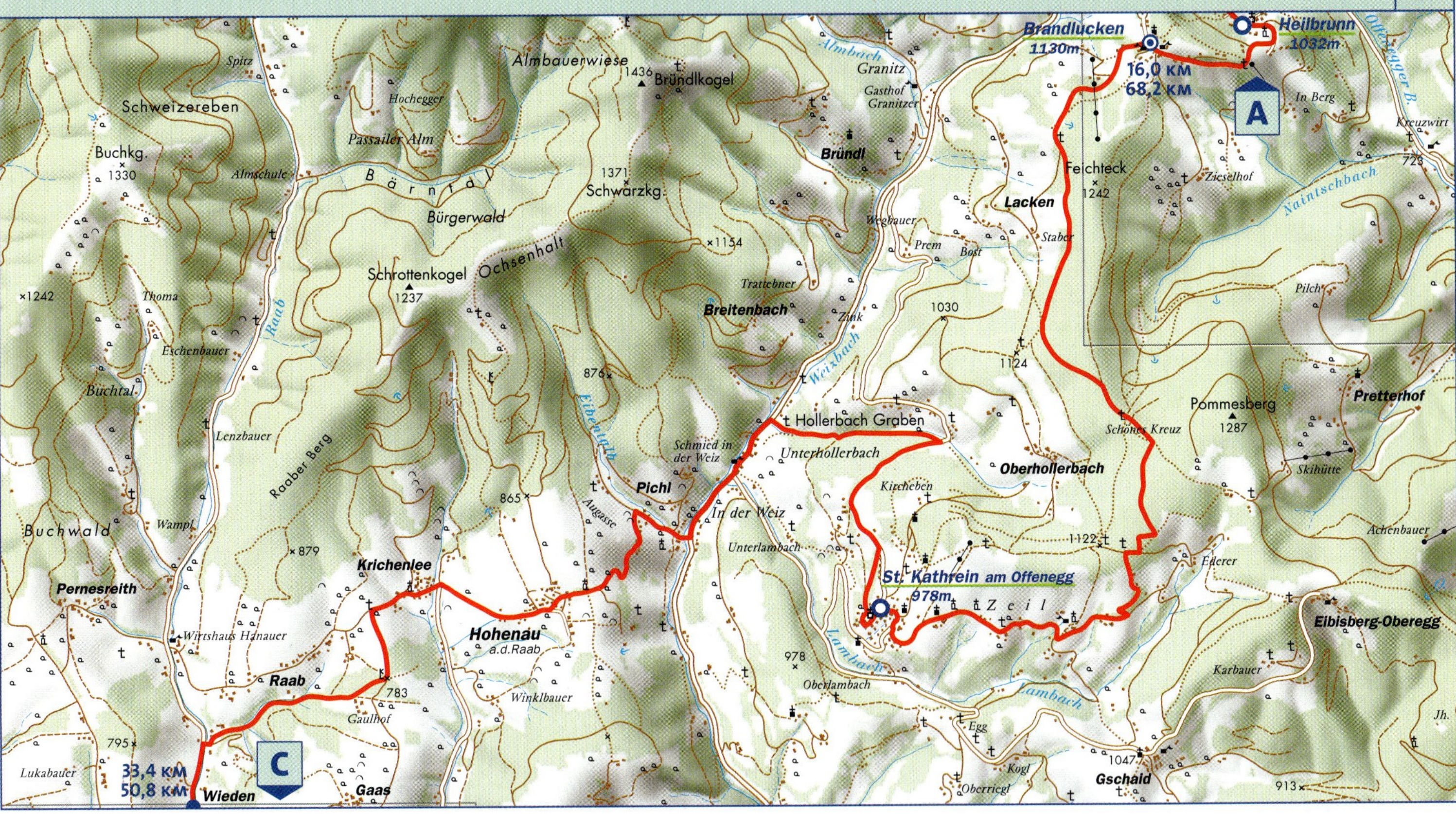

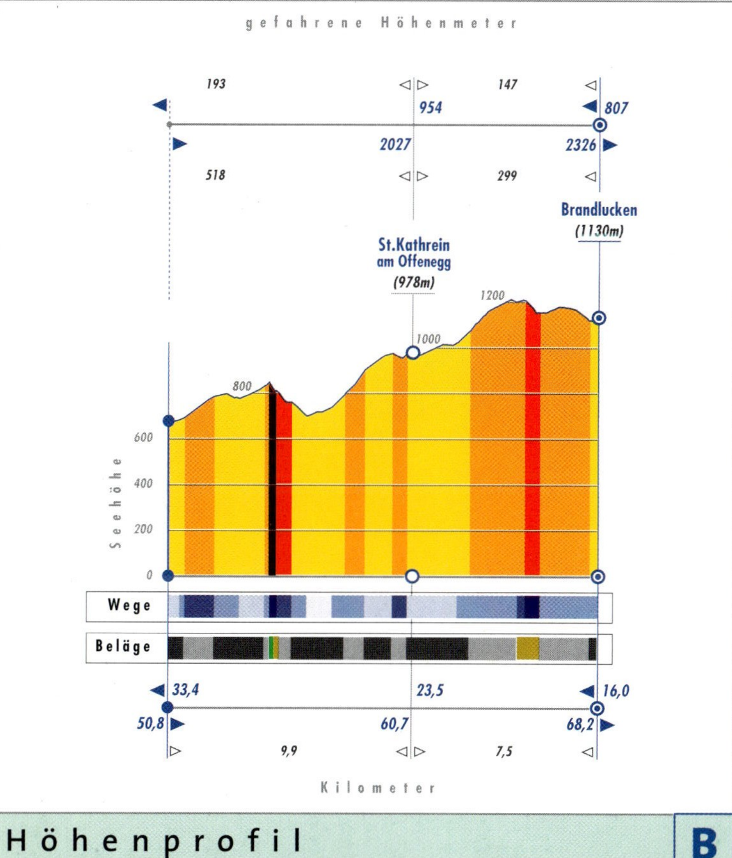


Höhenprofil

B

## ST. KATHREIN AM OFFENEGG

*Einrollgleitung in den Ort – Ehrenrunde um die Kirche – „Wenn du wissen willst, was wirklich steil ist" Nummer 1: Der Hollersbachgraben – Wiesenstieg, Hohlweg, Schotterstraßerl, Asphaltgeruch in schneller Folge.*

## PASSAIL

*Passail liegt an. An der Raab nämlich. (Fluß 2 für die, die sich was gemerkt haben) – Straßen durch die Wiesen auf den Höhen.*

## ARZBERG

*Arzberg liegt an und am. An der Raab und am Beginn der Raabklamm. (Immer noch Fluß 2) – Schöcklgraben: Herrlich kühler (winters wie sommers) tiefer Graben Richtung Schöckl. Derzeit noch Schotter über weite Strecken. Wird aber immer wieder durch unkontrollierte und unautorisierte Teil-asphaltierungen biketechnisch abgewertet. Mountainbiker müssten in einen basisdemokratischen Entscheidungsfindungsprozess über die Asphaltierungs-notwendigkeiten von öffentlichen Wegen eingebunden werden, um der Zerstörung ihres natürlichen Lebensraumes Einhalt gebieten zu können.*

## Detailausschnitt C

## C Höhenprofil

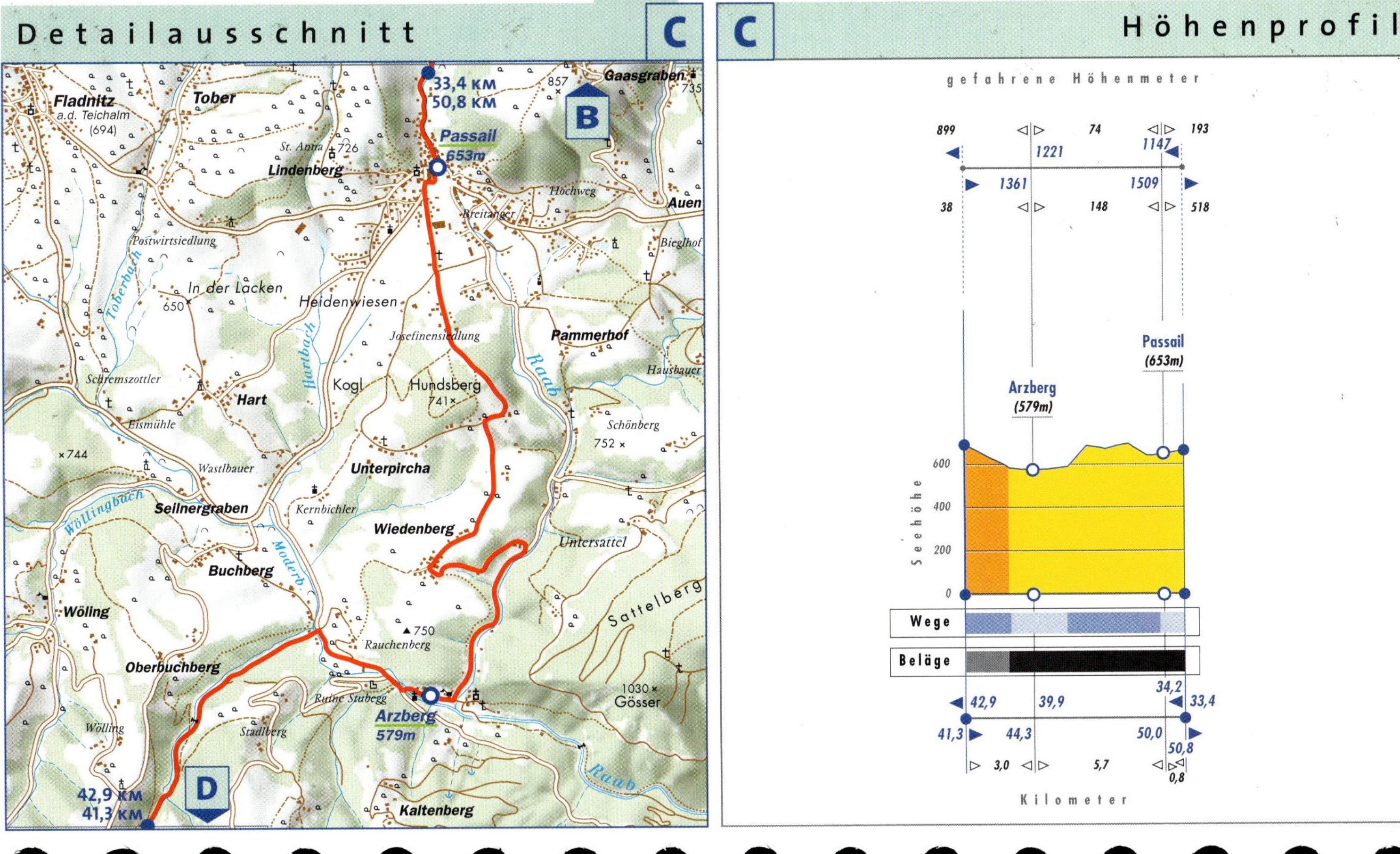

Foto: Pail

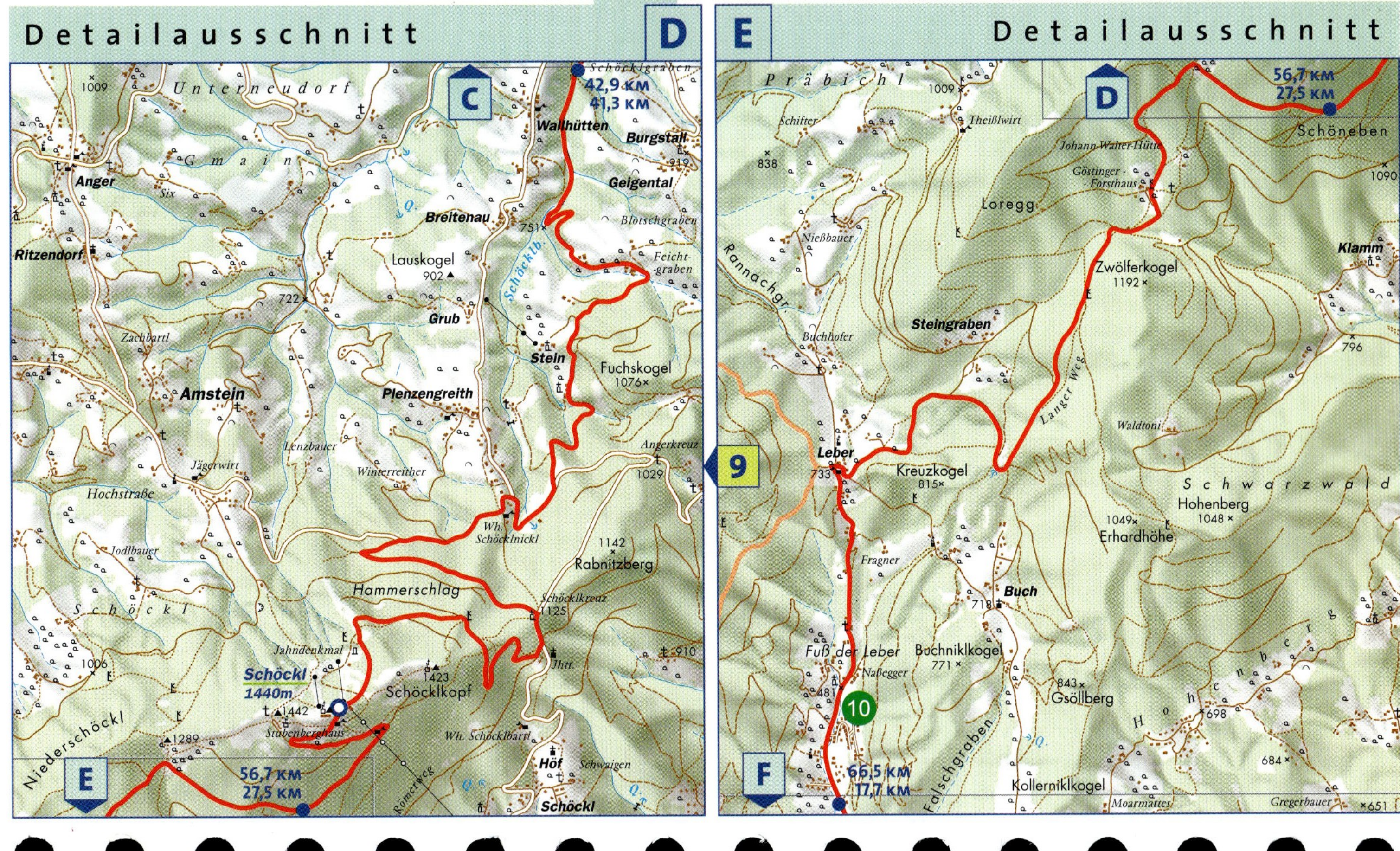
Detailausschnitt
D
C
42,9 KM
41,3 KM
Schöcklgraben
Unterneudorf
Wallhütten
Burgstall
Gmain
Anger
Geigental
Breitenau
Blotschgraben
Ritzendorf
Lauskogel
902
Feicht-graben
Schöcklb.
Grub
Zachbartl
Stein
Amstein
Plenzengreith
Fuchskogel
1076
Lenzbauer
Jägerwirt
Winterreither
Angerkreuz
1029
Hochstraße
Wh. Schöcklnickl
Jodlbauer
1142
Rabnitzberg
Hammerschlag
Schöcklkreuz
1125
Schöckl
Jahndenkmal
Schöckl
1440m
1423
Schöcklkopf
Jhtt.
Stubenberghaus
Niederschöckl
1289
Wh. Schöcklbartl
E
56,7 KM
27,5 KM
Römerweg
Höf
Schwaigen
Schöckl
Detailausschnitt
E
D
56,7 KM
27,5 KM
Schöneben
Präbichl
1009
Theißlwirt
Schifter
Johann-Walter-Hütte
838
Göstinger-Forsthaus
1090
Loregg
Nießbauer
Klamm
Rannachgr.
Zwölferkogel
1192
Steingraben
Buchhofer
796
Langer Weg
Waldtoni
9
Leber
733
Kreuzkogel
815
Schwarzwald
Hohenberg
1048
1049
Erhardhöhe
Fragner
Buch
718
Fuß der Leber
Buchniklkogel
771
Naßegger
843
Gsöllberg
481
10
Hohenberg
698
F
66,5 KM
17,7 KM
Falschgraben
684
Kollerniklkogel
Moarmattes
Gregerbauer
651

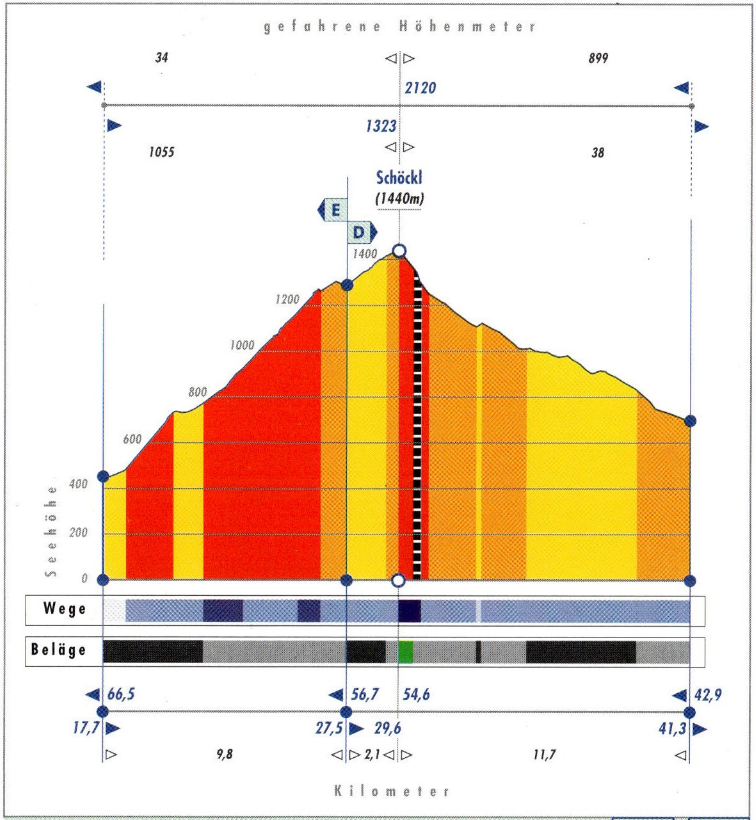

gefahrene Höhenmeter

34

899

2120

1323

1055

38

Schöckl (1440m)

E

D

1400

1200

1000

800

600

400

200

0

Seehöhe

Wege

Beläge

66,5

56,7

54,6

42,9

17,7

27,5

29,6

41,3

9,8

2,1

11,7

Kilometer

Höhenprofil

D E



## Schöckl

*Am Schöckl gibt es Hirsche. Sogenannte Schöcklhirsche. Auf bikerisch bedeutet „hinaufhirschen“ das sich muskelkraftgetriebene Hinaufbewegen, meist auf Berge, unter Mitnahme eines Mountainbikes. Das Hinaufhirschen auf den Schöckl allein reicht aber für die Erlangung des Titels Schöcklhirsch nicht aus. Schöcklhirsche sind örtlich auf das Schöcklgebiet eingeschränkt vorkommende Mountainbiker, die zumindest einmal, meist aber mehrmals wöchentlich auf den Schöckl hinaufhirschen. Immer auf der gleichen Strecke, immer im Kampf gegen die Uhr, beim Hirsch im Rudel immer im Kampf gegeneinander. Die trainingstechnische Sinnhaftigkeit dieser Art von körperlicher Betätigung hält sich natürlich in sehr engen Grenzen, die sich durch den Genuss von Rauchwaren und/oder alkoholischen Getränken zur Feier des Gipfelsieges weiter gegeneinander schieben. Wie erkennt man Schöcklhirsche? Schaue und du wirst sie sehen – Nach dem Schöcklgraben lockere Forststraßenauffahrt und dann „Wenn du wissen willst, was wirklich steil ist“ Nummer 2: Schöckl-Nord Schipisteneinfahrt.*

Foto: Pail

# Detailausschnitt

F

9 E G 9

66,5 KM
17,7 KM

Stattegg
419m

Graz - Mariatrost
426m

Rettenbach
78,0 KM
6,2 KM

36

GRAZ

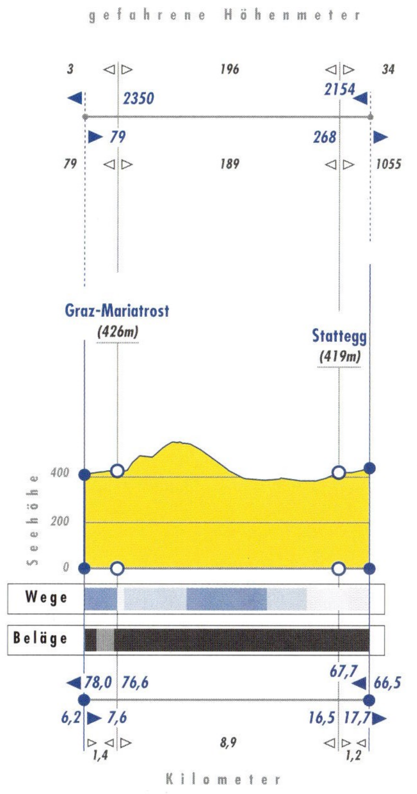

gefahrene Höhenmeter

3 ◁▷ 196 ◁▷ 34

◀ 2350 2154 ◀

▶ 79 268 ▶

79 ◁▷ 189 ◁▷ 1055

Graz-Mariatrost (426m)

Stattegg (419m)

Seehöhe 400 200 0

Wege

Beläge

◀ 78,0 76,6 67,7 ◀ 66,5

6,2 ▶ 7,6 16,5 17,7 ▶

▷ ◁▷ 1,4 8,9 ◁▷ ◁ 1,2

Kilometer

Höhenprofil

F

## STATTEGG

### 10 GASTHOF STATTEGGERWIRT TEL. +43 316 69 42 84

*Die Abfahrt vom Schöckl: Steinig und lang. Nicht umsonst heißt der Weg „Langer Weg“. Die Materialvernichtungsmöglichkeiten auf diesem Streckenteil sind schier unerschöpflich. Mindestmaß „Patschen“ (dt. Platter), Höchststrafe Rahmenbruch. Wanderer in Massen, Vorsicht – „Wenn du wissen willst, was wirklich steil ist“ Nummer 3: Die Leber (Asphaltstraßerl mit langen Geraden – 28%) – Ausrollen Richtung Stadtgrenze Graz.*

## GRAZ-MARIATROST

### 36 HOTEL KIRCHENWIRT TEL. +43 316 39 11 12 - 0 (SIEHE S. 142)

*Wallfahrtskirche am Berg mit Alpentourkonnex nach Mariazell. Bikemäßige Sündenabbüßung dazwischen funktioniert prächtig – Achtung! Ab Mariatrost keine Alpentourbeschilderung. Einfach dem Radweg bis Graz-Hauptplatz folgen. Und dann: Die Mur (Fluß 3, – wer weiß noch 1 und 2?).*

## GRAZ-HAUPTPLATZ

### 29 2-RAD SPEZIALIST PECH TEL. +43 316 838168 (SIEHE S. 142)

## Detailausschnitt G

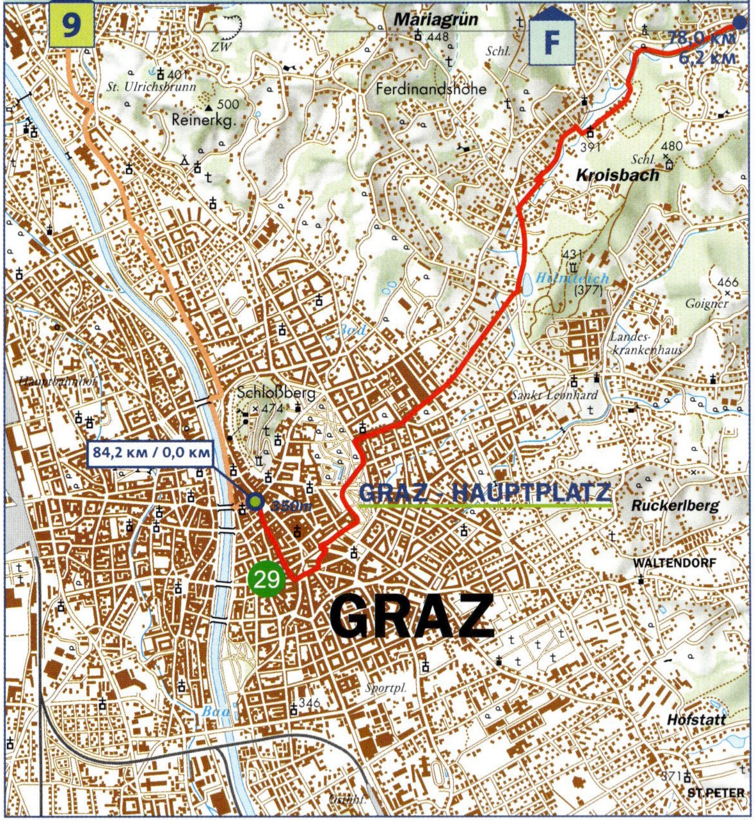

## G Höhenprofil

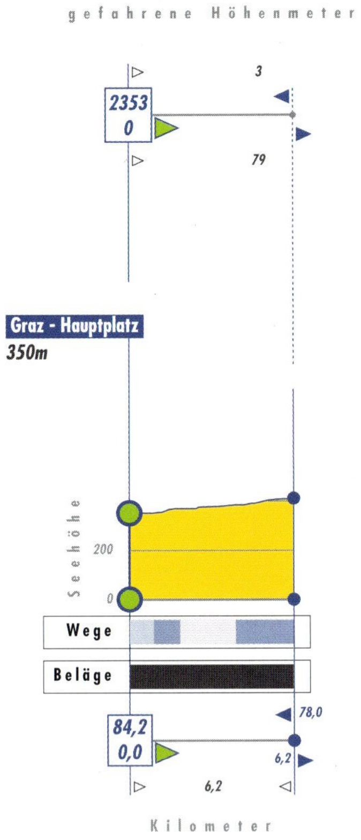

## Kleine Grazer Geschichte

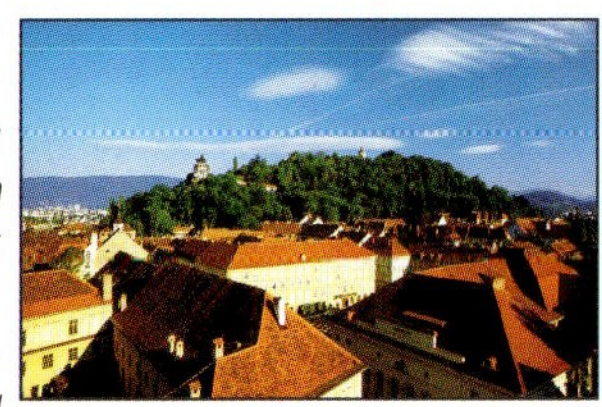

*Graz hat viele Geschichten. Da wäre zunächst einmal die* **historische**: *Sie beginnt vor etwa 900 Jahren und erzählt darüber, dass Graz im Mittelalter und in der Renaissance glanzvolle Residenzstadt der Habsburger war und heute noch eine der besterhaltenen Altstädte Mitteleuropas besitzt, was die UNESCO dazu veranlasst hat, Graz zum Weltkulturerbe zu erklären.*

*Dann die* **romantische** *Geschichte: versteckte Innenhöfe, Renaissancebauten, südliche Stimmung und viel Liebe. Und schließlich*

*die* **gegensätzliche** *Geschichte: Klassik und Jazz, Tradition und Moderne, Festivals wie styriarte und steirischer herbst, Nobelboutique und Bauernmarkt, traditionelles Cafe und feines Restaurant, gemütliches Beisl und trendiges Lokal, Autocluster und Radfahren, Murradweg und Alpentour!*


### Graz Tourismus

**Herrengasse 16**
**8010 Graz**
**Tel.: ++43 316/8075-61**
**Fax: ++43 316/8075-15**
**alpentour@graztourismus.at**

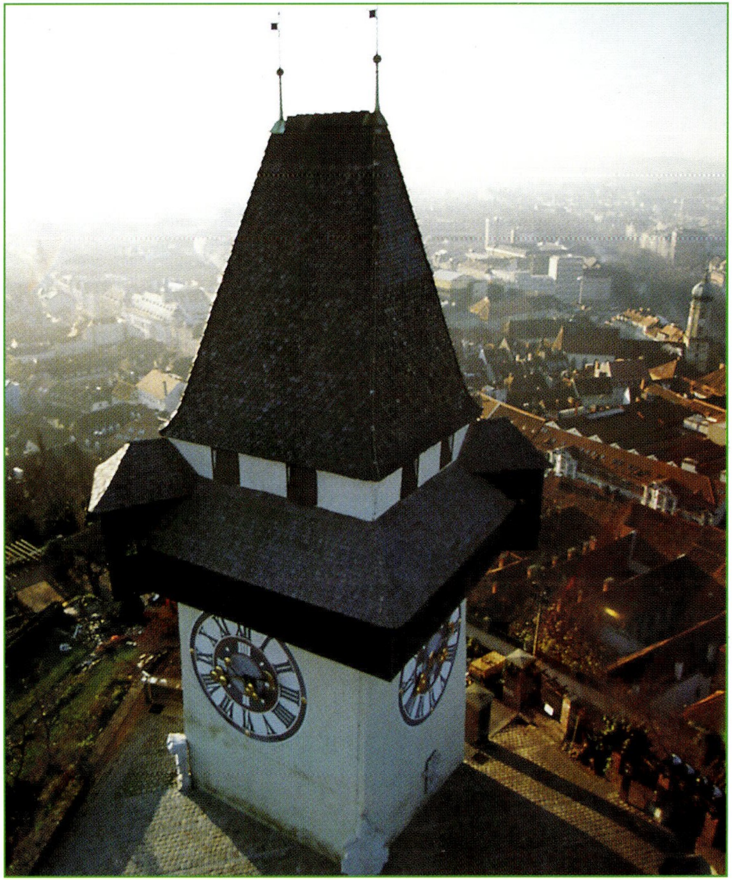

*St. Radegund ist ein Zentrum für Mountainbiker,*
*die* **ALLES** *wollen:*

*Anspruchsvolle Trails, gemütliche Gasthöfe und die Action in der Szene der nahen Kulturstadt Graz.*

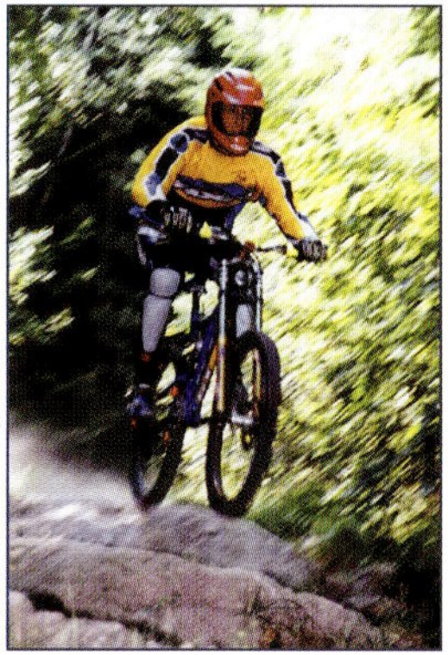

*Ein besonderer Hit ist die* **DOWNHILL-STRECKE** *von der Bergstation der Schöckel-Seilbahn 700 Höhenmeter hinunter nach St. Radegund. Mehr Zeit für die herrliche Aussicht bleibt da bei einem der spektakulärsten Streckenteile der* **ALPENTOUR** *über den Schöckl.*

*Für große und kleine BegleiterInnen gibt es attraktive Alternativen:*

- **SCHÖCKL-PANORAMA-RADWEG**
- *Badespaß, Tennis & Beachvolleyball im Freizeitzentrum*
- *Paragleiten, Hängegleiten und Reiten*
- *Wellness & Fitness-Checks im Kurhaus*
- *abenteuerliche Wald- und Märchenwanderungen in den Sommerferien*

**GÄSTESERVICE DER KURKOMMISSION**
**ST. RADEGUND**
**8061 ST. RADEGUND BEI GRAZ**
**TEL., FAX: ++43 3132/2334**
**info@radegund.at**
**www.radegund.at**

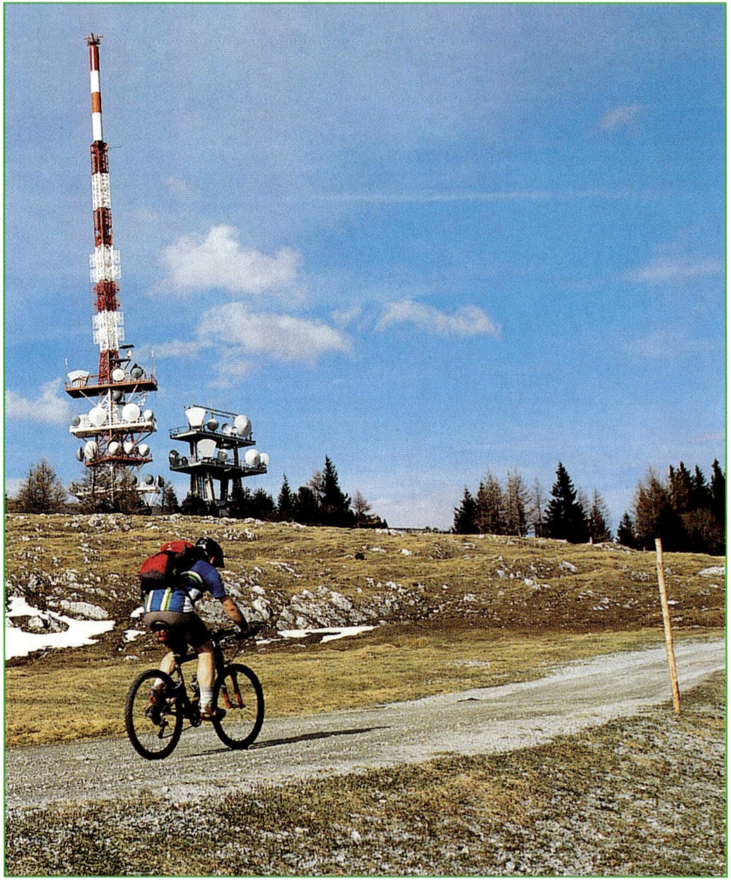

Foto: Pail

**Alpentour meets culture!**

*Stattegg liegt an der Schnittstelle zwischen den besten Mountainbikerouten der Region und der Kultur- und Szenehauptstadt Graz. 20 Bikeminuten in die Grazer Altstadt.*

**Ganzjährig geöffnet!**

*Schöckl und Rannach zählen zu den Highlights der Alpentour. Stattegg bietet das Sprungbrett zu beiden Bergen - Sommer wie Winter. Biken hat immer Saison!*

**Events gefällig?**

*Das traditionelle Mountainbike-Festival jährlich im Herbst, ab 2002 der Mountainbike-Marathon im Frühjahr und 2003 das Rennen der Rennen – der 100er mit 4.000 Höhenmetern als Highlight der Mountainbike Europameisterschaft Graz 2003.*

## Gemeinde Stattegg

**Ursprung 36**
**A-8046 Graz – St. Veit**
**Tel.: ++43 316/691136**
**Fax: ++43 316/69113690**
**gde@stattegg.steiermark.at**
**www.stattegg.steiermark.at**

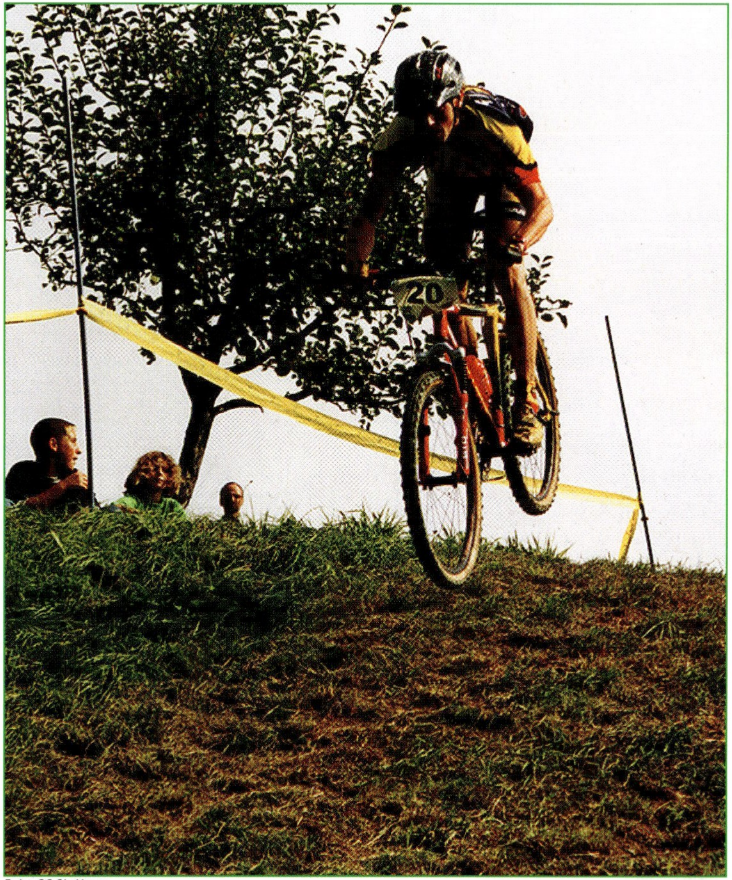

Foto: SC Stattegg

## Alpentourwirt

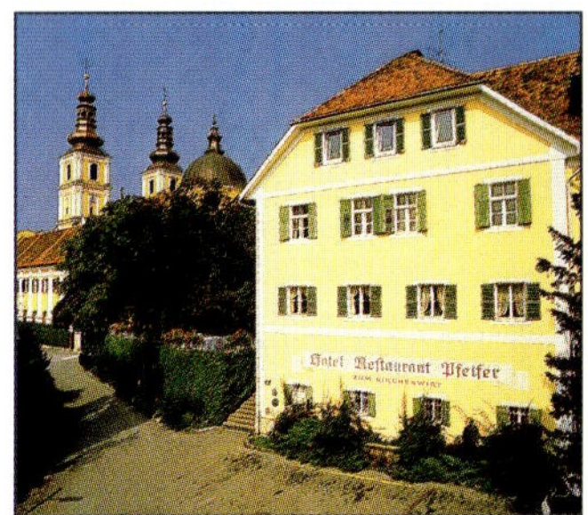


### Hotel Kirchenwirt Graz

**Josef Pfeiffer**
**Kirchplatz 9**
**8044 Graz**
**Tel.: ++43 316/39 11 12 - 0**
**Fax: ++43 316/39 11 12 - 49**
**office@kirchenwirtgraz.com**
**www.kirchenwirtgraz.com**

**Der Kirchenwirt in Graz - Ihre persönliche Residenz mit Tradition**

*Das Hotel Pfeifer* **„Zum Kirchenwirt"** *befindet sich an der nordöstlichen Peripherie von Graz, 6 km vom Zentrum entfernt. Die Innenstadt ist per Straßenbahn in zirka 20 Minuten erreichbar.*

*Im Schutz der imposanten barocken Wallfahrtskirche von* **„Maria Trost"** *bietet der „Kirchenwirt" Gästezimmer für bis zu 60 Personen in Einzel-, Doppel- oder Dreibettzimmern sowie einige Juniorsuiten und Appartements. Alle Zimmer sind mit Bad/Dusche/WC, Satelliten-TV, Radio, Modem, Direktwahltelefon und Minibar ausgestattet.*
*Bei schönem Wetter speisen Sie im Schatten der alten Kastanienbäume in unserem Gastgarten und genießen die atemberaubende Aussicht über die Stadt.*
*Eine umfangreiche Weinkarte mit einer riesigen Auswahl von über 3500 Flaschen aus allen wichtigen internationalen Weinländern lassen das Herz eines jeden Weinfreundes höher schlagen.*
*Die Sauna im Hotel* **„Zum Kirchenwirt"** *bietet die Möglichkeit, sich zu entspannen.*

## Alpentour - Service-Point

**Ihre Servicestelle in Graz**

### Der 2rad Spezialist Pech

**Inh.: Dr. Monika Pyffrader**
**Joanneumring 12, A-8010 Graz**
**Tel & Fax: ++43 316-838168**
**pech@aon.at**
**www.pech2rad.at**

*Der* **2rad Spezialist PECH**, *mitten im Zentrum von Graz, ist einer der Alpentourstartpunkte.*
*Das kleine Geschäft am Joanneumring 12 ist* **das älteste Radgeschäft der Landeshauptstadt**, *seit 1936 befasst man sich hier mit dem Fahrrad. Kinderrad, Stadtrad, Trekkingrad, Mountainbike, Rennrad – mit allen Richtungen ist man vertraut, und eine kleine, feine Auswahl ist immer präsent.*
*Riesig ist die Auswahl an Bekleidung und Zubehör fürs Rad, hier verwundert das große Sortiment bei dem kleinen Shop. Vor allem die ausgezeichnete Beratung lädt immer wieder zu neuen Besuchen ein, sind doch die Produkte von den sehr sportlichen Firmeninhabern großteils selbst getestet. Radbekleidung der führenden Marken, Sommer und Winterkollektionen, Multisportbekleidung (auch für Lauf, Langlauf und Spinning bestens geeignet) ist fast immer in großer Auswahl und allen Größen lagernd. Sensationell auch das Angebot an Pulsuhren in allen Preislagen, von SIGMA, CICLOSPORT, TIMEX, POLAR. Neu im Programm: „COMPEX"-Geräte zur Elektrostimulation für das Training, zur Entspannung und zur schnelleren Erholung. Auch „Sportlernahrung" ist ein Thema in diesem Geschäft und die Produkte der Firmen: POWER BAR, HIGH FIVE, SQUEEZY und ULTRA SPORTS sind lagernd.*
*Eine Werkstätte zur Behebung kleiner und großer Probleme beim Rad ist ebenfalls vorhanden. Sogar PUCH –Mopedersatzteile gibt es in diesem kleinen Spezialgeschäft im Herzen von Graz!*

MOUNTAIN BIKING ALPEN TOUR STEIERMARK

# Region Graz – Mountainbike around the city – Mountainbike meets culture

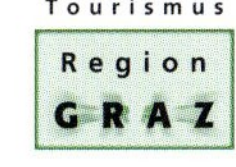

*Die Region Graz im Zeichen der* **Alpentour Steiermark** *und der* **Mountainbike Europameisterschaft Graz2003** *bietet ein interessantes Spannungsfeld zwischen dem Weltkulturerbe der Grazer Altstadt und der Mountainbike-arena des umliegenden Berglandes, die am Schöckl, dem Grazer Hausberg, mit 1445 m Seehöhe „gipfelt". Mountainbiken zu allen Jahreszeiten – Die Streckenteile der Alpentour in der Region Graz und die meisten regionalen Strecken stehen ganzjährig zur Verfügung!*

**Graz2003 - Die Mountainbike Europameisterschaft in der Europäischen Kulturhauptstadt**
**Cross Country, Downhill, Dual, Marathon – Permanente Strecken stehen bereits 2001 zur Verfügung!**
*Im Zuge der Entwicklung des regionalen Mountainbikewegenetzes wurden auch die Rennstrecken für die Austragung der Europameisterschaft konzipiert. Im Rahmen der Vorfeldveranstaltungen ab 2001 werden die Sportstätten bereits benutzbar sein und ab diesem Zeitpunkt auch der Öffentlichkeit permanent zur Verfügung stehen.*

**Auf dem Weg zur Europameisterschaft Graz2003 – Permanente Strecken und jährliche Events**
**Permanente Cross Country Trainingsstrecke in Thal bei Graz – 6 km, 220 hm!**
*Mountainbike Europa Cup Cross Country „Graz/Thal" jeweils im Mai*
*WISOSPORT-CLUB, Heinz Bauer, Münzgrabenstrasse 122, A 8010 Graz*
*Tel./Fax +43/316/47 11 58, www.mountainbike-stmk.at, e-mail: wisosport@i-one.at*

**Permanente Downhillstrecke St. Radegund (Schöckelseilbahn) – 4 km, 640 hm!**
*Internationaler Schöckl Downhill „Schöckl/St. Radegund" jeweils im Juli*
*BIKE TEAM PECH, Martin Pyffrader, Joanneumring 12, A 8010 Graz*
*Tel. +43/676/307 28 58, www.pech2rad.at, e-mail: pech@aon.at*

**Permanente Marathonstrecke in Stattegg, Gratkorn, St. Radegund – 50 km, 2000 hm!**
*MountainbikeFESTIVAL Stattegg – Bergrennen + Cross Country jeweils im September*
*MTB Marathon auf der Europameisterschaftsstrecke ab Mai 2002*
*SC STATTEGG, Jürgen Pail, Rohrerbergstraße 30, A 8046 Graz*
*Tel./Fax +43/316/577 124, www.sc-stattegg.at, e-mail: sc.stattegg.mtb@aon.at*

**Information und Buchung:**
*Graz Tourismus, Herrengasse 16, A 8011 Graz*
*Tel. +43 316 8075-61, Fax DW-15, www.graztourismus.at, e-mail alpentour@graztourismus.at*

**Tourismusinformation**
**Graz und Umgebung**
**Graz Tourismus**
Herrengasse 16
8010 Graz
Tel.: ++43 316/8075-61
Fax: ++43 316/8075-15
alpentour@graztourismus.at
www.graztourismus.at

Foto: Göttinger

Foto: Göttinger

# Graz – Köflach

## *Wechselbad der Gefühle im Land um Graz:*

*Asphaltstraßen bis zum letzten Misthaufen bezeugen rund um die Großstadt den ausgezeichneten Zustand des landwirtschaftlichen Wegebaus. Ein später Triumph der Agrarpolitik, zugleich aber eine moderne Folter für Mountainbiker. Die Straßen sind geteert, die Räder völlig umsonst gefedert. Und womöglich taucht jetzt noch so ein überflüssiger 8,8-Kilo-Rennrad-Fahrer mit superdünnen 28er-Schlauchreifen auf, der unsere souveräne Kletterleistung locker in seinen Windschatten stellt. Ganz zu schweigen vom sonstigen Verkehr, der westlich von Graz vorwiegend aus spätpubertären Opel-Manta-Fahrern im Geschwindigkeitsrausch des dritten Frühlings und stotternden Traktoren mit undichtem Gülleanhänger besteht. Bitte: Wenn schon kein Waschbrettbauch, dann soll es wenigstens eine ordentliche Rumpelpiste geben. Die, die an den Handgelenken so ein wundervolles Ameisen-Gefühl erzeugt.*

*Dann, endlich, kommen wieder die wilden Einfahrten in den Wald, schwerer Morast sorgt für deftigen Zahnbelag an den äußeren Zahnkränzen. Dr. Best wird es wieder gutmachen. Schließlich haben schon Legionen von Bikern ihre Ketten mit Zahnbürsten geputzt – zweimal täglich, in der Früh und vor dem Schlafengehen. Aber bitte die Spezialbürsten mit dem doppelten Knick, damit auch an die hinteren Zähne erreicht werden! Am Zahnfleisch geht man bei diesen Putz-Aktionen sowieso automatisch. Motto: „Damit Sie auch morgen wieder kräftig beißen können."*

*Aber noch ist es lange nicht soweit, mit voller Konzentration geht es vorerst weiter über Moos und durch Lacken. Knie und Boden werden verdammt weich. Guten Rutsch! Wenn jetzt einer entgegenkommt, hilft nicht einmal mehr die Magura Louise. Eigentlich sollte man auf dem schmalen Pfad ja auf halbe Sicht fahren, aber wer will hier nicht an seine Grenzen gehen? No risk, no fun - und auf so einem steilen Weg wird wohl keiner entgegenkommen. Oder?*

Foto: Göttinger

# Streckenabschnitt 9

Tourismusregionalverband Weststeiermark
A-8510 Stainz, Ettendorfer Straße 3, Tel.: +43 3463/4950

8

Schöckl 1445
Schöckl
Peggau
Deutschfeistritz
Großstübing
Kleinstübing
Stübingbach
1208
F
E
Beim Heiligen Wasser 876m
1118
Geistthal 582m
1050
C
Friesach
Geierkogel 930m
1018
St. Radegund
Ebersdorf
Rinnegg
G
544m
Kainach bei Voitsberg
961
Ullikreuz 840m
D
Pleschkogel 1061
St. Pankrazen
Pleschwirt 1019m
Hörgas
448m
Eisbach-Rein
Gratwein 385m
Judendorf
Straßengel
Gratkorn 390m
Stattegg
Weinitzen
B
Kainach
Afling
H
Södingberg
Lobmingberg
Stiwoll
Graz Andritz 360m
Graz Mariatrost
10
Sallabach
Gradner Bach
Piber 460m
St. Oswald bei Plankenwarth
Plankenwarth
A
763
1423
KÖFLACH 449m
BÄRNBACH 424m
Södingbach
Thalersee
GRAZ
Maria Lankowitz
VOITSBERG
Hauptplatz 350m
Lobming
Pichling bei Köflach
Rosental
Pachern
Frei-Gößnitzbach
657
Edelschrott
Gößnitzbach
Mantscha
Raaba
St. Martin am Wöllmißberg
Gaisfeld
N

M 1:210 000

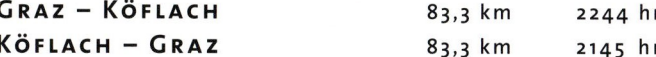

| | | |
|---|---|---|
| GRAZ – KÖFLACH | 83,3 km | 2244 hm |
| KÖFLACH – GRAZ | 83,3 km | 2145 hm |

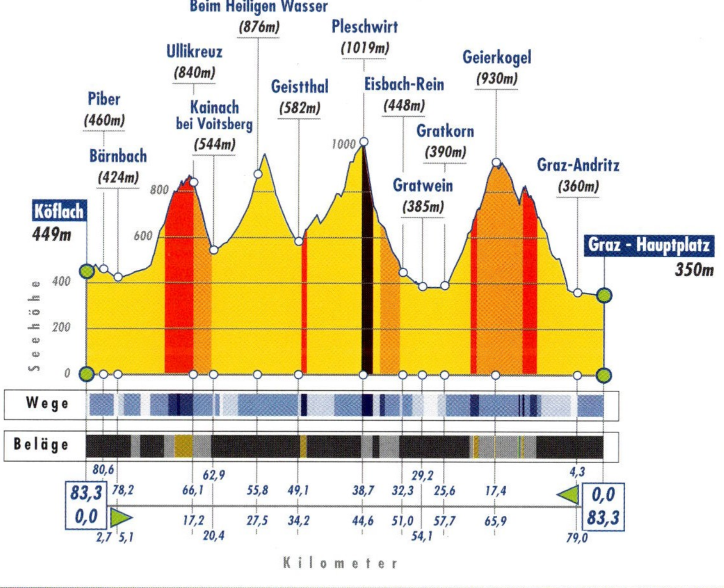

## KURZ GESAGT:

Über 4 Berge sollst du gehen.

## STARTPUNKT:

Graz Hauptplatz (350 m), städtischer Radweg die Mur entlang nach Norden bis Graz Andritz.

## ETAPPENTELEGRAMM:

Graz, aus der Stadt hinaus auf dem Radweg - Schöne Wege rund um die Rannach – Bissige Trails und Rollerpassagen am Plesch – Eine große Schleife auf ruhigen Straßen – Erdige Waldpfade bei Bärnbach – Rendezvous mit den Lipizzanern in Piber auf dem Weg nach Köflach.

## ABKÜRZUNGEN:

Statt rund um die Rannach auf dem Murradweg zwischen Graz und Gratkorn. Statt über die Waldpfade auf der Hauptstraße zwischen Kainach und Bärnbach.

## WICHTIGE HINWEISE:

Keine Alpentourbeschilderung in der Grazer Innenstadt. Von Graz Hauptplatz bis Graz Andritz dem städtischen Radweg folgen.

## STRECKENSTATISTIK (KM / %)

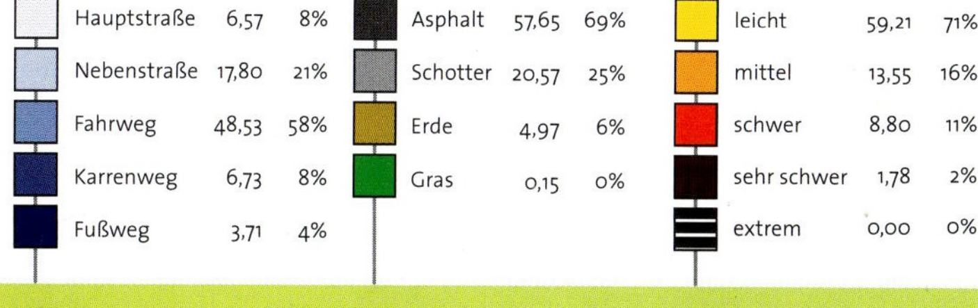

| Wege | km | % | Beläge | km | % | Schwierigkeiten | km | % |
|---|---|---|---|---|---|---|---|---|
| Hauptstraße | 6,57 | 8% | Asphalt | 57,65 | 69% | leicht | 59,21 | 71% |
| Nebenstraße | 17,80 | 21% | Schotter | 20,57 | 25% | mittel | 13,55 | 16% |
| Fahrweg | 48,53 | 58% | Erde | 4,97 | 6% | schwer | 8,80 | 11% |
| Karrenweg | 6,73 | 8% | Gras | 0,15 | 0% | sehr schwer | 1,78 | 2% |
| Fußweg | 3,71 | 4% | | | | extrem | 0,00 | 0% |

Detailausschnitt A

Detailausschnitt B

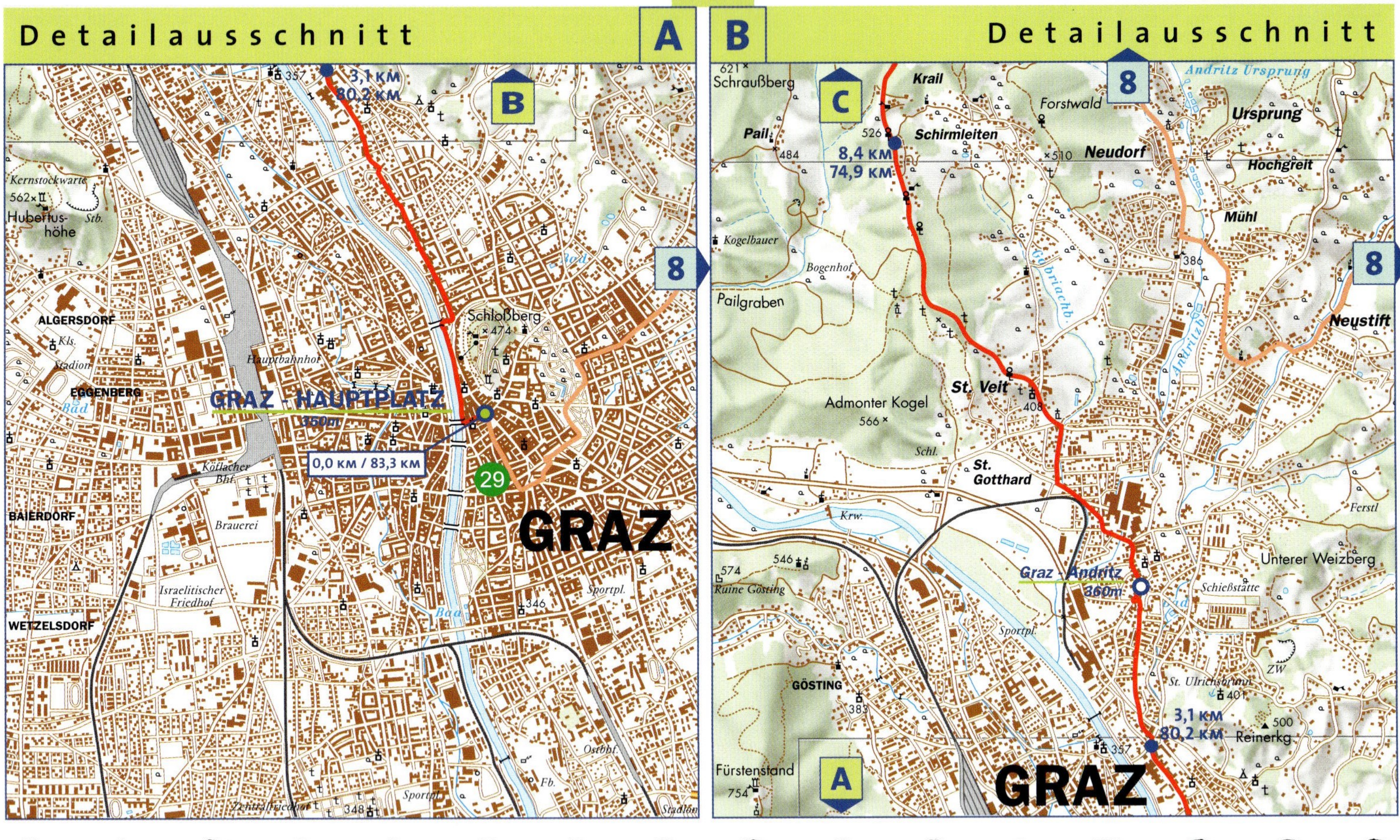

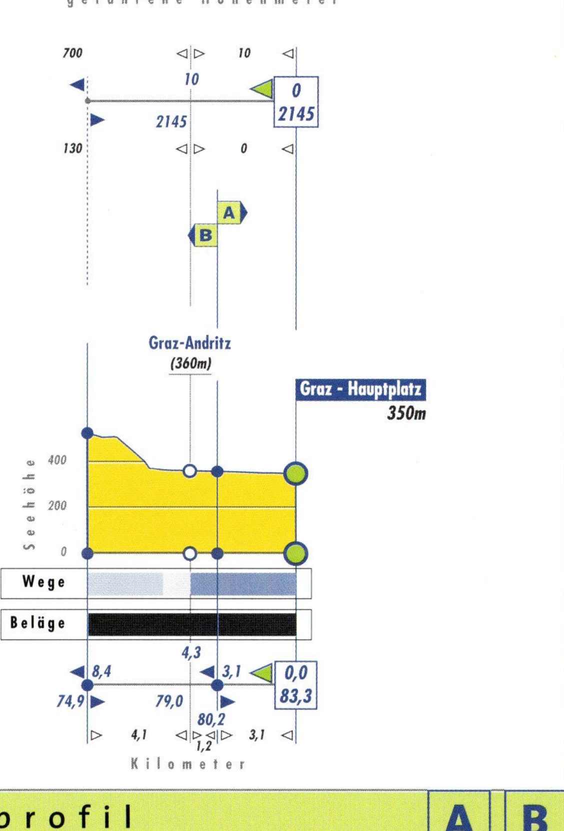

**2-Rad Spezialist Pech Tel. +43 316 838168** (siehe S. 142)

*Die Grazer Altstadt als Weltkulturerbe, Graz2003 als Europäische Kulturhauptstadt und Graz2003 als Austragungsstätte der Mountainbike Europameisterschaft: Bike meets culture, ein Gipfeltreffen auf höchstem Niveau – Was hat Stadt mit Bike zu tun? Werden hier Singletrails der städtischen Betriebsamkeit in behender Bewältigung von autoumtosten Kanalbaustellen mountainbike-technisch neu definiert? Zählt die Schlossbergstiege zu den halsbrecherischen Downhillpassagen der Alpentour? Ist der Bikercross zwischen Bordstein und Bordsteinschwalben, zwischen hektischen Stadtradlern und fallgestrickten Straßenbahnschienen, zwischen Menschenmassen-Fußgängerzone und gerstensaftlockenden Gastgärten, ist diese Höllenfahrt für naturverrückte Frischluftfanatiker der ultimative Sinn dieser stollenbewehrten Stadtdurchquerung? Mitnichten. Die Radlerhauptstadt Graz lässt uns über Radwege gleiten, vorbei an fast allem, was es zu sehen gibt. Die Beislhauptstadt Graz gibt uns Gelegenheit, eine Nacht über die Stränge unserer Laktatwerte zu schlagen. Und die tröstenden Worte für die Freunde des vertikalen Höhenprofiles spricht der steirische Nationaldichter R. P. Gruber: „Kurz hinter Graz nehmen die Berge überhand". Übrigens, nicht nur er weiß: Graz hat die schönsten Frauen der Welt.*

# Detailausschnitt

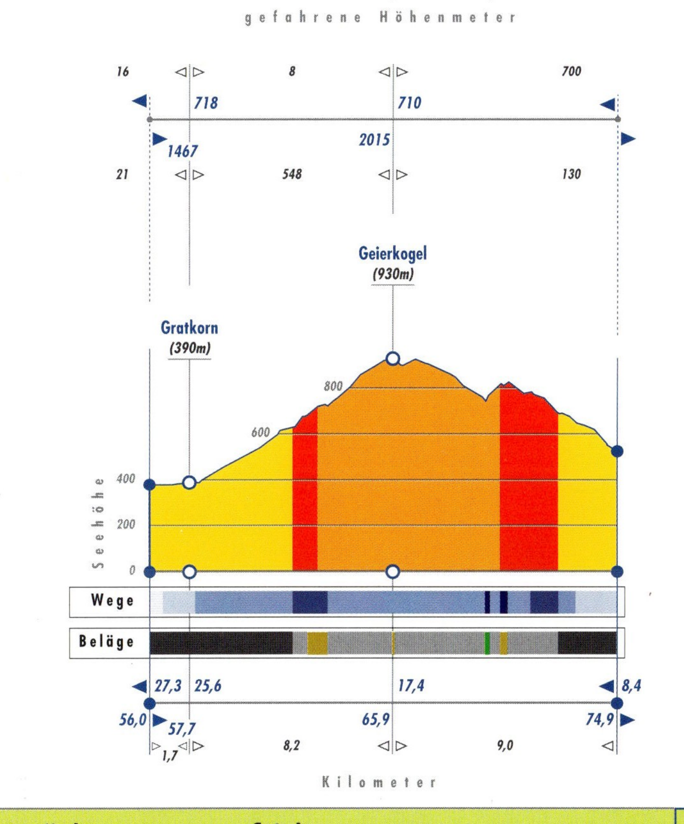


## GRAZ-ANDRITZ

*Radwegrollung in Murnähe ohne besondere Auffälligkeiten ergibt die Schnittstelle zum Murradweg und damit die Verlockung zur Abzweigung in Richtung Flachradlerei. Mountainbiker erliegen überschlagsmäßig zwar manchmal querliegenden Entwässerungsrinnen, aber niemals Verlockungen, die von asphaltierter Flachheit in längenmäßig größerer Erstreckung ausgehen. Deshalb bleiben Mur und Murradweg ein Intermezzo, das aber vielleicht in familiärer genußradlerischer Runde seine spätere Fortsetzung findet.*

## GEIERKOGEL

*Berg 1: Der Geierkogel liegt im Rannachgebiet und dieses liegt dem Schöckl gegenüber. Deswegen sind dort auch Schöcklhirsche (siehe Streckenabschnitt 08) aller Art zu finden. Als winterliches Ausweichquartier oder Durchzugsstrecke wird das Gebiet schöcklhirschig genutzt. Und damit verkannt. Denn: Abwechslungsreiche Wege, interessantes Auf und Ab und die Möglichkeit zum Lückenschluss über den Rundweg rund um die Rannach. Der ist gleichzeitig auch Reitweg und ein Beispiel für die friedliche Koexistenz von Ross/Reiter und Bike/Biker. Das Zusammenleben bitte nicht durch waghalsige Downhillattacken aus dem Hinterhalt stören!*

## GRATKORN

*Straßiger Anflug und ortschaftliche Landung im Murtal.*

# Detailausschnitt

D

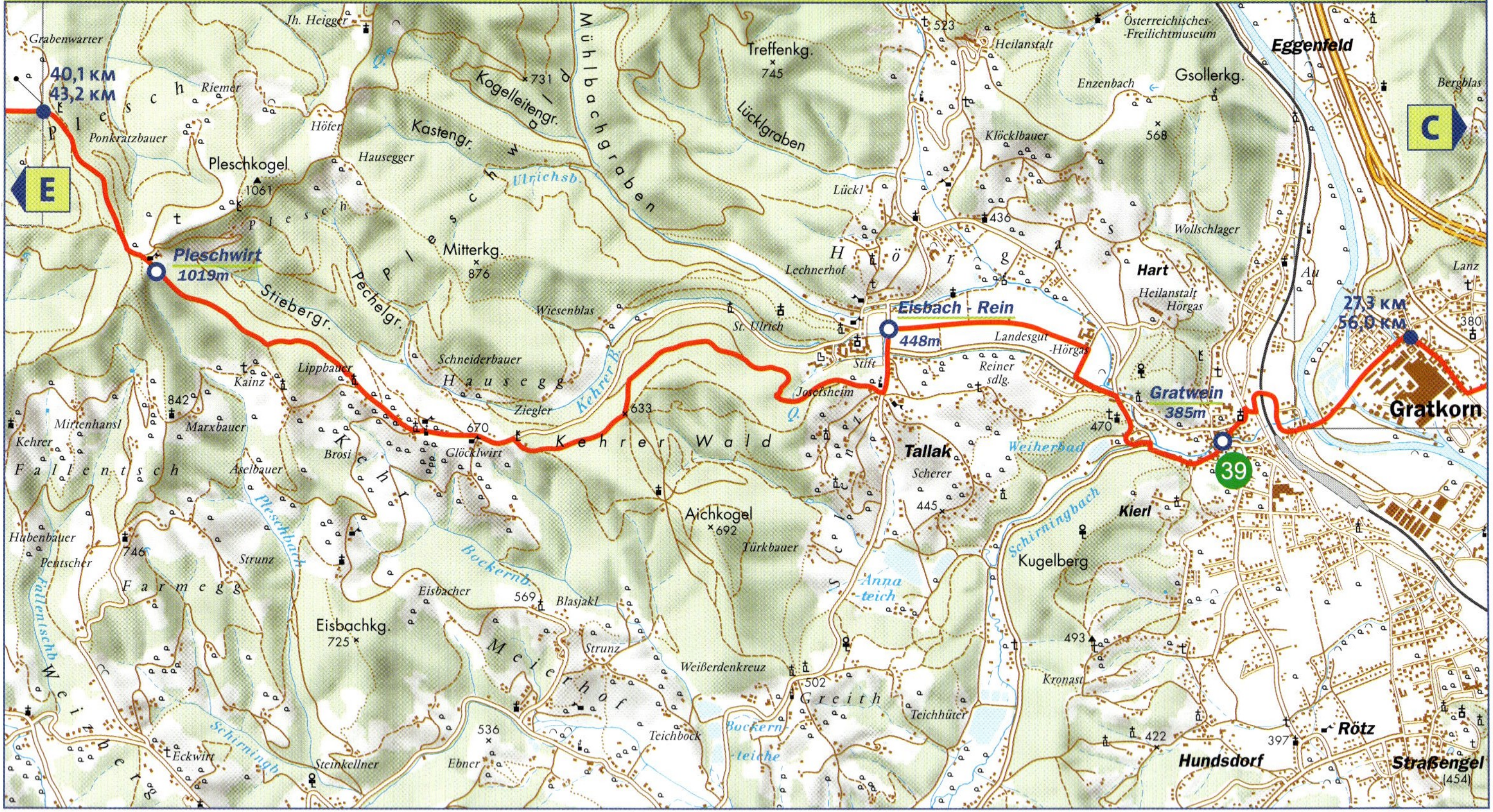

40,1 KM
43,2 KM

E

Pleschwirt
1019m

Eisbach - Rein
448m

Gratwein
385m

39

27,3 KM
56,0 KM

C

Gratkorn

gefahrene Höhenmeter

58 571 75 16
1380 809 734
1434 1434 1446
495 0 12 21

Pleschwirt (1019m)

Eisbach-Rein (448m)

Gratwein (385m)

Seehöhe: 1000, 800, 600, 400, 200, 0

Wege

Beläge

40,1 38,7 32,3 29,2 27,3
43,2 44,6 51,0 54,1 56,0
1,4 6,4 3,1 1,9

Kilometer

Höhenprofil

D

## Gratwein

**Radsport Janger Tel. +43 3124 512 38** (siehe S. 158)

*Die Querung der Mur und einstweiliger Abschied von derselben – Manche mögen's heiß, andere nass. Planschen im Teich ist angesagt.*

## Eisbach-Rein

*Stift Rein, mächtiges Gebäude am Fuß des Plesch. Weithin sichtbar bei der flachen Hinbewegung – Und danach: Fordernde Auffahrt über teils wilde Wege. Der vom Stift ausstrahlende Geist des Katholizismus trägt den Biker auf den Schwingen des Mystischen über die schwierigsten Passagen hinweg. Wenn dem nicht so ist, kann es ganz schön zäh werden und einzig die Besinnung auf die eigenen konditionellen Fähigkeiten hilft weiter. Stoßgebete haben allerdings bei erhöhtem Puls und in christlicher Umgebung wahrscheinlich erhöhte Erhörungschancen.*

## Pleschwirt

*Berg 2: Singende Stollenreifen, fliegende Haarmähnen oder kräuselnde Halbglatzen, im Helm einschlagende Riesenhummeln, wieder zu wenige Gänge für die Geschwindigkeit, nervöses Vibrieren im Rahmen und heiße Bremsbacken beim asphaltverseuchten Hinunterflug in den Stübinggraben.*

Detailausschnitt E

Detailausschnitt F

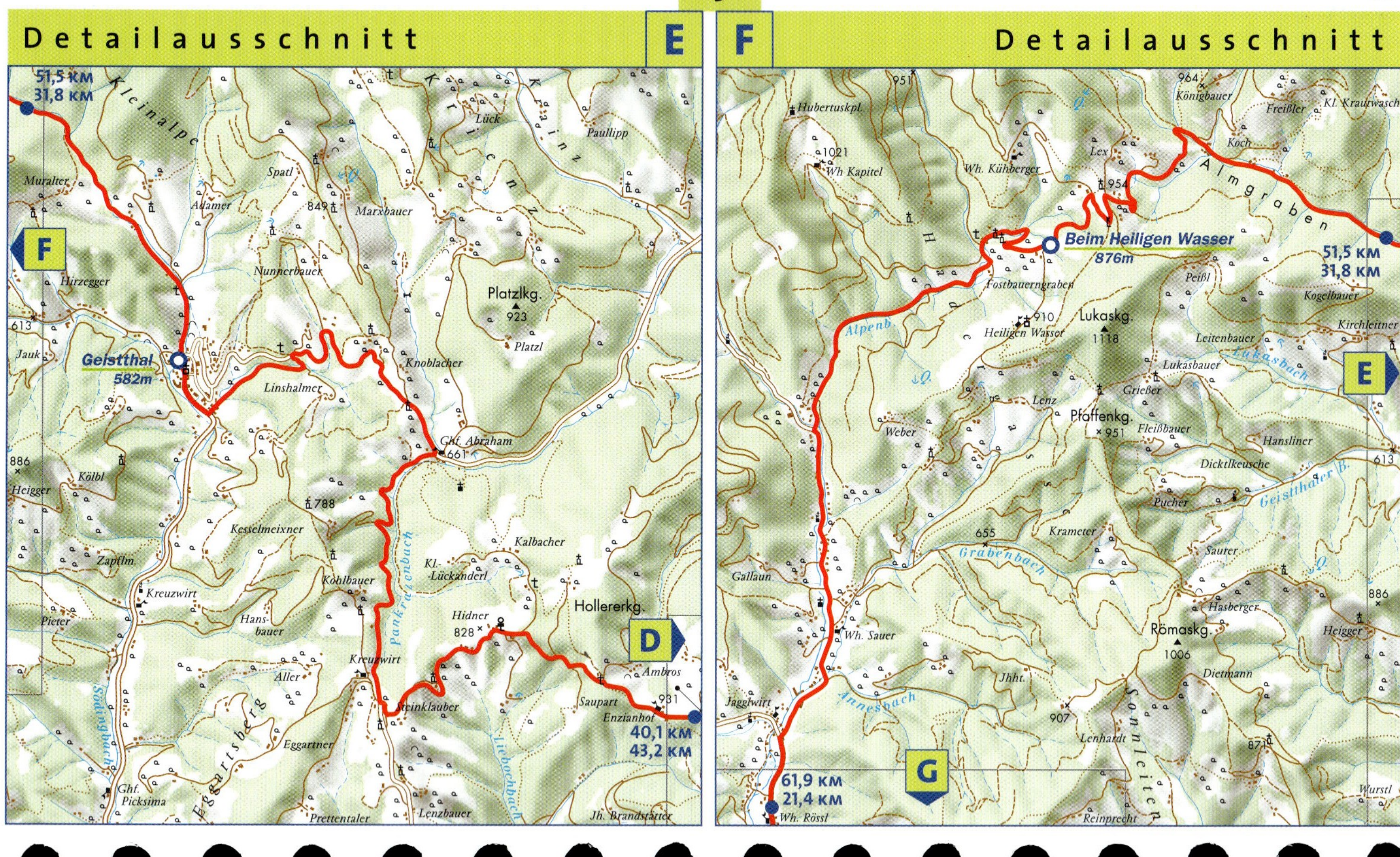

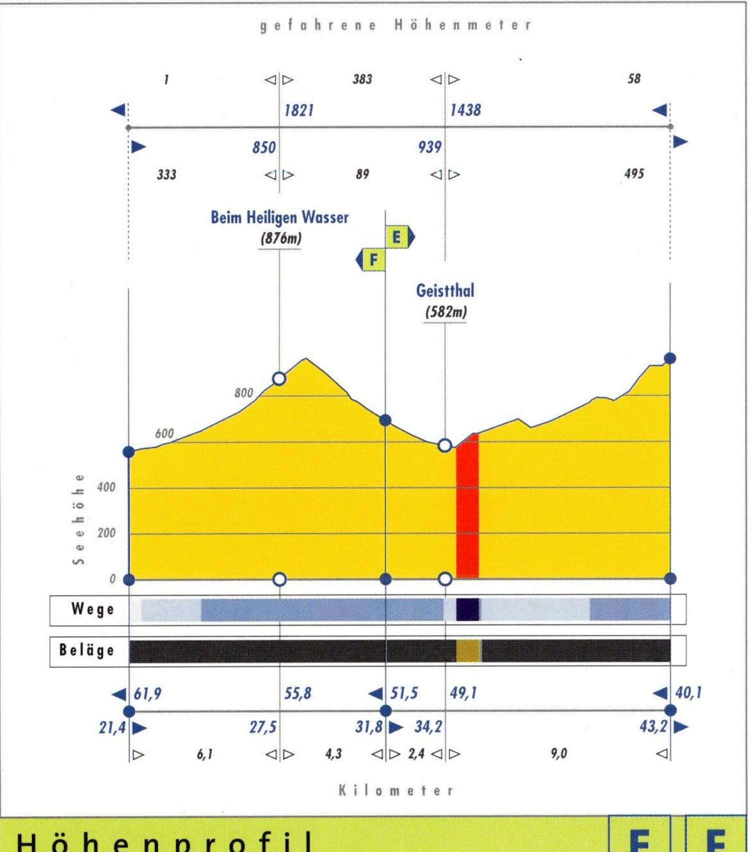


## ○ Geistthal

*Geisternde Biker auf geisterhaftem Weg – Taktischer Hinweis am Rande: Bei der Einmündung in die Hauptstraße vor Geistthal rechts halten, auch wenn die Beschilderung in die andere Richtung zeigt. Diese Tafel ging nämlich aus der Wahl zum meistverdrehten Wegweiser der Alpentour als eindeutiger Sieger hervor. Hohe Scherzkeksdichte im Raume Geistthal – Almgraben, stete Aufwärtsbewegung in Grabenlängsrichtung.*

## ○ Beim Heiligen Wasser

*Berg 3: Serpentinentraining in frisch asphaltierten Nebenstraßenlagen. Zeitweise Opel-Manta-Vergiftung (siehe Sittingers Fahrtenschreiber).*

## ○ Kainach bei Voitsberg

*Rollen auf der Straße unterbrochen vom Rollen auf dem Radweg endend in einem scharfen Wechsel der Perspektive. Vom flachgedrückten Tal- und Grabengefühl hinein in Bergauf-Steilheitsfeeling mit Schotterstraßen-unterlage.*

**! Tipp am Ra*(n)*de – Alpentour-Höhenmeter**
Bei den Höhenmeterangaben im Höhenprofil und in der Statistik handelt es sich natürlich immer nur um bergauf zu fahrende Höhenmeter. Wenn Start- und Zielort verschieden hoch liegen, ist auch die Summe der zu überwindenden Höhenmeter je nach Fahrtrichtung verschieden.

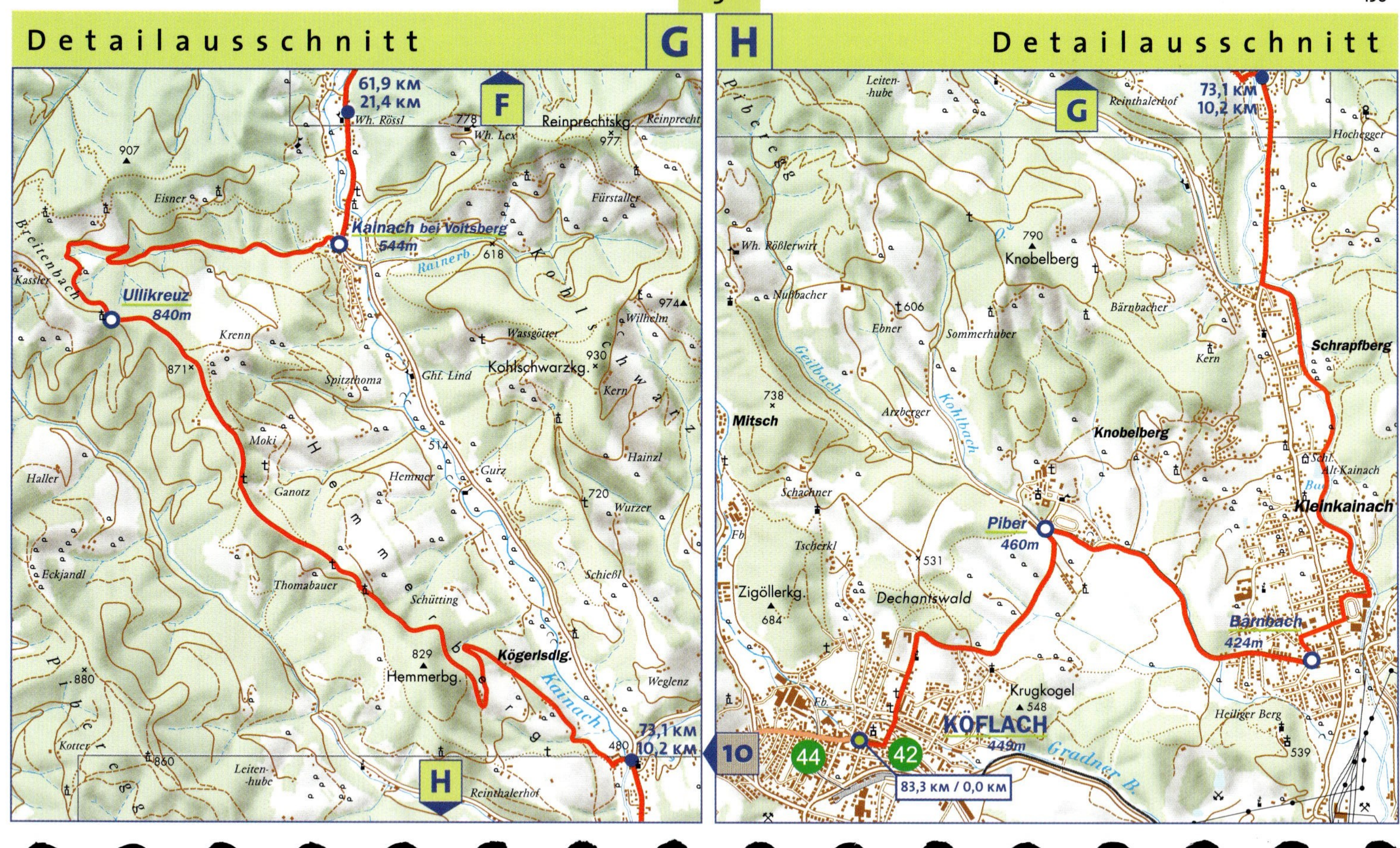
Detailausschnitt
G
61,9 KM
21,4 KM
Wh. Rössl
F
Wh. Lex
Reinprechtskg.
977
907
Eisner
Fürstaller
Kainach bei Voitsberg
544m
Rainerb.
618
Breitenbach
Kassler
Ullikreuz
840m
974
Wilhelm
Krenn
Wassgötter
871
Spitzthoma
Ghf. Lind
Kohlschwarzkg.
930
Kern
Moki
Hemmerberg
Kohlschwarz
Haller
Ganotz
Hemmer
Gurz
Hainzl
720
Wurzer
514
Eckjandl
Thomabauer
Schütting
Schießl
829
Hemmerbg.
Kögerlsdlg.
Weglenz
880
Kainach
Piberegg
Kotter
860
Leiten-hube
H
Reinthalerhof
480
73,1 KM
10,2 KM
H
Detailausschnitt
Leiten-hube
G
Reinthalerhof
73,1 KM
10,2 KM
Hochegger
Piberegg
Wh. Rößlerwirt
790
Knobelberg
Nußbacher
606
Ebner
Sommerhuber
Bärnbacher
Schrapfberg
Kern
Geilbach
Kohlbach
738
Mitsch
Atzberger
Knobelberg
Schl.
Alt-Kainach
Schachner
Kleinkainach
Piber
460m
Tscherkl
531
Zigöllerkg.
684
Dechantswald
Bärnbach
424m
Krugkogel
548
Heiliger Berg
539
10
44
42
KÖFLACH
449m
Gradner B.
83,3 KM / 0,0 KM

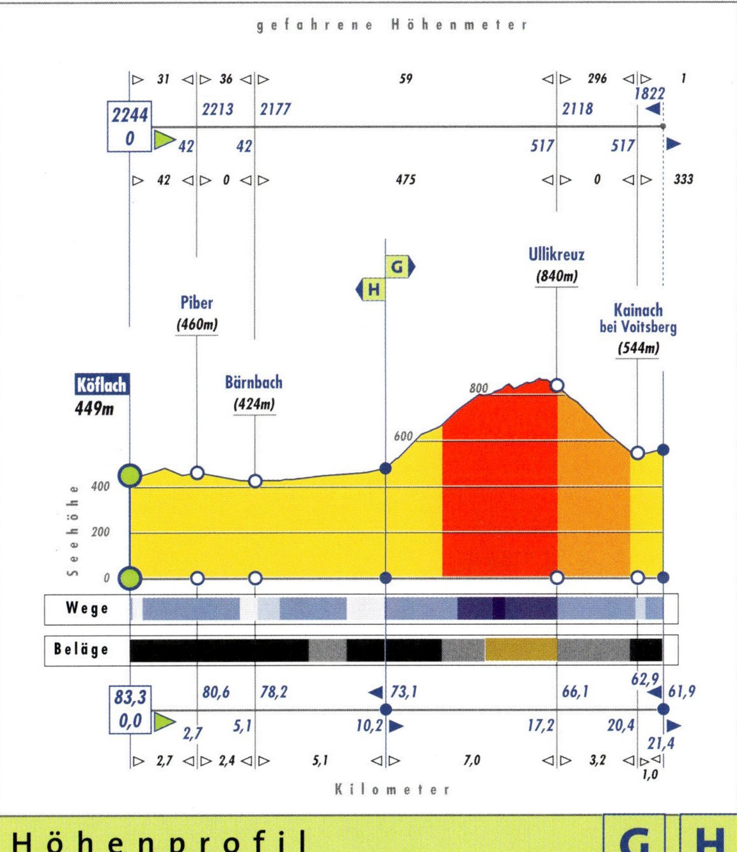


## ULLIKREUZ

*Berg 4: Ein langgezogener Ritt über alle Möglichkeiten des Wegebaues mit überraschenden Aus- und Einblicken in die Tiefen der weststeirischen Landschaftsseele – Wieder im Tal verrollt sich der Biker auf landstraßlichen und innergemeindlichen Radwegen.*

## BÄRNBACH

*Glashütte, Schwimmbad, Hundertwasserkirche gesehen durch den gläsernen Blick des im Schweiß schwimmenden Bikers, der seine Sünden kirchlich beichtet. Bikerische Anknüpfungspunkte allerorten.*

## PIBER

*Sommerauslauf der weißen Pferd. Fern vom pirouettendrehenden Drill der Spanischen Hofreitschule und dem Hintern Ihrer Bereiter. So gut haben es die modernen Aluminiumgäule der Alpentourbiker besonders im Sommer nicht. Gewolltes Pirouettendrehen gehört auch nicht zu Bikers Standardrepertoire. Die meisten bringen es nicht einmal bis zum Handstandüberschlag über den Lenker.*

## KÖFLACH

- 42 **ZWEIRAD BRATSCHKO TEL. +43 3144 2764**
- 44 **GASTHOF HUBERT REINISCH TEL. +43 3144 2653** (SIEHE S. 172)

## Gemeinde Eisbach

**Politischer Bezirk Graz - Umgebung**

*In der Gemeinde Eisbach gibt es neben dem bekannten* **„Stift Rein"** *noch viel mehr zu sehen: ein „Kleines Bauernmuseum", ein Wildgehege und nicht weit entfernt das Österreichische Freilichtmuseum. Erwähnenswert – vor allem für Wanderer – sind die drei Tausender: Pleschkogel – Mühlbachkogel – Walzkogel. In Eisbach kann jedermann seine Freizeit individuell verbringen: Wandern, Radfahren, Tennisspielen, Angeln, Reiten, Schwimmen im Naturbad Weihermühle ....*

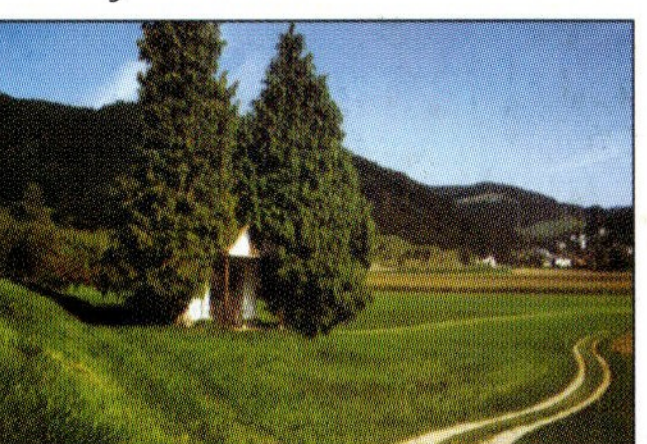

*... oder ganz einfach nur die Seele baumeln lassen – überzeugen Sie sich doch am besten selbst davon!*

**Gemeindeamt Eisbach**
Tel.: ++43 3124/51 762
Fax: ++43 3124/51 762 18
tourismus@eisbach.steiermark.at
www.eisbach-rein.at

# Köflach – Knittelfeld

*Schneller, höher, weiter. Auch Biker streben nach dieser Devise: Wer wird schneller müde? Wer hat den höheren Puls? Und vor allem: Geht das ewig so weiter? Wer die Antwort wirklich wissen will, sollte sich nicht durch Ortsnamen blenden lassen. „Köflach“ beispielsweise hat mit „flach“ nur wenig zu tun. Spätestens in Maria Lankowitz erkennt man das Humorvolle an der Namensgebung - ein Witz! G'schmackige 1200 Höhenmeter später sehen beim Alten Almhaus alle alt aus. Dafür sieht man wenigstens von der Alm ordentlich bis ins Kärnt-Närrische.*

*Aber immerhin – hat man das gefürchtete Gaberl geschafft, darf man sich schon ein Federgaberl an den Hut stecken. Die folgende Steilabfahrt wäre eher mit „Messerl“ als mit Gaberl zu beschreiben. Man kann schon froh sein, wenn man hier nicht das Löfferl abgeben muss. Immerhin geht es um einen ziemlich schneidigen Wegabschnitt. So mancher wollte dort über die Klinge springen und ließ sich dabei die Schneid abkaufen. Merke: Auch ein leerer Hohlweg kann für volle Hosen sorgen. Wer sich zuvor schon groß loben wollte, der wird in Kleinlobming bemerken, dass nur mehr ein sehr kleines Lob übrig ist.*

*Dann beginnt das Spielchen von neuem: Anstieg zum Steinplan, der alles andere, nur sicher nicht „plan“ ist. Immerhin ist er aus Stein, obwohl Ausdrücke wie „schroffer Gebirgsfelsen“ sicher treffender wären. Wer einen Plan dabeihat, tut sich im Gewirr der Forststraßen übrigens leichter als der Club der Schlaf- und Orientierungslosen. Der beständige Lärm der Motorsägen und tiefe Reifenspuren von Holzbringungsmaschinen beweisen zwar, dass man auf dem Holzweg ist. Dennoch sollte man alles auf eine gute Karte setzen.*

*Weiter geht's in der steirischen Ortskunde: „Rach-Au“ dürfte ein anderes Wort für Hals-Weh sein, was nicht nur am schlechten Wetter liegen muss. Dann die Zielankunft: Im Aichfeld werdet ihr rasch merken, was „aich fehlt“, nämlich: „Zelt weg“! Bleibt neben dem Ärger eigentlich nur mehr eine Frage offen: Wer oder was, bitteschön, ist „Knittel“?*

Foto: Pail

# Streckenabschnitt 10

10

Tourismusregionalverband Weststeiermark
A-8510 Stainz, Ettendorfer Straße 3, Tel.: +43 3463/4950

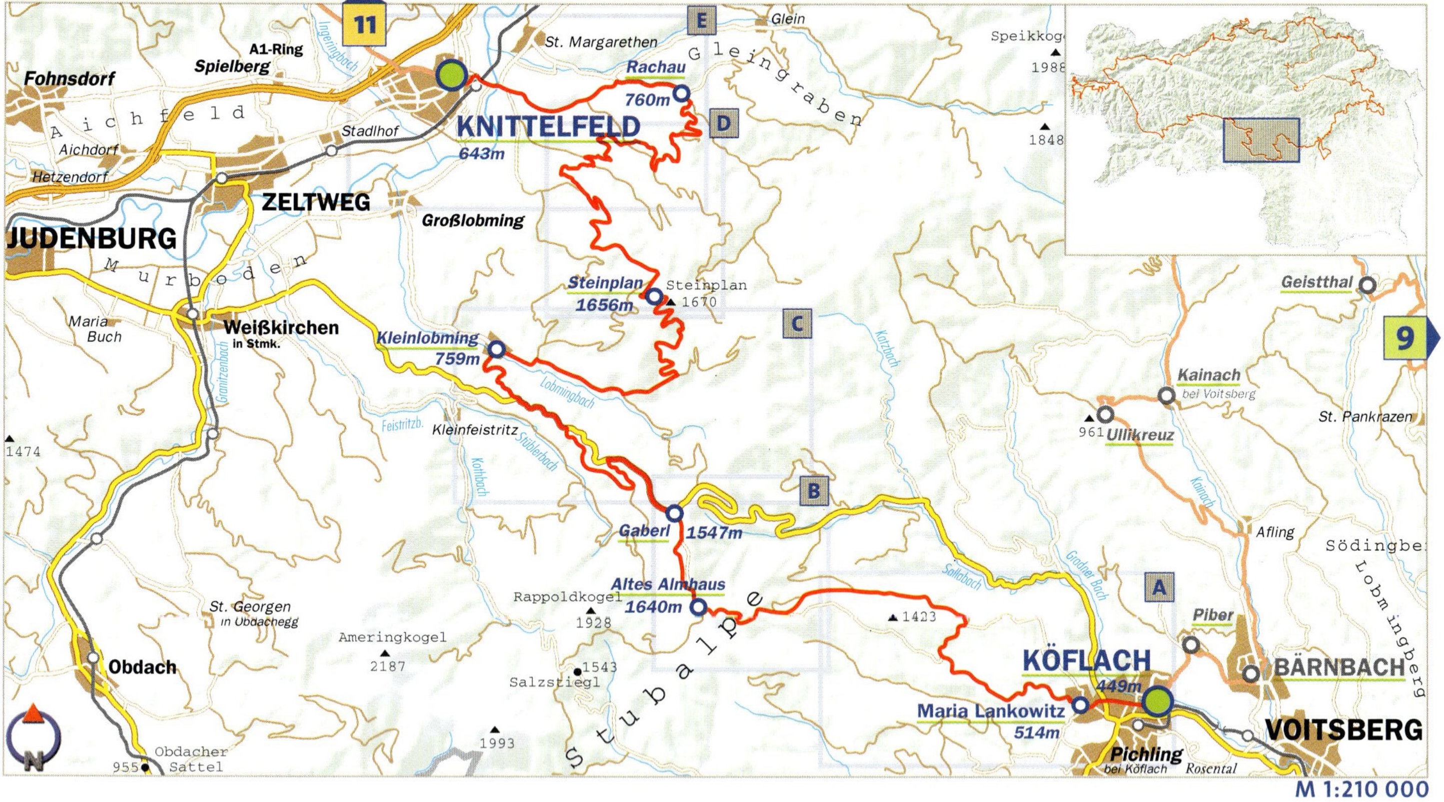

11
KNITTELFELD
643m
Rachau
760m
Steinplan
1656m
Kleinlobming
759m
Gaberl
1547m
Altes Almhaus
1640m
Maria Lankowitz
514m
KÖFLACH
449m
Ullikreuz
Kainach bei Voitsberg
Geistthal
Piber
9
JUDENBURG
ZELTWEG
Weißkirchen in Stmk.
Obdach
Fohnsdorf
Spielberg
A1-Ring
Großlobming
Kleinfeistritz
St. Margarethen
Glein
Gleingraben
Stadlhof
Aichdorf
Hetzendorf
Aichfeld
Murboden
Maria Buch
St. Georgen in Obdachegg
Obdacher Sattel
Rappoldkogel
Ameringkogel
Salzstiegl
Stubalpe
BÄRNBACH
VOITSBERG
Pichling bei Köflach
Rosental
Afling
Södingberg
Lobmingberg
St. Pankrazen
Speikkogel

M 1:210 000

| | | |
|---|---|---|
| **Köflach – Knittelfeld** | 73,5 km | 2710 hm |
| **Knittelfeld – Köflach** | 73,5 km | 2516 hm |

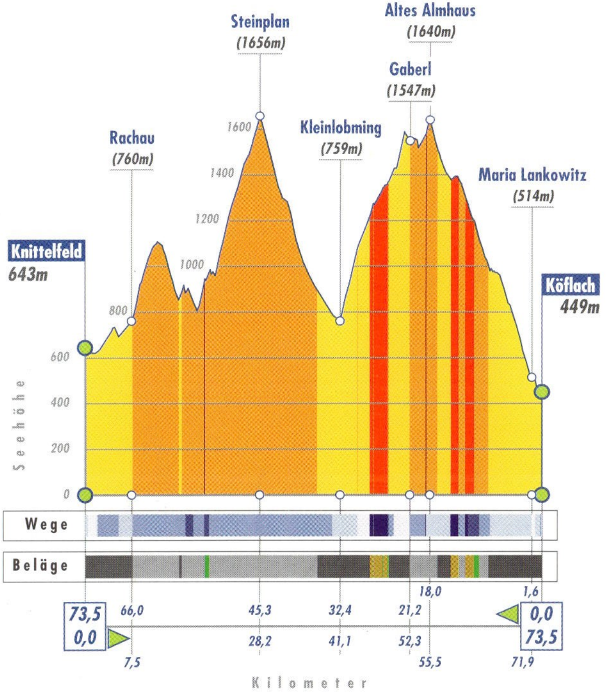

Steinplan (1656m)
Altes Almhaus (1640m)
Gaberl (1547m)
Rachau (760m)
Kleinlobming (759m)
Maria Lankowitz (514m)
Knittelfeld 643m
Köflach 449m

Seehöhe: 0, 200, 400, 600, 800, 1000, 1200, 1400, 1600

Wege
Beläge

Kilometer: 73,5 / 0,0 — 66,0 / 7,5 — 45,3 / 28,2 — 32,4 / 41,1 — 21,2 / 52,3 — 18,0 / 55,5 — 1,6 / 71,9 — 0,0 / 73,5

## Kurz gesagt:

Wahrer Bikegenuss auf zähen Wegen.

## Startpunkt:

Köflach (449 m) in der Fußgängerzone beim Rathaus.

## Etappentelegramm:

Köflach, langer Anstieg auf abwechslungsreichen Wegen bis zum Alten Almhaus und zum Gaberl – Der Römerweg als Trail mit allem, was Bikerherzen wünschen – Kleinlobming und der Steinplan: Eine Forststraßenauffahrt in den Bikerhimmel – Rachau, traditionsreiches Bikerevier im Almengebiet – Ausrollen ins Murtal und nach Knittelfeld.

## Abkürzungen:

Statt über den Römerweg auf der Bundesstraße zwischen Gaberl und Kleinlobming.
Statt über Rachau auf der Straße zwischen Knittelfeld und Kleinlobming.

## Wichtige Hinweise:

Durch viele Höhenmeter auf schwierigen Wegen sehr anstrengende Etappe.

## Streckenstatistik (Km / %)

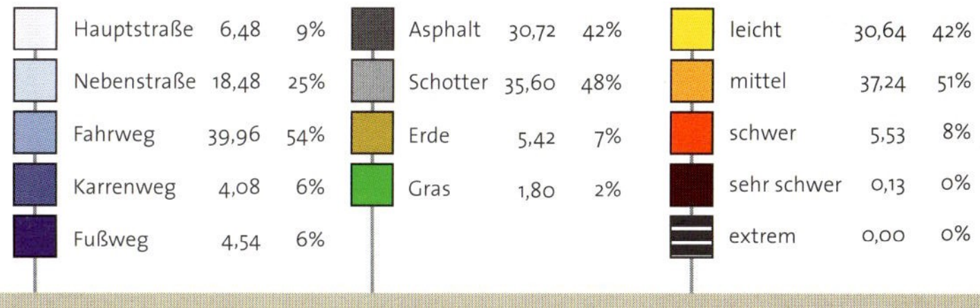

| Wege | km | % | Beläge | km | % | Schwierigkeiten | km | % |
|---|---|---|---|---|---|---|---|---|
| Hauptstraße | 6,48 | 9% | Asphalt | 30,72 | 42% | leicht | 30,64 | 42% |
| Nebenstraße | 18,48 | 25% | Schotter | 35,60 | 48% | mittel | 37,24 | 51% |
| Fahrweg | 39,96 | 54% | Erde | 5,42 | 7% | schwer | 5,53 | 8% |
| Karrenweg | 4,08 | 6% | Gras | 1,80 | 2% | sehr schwer | 0,13 | 0% |
| Fußweg | 4,54 | 6% | | | | extrem | 0,00 | 0% |

## Detailausschnitt

A

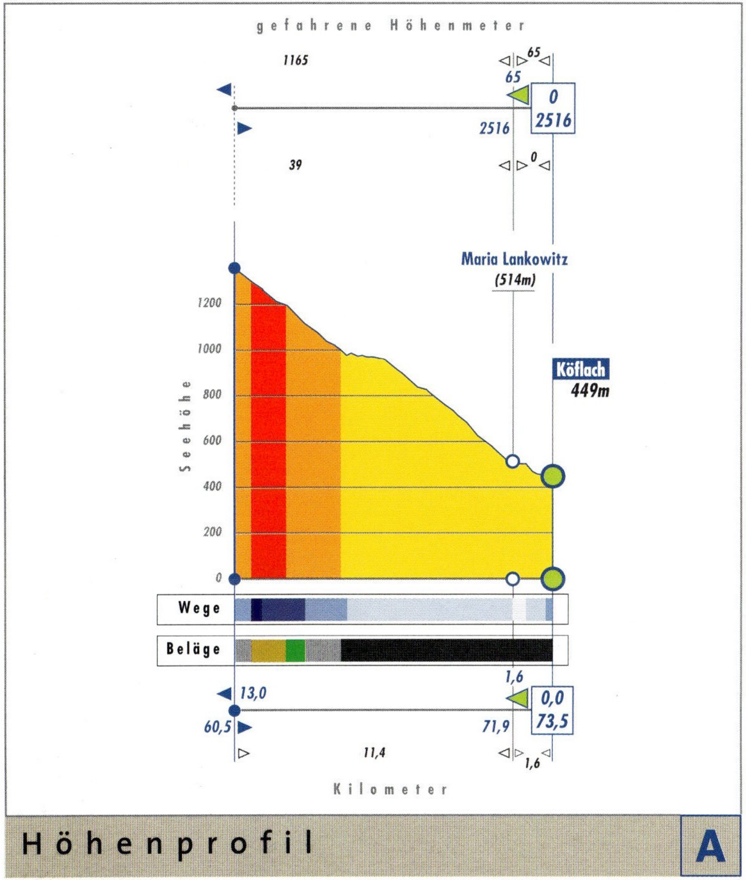

gefahrene Höhenmeter

1165 | 65 | 65 | 0 | 2516 | 2516 | 39 | 0

Maria Lankowitz (514m)

Köflach 449m

Seehöhe: 1200, 1000, 800, 600, 400, 200, 0

Wege

Beläge

1,6 | 13,0 | 0,0 | 73,5 | 60,5 | 71,9 | 11,4 | 1,6

Kilometer

Höhenprofil **A**

## KÖFLACH

42 **ZWEIRAD BRATSCHKO TEL. +43 3144 2764**

44 **GASTHOF HUBERT REINISCH TEL. +43 3144 2653** (SIEHE S. 172)

*Fußgängerzonenbiking als Lockerungsübung vor den unglaublichen Aufgaben der Schnittstellenetappe zwischen Weststeiermark und Oberem Murtal.*

## MARIA LANKOWITZ

*Golfen und Plätschern im See, alles da für Ex-Mountainbiker jenseits der Siebzig. Biken Sie noch oder spielen Sie schon Golf? Bikers Sinn steht nach Schweiß und Adrenalin, nach Anlieger und Singletrail, nach Frischluft und Gummiabrieb – Asphalthinaufkurbelung als Aufwärmübung mit Panoramasicht auf Alm und Wald – Schotter, Waldboden, Gatsch (dt. Schlamm) und Lacken (dt. Pfützen), Wege aller Arten und Neigungen als Flexibilitätstraining für eingeschlafene Bikerkrampfadern.*

## ALTES ALMHAUS

*Schiliftrundfahrt mit Almenfernblick auf weststeirisch. Im Gegensatz zur Oststeiermark nicht als Vertikalentraining.*

## Detailausschnitt B

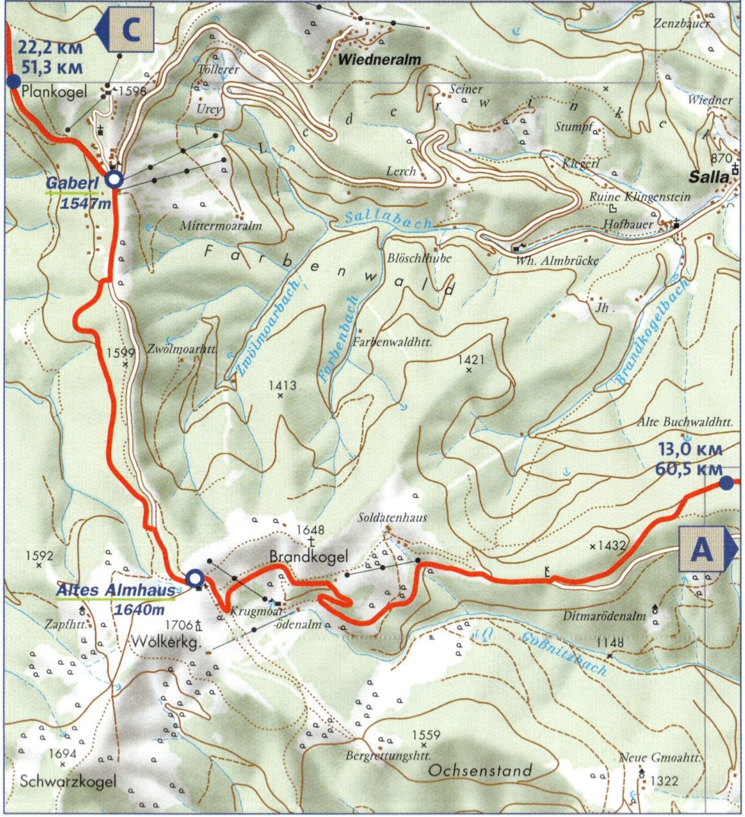

C
22,2 KM
51,3 KM
Plankogel
1598
Töllerer
Wiedneralm
Zenzbauer
Urey
Seiner
Wiedner
Stumpf
Gaberl
1547m
Lerch
Kiegerl
870
Salla
Ruine Klingenstein
Sallabach
Hofbauer
Mittermoaralm
Farbenwald
Blöschlhube
Wh. Almbrücke
Jh.
Zwölmoarbach
Farbenbach
Brandkogelbach
Farbenwaldhtt.
1599
Zwölmoarhtt.
1421
1413
Alte Buchwaldhtt.
13,0 KM
60,5 KM
Soldatenhaus
1648
Brandkogel
×1432
A
1592
Altes Almhaus
1640m
Krugmoar-
ödenalm
Zapfhtt.
1706
Wölkerkg.
Ditmarödenalm
Coßnitzbach
1148
1559
1694
Bergrettungshtt.
Ochsenstand
Neue Gmoahtt.
1322
Schwarzkogel

## B Höhenprofil

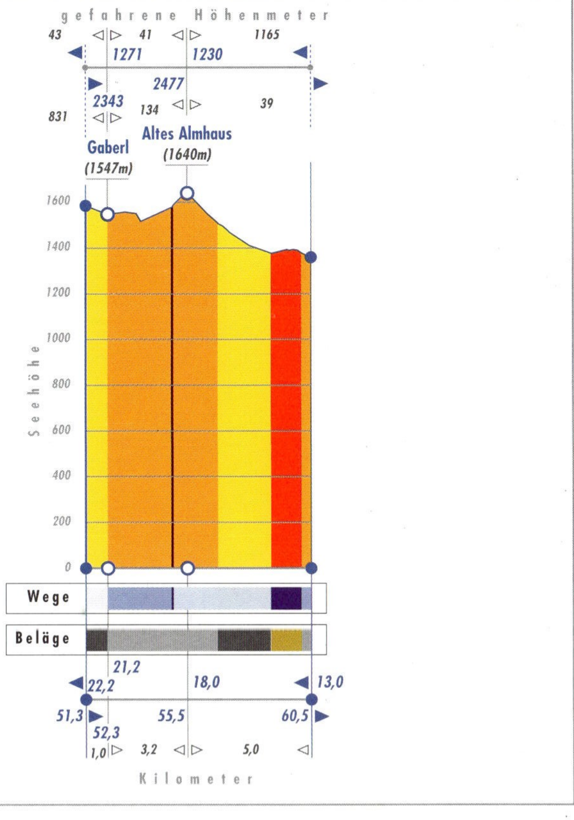

Foto: Pail

# Detailausschnitt

C

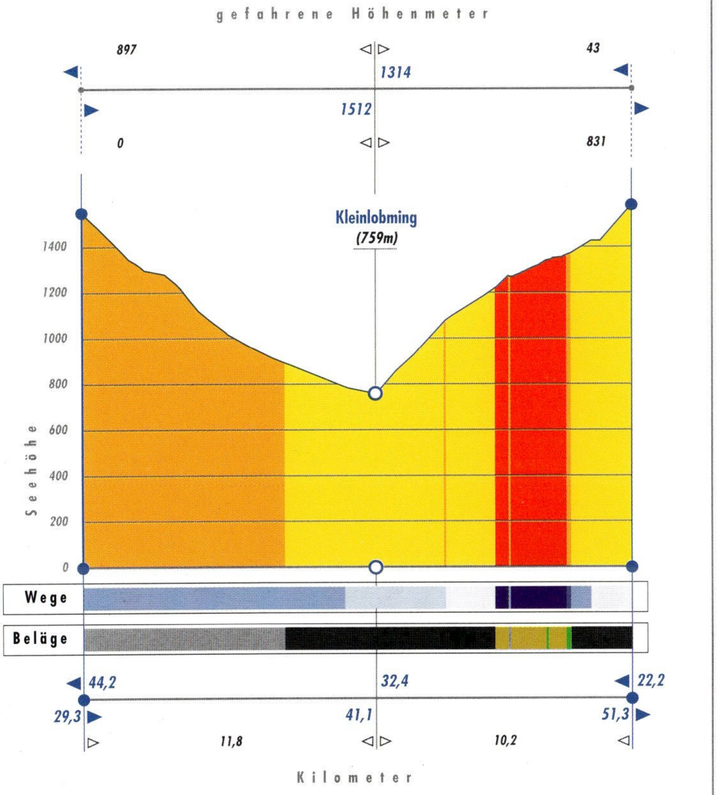

gefahrene Höhenmeter

897 | 43

1314

1512

0 | 831

Kleinlobming (759m)

Seehöhe: 1400, 1200, 1000, 800, 600, 400, 200, 0

Wege

Beläge

44,2 | 32,4 | 22,2

29,3 | 41,1 | 51,3

11,8 | 10,2

Kilometer

## Höhenprofil C

## Gaberl

*Almautobahnverbindung mit kurzer Überschlagsübung – Gaberl, Gaberlhaus, Schiliftvorbeifahrt, Bundesstraße als Startbahn West für den Abflug ins Murtal – Die Niederkunft auf den Römerweg. Ein Wanderweg zwischen Trail und Trial, zwischen Gatter und Weidezaun, zwischen Biker und Hiker, zwischen Wald und Wiese, zwischen geil und steil als Gleichgewichtsübung für Biker zwischen Genie und Wahnsinn – Bundesstraßliche Landebahnverlängerung mit Absprung auf nebenstraßliche Steilwand.*

## Kleinlobming

### 45 Gasthof Hubmann Tel. +43 3516 2238 (siehe S. 173)

*Wer zum Hubmann will, muss rechtzeitig bremsen. Die Steilwand schlägt ohne Vorwarnung mitten im Ort ein. Ohne Bremsgrip tut Biker dasselbe. Doch dann: Vögel zwitschern, Bächlein plätschern, dahin ist alle Rasanz, die Alpentour wiegt uns in Sicherheit, nimmt uns verführerisch in die Arme ihrer scheinbaren Harmlosigkeit – Wurzeltoni, die Idylle erlebt Höhepunkt und Ende. Geschnitzte Wurzelschädel weisen den behelmten Bikerschädeln den Weg, der ein langer sein wird – Schweißgetränkte Forst- und Almstraßenrallye.*

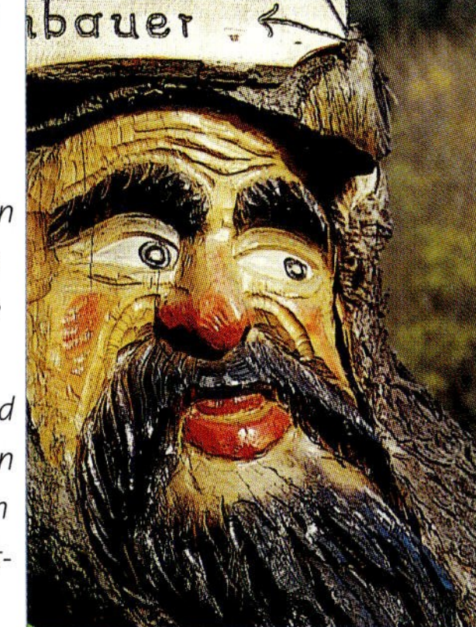

Foto: Pail

## Detailausschnitt D

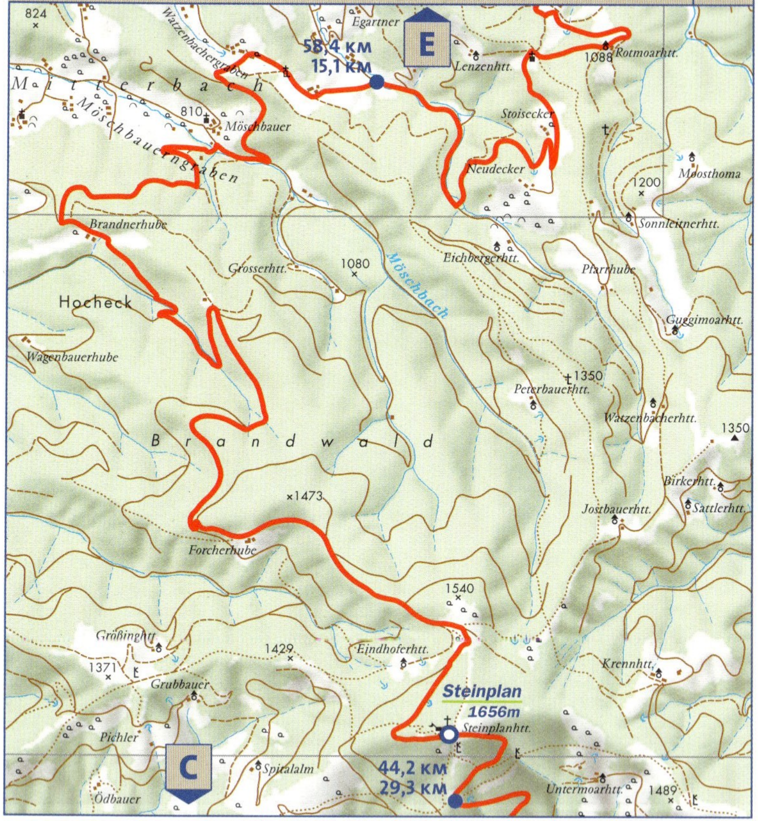

## D Höhenprofil

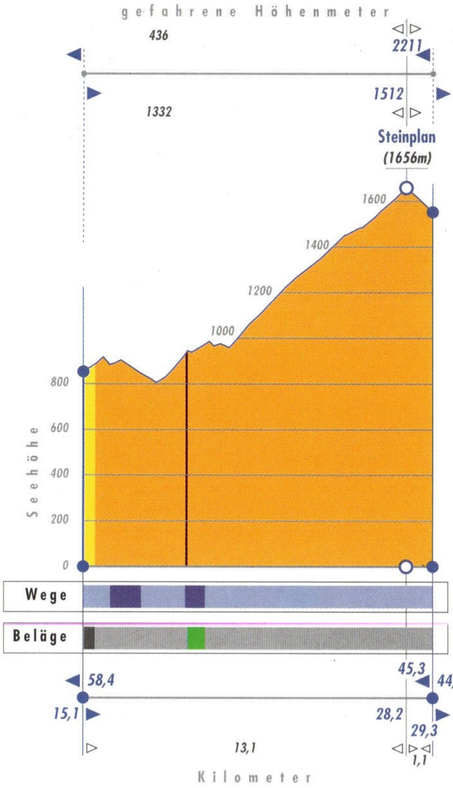

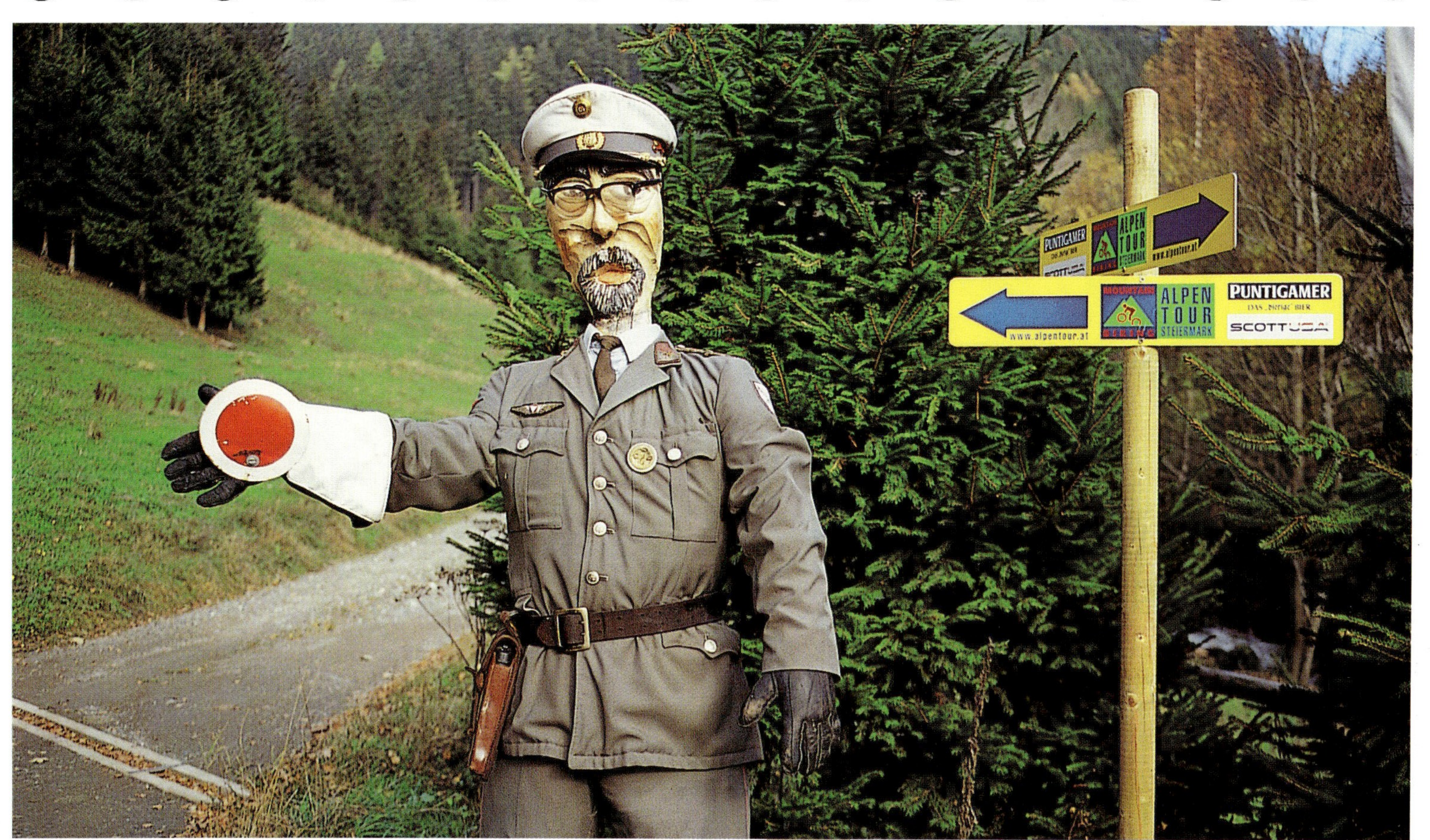
PUNTIGAMER
ALPEN TOUR STEIERMARK
www.alpentour.at
www.alpentour.at
MOUNTAIN
ALPEN TOUR STEIERMARK
PUNTIGAMER
SCOTT

Foto: Pail

# Detailausschnitt

11

73,5 km / 0,0 km

38

37

KNITTELFELD
643m

Rachau
760m

58,4 km
15,1 km

D

Raßnitz
Obermur
St. Benedikten
Brunngraben
Strohschneider
Böcksteiner
Krebsenbach
Moos-schuster
Schwaiger
Brandl
Moosbartl
Pärrvilla
Jörgbauer
Wh. Wieshuber
Wegscheider
Ober-einhörn
Unter-
Sachendorf
Hautzenbichl
Neuhautzenbichl
Ingering I
Edelmühle
Maßweg
Reifersdorf
Ugendorf
Ritzendorf
St. Margarethen-bei Knittelfeld
Sankt Margarethen bei K.-Siedlung
Kläranlage
Gleinberg
Vordergleinbach
Kroisbach
Schattleitner
Kainz
Puster
Karfußhtt.
Grillenberg
Leitner
Stichenwirt
Ritzenbacher
Gobernitz
Gobernitzberg
Kirschbaumer
Birker
Vordere Rachau
Breitwiesen
Breitwiesenbach
Pichler
Strohhäusl
Grafenberg
Lenzbauer
Fischerhtt.
Lückler
Erzherzog Johann Siedl.
Pausendorf
Bad
Mur-äcker
Talberg
Landschach
Uitzmühle
Weyern
Weyernau
Mur
Wh. Thalberghof
Großegg
Wieser
Thöler
Watzenbachergraben
Mitterbach
Haug
Möschbauergraben
Möschbauer
Rößlergraben-Schattseite
Egartner
Lenzenhtt.
Rotmoarhtt.
Stoisecker
Neudecker
Bhf.
SG
878
718
629
618
684
623
642
908
897
871
982
870
775
1081
785
824
810
636
1088
1200

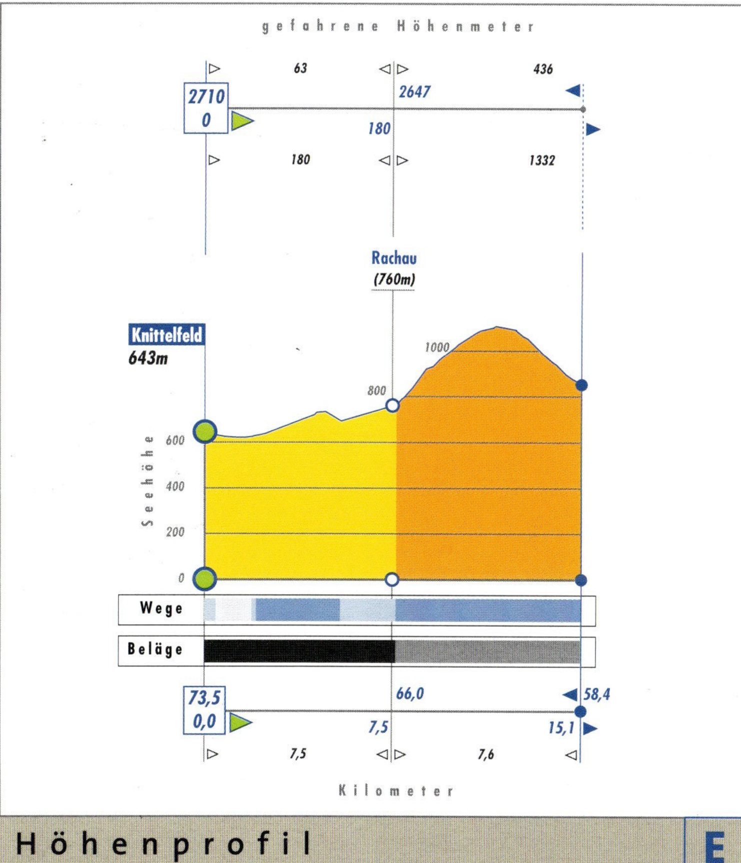


## Steinplan

*Almerisches Monument der Bikerfreiheit. Was für die Schöcklhirsche (siehe Streckenabschnitt 08) gilt, wird auch für die Steinplanhirsche gelten. Hirsche sind Hirsche. „Aufihirschen" ist der größte gemeinsame Nenner der österreichisch-älplerischen Freizeitvernichtung – Ordentliches Tuschenlassen (dt. Laufenlassen) auf schotterlichen Wegen. Wenn es am besten tuscht (dt. läuft), aufpassen! Abzweigung nach rechts vorne oben Richtung Branderhube. Wer die übersieht, ist unversehens in Knittelfeld und denkt sich: War gar nicht so wild. Wir denken anders und reißen uns die letzten Schnapper (dt. Anstiege geringer Länge) nach Rachau aus der Bikerseele und den dazugehörigen Wadeln – Leiwande (dt. tolle) Wege, Schwelgen in der Landschaft, Kurventraining bis zum Darniederliegen.*

## Rachau

*Wohlverdientes Ausrollen mit Steigungskleinigkeit. Straßig und nicht stressig – Unter der Brücke taucht sie auf, die zwischen Gratkorn und Gratwein verlorengegangene Mur. Sauberer und kleiner als zuletzt. Wiedersehen macht Freude, Etappenende noch mehr.*

## Knittelfeld

37 **Hotel am Kapuzinerplatz Tel. +43 3512 44 2 66**

38 **Gasthof Brückenwirt Tel. +43 3633 22 94**

## 44 ALPENTOURWIRT

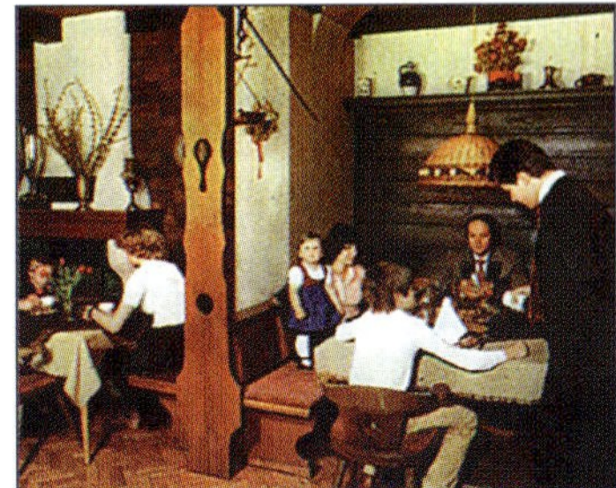

### GASTHOF REINISCH

HUBERT REINISCH
JUDENBURGERSTR.46
8580 KÖFLACH
TEL.: ++43 3144/2653
FAX: ++43 3144/3727

**DIE GASTSTÄTTE**

- *120 Sitzplätze*
- *überdachter Gastgarten mit 60 Sitzplätzen*
- *besonders geeignet für größere Reisegruppen*

**DAS GÄSTEHAUS**

- *familiär geführtes Gästehaus*
- *im Stadtzentrum von Köflach*
- *16 Komfortzimmer mit Kabel-TV, Telefon, Dusche und WC*
- *Swimmingpool und Tennisplätze*

*Mit dem Drahtesel zur Lipizzanerweide...*

*...danach Abkühlung in einer idyllischen Wasseroase mit glasklarem Bergwasser*

*Zum Ausklang dann noch ab in die Sauna*

### TOURISMUSVERBAND SALLA-GABERL

GABERLHAUS-SPORTGASTHOF LIPP
FAM. LIPP
GABERL 6
8592 SALLA
TEL.: ++43 3147/234
FAX: ++43 3147/245
lipp@styria.com
www.tiscover.com/lipp.salla

Der **Sommer- und Winterfremdenverkehrsort** *am Fuße der Stubalpe lädt zur Erholung sowie zur sportlichen Betätigung ein.*

*Vielfältige Sport- und Freizeitmöglichkeiten wie ausgedehnte, markierte Wanderwege, Mountainbikestrecken, beheiztes Freibad, Tennisplätze und Fischteiche bieten sich an.*

*Winter: Zwei Liftanlagen, davon 1 Lift mit Beschneiung sowie Flutlicht für den Nachtschilauf, kostenloser Babylift, Langlaufloipen, Eislaufplatz und Naturrodelbahnen.*

*In ausgezeichnet geführten Gasthöfen und Privatbetrieben werden Sie zu familienfreundlichen Preisen verwöhnt.*

**Bis bald**

**in Kleinlobming!**

## Tourismusverband Kleinlobming

**Dorfstrasse 13**
**8734 Kleinlobming**
**Tel.: ++43 3516/2214-13**
**Fax: ++43 3516/2214-4**
**tv@kleinlobming.steiermark.at**
**www.freizeitarena.at**

## Alpentourwirt

## Gasthof Hubmann

**Günter Hubmann**
**Meranstr. 9**
**8734 Kleinlobming**
**Tel.: ++43/3516/2238**
**Fax: ++43/3516/223829**
**www.freizeitarena.at/hubmann**

*Der Gasthof Hubmann liegt abseits von Verkehr und Stress eingebettet in der wunderschönen Naturkulisse des Lobmingtales inmitten der Steiermark.*
*Seit Jahrzehnten bemühen wir uns, die Gäste in unserem Hause zu verwöhnen. Bei uns ist immer Hochsaison! Freizeit und Spaß mit Familie oder Freunden ist bei uns zu jeder Jahreszeit möglich.*

- **Behilflich bei der Zusammenstellung von Tagesrouten abseits der Alpentour!**
- **Direkt an der bekannten Top Six Strecke!**
- **Gratis Rücktransport in unseren Gasthof auch bei Routen abseits der Alpentour!**

## Die Weststeiermark

*bekannt für die Schilcherweinstraße und die edlen Lipizzaner.*

*Nach der anstrengenden Alpentouretappe sollten Sie wohl etwas gemütlicher fortfahren – vielleicht entlang der* **Schilcherweinstrasse**. *Vorab wäre aber ein Besuch in der Kinderstube der weltberühmten* **Lipizzaner** *im* **Bundesgestüt Piber** *zu empfehlen. In den Genuss einer Gestütsführung kommen Sie von April bis Oktober. Nur 4 Kilometer weiter wird im Stölzle* **Glas-Center Bärnbach** *noch die Tradition des Glasblasens gepflegt und wer die farbenfrohe* **Hundertwasser-Kirche** *in Bärnbach nicht gesehen hat, der hat in der Weststeiermark wahrlich etwas versäumt. Nach kurzer Fahrt erreichen Sie die Schilcherweinstraße. Die Beschilderung mit dem Weißen Pferd begleitet Sie entlang der Schilcherweinstraße durch die Region. Rund um die Schilcherweinstraße erwarten Sie eine Vielzahl von Buschenschänken und hervorragende Gaststätten, in denen Sie neben Schilcher und Kernöl viele andere regionale Köstlichkeiten entdecken können. Eine Reihe von* **Wein- und Kultur-Veranstaltungen** *und attraktive Ausflugsziele ergänzen das Angebot für einen erholsamen Genussurlaub.*

*Auf Sportliche warten Rad- und Wanderwege und schneesichere Schigebiete.*

*Ja, und dann wäre da noch ein eigenes Exkursionsservice für geführte Genusstouren durch das Schilcherland, das Feuerwehrmuseum, die Stainzer Schilchertage, Weinlesefeste, die Weltradsportwoche, der Kulinarische Weinfrühling, Wein & Kultur, der Tag der offenen Kellertür, die Kürbinarischen Wochen und das vielfältige Angebot der steirischen Ölspur, das Predinger Kürbisfest, der Welsch-Lauf, der Stainzer Literatursommer, das Theater im Bauernhof, die Oldtimer Trophy, See-Fest-Spiele und, und, und.... weitere Highlights und Veranstaltungshinweise finden Sie unter:*

**www.lipizzanerheimat.com**
**www.kulturgenuss.at**

*Sie sollten sich also etwas Zeit nehmen, denn das kulinarische und kulturelle Angebot rund um die Schilcherweinstraße ist grenzenlos, und – Geheimtipp – früh genug buchen!!!!!.*

*Weitere* **Informationen** *und den neuen* **Schilcher-Weinstrassenführer** *schicken wir ihnen gerne zu, seit Juni 2001 ist auch ein lokaler Mountainbikeführer erhältlich.*

**Anfragen unter:**

**Tourismusregionalverband**
**Weststeiermark**
**„Heimat des Schilchers und der weissen Pferde"**
**Ettendorfer Strasse 3, A-8510 Stainz**
**Tel.: ++43 3463/49 50, Fax: A-0 34 63 / 59 50**
**weststeiermark-info@styria.com**

**TV- Lipizzanerheimat**
**Peter Rosegger Gasse 1**
**A-8580 Köflach**
**Tel.: ++43 3144/2519750**
**Fax: ++43 3144/2519777**
**info@lipizzanerheimat.com**

# Knittelfeld – Oberzeiring

## *Ganz oben der Himmel. Ganz unten die Erde.*

*Soweit sind die Koordinaten noch klar. Was dazwischen liegt, lässt sich kaum beschreiben, weil es einfach unbeschreiblich ist. Sommertörl, letzte Kehre: Himmel- und Höllenritt in einem, Endorphinflut und Hormonüberschwang. Staub, Schweiß und Tränen. Grüne Hölle, alles längst im roten Bereich. Tänzelnde Licht- und Schattenspiele, das hitzige Flimmerkarussell des Waldes dämpft den Orientierungssinn. Irgendwo plätschert ein Bach und löst Wahnvorstellungen aus, Marke Swimmingpool on-the-rocks mit leichtgeschürzten Bikinimädchen, die dir aus Palmwedeln kühle Luft zufächern. Plötzlich Gänsehaut an den Waden. Nur jetzt keinen Krampf an den gleichnamigen Adern.*

*Zwei Minuten noch. Zwei Minuten? Das sind doch nur hundert lächerliche Meter! Endlose Augenblicke, in denen man sich windet oder überwindet. Für den Aufstieg schon längst zuwenig Kraft, für den Abstieg noch immer zu viel Ehre – viele Optionen bleiben da nicht. Eine unmögliche Aufgabe, bei der freilich jede Aufgabe erst recht unmöglich ist. Also weiter! Die Griffe eisern im Griff behalten, den Blick gesenkt, den Mund weit geöffnet. Der Körper taumelt von links nach rechts, aber das Rad bewegt sich kaum vorwärts. Kinetische Energie wird wie von Zauberhand verschluckt. Was als kräftige Geschwindigkeit begann, ist längst zur geschwundenen Kraft geworden. Jetzt hilft nur noch der eherne Schwur: Nie, aber auch wirklich nie wieder steigen wir auf diese Foltermaschine. Diesmal lassen wir uns wirklich abholen.*

*Dann, endlich: Abzweigung rechts weg, vierzig Meter hinunter zur Hütte. Eine Alm wie das Paradies. „Wo kummt's ös denn her?“, fragen zwei Betrunkene. Nun ja, aus Knittelfeld. Schweigen, Kopfschütteln, ungläubiger Zweifel. „Heut seid's scho so weit g'fahren?“ Jo, mei. Dann das unmoralische Angebot: „Wenns wollt's, nehmma euch auf'm Anhänger mit.“ Wie bitte? Uns mitnehmen? Die Empörung kennt keine Grenzen. Sehen wir vielleicht müde aus?*

Foto: Sikorski

MOUNTAIN BIKING ALPEN TOUR STEIERMARK

# Streckenabschnitt 11

Tourismusregionalverband Freizeitarena Oberes Murtal
A-8720 Knittelfeld, Hauptplatz 15a, Tel.: +43/3512/74406

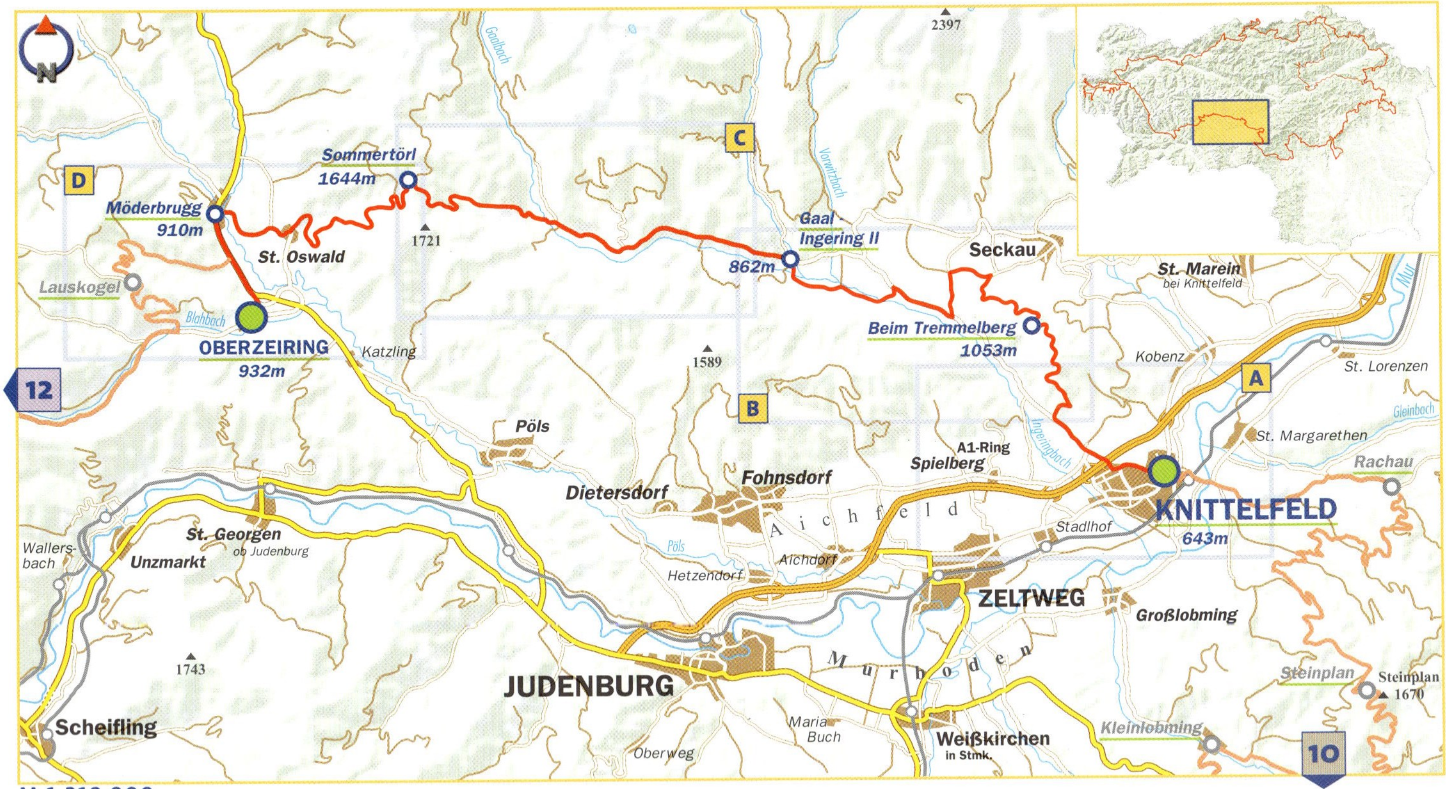

N

Sommertörl
1644m

Möderbrugg
910m

St. Oswald

1721

2397

C

D

Gaal - Ingering II
862m

Seckau

St. Marein
bei Knittelfeld

Lauskogel

Blahbach

OBERZEIRING
932m

Katzling

1589

Beim Tremmelberg
1053m

Kobenz

St. Lorenzen

A

12

B

Pöls

A1-Ring
Spielberg

St. Margarethen

Gleinbach

Mur

Goalbach

Vorwitzbach

Ingeringbach

Rachau

Fohnsdorf

Dietersdorf

KNITTELFELD
643m

Aichfeld

Stadlhof

Wallersbach

St. Georgen
ob Judenburg

Unzmarkt

Pöls

Aichdorf

Hetzendorf

ZELTWEG

Großlobming

1743

Murboden

Steinplan

Steinplan
1670

JUDENBURG

Maria Buch

Scheifling

Weißkirchen
in Stmk.

Kleinlobming

Oberweg

10

M 1:210 000

| | | |
|---|---|---|
| **Oberzeiring – Knittelfeld** | 45,7 km | 1351 hm |
| **Knittelfeld – Oberzeiring** | 45,7 km | 1062 hm |

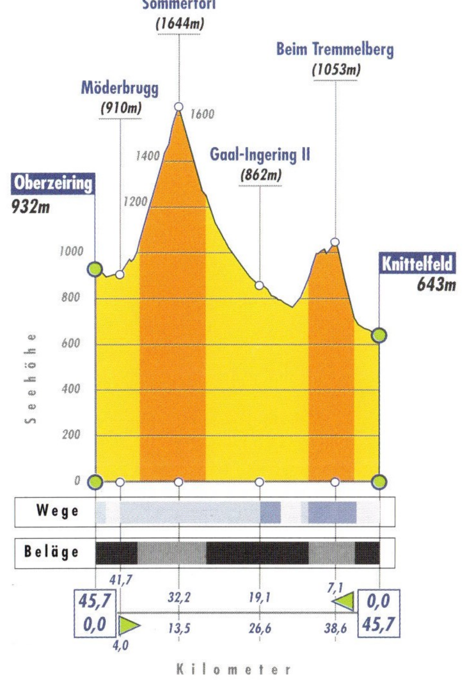


## Streckenabschnitt 11

### Kurz gesagt:

Zwei Berge und ein langes Tal.

### Startpunkt:

Knittelfeld (645 m) am Kapuzinerplatz.

### Etappentelegramm:

Knittelfeld, ein Wiedersehen mit der Mur – Aussichtspunkt mit Turm am Tremmelberg – Das lange Tal am Ingeringbach – Sommertörl, die Geschichte einer langwierigen Annäherung – Der Abwärtsrausch nach Oberzeiring.

### Abkürzungen:

Statt über den Tremmelberg auf der Hauptstraße zwischen Knittelfeld und Gaal-Ingering II.

### Wichtige Hinweise:

Viele Spaziergänger und Wanderer am Tremmelberg.

### Streckenstatistik (Km / %)

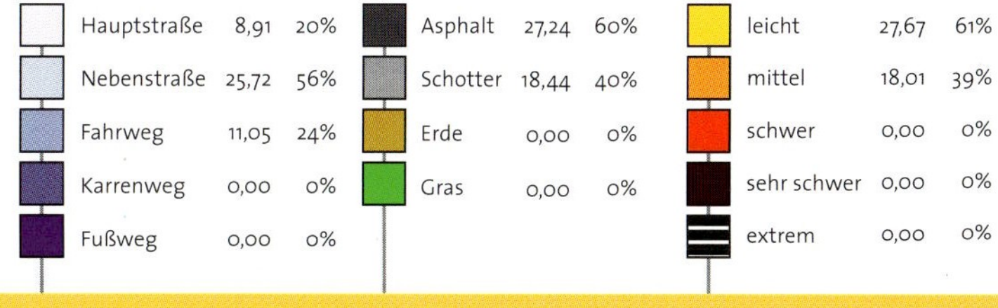

| Wege | | | Beläge | | | Schwierigkeiten | | |
|---|---|---|---|---|---|---|---|---|
| Hauptstraße | 8,91 | 20% | Asphalt | 27,24 | 60% | leicht | 27,67 | 61% |
| Nebenstraße | 25,72 | 56% | Schotter | 18,44 | 40% | mittel | 18,01 | 39% |
| Fahrweg | 11,05 | 24% | Erde | 0,00 | 0% | schwer | 0,00 | 0% |
| Karrenweg | 0,00 | 0% | Gras | 0,00 | 0% | sehr schwer | 0,00 | 0% |
| Fußweg | 0,00 | 0% | | | | extrem | 0,00 | 0% |

# Detailausschnitt A

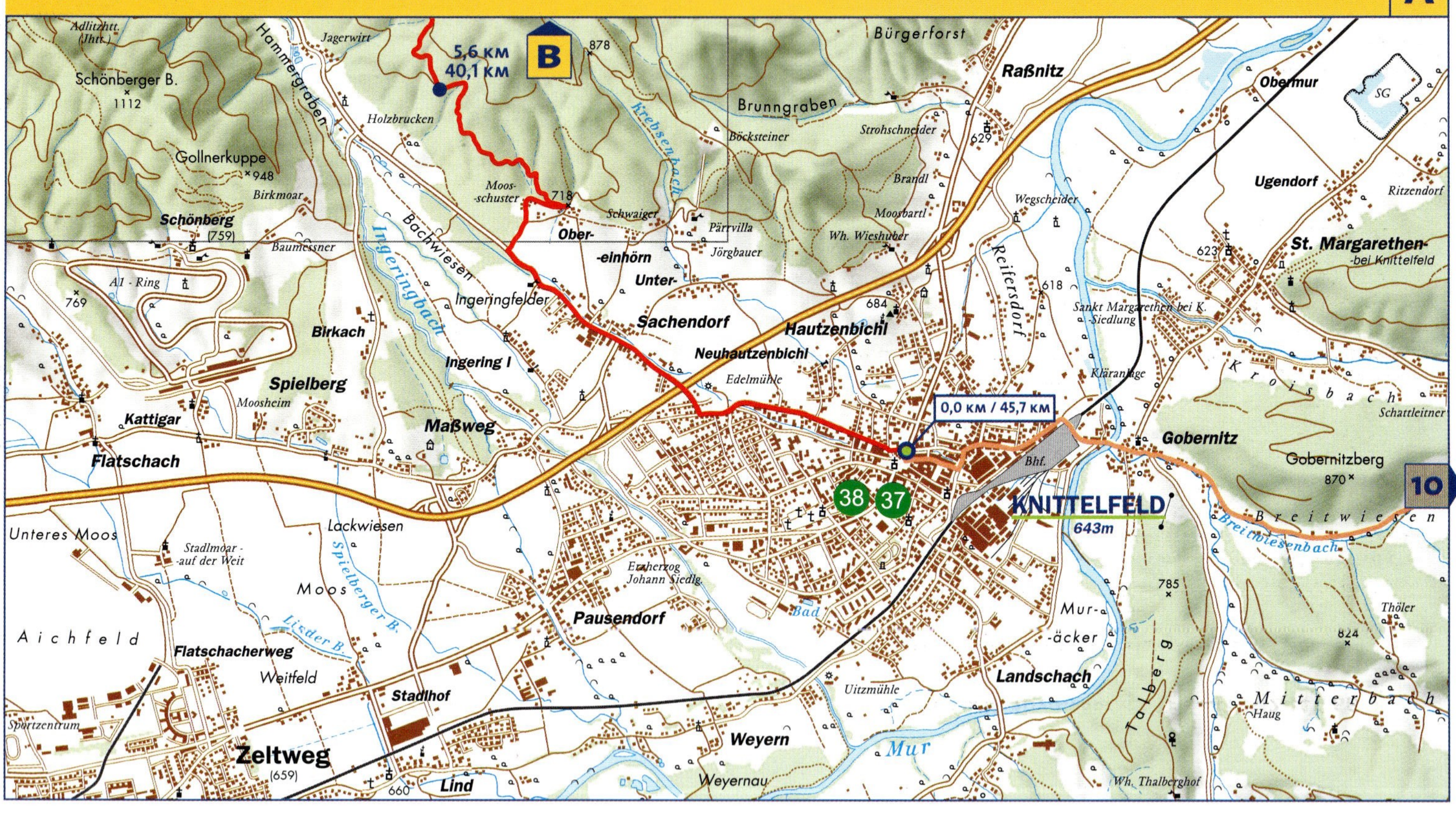

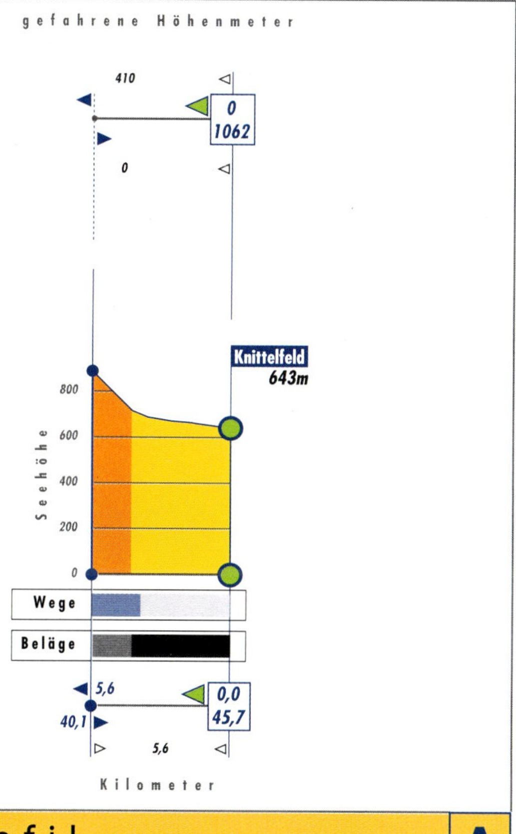


## Knittelfeld

 **Hotel am Kapuzinerplatz Tel. +43 3512 44 2 66**

 **Gasthof Brückenwirt Tel. +43 3633 22 94**

*Dampfrösser schnaufen, Biker ebenso. Flugs ist der an den Haaren herbeigezogene Bezug zur Eisenbahnerstadt Knittelfeld hergestellt. Was hat nun Biker mit der Eisenbahn zu tun? Außer dem ständigen Ärger über unzureichende Radtransportmöglichkeiten in Intercityzügen? (Mit Reservierung allerdings kein wirkliches Problem.) In der technologischen Weiterentwicklung der verschiedenen Verkehrssysteme sind grundsätzlich gegenläufige Entwicklungen festzustellen. Die feuerspeiende eisenbahnliche Betulichkeit der alten Dampfrösser ist längst einem hochmodernen elektrifizierten Erscheinungsbild der staatstragenden ÖBB (dt. DB) gewichen. Sagt zumindest die Werbung. Und wir glauben. Fast lautlos gleiten Hochgeschwindigkeitszüge durch die Landschaft. Wohlig reckeln sich die Passagiere in ihren bequemen Sitzen, umsorgt von bildhübschen Zugbegleiterinnen, die dem Passagier jeden Wunsch von den Augen ablesen. Ganz anders die Entwicklung im Fahrradverkehr. Back to the roots ist die Botschaft. Weg von den widerstandslos rollenden Asphaltschlitzern auf Straßentretmaschinen, hinein mit den Stollen in Schotter und Dreck. Es muss krachen und kleschen (dt. scheppern), spritzen und stauben. Der Urschweiß der bikerischen Willensanstrengung vermischt sich mit dem Gestank der übersehenen Kuhscheiße (dt. Kuhkot) auf dem extrafetten Unterrohr der geländegängigen Höllenmaschinen. Verwinkelte Wege, je schmäler desto besser! Kurven, super! Wilde Steigungen, ganz super! Eine Manifestation gegen Begradigung und Tunnel, gegen Asphalt und Beton. Der Weg ist das Ziel. Je mehr Weg, desto besser. Biker schnaufen und dampfen. Sie sind die Dampfrösser unserer Zeit. Der Gegenentwurf zur transportatorischen Bequemlichkeit der modernen Verkehrsmittel. Und auch die bildhübschen Begleiterinnen sind längst auf ihrer Seite.*

## Detailausschnitt

B

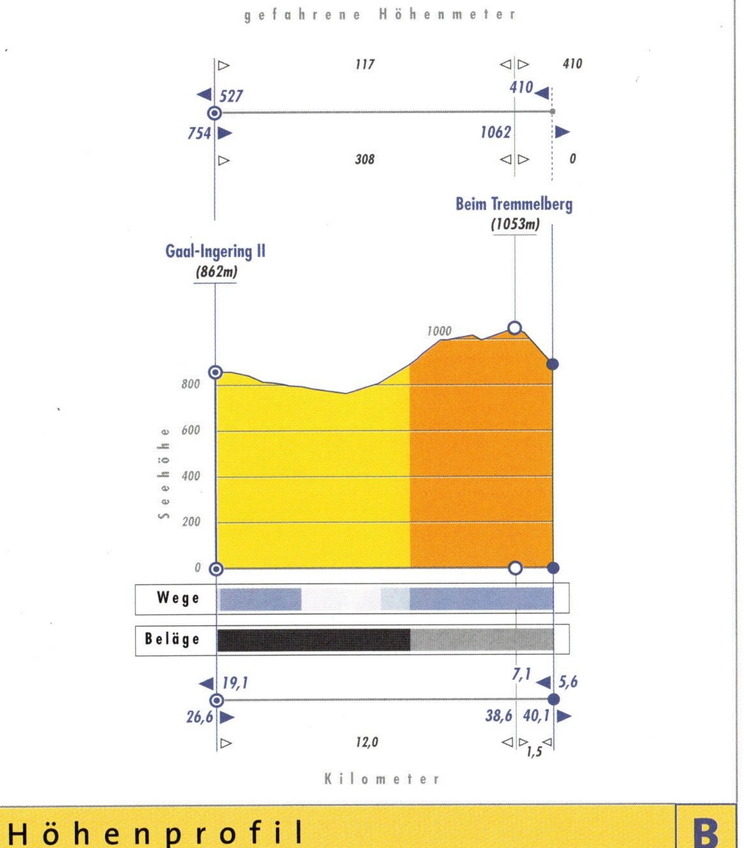


## BEIM TREMMELBERG

*Aus dem Tal auf die Höhe. Und damit diese noch höher wird, steht ein Turm (abstecherisch erreichbar) darauf und blickt in die Landschaft. Wie auch viele Wanderer und Spaziergänger. Biker grüßt freundlich und gibt Obacht. Mörderischer Ausblick auf die Bergkulisse beidseits des Murtales – Schotter sagen die Fahrwege und lassen Freude aufkommen.*

## GAAL-INGERING II

*Straße, Radweg, Straße, langes Tal. Zeit zur Lanschaftsschwelgerei beim Dahingurken (dt. Dahinrollen ohne Äktschn (engl. action)). Allerdings zahlt sich der verkehrssicherheitsadäquate Links-Rechtsblick zur friedvollen Landschaftsbetrachtung beträchtlich aus. Balsam auf die Seele, aufgetragen durch wundersame Landschaftsschönheit.*

**! Tipp am Ra*(n)*de – Alpentour-Puzzle**
Fast alle Alpentour-Wirte bieten das Alpentour-Puzzle als Pauschalangebot für ein Wochenende auf der Alpentour oder Romantiktour an. Zweimal Biker-Halbpension beim gleichen Wirt und zwei Etappen der Alpentour inkl. Rücktransport zur Unterkunft ergeben das optimale Angebot zum Schnuppern ohne Quartierwechsel und ohne lästige Transportprobleme.

# Detailausschnitt

C

30,9 KM
14,8 KM
Roßbeckgraben
Jh. Roßbach
Lanzalm
Schöntalhtt.
Schöntalhöhe
Schöntal
Tuscherriegel
Hintertal
Kober
Jh. Hintertal
Pichlerhube
Ofnachbauer
Vorderer Sonnleitner
Hinterer Sonnleitner
Roßbach
Gaalkönig
Fh. Vordere Gaal
Lasser
Haubmannkogel
1615
Grubhofalm
Haubmannhtt.
Jhtt.
Moarhtt.
Rainbauerhtt.
1552
Dirnberghöhe
1540
Brennhöhe
1521
Felferer Htt.
Kirchenbauer
1258
Allerheiligengraben
Felfer
Neumoaralm
1472
1841
1779
Schmöglhtt. (verf.)
1587
Tiefenwald
1546
Wallneralm
Abendwald
Wallnerbach
Marx
Gaalreiter
Holzmann
Gaalgraben
Oberwieser
Unterwieser
Strasser
Grasler
Kühbergerhtt.
Korserhtt.
Strasswald
Strasswaldhöhe
1504
1638
Kleinganghtt. (Jhtt.)
Karlbach
Siebenbauer
1598
Neumannhtt.
Hochbrandhtt.
1426
Hochbrand
Unterwirthtt.
Staubgraben
Karner
Forstkuppe
Eisenbacher
Jhtt.
1534
Eisenbacherhöhe
Jhtt. Schafter
Brandl
Wolfsgrube
1502
Maurer
Gaalbach
Gaal
Hufnagel
Hörbinger
Wendlbauerhtt.
1296
Praterbrücke
Wolf
Veitl
Borer
Ingeringgraben
Ingeringb.
Mayer
Vögl
Reicherhube
Eckwald
1449
Brandboden
Gaal-Ingering II
862m
Schl. Wasserberg
19,1 KM
26,6 KM
Dorfkuppe
1215
Schönbacher
Herk
Horrerhtt.
Schindlbacher
Steffinger
Bad
969
1398
Gaaleck
1520

D

B

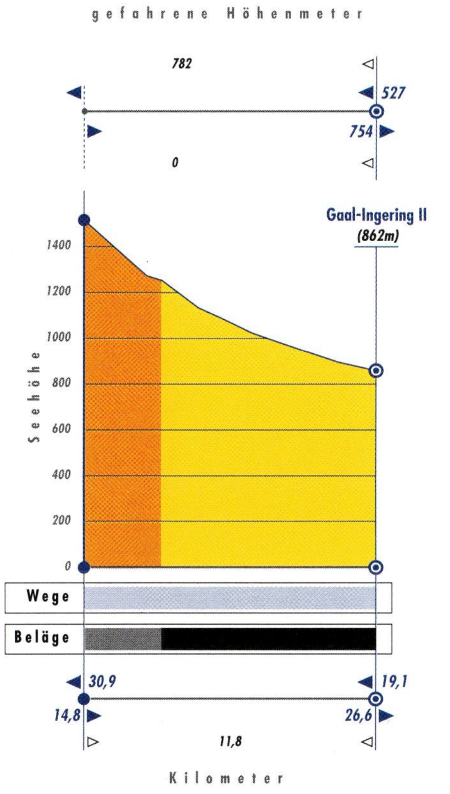

gefahrene Höhenmeter

782

527

754

0

Gaal-Ingering II
(862m)

Seehöhe

1400
1200
1000
800
600
400
200
0

Wege

Beläge

30,9
19,1
14,8
26,6
11,8

Kilometer

# Höhenprofil

C

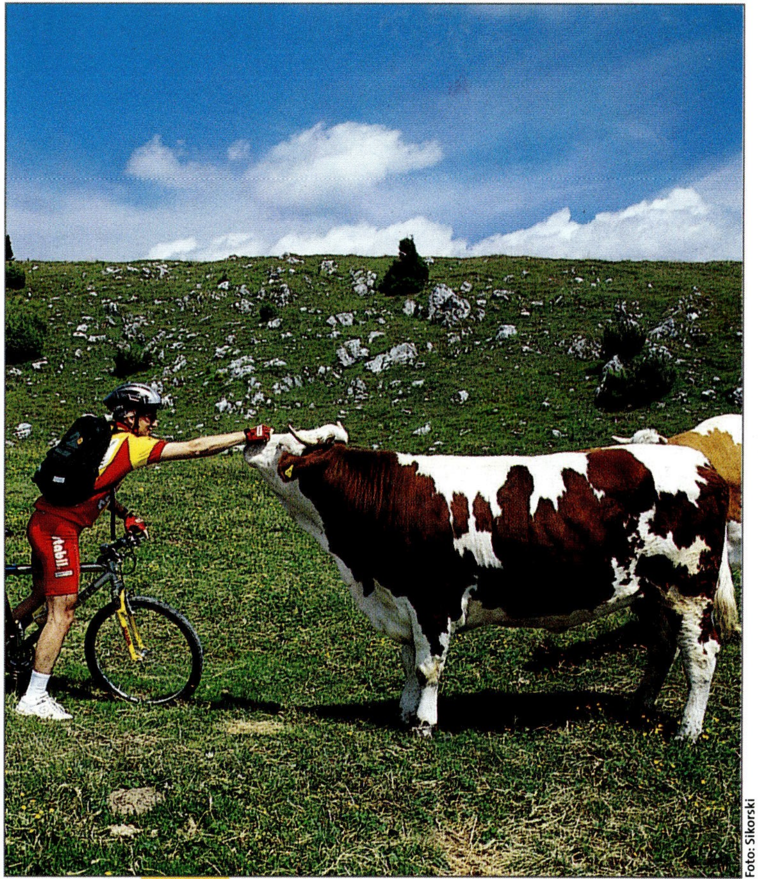

Foto: Sikorski

# Detailausschnitt

D

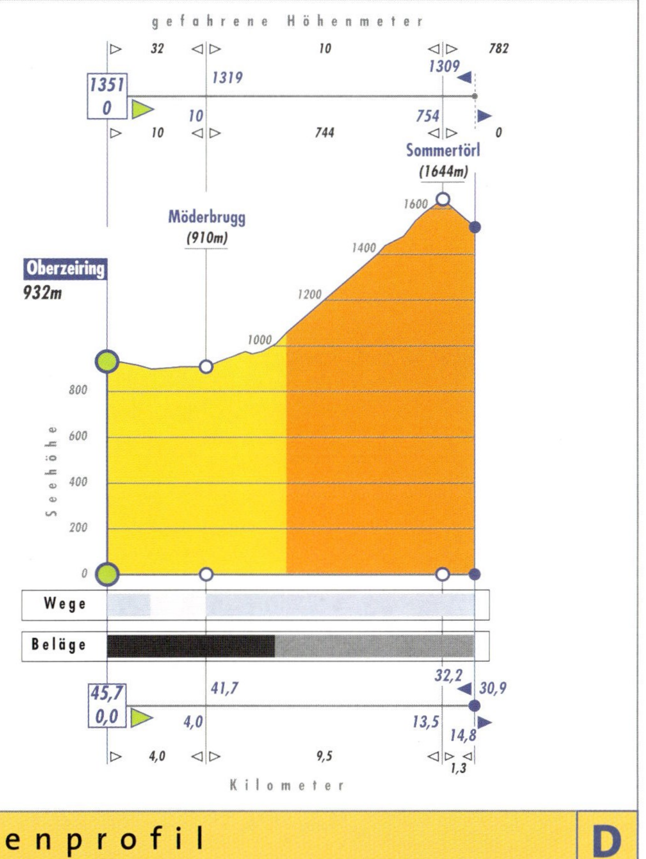


Höhenprofil

D

## Sommertörl

*Zache (dt. zähe) Partie (dt. Sache), die Steigung zum Sommertörl, zugegeben. Aber es gibt Brutaleres auf Gottes und Bikers Erdboden. Warum sich der Sittinger so geschunden hat? Hat er wieder seinen unnachahmlichen Nähmaschinenstil Marke Husquarna ausgepackt und zu einem 800 Höhenmeter (Selbst-) Vernichtungssprint gegen technisch-taktisch überlegene Mitbewerber angesetzt? Oder hat er vergessen, seinen ausgezahten (dt. ausgezehrten, im Sinne von ausgemergelten) Bikeridealkörper mit der nötigen Menge an Nährstoffen zu versorgen? Wir werden es nie erfahren. Er war schneller.*

## Möderbrugg

*Geraden-, Kurvenwechsel beim Schotterstraßen-Downhill vom Sommertörl – Hauptstraßenausroller nach Oberzeiring. Zur Abwechslung einmal ein ernsthafter Tipp: Oberzeiring kann als Etappenziel entweder wie beschrieben von Möderbrugg direkt oder über einen Teil der nächsten Etappe, den Lauskogel (vor Oberzeiring rechts abzweigen), angefahren werden. Entscheidung am besten spontan vor Ort.*

## Oberzeiring

43 **Gasthof Zum Grünen Specht Tel. +43 3571 2238** (siehe S.187)

# Mountainbike Paradies Freizeitarena – Oberes Murtal

**Gleinalm – Seckauer Alpen – Stubalpe – Steirisches Zirbenland**
*Die MTB - Arena mitten im Herzen der Alpentour.*

**Jedem Biker seine Strecke**
*Unterschiedliche Schwierigkeitsgrade, 42 beschilderte MTB-Routen, über 1000 km und 25 000 HM MTB Strecken, von der gemütlichen Fischertour bis zur Lipizzanertour, der kulinarischen Steirerkäs-Tour, oder der klassischen Alpentour in herrlichem Berg-und Almengebiet.*

**Geführte Rad- und MTB-Touren**
*Unser Radprofi und Radidol Rudi Mitteregger organisiert gerne geführte Radtouren.*

**Fahren mit den Profis und Marathoniken**
*Jährliche Highlights, wie* **„Alpentour Top Six Marathon“**, *in Kleinlobming oder der* **„Alpentour Trophy“** *finden bei uns statt.*

**Bikerhotels, Gasthöfe, Almhütten spezialisiert auf Biker**
*Unsere Rad- und Bikerhotels / Gasthöfe / Almhütten verwöhnen alle müden und hungrigen BikerInnen gerne und bieten alles, was das Herz begehrt, radlergerechte Kost, absperrbare Räumlichkeiten, Rückholdienst, Weitergabe von Streckeninfos usw.*

*Am Steinplan führt die Alpentour zwischen Rachau und Kleinlobming*

*Labung am Gellsee bei Oberzeiring*

**Tourismusregionalverband**
**Freizeitarena**
**Oberes Murtal**
**Hauptplatz 15a**
**8720 Knittelfeld**
**Tel.: +43 3512/74406**
**Fax: +43 316/864646**
**tv@msm.co.at**
**www.freizeitarena.oberes-murtal.at**

**Hol Dir unsere MTB – Infos aus dem Internet:**
**www. freizeitarena.at**
**Info – Hotline und Infomaterial: 03512 / 86464**

*Eingebettet in den Wölzer und Rottenmanner Tauern sowie den Seckauer und Seetaler Alpen erstreckt sich das obersteirische Pölstal. Pölsaufwärts reiht sich Ort an Ort, jeder reich an Geschichte und Überlieferung, wie die malerischen Orte* **St. Oswald** *und* **Möderbrugg**.

*Die beiden Orte am Fuße der Niederen Tauern liegen in einem der reizvollsten Gebiete der grünen Steiermark. Die klimatisch außerordentlich günstige Lage, ganzjährig nebelfrei, machen Möderbrugg und St. Oswald zu einem begehrenswerten Urlaubsziel.*

**Tourismusverband**
## St. Oswald-Möderbrugg

**Im Dorf 1**
**8763 Möderbrugg**
**Tel.: ++43 3571/2204**
**Fax: ++43 3571/2410**
**gemeinde@stoswald-moederbrugg.at**

# Alpentourwirt

## Gasthof „Zum Grünen Specht“

**Ewald Gruber**
**Marktplatz 2**
**8762 Oberzeiring**
**Tel. & Fax: ++43/3571/2238**
**tourismusverband@oberzeiring.at**
**www.oberzeiring.at**

*Oberzeiring – ein idyllischer Markt mit großer geschichtlicher Vergangenheit bietet dem Urlaubsgast etwas ganz Kostbares:*

- *Gesunde Luft*
- *herrliche Wanderwege*
- *Anschluss zur Alpentour*
- *Schaubergwerk*
- *Kurzentrum für Atemwegserkrankungen*

*Der* **Gasthof „Zum Grünen Specht“**, *familienfreundlicher Gastronomiebetrieb, liegt direkt im Silbermarkt Oberzeiring. Es würde uns freuen, Sie in unserem Hause mit steirischen Schmankerln zu verwöhnen. Oberzeiring soll für sie ein einzigartiges Erlebnis sein.*

# Oberzeiring – St. Peter/Kammersberg

*In der Früh waren die Muskeln noch kalt gewesen, der Tau war taufrisch und die Sonne stand tief und goldgelb am Horizont. Die Kraft, die uns über die Berge treiben würde, lag förmlich in der Luft. Pure Körperkraft, die uns wärmte und Zuversicht gab und manchem sogar einen wirklichen Antrieb, sich in unwegsames Gelände zu wagen.*

*Energie könne niemals vernichtet werden, hatten uns die Physiker gesagt. Also machten wir die Probe aufs Exempel. Bedenkenlos stürzten wir uns in ein kraftraubendes Abenteuer, ohne an unsere fehlenden Kraftreserven zu denken. Anfangs lief es gut, die Körperkraft wurde in Muskelkraft umgesetzt. Die Muskelkraft bewirkte zunächst eine recht solide Schnellkraft. Die Schnellkraft war lange die treibende Kraft. Dann aber wendete sich das Blatt: Aus überschüssigen Kräften wurden abschüssige Kräfte. Als der Schweiß zu rinnen begann, war plötzlich nur noch schwammige Wasserkraft übrig. Die spärlichen Reste verpufften in der Verdunstung als Dampfkraft. Erste Gedanken an Fliehkraft kamen auf, wurden aber durch zunehmende Gefühle der Schwerkraft niedergedrückt. Die Einbildungskraft machte sich hemmend bemerkbar. „G, G!" rief die Erdanziehungskraft und zog uns förmlich zu Boden. In den Beinen war nur noch Bremskraft zu spüren. Mit letzter Kraft konnten wir uns im Sattel halten, bevor es endgültig zum Kraftschluss kam: Schluss mit Kraft, Schluss mit lustig.*

*Geschwundene Kraft und geschundene Körper wären wohl kraftlos zurückgeblieben, gäbe es da nicht noch die psychischen Kräfte: Die Kraft der Gedanken trieb uns auf den Gipfel, die Kraft der Phantasie geleitete uns ins Ziel. Dort verlieh uns die Zauberkraft neue Schaffenskraft, obwohl wir ziemlich geschafft waren. „Kraft durch Freude!", flüsterte ein verhutzeltes Männchen – ein Schock, den wir zum Glück verkraften konnten. Die Waschkraft von Persil und die Strahlkraft von „Strahler 80" machten wieder Menschen aus uns. Menschen, die auch am nächsten Tag wieder kraftvoll zubeißen konnten.*

# Streckenabschnitt 12

Tourismusregionalverband Urlaubsregion Murau
A-8861 St. Lorenzen/Murau, Tel.: +43/3537/236

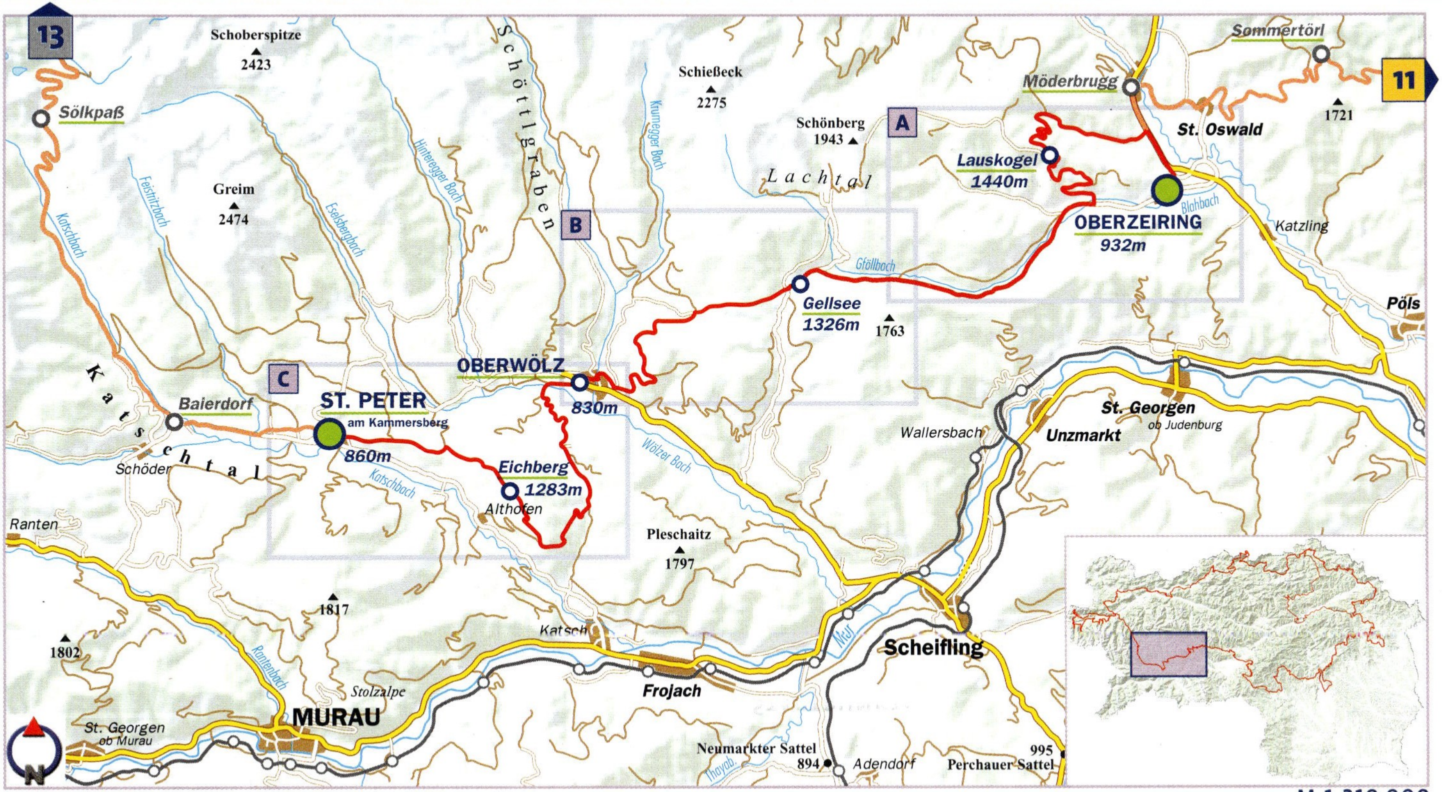

13
Schoberspitze 2423
Schöttlgraben
Schießeck 2275
Sommertörl
11
Möderbrugg
1721
Sölkpaß
Schönberg 1943
A
St. Oswald
Lauskogel 1440m
Lachtal
Greim 2474
Feistritzbach
Hintereggerbach
Krumeggerbach
Eselsbergbach
Katschbach
B
OBERZEIRING 932m
Blahbach
Katzling
Gföllbach
Gellsee 1326m
1763
Pöls
OBERWÖLZ 830m
C
ST. PETER am Kammersberg 860m
Katschtal
Baierdorf
Schöder
Eichberg 1283m
Althofen
Wölzer Bach
Wallersbach
Unzmarkt
St. Georgen ob Judenburg
Ranten
Pleschaitz 1797
1817
1802
Katsch
Rantenbach
Mur
Scheifling
Frojach
Stolzalpe
MURAU
St. Georgen ob Murau
Neumarkter Sattel
894
Adendorf
Thayab.
995
Perchauer Sattel

M 1:210 000

| | | |
|---|---|---|
| **Oberzeiring – St. Peter/Kammersberg** | 52,6 km | 1678 hm |
| **St. Peter/Kammersberg – Oberzeiring** | 52 ,6 km | 1750 hm |

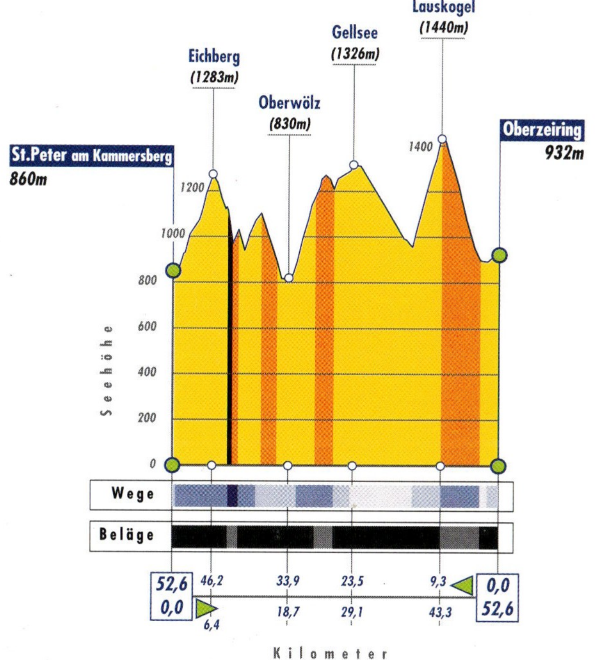


## Kurz gesagt:

Aus den Tälern auf die Höhen.

## Startpunkt:

Oberzeiring (932 m) im Ortszentrum.

## Etappentelegramm:

Oberzeiring, Kurort für müde Bikerknochen – Lauskogel, die halbe Höhe zum Lachtal – Ein Tal als schiefe Ebene – Nebenstraßen rund um Oberwölz – Knackiger Anstieg zum Eichberg – Gemächliche Wege auf den Höhen oberhalb von St. Peter am Kammersberg.

## Abkürzungen:

Statt über den Lauskogel auf der Hauptstraße zwischen Oberzeiring und Gellsee.
Statt über Eichberg auf der Hauptstraße zwischen Oberwölz und St. Peter am Kammersberg.

## Wichtige Hinweise:

Der Abschnitt Lauskogel kann wahlweise auch im Streckenabschnitt 11 befahren werden.

## Streckenstatistik (Km / %)

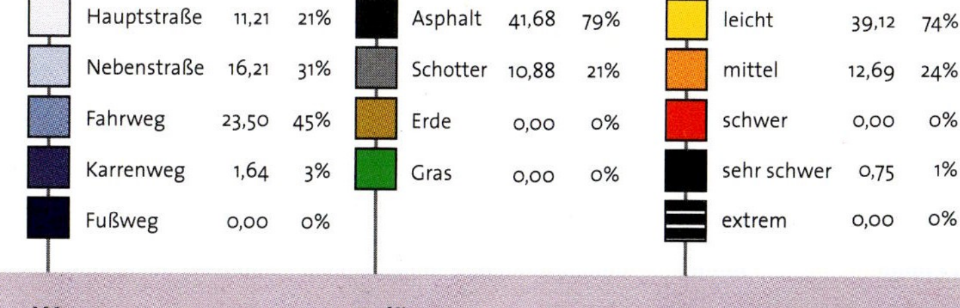

| Wege | km | % | Beläge | km | % | Schwierigkeiten | km | % |
|---|---|---|---|---|---|---|---|---|
| Hauptstraße | 11,21 | 21% | Asphalt | 41,68 | 79% | leicht | 39,12 | 74% |
| Nebenstraße | 16,21 | 31% | Schotter | 10,88 | 21% | mittel | 12,69 | 24% |
| Fahrweg | 23,50 | 45% | Erde | 0,00 | 0% | schwer | 0,00 | 0% |
| Karrenweg | 1,64 | 3% | Gras | 0,00 | 0% | sehr schwer | 0,75 | 1% |
| Fußweg | 0,00 | 0% | | | | extrem | 0,00 | 0% |

# Detailausschnitt

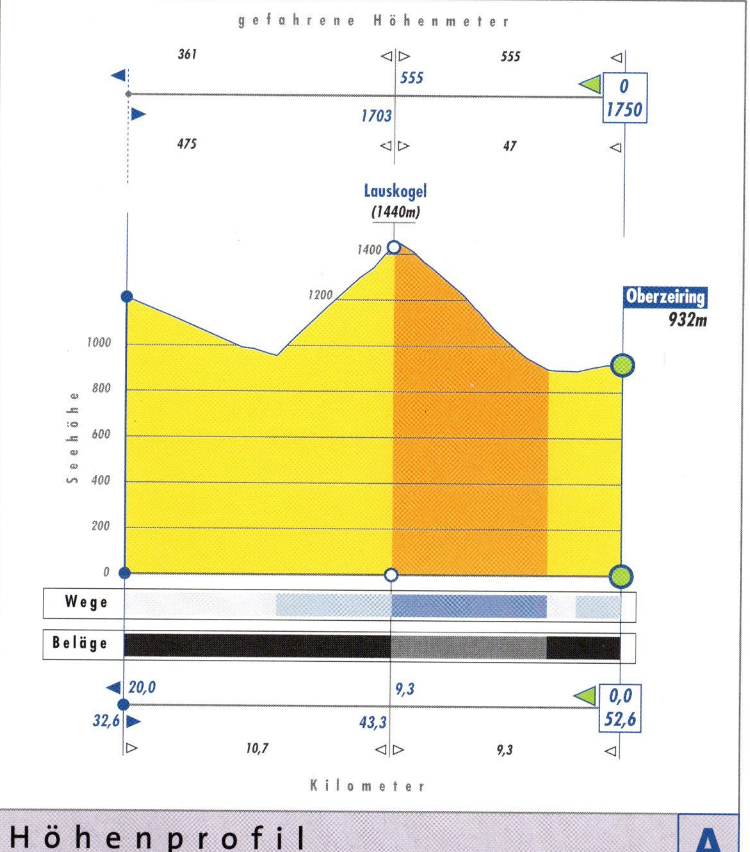


## Oberzeiring

**43 Gasthof Zum Grünen Specht Tel. +43 3571 2238** **(siehe S. 187)**

*Alte Bergwerkstradition neu definiert. Bergleute raus aus den Stollen, Kurgäste rein. Herrliches Klima unter Tage zur Heilung der Atemwegserkrankungen von schnaufenden Bikern und von atemnötigen Kettenrauchern. Auch sonst alles Kur und Erholung inkl. Kurschatten. Bikerschatten sollen auch schon erfunden sein. Wochenendaltbiker mit Jungbikerin im Schlepptau ohne Trauschein, zumindest ohne gemeinsamen, sollen schon vereinzelt die Alpentour und die Betten der Alpentour-Wirte frequentiert haben. Schöne Schinderei neben dem Bikevergnügen – Von Oberzeiring die Strecke wie gekommen auf der Straße zurück und dann Richtung Lauskogel links abzweigen. Forst, Straße, Schotter, Jausenstation in mittlerer Lage.*

## Lauskogel

*Übergang von steilheitsverzögerter Aufwärtsbewegung in asphaltbeschleunigten Abwärtsdrall möglicherweise unterbrochen von übermutbedingtem Abstecherversuch Richtung Lachtal. Ob Abstecher lohnen, ist nie wirklich exakt zu beantworten. In der Schifahrersprache (Lachtal ist ein Schigebiet) bedeutet „einen Schwung abstechen", diesen in geschwindigkeitsmindernder Form nicht durchziehen. Auf bikerisch hat ein Abstecher mit Schwung oder zumindest Beschwingtheit zu tun, mit Leichtsinn also. Nicht durchgezogen mutiert der Abstecher zur Niederlage.*

# Detailausschnitt

B

Roßalm
1894
Scharbrand
Brucker Htt.
Hirzeggbrücke
Krumegg
1222
Hinterer Ferchl
Vorderer Ferchl
1163
Kammerer
×1762
Bachlerhtt.
Gföller Riegel
1701
Peintlerhütte
Göttfried
1301
Graßwald
Krumegger Bach
Lachtalb.
1556
Moarsepphaus
Bacher
Moar-Hinteralm
Petzenhtt.
Nußbaumeralm
Krw.
Moar im Krumegg
Sagmeister
Salcher
Hocheggerwirt
Gellsee
Gellsee
1326m
20,0 KM
32,6 KM
Brandwald
A
Liagler
Almeister
Dürregger
Hocheggerbauer
1535
Pals
Bocksruck
1763
Salchauer Bach
Wölfler
Hery
Schöttner
Moser
Raggasb.
Frattenbichl
1423
Gerngroß
Tschurl
Kinstenwal
Plank
Hubmann
1692
Lercheck
1703
Schoberspitz
1395
Bischof
Bischofgraben
974
Streibl
1230
1481
Wohlfahrter
Brugger
Kirchberg
Dürnberg
Knapp
Lercher
1546
Bachler
Schönberger B.
Dürnberg
1544
1295
Schuster
Sattelbachbrücke
Jhtt.
Grundner
Bindlechner
Oberwölz
830m
1188
Sattel
Storchl
Zobold
33,9 KM
18,7 KM
Freilechner
Sattelwald
Winkler
Haag
1148
Eichbauer
Großhebert
Dürnberg
Schl. Rothenfels
C
Schöbegger
Bauernalpl
1723

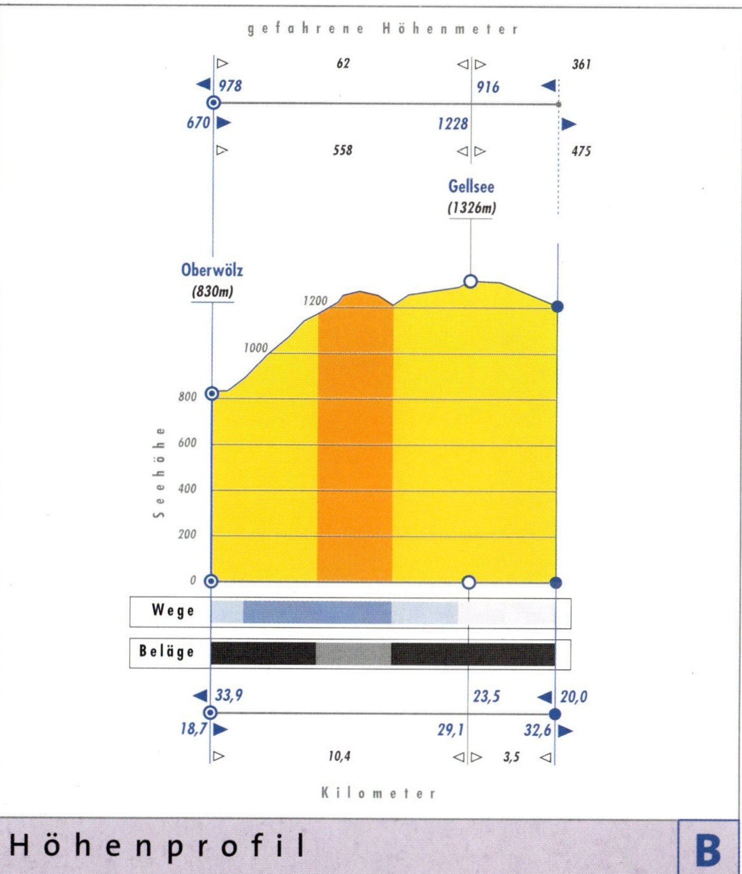


Höhenprofil **B**

*Durchgezogen braucht er die Kraft, die einem am dicken Ende des Tages fehlt. Dann kommt der radlerisch tiefere Sinn des Abstechers, sich „abstechen", in der Bedeutung von „mit zu hohem Krafteinsatz unnötige Höhenmeter fressen und sich dabei fertig machen" ins abgestochene Spiel. Abstechen also nur, wenn man sich seiner Kräfte sicher ist oder wie beim Schnapsen (urösterreichisches Kartenspiel ohne deutsche Entsprechung) die volle Wäsch (dt. gute Karten, vergl. „mit der vollen Wäsch ist leicht stinken" – altes Kartenspielersprichwort) in der Hinterhand hat.*

## Gellsee

*Tal, Straße, Asphalt, See in oberer Lage.*

## Oberwölz

*Oberwölz ist die kleinste Stadt Österreichs. Das lässt darauf schließen, dass eine Stadtrundfahrt in Oberwölz weniger Zeit in Anspruch nimmt als beispielsweise in Graz. Aber trotzdem alles da. Stadttor, Kirche, Schloss etcetera. Und es ist schließlich witziger, kleinste Stadt als zweitgrößte zu sein. – Stadt, Straße, Asphalt, Ausblick in Oberhalblage.*

# Detailausschnitt

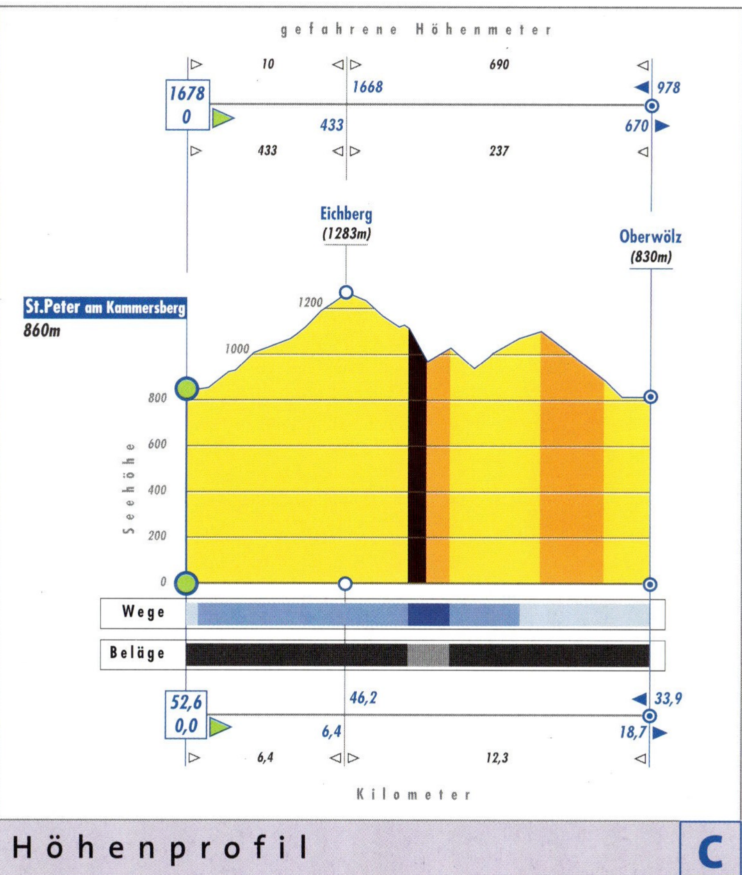


## Eichberg

*Schilift oder Hauslift ist hier nicht die Frage. Von beiden keine Spur. Steilheit ist aber keine Frage von Lift oder nicht Lift, sondern in ihrer Überwindung eine Frage von Kraft oder nicht Kraft, von Luft oder nicht Luft, von Gewicht oder Übergewicht, von Grip oder nicht Grip (dt. Bodenhaftung) und letztlich von Ankommen oder nicht Ankommen, also von Sein oder nicht Sein, um endlich auch dieses Zitat verbraten (dt. angebracht) zu haben. Aber warum sollen uns gerade hier Steilstufenkleinigkeiten aus der Ruhe vor dem Sturm unserer Atemlosigkeit bringen? Tief hyperventiliert, angetreten, durchgetreten, durchgerutscht, abgestiegen, aufgestiegen, angetreten, durchgetreten, durchgerutscht, abgestiegen, aufgestiegen, angetreten, durchgetreten, durchgerutscht, … tief hyperventiliert, kurz geflucht, abgestiegen, rauf-geschoben – Gemächliche asphaltige Auf-, Oberhalb-, Ab-, Hinunter-, Hinein-ins-Etappenzielrollung.*

## St. Peter am Kammersberg

07 **Gasthof Lindbichler Tel. +43 3536 83 72** (siehe S. 198)

## 07 Alpentourwirt

### Gasthof Lindbichler

8843 St. Peter a. Kammersberg 110
Tel.: ++43 3536 8372
Fax: ++43 3536 7483
ghlindbichler@aon.at
www.ghlindbichler.at

*Der familiär geführte* **Gasthof Lindbichler** *liegt im Zentrum des Etappenortes St. Peter am Kammersberg.*

*Den Biker erwarten gemütliche Komfortzimmer mit Dusche, WC und SAT-TV sowie ein angenehmer Massagesessel nach einer anstrengenden Tour. Die Sauna ist zwar nicht direkt im Haus, wird aber natürlich auf Wunsch reserviert. Ein Kneipprundgang im nahegelegenen Kneipp-Parcours erfrischt Geist und Körper, und die Strapazen des Tages sind fast vergessen. Am Abend werden Sie noch beim Abendessen und einem schönen Glas Murauer Bier verwöhnt. Essen was das Herz begehrt, das heißt á la carte essen, erfreut sich großer Beliebtheit und somit ist für jeden etwas dabei. Ob auf der sonnigen Terrasse oder im gemütlichen Gastzimmer, überall können Sie genießen und den Tag ausklingen lassen.*

*Preis für HP: ATS 400.– bis 430.– pro Tag und Person*
*(Preisbasis 2001)*

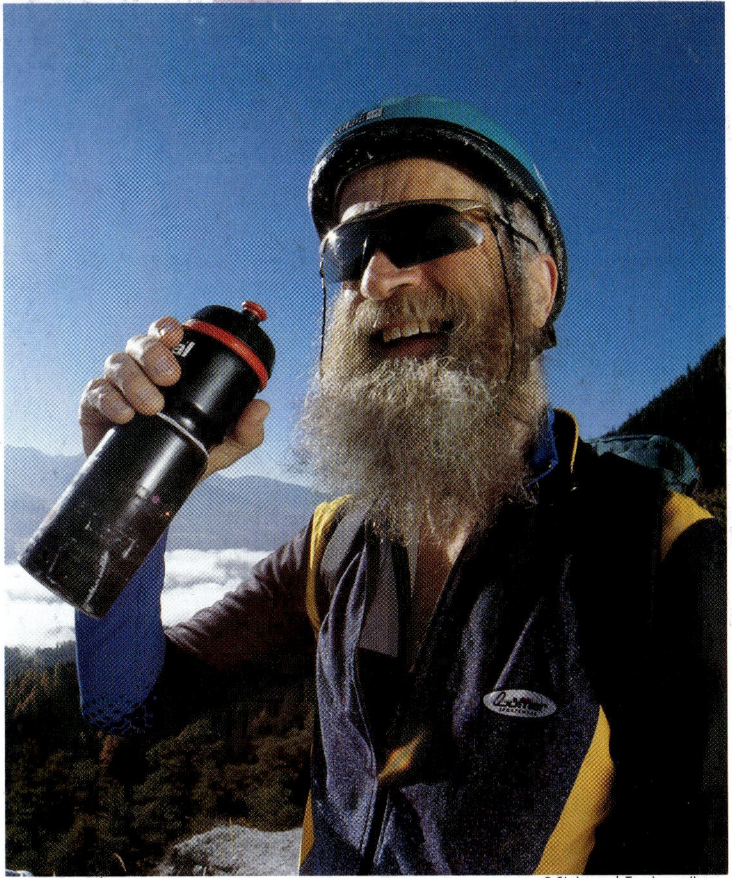

www.Steiermark.com

# St. Peter/Kammersberg – Haus/Ennstal

## *Die Letzten werden die Schwersten sein:*

*Erst wer den Sölkpaß überwunden hat, hat die Alpentour geschafft. Wo Schmuggler früher Salz und Branntwein nach Norden brachten, schleppen heute Mountainbiker ihre salzgetränkten, brennenden Gebeine über den Berg. Auf fast 1800 Meter Seehöhe geht es hinauf, ein echter Höhepunkt, der für viele zum Tiefpunkt ihrer körperlichen Verfassung wird. Die Salzstraße des Leidens.*

*Es ist eine maßlos anstrengende Etappe; ohne Maß, aber mit Gewicht: Je schwerer die Aufgabe, desto leichter das Scheitern. Wer die schwere Anstrengung auf die leichte Schulter nimmt, wird es leicht schwer haben. Schwere Gepäckstücke werden mit Leichtigkeit zu schwerwiegenden Hindernissen. Überhaupt soll man mit allen Maßen Maß halten und mit dem Gewicht im Gleichgewicht sein. Die (ge-)wichtigsten Maßeinheiten für Biker: Meter sind leichter als Kilometer, Kilometer sind länger als Höhenmeter, Höhenmeter sind lästiger als Höhenmesser. Höhenlinien bringen die Linie in die Höhe. Kilos verliert man am ehesten durch Höhenkilometer. Stundenkilometer dauern meistens lang, aber doch nicht so lang wie Tageskilometer. Zentimeter sind die, die auf der Karte so harmlos ausschauen und sich dann trotzdem ewig hinziehen. Und Millimeter spielen nur dort eine Rolle, wo es sich gerade wieder einmal nicht ausgegangen ist.*

*Die Maß-Einheit besticht durch maßlose Vielfalt: Eine gerade Elle misst zwei verbogene Speichen. Zwei Fuß sollten stets mit zwei Schuh in Verbindung gebracht werden. 52 Zähne hat man nur selten im Mund, und wenn, dann war der Sturz desaströs. Zahnkränze sind übrigens härter als Zahnkronen, obwohl letztere teurer sind. 18 Zoll sind besser als billige Duty-free-Reifen. Vier Bar im Hinterrad sind lange nicht so wünschenswert wie eine Bar im Hotel. Kalorien heizen die Stimmung an und bringen jene Kilos zurück, die man am Bike um teures Geld eingespart hat. Dafür dauert der Bike-Genuss umso länger. Denn die Schwersten werden am Sölkpaß die Letzten sein.*

Foto: Sikorski

MOUNTAIN BIKING ALPEN TOUR STEIERMARK

# Streckenabschnitt 13

Tourismusregionalverband Urlaubsregion Murau
A-8861 St. Lorenzen/Murau, Tel.: +43/3537/236

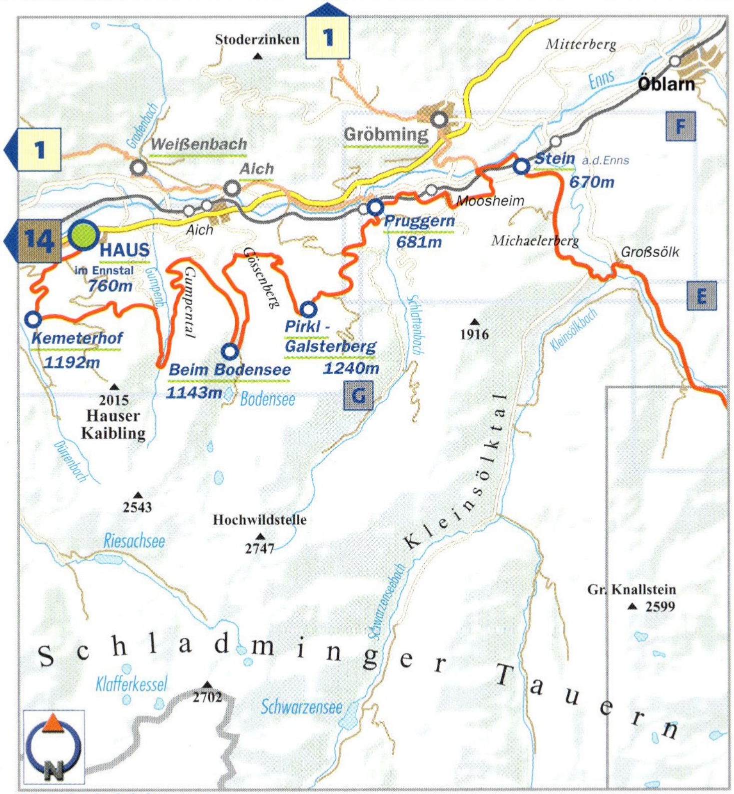

Stoderzinken
1
Mitterberg
Enns
Öblarn
Gröbming
F
1
Gradenbach
Weißenbach
Aich
Stein a.d.Enns
670m
Moosheim
Aich
Pruggern
681m
14
HAUS
im Ennstal
760m
Gössenberg
Michaelerberg
Großsölk
Gumpenb.
Gumpental
E
Kemeterhof
1192m
Pirkl -
Galsterberg
1240m
Schattenbach
1916
Kleinsölkbach
Beim Bodensee
1143m
Bodensee
G
2015
Hauser
Kaibling
Duttenbach
2543
Hochwildstelle
2747
Riesachsee
Schwarzenseebach
Kleinsölktal
Gr. Knallstein
2599
Schladminger Tauern
Klafferkessel
2702
Schwarzensee
N

M 1:210 000

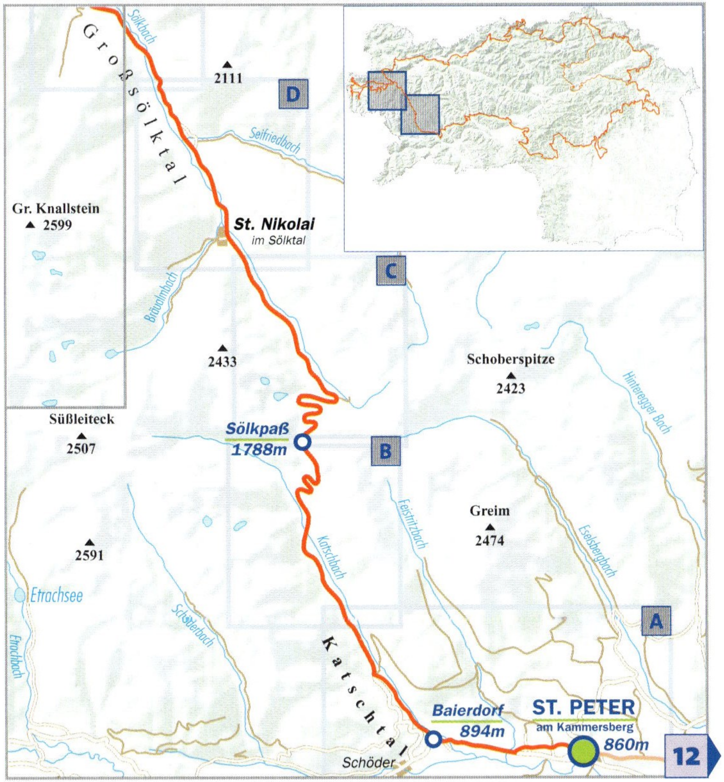

Sölkbach
Großsölktal
2111
D
Seifriedbach
Gr. Knallstein
2599
St. Nikolai
im Sölktal
Bräualmbach
C
2433
Schoberspitze
2423
Hinteregger Bach
Süßleiteck
2507
Sölkpaß
1788m
B
Feistritzbach
Greim
2474
Eselsbergbach
2591
Katschbach
Etrachsee
Schöderbach
Etrachbach
A
Katschtal
Baierdorf
894m
ST. PETER
am Kammersberg
860m
Schöder
12

| | | |
|---|---|---|
| **St. Peter/Kammersberg – Haus/Ennstal** | 84,2 km | 2442 hm |
| **Haus/Ennstal – St. Peter/Kammersberg** | 84,2 km | 2542 hm |

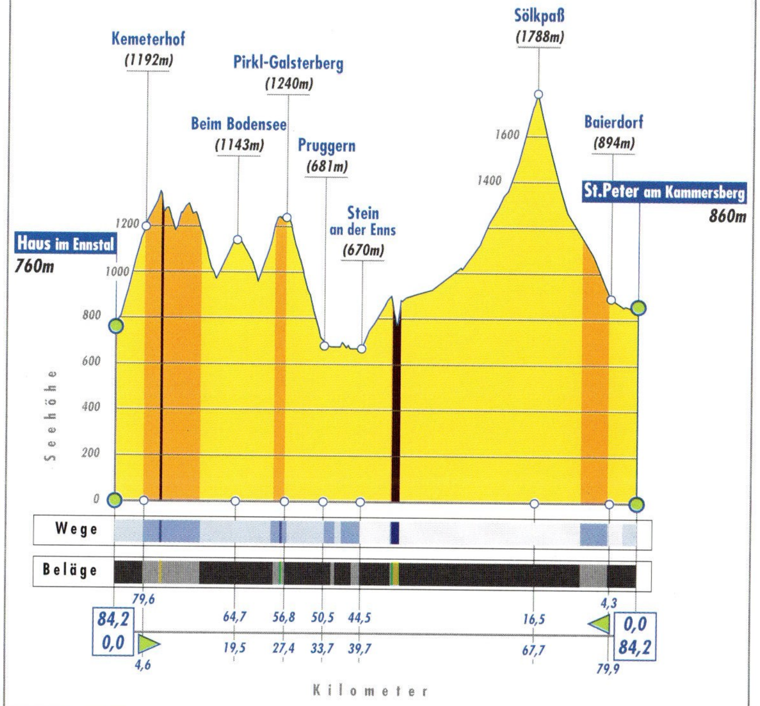

Haus im Ennstal 760m
Kemeterhof (1192m)
Beim Bodensee (1143m)
Pirkl-Galsterberg (1240m)
Pruggern (681m)
Stein an der Enns (670m)
Sölkpaß (1788m)
Baierdorf (894m)
St.Peter am Kammersberg 860m

Seehöhe: 0, 200, 400, 600, 800, 1000, 1200, 1400, 1600

Wege
Beläge

| 84,2 | 79,6 | 64,7 | 56,8 | 50,5 | 44,5 | 16,5 | 4,3 | 0,0 |
|---|---|---|---|---|---|---|---|---|
| 0,0 | 4,6 | 19,5 | 27,4 | 33,7 | 39,7 | 67,7 | 79,9 | 84,2 |

Kilometer

MOUNTAIN BIKING ALPEN TOUR STEIERMARK

Streckenabschnitt 13

## Kurz gesagt:

Mur und Enns, Tälerwechsel über den Sölkpaß.

## Startpunkt:

St. Peter am Kammersberg (860 m) am Hauptplatz.

## Etappentelegramm:

St. Peter am Kammersberg, am Fuße des großen Passes – Alpenüberquerung in gewaltiger Landschaft – Schluchtenquerung am Zusammenfluss der Sölkbäche – Lange Wege in die Seitentäler des Ennstales – Über die weltmeisterlichen Schipisten von Haus im Ennstal.

## Abkürzungen:

Statt in die Seitentäler des Ennstales am Ennsradweg zwischen Pruggern und Haus im Ennstal (verschiedene Teilstücke möglich).

## Wichtige Hinweise:

Wintersperre am Sölkpaß bis Ende Mai möglich!
(Information TV St. Peter +43 3536 8479)

## Streckenstatistik (Km / %)

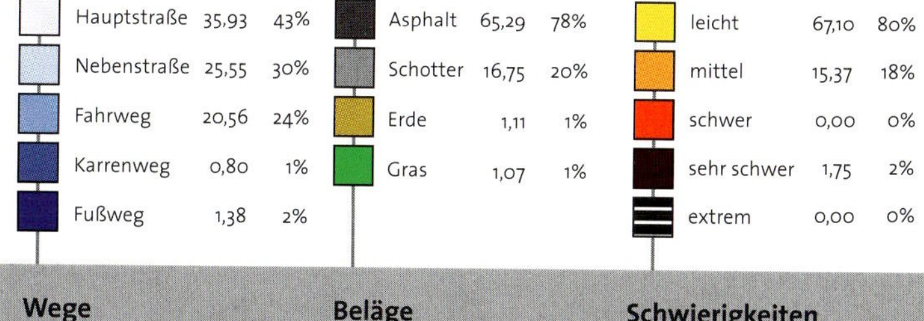

| Wege | km | % | Beläge | km | % | Schwierigkeiten | km | % |
|---|---|---|---|---|---|---|---|---|
| Hauptstraße | 35,93 | 43% | Asphalt | 65,29 | 78% | leicht | 67,10 | 80% |
| Nebenstraße | 25,55 | 30% | Schotter | 16,75 | 20% | mittel | 15,37 | 18% |
| Fahrweg | 20,56 | 24% | Erde | 1,11 | 1% | schwer | 0,00 | 0% |
| Karrenweg | 0,80 | 1% | Gras | 1,07 | 1% | sehr schwer | 1,75 | 2% |
| Fußweg | 1,38 | 2% | | | | extrem | 0,00 | 0% |

Detailausschnitt

A

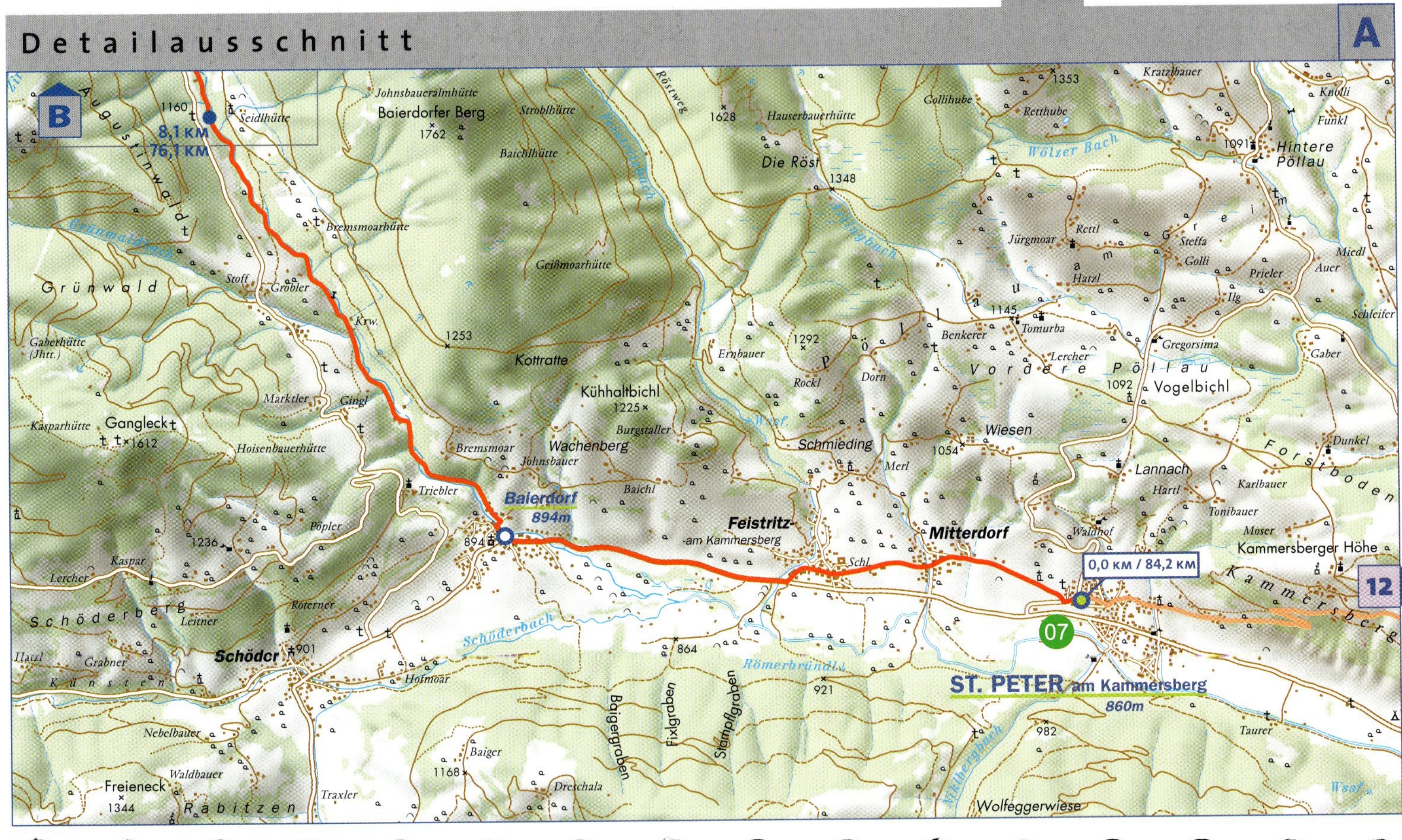

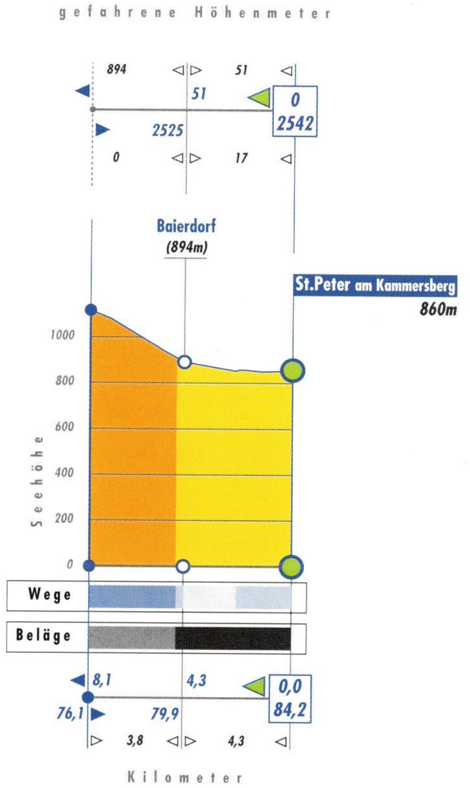

gefahrene Höhenmeter

894 51
51 0
2525 2542
0 17

Baierdorf (894m)

St.Peter am Kammersberg 860m

Seehöhe: 1000, 800, 600, 400, 200, 0

Wege

Beläge

8,1 4,3 0,0
76,1 79,9 84,2
3,8 4,3

Kilometer

Höhenprofil A

## St. Peter am Kammersberg

**Gasthof Lindbichler Tel. +43 3536 8372** (siehe S. 198)

*„Kretzenbründl“ heißt das Zauberwort für abgeschürfte Hautpartien. Überschlagstrainierte Kraftbiker und durchgesessene Wundhintern jubeln, wenn sie durch die Kraft des heilenden Wassers ihre Kretzen los werden. Berichte über Heilungserfolge bitte an den Verlag – Gemütliches Einrollen auf simplen Wegen.*

## Baierdorf

*Baierdorf hat den Knick. Den Knick nämlich aus der mountainbikesichtig unerträglichen Flachheit der Ebene, sei sie auch eine zärtlich angedeutet schiefe, in die nach Vertikalität strebende, himmelstürmende Auftürmung von Bergmasse. Bergmassen ergeben Bergmassive ergeben Bergketten. Die Aneinanderreihung dieser ergibt die Alpen. Die Projektion von Bikerwünschen auf die Alpen lässt die Alpentour entstehen, die in ihrer geografischen Einordnung eine steirische und einzigartig ist – Schotterlich interessante Anfahrt auf Sölkpaßdrittelhöhe.*

## Detailausschnitt B

## Detailausschnitt C

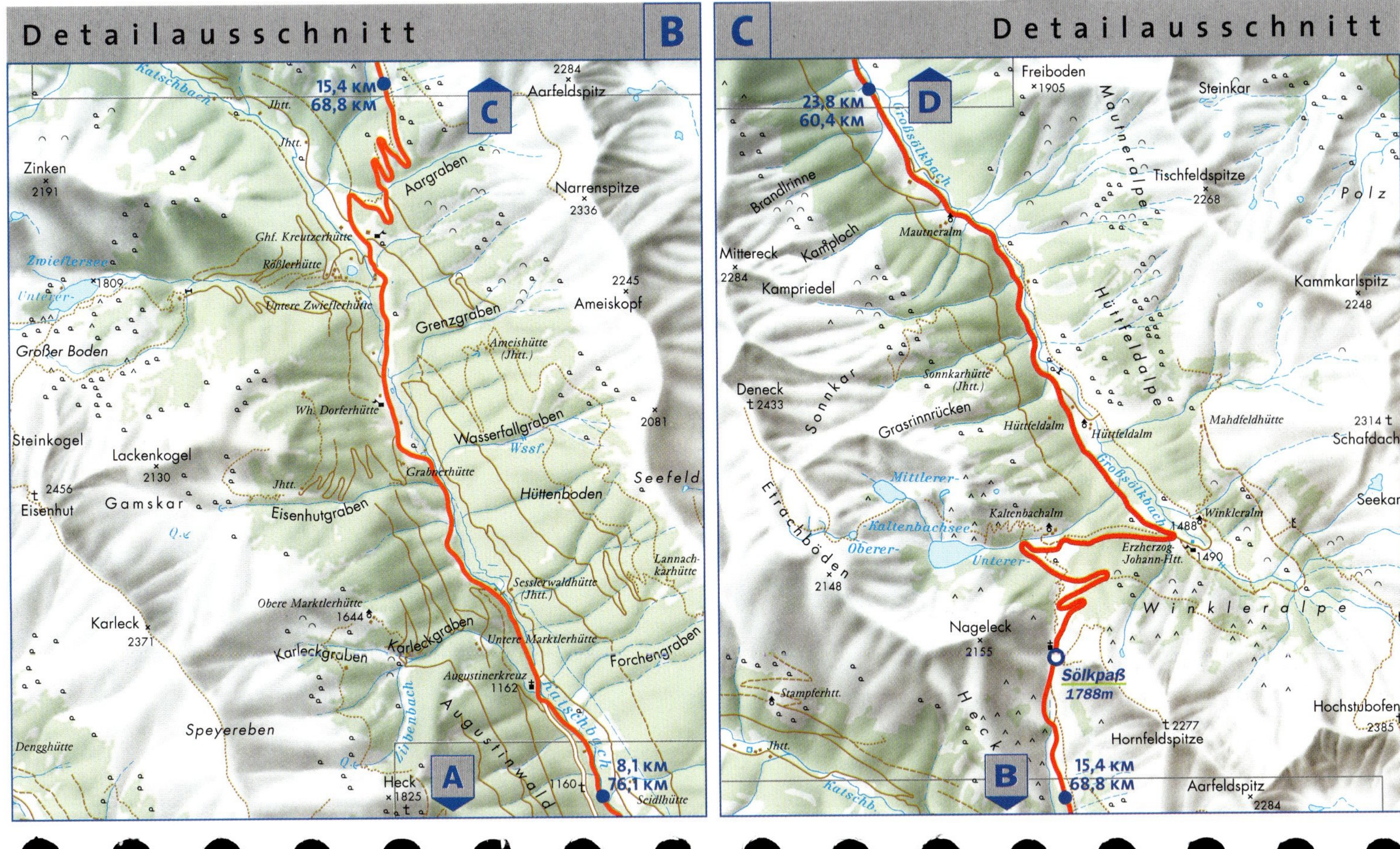

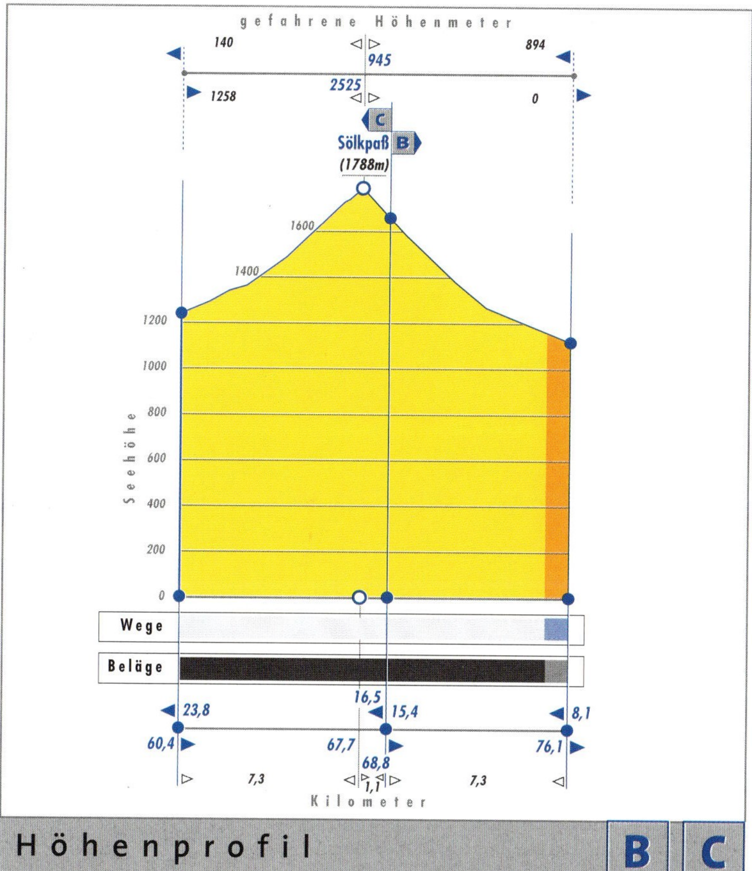


## SÖLKPASS

*Biker und Biker sind zweierlei Dinge. Stollenreifen auf Singletrail contra Slick auf Glattasphalt, Leichttrikot contra Lederdress, schnaufende Lungen contra heulende Motoren, Clickpedal contra Fußraste, wadelgestützter Antritt contra Drehgriffbeschleunigung, durchlüfteter Leichthelm contra Vollvisier, Scott und Trek contra Harley und Davidson. Von friedlicher Koexistenz von Mountainbikern und Motorradbikern kann in den seltensten Fällen gesprochen werden. Kurveninnenlage blockierende Mountainbiker stellen sich motorheulenden „Wilden auf ihren Maschinen" in den Weg. Langbärtige Harleybrummler lassen beinrasierte Rennbiker im Dunst von Sprit und Öl zurück. Der Sölkpaß allerdings entschärft diesen Konflikt durch seine atemberaubende Bergkulisse, die Biker und Biker zur Andacht zwingt – Straße rauf, Straße runter, nichts anderes möglich. Sogar der Sölkpaß ist aufgrund der Schneelage meist bis Mitte oder Ende Mai gesperrt! (Information TV St. Peter +43 3536 8479) Bitte unbedingt bei der Tourenplanung beachten! Es gibt keine Ausweichroute – Genußvoller Serpentinengleitdownhill mit Ausrollung durch herrliches Almgebiet – Großsölk-Kleinsölk Brautschauweg bis zum Boden der Sölkbäche. Traumhafte Schlucht mit Badedumpfen fürs sommerliche Kneippplätschern müder Bikerglieder. Wegmäßig happige Niederkunft und ebensolches Emporsteigen.*

## Detailausschnitt D

## Detailausschnitt E

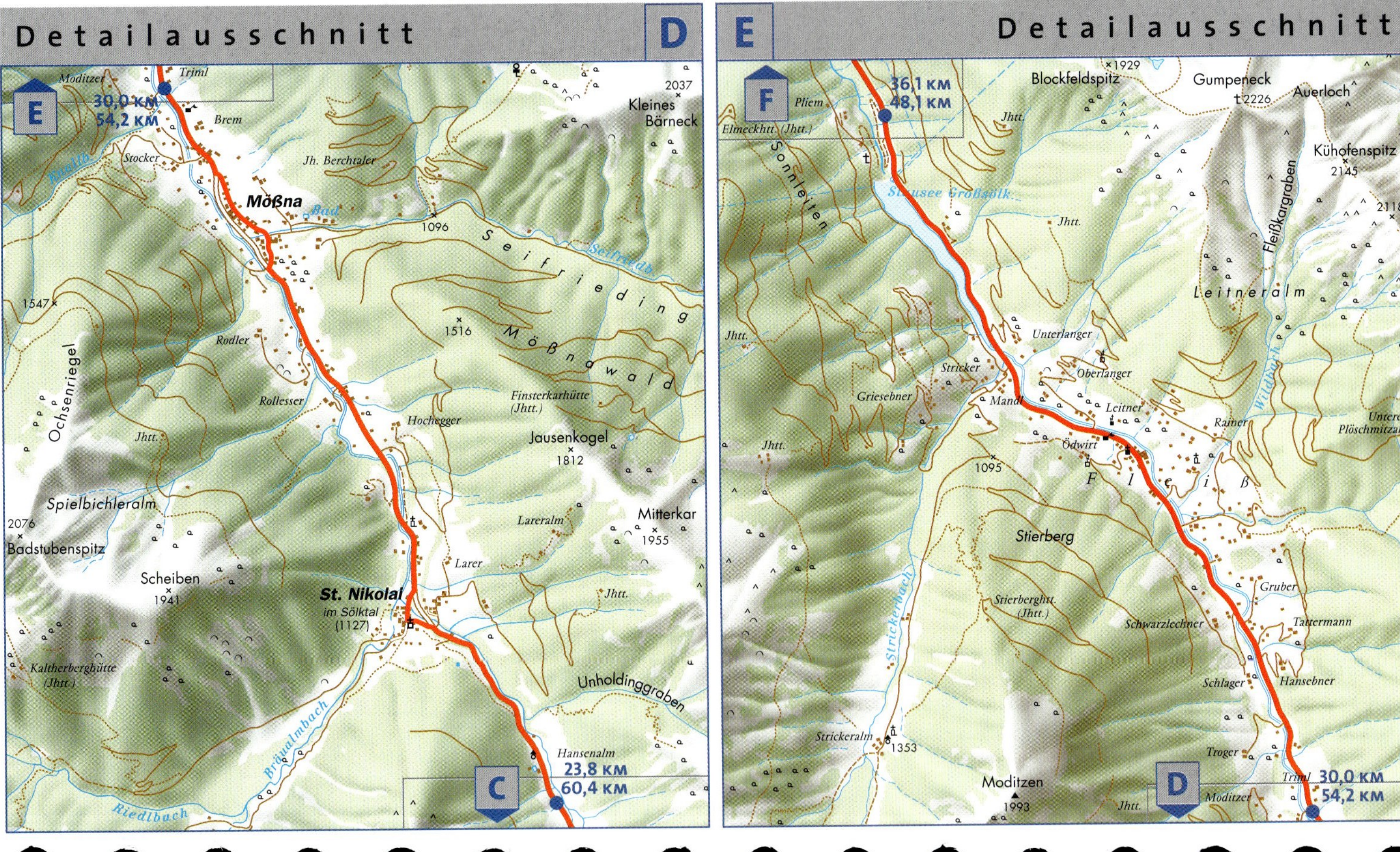

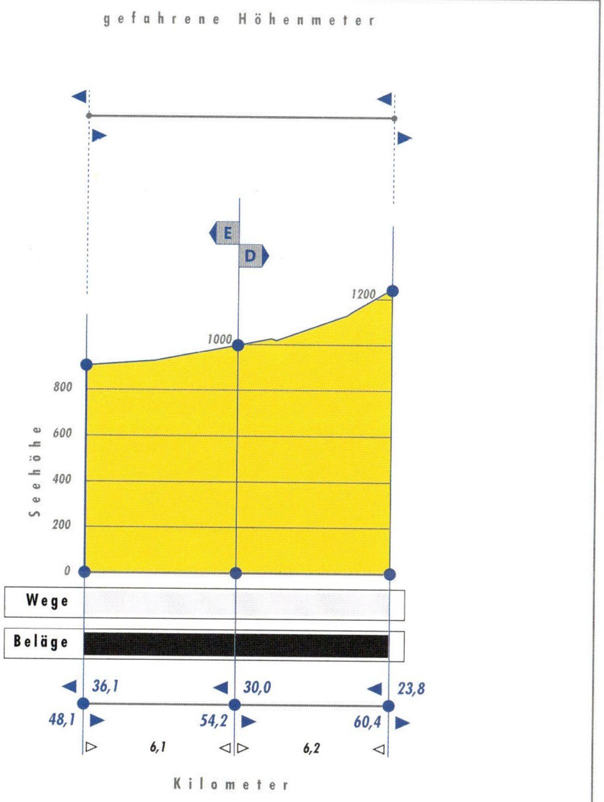

gefahrene Höhenmeter

E D

1200
1000
800
600
400
200
0

Seehöhe

Wege

Beläge

36,1 30,0 23,8
48,1 54,2 60,4
6,1 6,2

Kilometer

# Höhenprofil D E

## Stein an der Enns

*Wieder Boden unter den Rädern. Den Boden des Ennstales. Wo wir vor undenklichen Zeiten in jugendlichem Überschwang den erstmaligen Aufprall am Talboden feierten, beginnen wir nun verkehrt zu denken. Gegengerichtet treffen wir Streckenabschnitt 1 und verlieren uns völlig in totaler Orientierungslosigkeit. Gut, dass die Alpentour nicht auf einem Auge blind ist, keinen schwächeren Fuß hat, also beidaugig und beidbeinig, sprich in beide Richtungen gleichermaßen beschildert und befahrbar ist. Also kein Problem. Und schon gar nicht für abgebrühte Alpentourbiker. An der Enns entlang und dann nicht darüber Richtung Gröbming, sondern links Richtung Eisenbahnübersetzung, Tunzendorf und Moosheim.*

**Hotel Schloss Moosheim Tel. +43 3685 232100** (siehe S. 30)

## Pruggern

*Abkehr vom Tal. Biker hebt sich und alles was dazugehört auf eine höhere Ebene des Seins. Des „Am Berg Seins" nämlich. Vorher ist aber der knifflige Absprung aus der gemeinsamen Wegführung der Streckenabschnitte 1 und 13 zu bewältigen. Bergauf ist richtig – Schiliftzufahrtshalbautobahn mit Zeit zum Gegendschauen.*

# Detailausschnitt

F

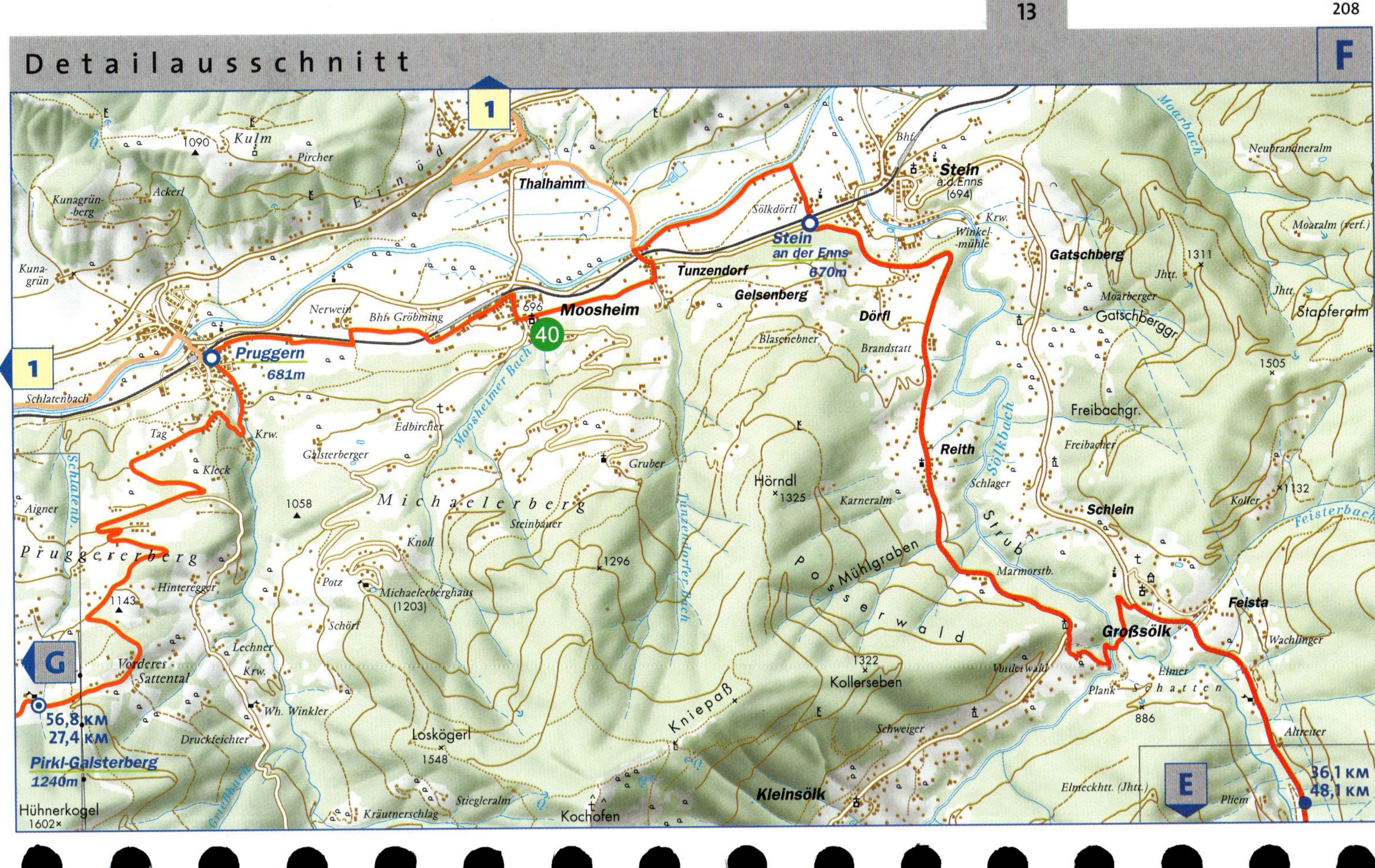

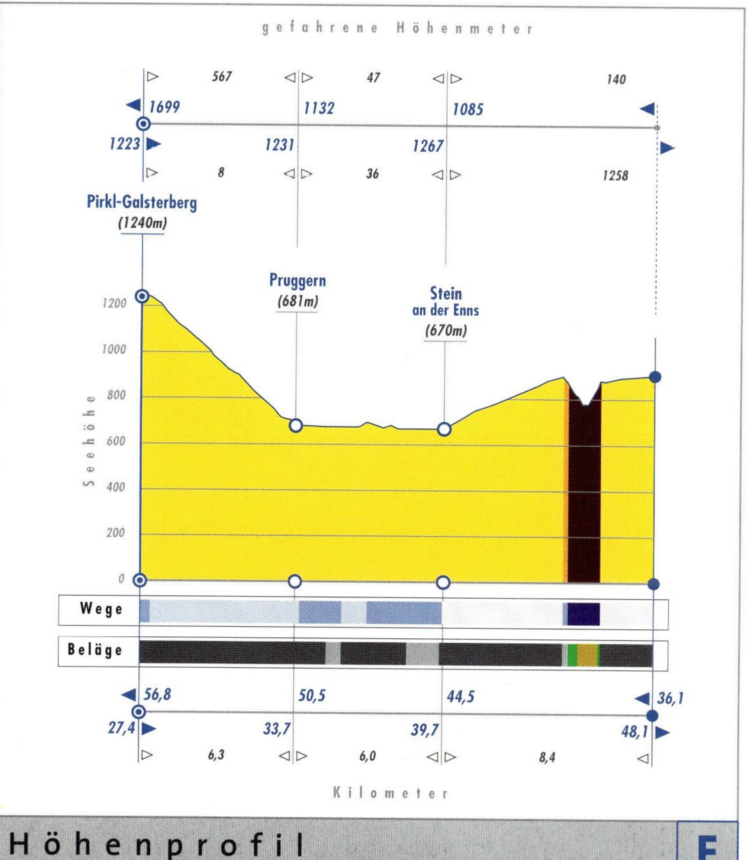


## PIRKL-GALSTERBERG

*Schigeliftetes Almenland und endlich wieder das heißersehnte Schotterknirschen unter den Stollen der Moutainbikeseligkeit – Der erste Zacken ist erreicht. Die Dachstein-Tauern-Tälerrallye hat begonnen. Was in der Karte als umgelegtes Höhenprofil erscheint, ist Ein- und Ausfahrt. Einerseits hinein ins Tal, andererseits heraus. Die Entsprechung im Höhenprofil hinein=hinauf, heraus=hinunter.*

**! Tipp am Ra*(n)*de – Die Alpentour und der Schnee**

Prinzipiell ist die Alpentour ab 15. April jeden Jahres geöffnet. Was nicht heißt, dass die Strecke zu diesem Zeitpunkt schon durchgehend passierbar ist. Vor allem auf Forststraßen in engen Gräben kann zu diesem Zeitpunkt noch bis zu einem Meter Schnee liegen. Im Folgenden eine Hitliste der schneereichsten Streckenabschnitte:

Streckenabschnitt 1 Viehbergalm
Streckenabschnitt 3 Niederscheibenberg
Streckenabschnitt 4 Reuschlackenhütte
Streckenabschnitt 5 Dürriegelalm
Streckenabschnitt 6 Beim Stuhleck
Streckenabschnitt 10 Beim Steinplan
Streckenabschnitt 13 Sölkpaß (Dort besteht oft bis Mitte oder Ende Mai eine offizielle Wintersperre der Bundesstraße! Information TV St. Peter +43 3536 8479)
Streckenabschnitt 15 Niederalpl, Nikolokreuz.

Informationen über die aktuelle Schneesituation sind bei den örtlichen und regionalen Tourismusinformationen sowie unter **www.alpentour.at** erhältlich.

## Detailausschnitt

G

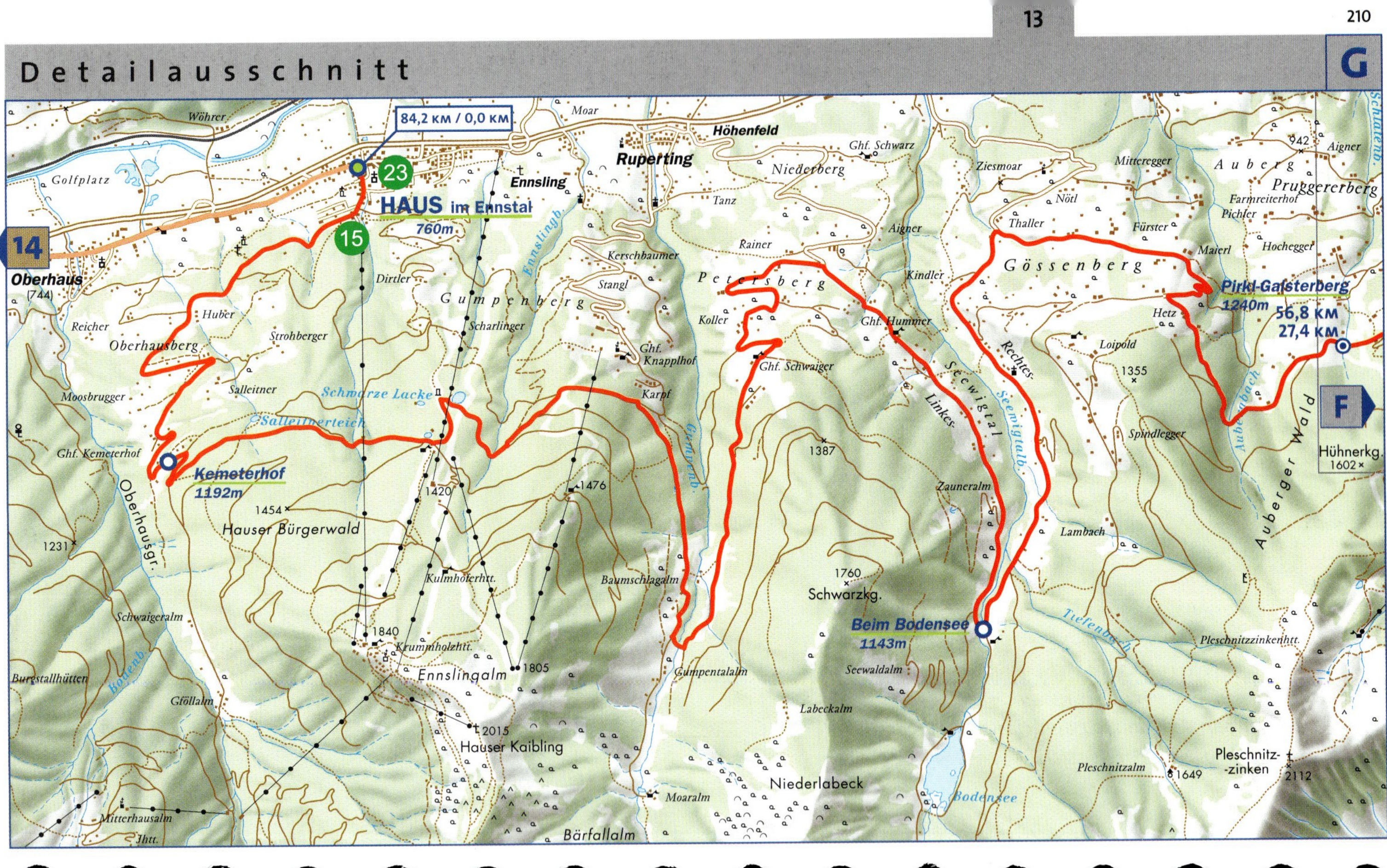

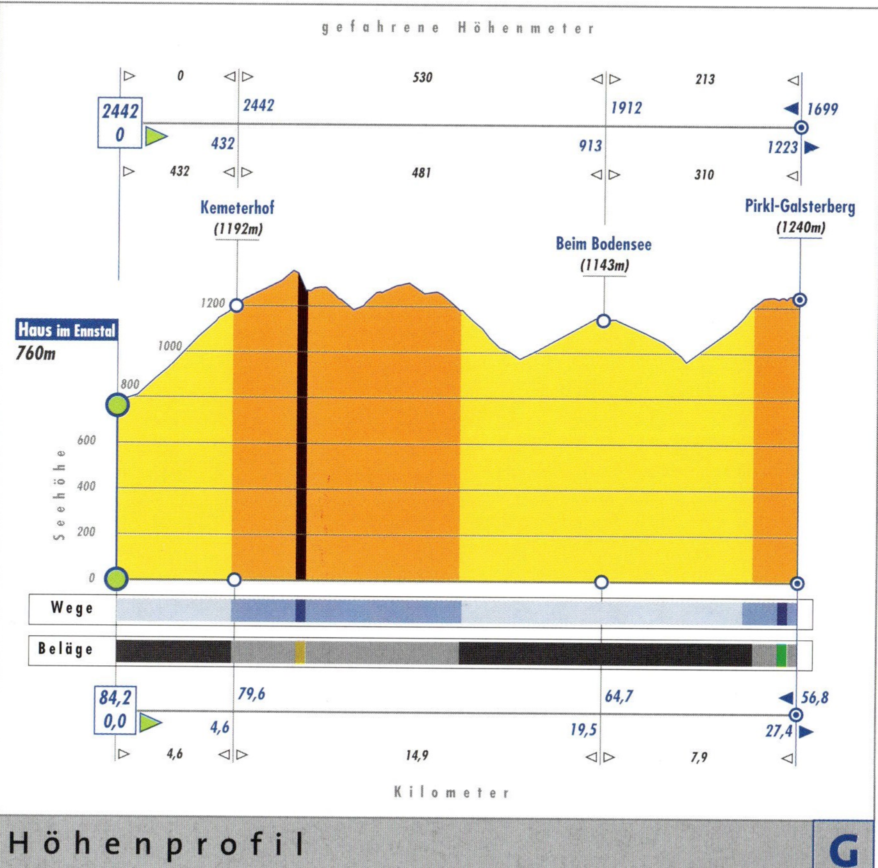


## Beim Bodensee

*Straßlich viel zu schönes Talein und Talaus. Blicklich und lablich lohnender Abstecher zum See – Und der nächste Zacken. Das Gumpental erfreut uns nicht nur landschaftlich. Auch mountainbikeliche Begierden nach den Straßen des Forstes werden gedeckt – Man glaubt gar nicht, wie steil flache Schipisten sind. Vom Winter wohlbekannte Gleitstücke von Schiabfahrten haben im Bikesommer so gar nichts mit Gleiten zu tun. Eher mit Hecheln und mit Treten, was das Zeug hält. Bike hält, Biker fällt. Die letzte Hürde mitten ins Schigebiet des Hauser Kaibling wird zwar nicht übersprungen, aber doch nach Maßgabe der letzten vorhandenen Restkräfte überwunden – Letzter Hochpunkt. Von nun an gehts bergab.*

## Kemeterhof

*Schotter-Asphalt-Schnittstelle. Wind streicht durchs behelmte Haar. Ennstal ganz nah. Keine Gegensteigungsgefahr. Lustgewinn durch nahes Ziel. „Haben fertig" und sind es.*

## Haus im Ennstal

23 **Hotel Kirchenwirt Tel. +43 3686 2228** (siehe S. 223)

15 **Hotel Gürtl Tel. +43 3686 2383** (siehe S. 222)

## Urlaubsregion Murau



*In der Urlaubsregion Murau trifft man die Pedalritter fast allerorts. Auf der „Alpentour Steiermark", am Murradweg, auf den vielen verkehrsarmen Nebenstraßen oder auf den beschilderten Mountainbikerouten hoch oben in den Tauern und Nockbergen.*

*„Alpentour" – Biker schätzen vor allem die eindrucksvolle Landschaft rund um den Etappenort* **St. Peter/Kbg** *und das pittoreske mittelalterliche Städtchen* **Oberwölz!**

*Kurz vor dem Sölkpass lohnt sich ein kleiner Abstecher zum imposanten* **Günster Wasserfall** *und zu den* **„Wasserspielen"** *am Schöderberg.*

*Übrigens: entlang der Alpentour laden zahlreiche Objekte der* **Steirischen Holzstrasse** *zur Besichtigung, so z.B. das Blasmusikmuseum Oberwölz, das Bildhaueratelier Leitner in St. Peter/Kbg oder die Kötzlmühle in Feistritz.*

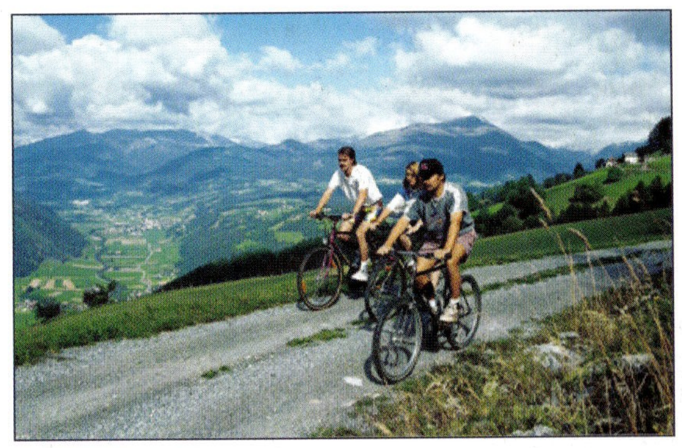

**Fordern Sie ausführliche Radprospekte und Karten an!**

**Urlaubsregion**
**Murau**
8861 St. Lorenzen ob Murau
Tel.: ++43 3537/236
Fax: ++43 3537/236 4
urlaub@murau.at
www.murau.at

**Rad'l mit! in der Urlaubsregion Murau**

# 14

## Haus/Ennstal – Ramsau

*Kann man auf einem Mountainbike wohnen?*

*Probieren wir's aus, am besten schön gemütlich am Sonntag nachmittag. „Wohnen im Grünen" steht auf dem Programm. Eine Zimmer-Flucht auf zwei Achsen. Der Schlüssel im Fahrradschloss ist rasch umgedreht, das Tor zur Natur ist weit offen. Also los, raufschalten und ab durch die 27 Gänge. Das Bike wird sofort zum rasenden Erd-Geschoss. Es windet sich die steilen Felstreppen hinauf über ruppige Steinböden, durch rauschende Wasser- und Bachbetten, vorbei an naturbelassener Wohn-Landschaft und wuchtigen Schrankwänden aus massivem Holz. Hinten entschwindet der üppige Wintergarten, seitlich geht's ins „Zimmer mit Aussicht". In der Ferne leuchtet an einer weißen Felswand ein offener Kamin. Feuer prasselt in den Beinen.*

*Erst die Terrasse, dann stolpert man über den ersten Stock. Es folgt der zweite und dann der Dachgarten. My home is my Radl. Rasch noch den Blütenteppich ausgerollt, damit es wohnlich wird. Vogelgezwitscher, Laubgeraschel, Specht- und Herzklopfen: eine atemberaubende Grün-, aber keinesfalls eine Ruhelage. Denn hier gibt's keinen Lift, keine Rolltreppe, keine Aufstiegshilfe. Wer in der Natur zu Hause ist, muss mobil bleiben. Immobilien, unbewegliche Grundstücke sind hier nicht gefragt: Biker sind in Bewegung und grundlos glücklich. Sie bleiben, was sie immer waren: Vagabunden, Reisende, Unruhestifter. Muskelkrämpfe sind ihre Betriebskosten, dafür stehen sie ständig unter Strom. Fließwasser ist kein Problem, Kanalanschluss nicht notwendig. Wer es bis zum ersten Wegkreuz schafft, hat die halbe Miete herinnen.*

*Auch das Interieur kann sich sehen lassen: Jägersitz statt Schreibtischsessel, Wiegetritt statt Schaukelstuhl. Das Wechselbad (der Gefühle) ist besser als jedes Wannenbad, das Gipfelkreuz wird zum Herrgottswinkel. Bilder gehen einem durch den Kopf, anstatt an der Wand zu hängen. Und ein Bett im Kornfeld ist bekanntlich immer frei.*

*Also: Wer will schon sesshaft werden, wenn er gesäß-haft bleiben kann?*

Foto: Pail

MOUNTAIN BIKING ALPEN TOUR STEIERMARK

# Streckenabschnitt 14

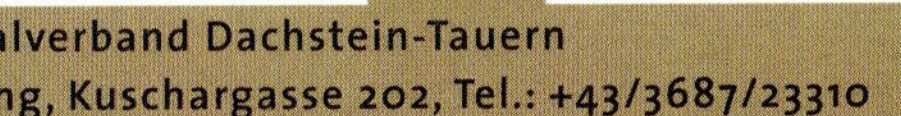
Tourismusregionalverband Dachstein-Tauern
A-8970 Schladming, Kuschargasse 202, Tel.: +43/3687/23310

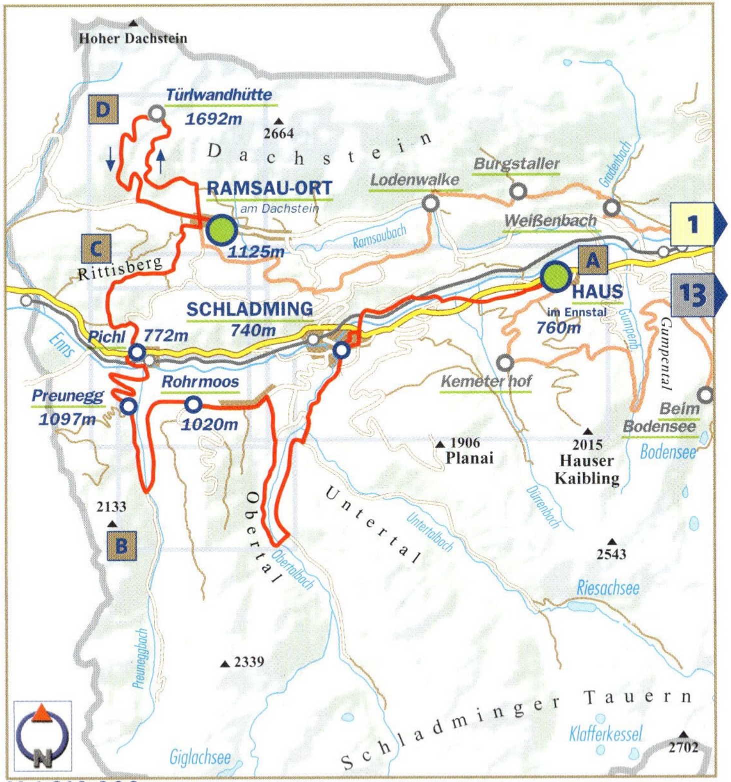

Hoher Dachstein
Türlwandhütte 1692m
2664
Dachstein
RAMSAU-ORT am Dachstein 1125m
Lodenwalke
Burgstaller
Weißenbach
Ramsaubach
Gradenbach
Rittisberg
SCHLADMING 740m
HAUS im Ennstal 760m
Pichl 772m
Enns
Rohrmoos 1020m
Preunegg 1097m
Kemeter hof
Gumpenb
Gumpental
Beim Bodensee
Bodensee
1906 Planai
2015 Hauser Kaibling
2133
Obertal
Obertalbach
Untertal
Untertalbach
Dürrenbach
2543
Riesachsee
2339
Preuneggbach
Schladminger Tauern
Klafferkessel
Giglachsee
2702
A B C D 1 13

M 1:210 000

Foto: Pail

| | | |
|---|---|---|
| **HAUS**/ENNSTAL – **RAMSAU**/DACHSTEIN | 51,5 km | 1622 hm |
| **RAMSAU**/DACHSTEIN – **HAUS**/ENNSTAL | 51,5 km | 1257 hm |

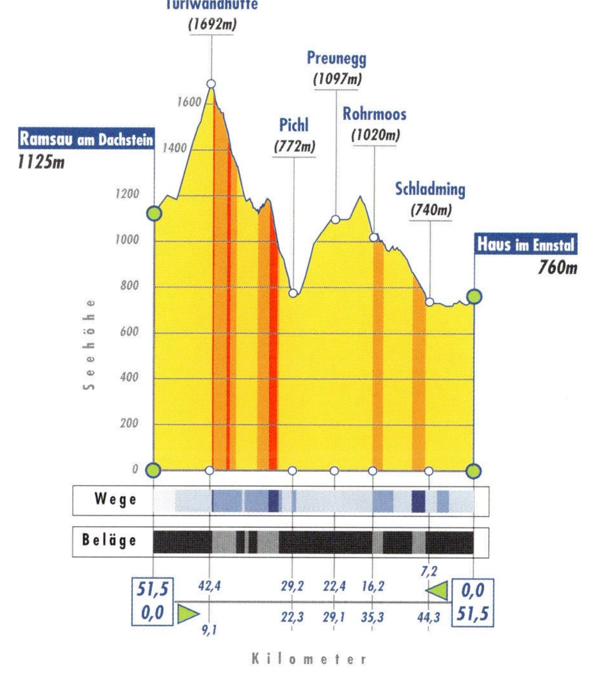


## KURZ GESAGT:

Mountainbiken auf den Spuren der Schiweltmeister.

## STARTPUNKT:

Haus im Ennstal (760 m), Kreuzung im Ortszentrum.

## ETAPPENTELEGRAMM:

Haus im Ennstal, auf dem Ennsradweg nach Schladming – Talbachklamm, interessante Wege entlang von schäumenden Wassern – Rohrmoos, Preunegg, Tälerrallye im Angesicht des Dachstein – Lässige Wege unterm Rittisberg – Vom Almenplateau bis unter die Dachsteinsüdwand – Ein Freiflug über die Mautstraße und weiter nach Ramsau.

## ABKÜRZUNGEN:

Statt über die Türlwandhütte direkt nach Ramsau-Ort.

## WICHTIGE HINWEISE:

Aufgrund der großen Anzahl von Wanderern und Spaziergängern ist die Abfahrt von der Türlwandhütte nur über die Mautstraße gestattet.

## STRECKENSTATISTIK (KM / %)

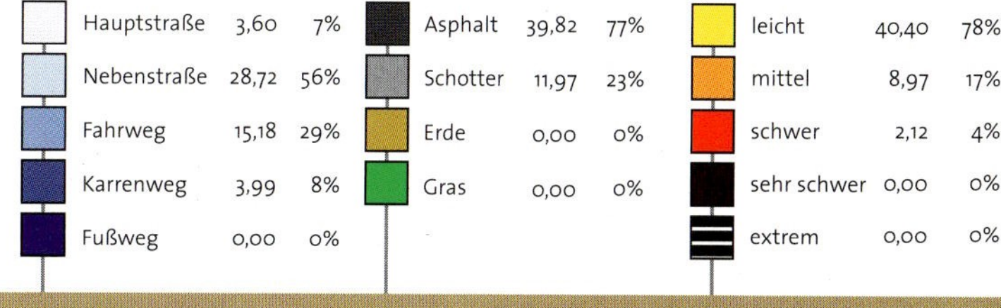

| Wege | km | % | Beläge | km | % | Schwierigkeiten | km | % |
|---|---|---|---|---|---|---|---|---|
| Hauptstraße | 3,60 | 7% | Asphalt | 39,82 | 77% | leicht | 40,40 | 78% |
| Nebenstraße | 28,72 | 56% | Schotter | 11,97 | 23% | mittel | 8,97 | 17% |
| Fahrweg | 15,18 | 29% | Erde | 0,00 | 0% | schwer | 2,12 | 4% |
| Karrenweg | 3,99 | 8% | Gras | 0,00 | 0% | sehr schwer | 0,00 | 0% |
| Fußweg | 0,00 | 0% | | | | extrem | 0,00 | 0% |

# Detailausschnitt

A

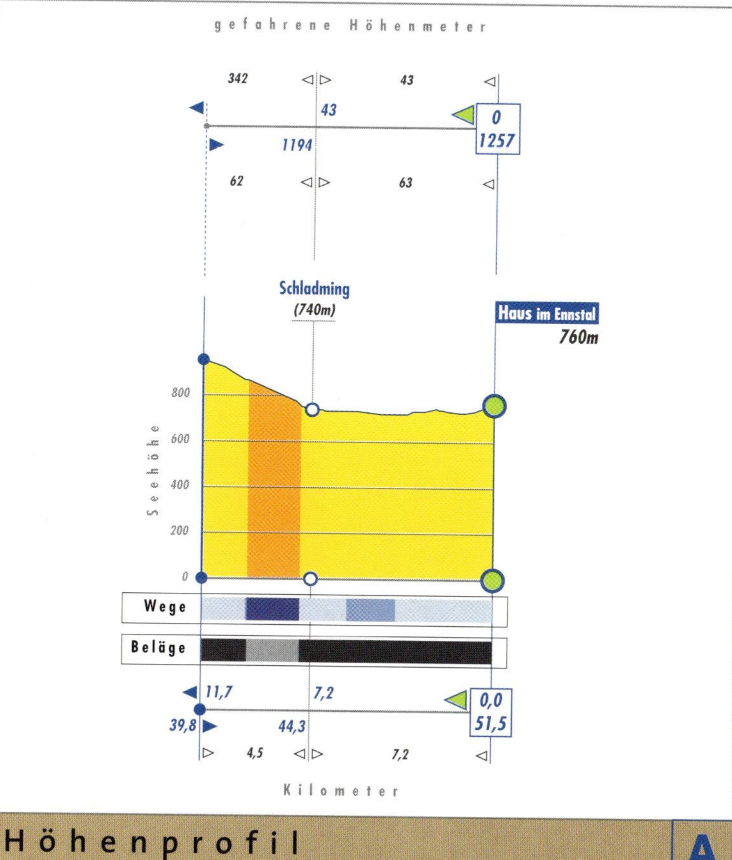


## Haus im Ennstal

**23** **Hotel Kirchenwirt Tel. +43 3686 2228** (siehe S. 223)

**15** **Hotel Gürtl Tel. +43 3686 2383** (siehe S. 222)

*Haus im Ennstal liegt in diesem und verstrahlt den Charme von Zuhause. Bikers Zuhause ist anders gestaltet. Sittingers Fahrtenschreiber gibt Auskunft darüber – Verrollung auf dem Ennsradweg in die Ebenen an derselben.*

## Schladming

**24** **2Rad Knauss Tel. +43 3687 23124** (siehe S. 224)

*Die Stadt der Schiweltmeisterschaft und des Weltcups. Hopsi hieß das Maskottchen und riecht nach Hasenbraten. Bunny Hop(si) nennt sich der Sprung, mit dem sich die feigen Biker über querliegende Hindernisse aller Art retten. Die Mutigeren unter ihnen kaschieren ihre mangelnden fahrtechnischen Kenntnisse durch spektakuläre Abgänge Marke „durchgestreckte Arme hebeln Bikerkörper über wegtauchende Vorderräder" oder in Weiterentwicklung des olympischen Hürdenlaufes „grätschende Beine verfangen sich in hochgestellten bar ends". Das Landeskrankenhaus Schladming, winterlich geübt durch die Versorgung von Legionen von stürzlich verunfallten Schifahrern, sollte mit der Versorgung von übergeschlagenen Radakrobaten keine Probleme haben. Die größte Gefahr geht sowieso von der Schladminger Fußgängerzonen-Einbahnstraßen-Rätselrallye in Kombination mit schier unüberwindlichen Gastgartenverlockungen aus.*

## Detailausschnitt B

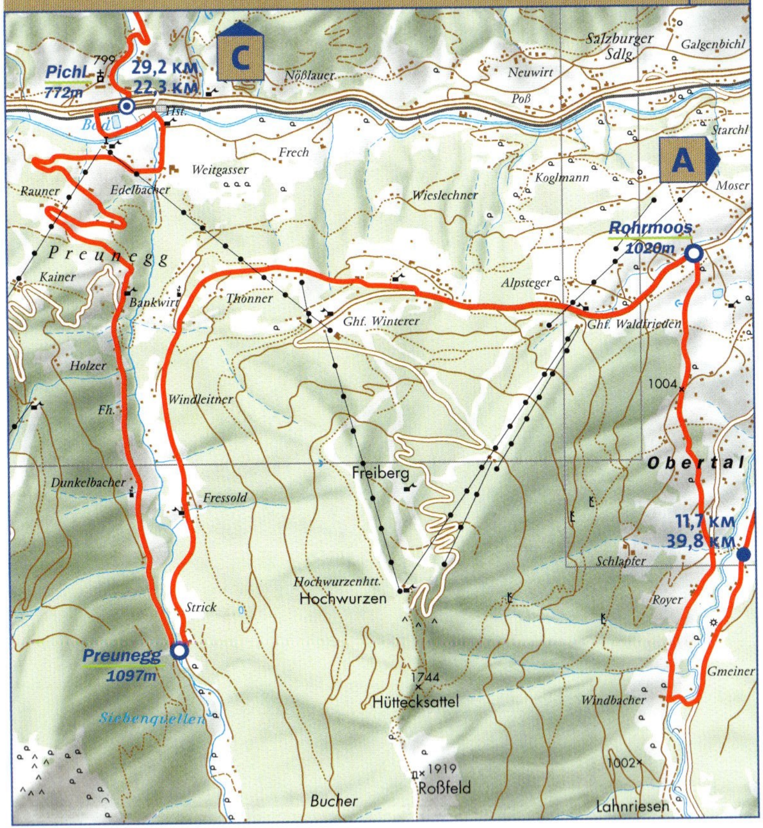

C A

Pichl 772m 799
29,2 KM
22,3 KM
Nößlauer
Salzburger Sdlg.
Galgenbichl
Neuwirt
Poß
Starchl
Frech
Weitgasser
Edelbacher
Rauner
Koglmann
Moser
Wieslechner
Preunegg
Kainer
Rohrmoos 1020m
Bankwirt
Thonner
Alpsteger
Ghf. Winterer
Ghf. Waldfrieden
Holzer
Windleitner
1004
Fh.
Freiberg
Obertal
Dunkelbacher
Fressold
11,7 KM
39,8 KM
Schlapfer
Hochwurzenhtt.
Hochwurzen
Royer
Strick
Preunegg 1097m
1744
Hütteckesattel
Gmeiner
Windbacher
Siebenquellen
1919
Roßfeld
1002
Bucher
Lahnriesen

## C Detailausschnitt

D 1

Greimelbacher
34,3 KM
17,2 KM
Pois
Tritscher
Halseralm
1229
Saumerberg
1338
Halserberg
Vorberg
Ghf. Kobaldhof
Ghf. Waldrand
Ghf. Stocker
Grubbach
Ghf. Steirerhof
Ober-
Unter-
-horner
Warterdorf
Ebengütl
Fürster
Schneeberger
Stoaner
Grießb.
922
Salzburger Sdlg.
799
Pichl 772m
29,2 KM
22,3 KM
Nößlauer
Neuwirt
Poß
Gleiming
Hst.
Frech
Weitgasser
Koglmann
Eisbacher
Edelbacher
Wieslechner
Rauner
Preunegg
Kainer
Bankwirt
Alpsteger
Thonner
Ghf. Winterer
Ghf. Waldfrieden
Eisbachgr.
Holzer
Windleitner
Fh.
B

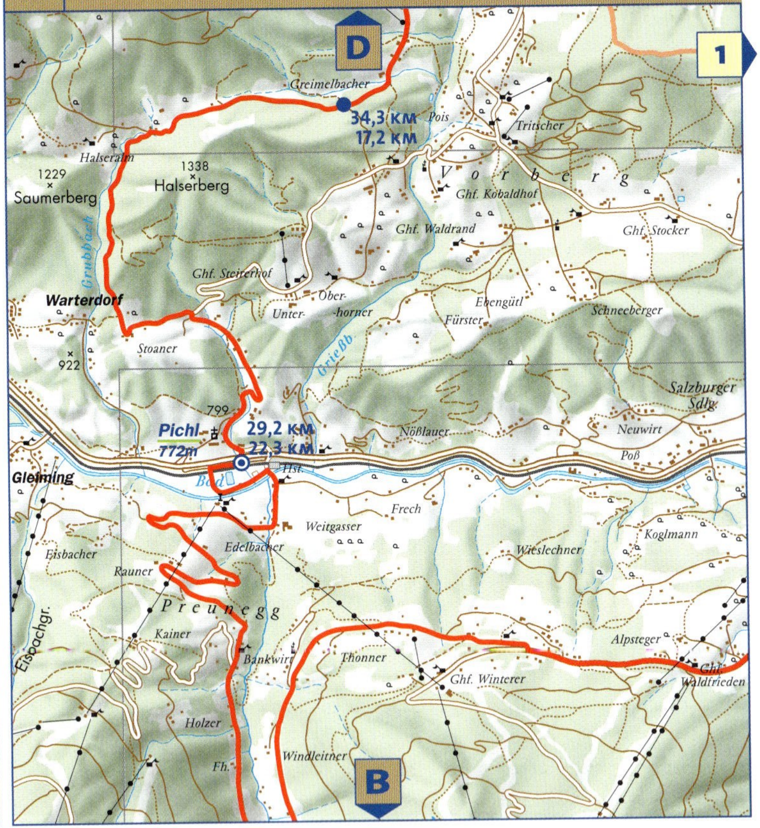

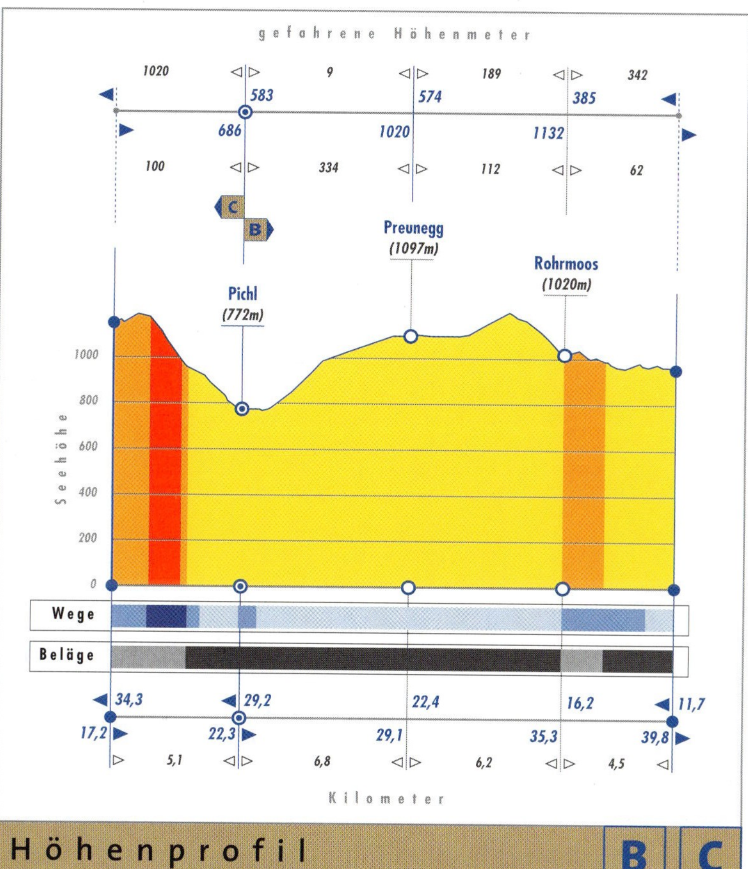


*Gut, dass der Schladminger Nachtslalom mit der WM-Meile als der längsten Theke der Steiermark und seinen 40.000 Besuchern im Winter stattfindet. Sonst wäre überhaupt kein Weiterkommen – Vom schäumenden Schladminger Bier zu ebensolchem Wasser. Talbachklamm, schlendernde Flaneure, rauschende Wasser, knirschende Wege, gischtige Dämpfe, karierte Hemden, gamsige Bärte, stramme Wadeln, kurbelnde Treter und tretende Kurbler. Eine brennglasige Zusammenfassung bergstürmender Aktivbürger vereint in feuchtelnder Schluchtenenge. Biker sei lieb, vorsichtig und grüße auch die geballte karierte Gamsbärtigkeit!*

## Rohrmoos

**17 Hotel Selbach Tel. +43 3687 61164** (siehe S. 225)

**09 Ferienhaus Bliem Tel. +43 3687 61431** (siehe S. 225)

*Oberhalb und gegenüber. Erste Reihe fußfrei, mit Überblick. Blumenumrahmte Balkonlage mit Panoramagarantie. Wiesentliche Einbettung in wissentlichen Lustgewinn. Ennstal unten, Dachstein gegenüber – Mountainbikender Tälerforscher lässt sich treiben in asphaltierter Weglichkeit.*

## Pichl

*Letztmalig in ennstaligen Tiefen. Freizeitzentrum mit Teich für Plätscherungswillige – Abschied und Aufstieg. Nach langwierigem Seitental-Hin und Her eine kurze und schmerzlose Querung – Endlich auch gschmackige Wege, duftiger Sand in ausgeschwemmten hohlen Wegen – Lustvolles Hineinradeln ins Ramsauer Wiesen-Wege-Zäune-Baumreihen-Plateau. Landschaftsfeeling zum Einatmen.*

## Detailausschnitt D

### Preunegg

*Hochwurzen schaukelt Schi zur Reiteralm. Biker schaukelt mit und lässt sich zu Tal fallen.*

### Türlwandhütte

*Was winterlich Schiweg heißt, mutiert sommerlich zum Trampelpfad wandernder Vater-Mutter-Kind-Karawanen. Die bikerliche Annäherungsübung an den „Hoch vom Dachstein an"-Landeshymnenberg der Steiermark gestaltet sich nicht nur wandererslalomfahrmäßig, sondern auch landschaftsausblick- und klassewegebikemäßig zu einem abschließenden Höhepunkt der alpentourlichen Bemühungen. Letzte Rückblicke auf die „Alle schon gefahrenen" gegenüberliegenden ennstalabgezweigten Seitentäler und ihre „Leider nicht erklommenen" schigeschaukelten Zwischenberge wechseln mit sich nähernden Dachsteinsüdwandimpressionen in einem Reigen von Eindrücken – Stop und Hoch-Höhepunkt unter den mächtigen Südwänden. Der ehemals höchste Punkt der Alpentour wurde zwar im Zuge der Streckenerweiterung vom Sölkpaß höhenmetrisch in die Bedeutungslosigkeit gestoßen, bleibt aber trotzdem Eck- und Angelpunkt der Alpentour Steiermark. Beschreibungstechnisch gesehen Schluss. Punkt.*

### Ramsau-Ort

19 **Landhotel Kielhuberhof Tel. +43 3687 81750** (siehe S. 28)

22 **Sportpension Ischi Tel. +43 3687 81901** (siehe S. 28)

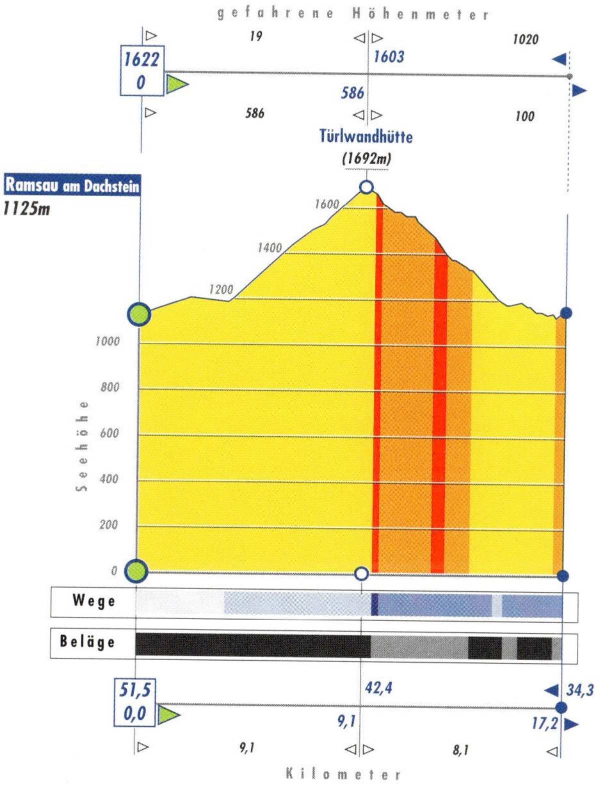

gefahrene Höhenmeter

| | | |
|---|---|---|
| 19 | 1603 | 1020 |
| 1622 / 0 | 586 | |
| 586 | | 100 |

Türlwandhütte (1692m)

Ramsau am Dachstein 1125m

Seehöhe: 0, 200, 400, 600, 800, 1000, 1200, 1400, 1600

Wege

Beläge

| | | |
|---|---|---|
| 51,5 / 0,0 | 42,4 | 34,3 |
| | 9,1 | 17,2 |
| 9,1 | 8,1 | |

Kilometer

# Höhenprofil D

Foto: Pail

## Das steirische Mountain Bike Paradies
## Haus im Ennstal-Aich-Gössenberg

*Im Herzen der Dachstein-Tauern-Region finden Sie die sportlichen Dörfer von Haus im Ennstal-Aich-Gössenberg. Mountainbiker finden hier wahrlich ihr Paradies. Ausgehend von den Alpentour-Routen bzw. R7-Radweg erwartet die Biker ein vielfältiges Radnetz. Bekannt sind die variantenreichen* **Hochtäler-Biketouren** *durch das Gumpental, Seewigtal oder Sattental.*

*Selbstverständlich sind alle Tälerübergänge für die Biker freigegeben. Noch ein Geheimtip ist die neue sieben Kilometer lange Bike-Tour „felsige Impressionen" hoch hinauf zur* **Stoanalm**. *Eine der schönsten Biketouren führt ausgehend von Assach über die imposante* **Assacher Scharte** *ins Stoderzinkengebiet.*

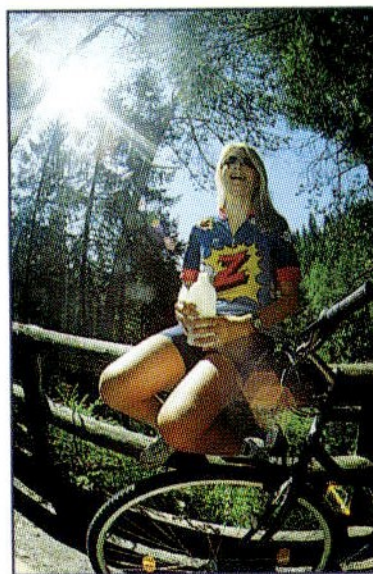

*Das* **Erfolgsrezept** *für die Bikeoffensive Haus im Ennstal ist in wenigen Worten erklärt – Dank großartigen Entgegenkommens der Grundbesitzer ein variantenreiches Wegenetz, radbegeisterte Hütten und Almen, sportliche Beherberger.*

*Radinfos, Angebote und die neue Bikekarte Dachstein – Tauern erhalten Sie beim:*

**Tourismusverband**
**Haus im Ennstal-Aich-Gössenberg**

**A-8967 Haus im Ennstal**
**Tel.: ++43 3686/2234-0**
**Fax: ++43 3686/2234-4**
**haus-ennstal@aon.at**
**www.haus.at**

## 15 Alpentourwirt

### Hotel Gürtl

**A-8967 Haus / Ennstal**
**Kaiblingstrasse 96**
**Tel.: ++43 3686/2383**
**Fax: ++43 3686/238325**
**hotel-guertl@ppl.at**
**hotel-guertl@aon.at**

**Direkt an der Alpentourstrecke**
*ruhige Lage, Waldesrand, am Fuße des Hauser Kaibling ( 800 m ), wunderbarer Panoramablick, Seilbahnnähe*
*5 min. zum Ortskern.*

*Große Sonnenterrasse, beheiztes Freischwimmbad, Tennis, Pit-Pat oder Minigolf frei!*

**Kulinarisch** *werden Sie von unserem Wirt mit landestypischen, aber auch internationalen Speisen verwöhnt.*
*Wir gehen auch gerne und selbstverständlich auf spezielle Bikerwünsche ein.*
*Reichhaltiges Frühstücksbuffet!*

*21 Zimmer mit komfortabler Ausstattung*
*Bikerwerkstatt, Fahrradkeller, Bikershop.*

## 23 Alpentourwirt


**Dorf- und Wanderhotel**
**KIRCHENWIRT**
**Fam. Felsner**
**Kirchengasse 56**
**8967 Haus im Ennstal**
**Tel.: ++43 3686/2228**
**Fax: ++43 3686/22285**
**kirchenwirt@ppl.at**
**www.kirchenwirt.net**

*Unser* **Dorf- und Wanderhotel Kirchenwirt** *dient als Ihr Basislager für einen Rad – Erlebnisurlaub mitten im historischen Ortskern von Haus im Ennstal direkt an der Alpentour. Der Hausherr, selbst begeisterter Biker, zeigt Ihnen die schönsten Mountainbiketouren in der Dachstein – Tauern – Region.*

*Unser Hotel bietet seinen Gästen neu ausgestattete Komfortzimmer im Stammhaus und neuen Trakt, sowie einen Entspannungsbereich mit Sauna, Dampfbad, Whirlbecken und Solarium. Weiters stehen Ihnen 3 Tennisplätze, das örtliche Freibad, Minigolf und Pit-Pat-Anlage gratis zur Verfügung. Für unsere Radler bieten wir eine Waschanlage, Werkstätte und Fahrradraum, Radverleih und gratis Wäschservice.*

*Schladming in der* **Dachstein – Tauern – Region** *bietet für jeden Geschmack etwas besonderes.*

*Unzählige markierte Wander- und Mountainbikestrecken, die von bequemen bis zu sportlich sehr anspruchsvollen Routen in Höhenlagen bis zu 2000 m alles umfassen.*

*Genießen sie den Blick auf den* **Hohen Dachstein** *(2.995 m) und den* **Höchstein** *(2.543 m). Steile Anstiege, einzigartige Abfahrten und die klare Gebirgsluft machen eine Radtour in der Umgebung von Schladming zu einem ganz besonderen Erlebnis.*

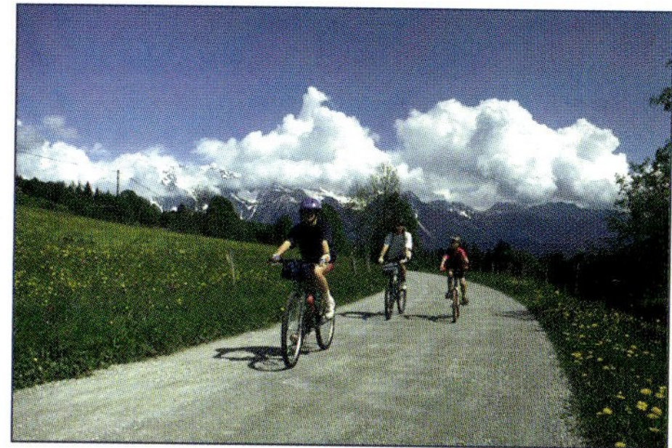


**Tourismusverband Schladming**
**Erzherzog-Johann-Strasse 213**
**8970 Schladming**
**Tel.: ++43 3687/22268**
**Fax: ++43 3687/24138**
**touristoffice@schladming.com**
**www.schladming.com**

## Rohrmoos ob Schladming – das Bike-Eldorado im Herzen der Alpentour

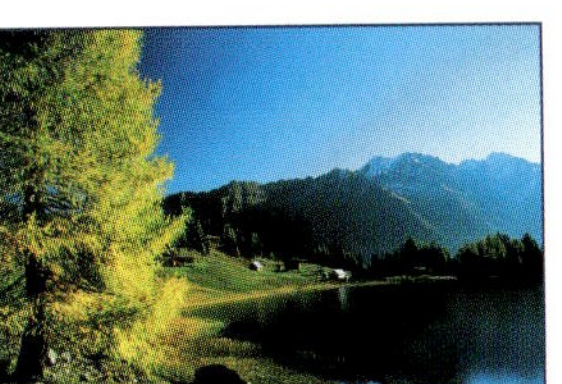

*Im Herzen der Dachstein-Tauern-Region oberhalb von Schladming lädt* **Rohrmoos-Untertal** *mit seinem sonnigen Plateau, naturbelassenen Hochtälern und atemberaubender Bergwelt zum Biken ein. Rohrmoos-Untertal ist der ideale Urlaubsort für Biker, Wanderer, Naturliebhaber und Familien. Eine intakte Natur, über 300 Bergseen, unzählige Wasserfälle und urige Hütten, eine 7 km lange Sommerschlittenbahn, der Rohrmooser Kinderclub, Abenteuersport sowie Feste und Veranstaltungen sorgen für einen unvergesslichen Urlaub.*

*Ein Muss für jeden Biker sind folgende Touren:*
*Die* **„Knappentour“**, *mittelschwere Tour für sportliche Biker durch die Talbachklamm in das Obertal zum alten Silberbergwerksstollen und Schmelzofen-Rundweg. (Zu Fuß geht's weiter zum Duisitzkarsee 1 1/2 Std.)*

*Die* **„Almrauschtour“**, *anspruchsvolle Tour für trainierte Biker auf einer selektiven Bergstraße zur malerisch gelegenen Ursprungalm. (Zu Fuß geht's weiter zum Giglachsee 1 Std.)*

*Für* **Gipfelsiege** *auf Planai und Hochwurzen heißt es kräftig in die Pedale treten. Kraftraubende Tour für Profis – ein wunderbarer Panoramablick entschädigt für alle Anstrengungen. Für bequemere Gipfelsiege empfiehlt sich die Auffahrt mit den Seilbahnen.*

**Veranstaltungshinweis:** *Mountainbike Rennen auf die Hochwurzen mit großer Bikerparty im Juli!!!*

**Tourismusverband Rohrmoos**

**A-8970 Rohrmoosstrasse 234a,**
**Tel.: ++43 3687/61147**
**Fax: ++43 3687/61147-18**

## 09 Alpentourwirt

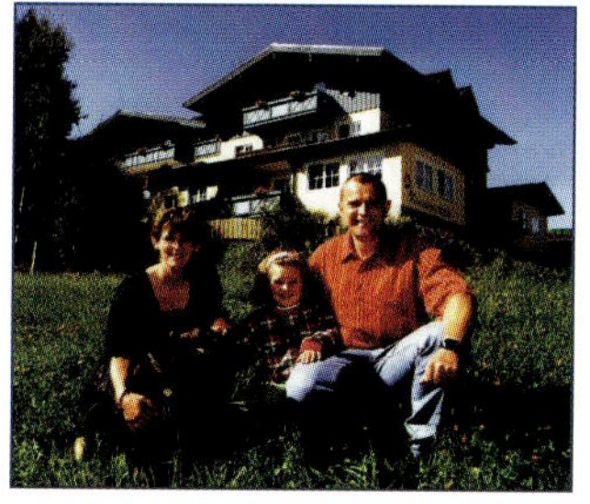

### Ferienhaus Bliem

Familie Huber
Birkenweg 96
8970 Rohrmoos
Tel.: ++43 3687/61431
Fax: ++43 3687/61431-59
huber@bliem.at
www.bliem.at

**„Sportlicher Urlaub für die ganze Familie zu jeder Jahreszeit"**

*Wohnen in komplett ausgestatteten Ferienwohnungen (55-75 m²) mit Frühstücksbuffet auf dem Sonnenplateau Rohrmoos, oberhalb von Schladming. Im Haus warten auf Sie: Sauna, Dampfbad, Mickey-Mouse-Spielraum, Freizeitraum (Tischtennis, -fußball, Dart).*

**Im Sommer:** *hauseigener Kinderclub (Montag bis Freitag), geführte Mountainbike- und Wandertouren (30 Touren vor Ort).*
**Im Winter:** *Skipiste und Langlaufloipe direkt vor der Haustüre, Kinderbetreuung auf Anfrage, Skischulabholservice und.......*

*Sie haben sich einen Urlaub bei uns verdient !!!!!!*

## 17 Alpentourwirt

### Hotel Selbach

Das Urlaubshotel
Rohrmoos 164
8970 Rohrmoos ob Schladming
Tel.: ++43 3687/61164-0
Fax: ++43 3687/61164-14
hotel@selbach.at
www.selbach.at

*Das Hotel Selbach ist ein typisch* **alpenländisches Hotel** *mit Holzbalkonen, die im Sommer mit prächtigen Blumen versehen sind. Es liegt in Rohrmoos, oberhalb der Stadt Schladming, bekannt durch die FIS-Veranstaltungen am Hausberg* **Planai**. *Der Ort im Ennstal ist umgeben vom Dachstein, dessen Gletscher ein exzellentes Sommerskigebiet darstellt, und von den Tauern auf der anderen Talseite.*

*Das Hotel Selbach liegt direkt (ca. 50 m) an einer der Skipisten, so kann auch Ihr Auto Urlaub machen. Im Sommer sind wir Ausgangspunkt für wunderschöne (Berg-) Wanderungen in einer Bilderbuchlandschaft. Als Alpentourwirt liegen wir an der Strecke der Alpentour Steiermark, mit 1.000 km und 27.000 hm, dem* **weltweit grössten organisierten Mountainbikegebiet.**

# Dachstein – Tauern – Region

*Die beeindruckende Bergwelt der Dachstein-Tauern-Region bildet die malerische Kulisse für ein faszinierendes Raderlebnis. Mehrere 100 Kilometer Mountainbike-Strecken bieten die besten Voraussetzungen für spannende Touren. Die sportliche Aktivität ist hier gepaart mit einem* **Freizeiterlebnis besonderer Art**. *Die einzigartige Kontrastlandschaft, die vielen Hochtäler, Bergseen, Wasserfälle, romantische Almen begeistern Biker aus der ganzen Welt.*

*Besonderes Augenmerk gilt den Routen der „Alpentour Steiermark" am Fuße des Dachsteins und dem Berggebiet der Schladminger Tauern. Einer der schönsten Abschnitte ist dabei der Aufstieg durch die Gröbminger Öfen bis tief hinein in das wildromantische Viehbergalmgebiet. Interessant für Biker ist sicher aber auch, dass es viele reizvolle „Runden" unter Miteinbindung der Tauern-Hochtäler gibt. So zum Beispiel ausgehend von Haus im Ennstal über den Oberhausberg ins Gumpental und weiter durch das Waldgebiet des Petersbergs ins Seewigtal (Steirischer Bodensee). Atemberaubend schön aber auch die Touren ab Schladming durch die wasserreiche Talbachklamm ins Ober- und Untertal oder durch das Preuneggtal zur Ursprungalm. Viel „Wanderpower" ist angesagt bei Bergtouren zum Beispiel ins Ramsauer Türlwandgebiet, Naturpark Sölktäler, Hochwurzen/Planai, ins Stornalmgebiet ab Rössing (Ramsau/Haus i.E.) oder hinauf auf die Galsterbergalm. Die „Tour de Kas" führt ausgehend von Gröbming über den Kulmberg, Pruggern ins reizvolle Almengebiet vom Sattental. Selbstverständlich gibt es eine regionale Bikekarte und eine spezielle Bike-CD* **„Bikenavic Dachstein-Tauern"**.

*Ein interessantes buchbares Radangebot betrifft eine 4-Tages-Radtrekkingtour durch die Dachstein-Tauern-Region mit angebotenem Gepäcktransport. Für Sportler sind auch die alljährlichen* **Bike-Events** *ein besonderer Leckerbissen, zum Beispiel die Klassiker-Bergrennen von Rohrmoos-Hochwurzen bzw. Haus im Ennstal (Hauser Kaibling) und der „Dachstein-Freeride" (Schladming/Ramsau). Höhepunkt ist wie jedes Jahr der*

**„Mitterberg-12-Stunden-Radmarathon".**

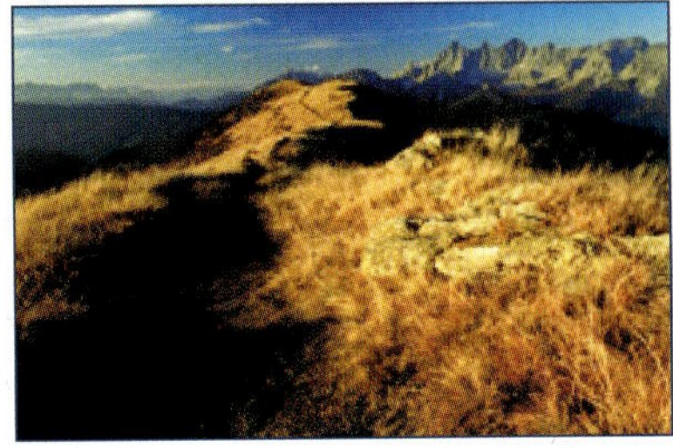

**Tourismusregionalverband**
**Dachstein – Tauern – Region**
**Kuschargasse 202**
**8970 Schladming**
**Tel.: ++43 3687/23310**
**Fax: ++43 3687/23232**
**info@dachstein-tauern.at**
**www.dachstein-tauern.at**

**Die Dachstein-Tauern-Region ... das steirische Mountain-Bike-Eldorado Nr. 1**

# Mariazell – Aflenz Kurort

*Nicht „Schlaflos in Seattle", sondern sprachlos im Sattel: Diesmal ist es wirklich zu viel. Wenn der Weg das Ziel sein soll, dann ist dieses Ziel zu weit, zu steil, zu hoch gesteckt. Auf diesem Kurs werden die Kräftigen schwach, die Munteren müde und sogar die Harten müssen weichen. Eine elementare Naturlandschaft dieser Kategorie, die eigentlich „hors categorie" und damit außerhalb jeglichen Bezugsmaßstabes liegt, kann einfach nicht mit einem zarten 12-Kilo-Bike auf zwei pannenanfälligen Reifen bezwungen werden. Ganz zu schweigen vom Fahrer, der mit seinen 70 Kilo noch um vieles panik-anfälliger ist.*

*Wenn man trotzdem von Mariazell Richtung Süden schwenkt, dann sind die Gründe dafür schwer zu ergründen. Man lenkt nicht selbst, sondern lässt sich lenken von einem vagen Prinzip der Hoffnungslosigkeit, die sich mit jedem schüchternen Blick auf die Karte verfestigt. Denn eines steht fest: Der Körper hat schon lange ausgedient. Hier kann nur noch der gnadenlose Wille jene Berge versetzen, die sich kilometerhoch bis zum Horizont auftürmen. Taumelnd tritt man also an; zwar nicht an Schwung, aber dennoch erstaunlicherweise an Höhe gewinnend. Jeder Meter ist ein Punkt, wenn auch ein ziemlich wunder. Hart, aber schmerzlich. Doch auch ein wunder Punkt kann sich in ein punktuelles Wunder verwandeln. Plötzlich wird der Himmel weit und das erste Ziel rückt nahe: Gußwerk. Ganze 16 von 61 Kilometern sind schon geschafft, der Fahrer auch. Jetzt braucht man nur noch die Ziffern zu vertauschen. Weiter geht's über Stock und Stein, mit stocksteifen Gliedern und versteinerten Mienen. Der Umwerfer wird immer umwerfender, die Züge bekommen verbissene Züge, das Schaltwerk beißt die Zähne zusammen. Die Gabel lässt Federn, das Hinterrad wünscht guten Rutsch. Ein Blick auf die Karte: Bitte, wie heißt dieses Hochgebirge? „Niederalpl". Die Götter müssen verrückt sein. Trotzdem weiter, hinauf zum Nikolokreuz und dann bitte nie wieder Radfahren. Zum Glück ist Aflenz ein Kurort. Hoffentlich mit Sauna und Schwimmbad....*

# Streckenabschnitt 15

Tourismusregionalverband Mariazellerland-Hochschwab
A-8630 Mariazell, Hauptplatz 13, Tel.: +43/3882/4700

Erlaufsee
Mariazeller Bürgeralpe 1266
1365
Lahnsattel 1016
A
St. Sebastian
MARIAZELL 860m
Köckensattel 1092m
Salza
Halltal
1523
Tribein 1245m
Gußwerk 747m
Mooshubenwirt
Frein an der Mürz
4
B
Tonion 1699
Dürriegelalm
1574
C
Niederalpl 1221m
Niederalpl Paßhöhe
5
Mürzsteg
Aschbach
Veitschalpe
Hohe Veitsch 1981
Gollrad
D
Nikolokreuz 1429m
Seebergsattel 1253
Seewiesen

M 1:210 000

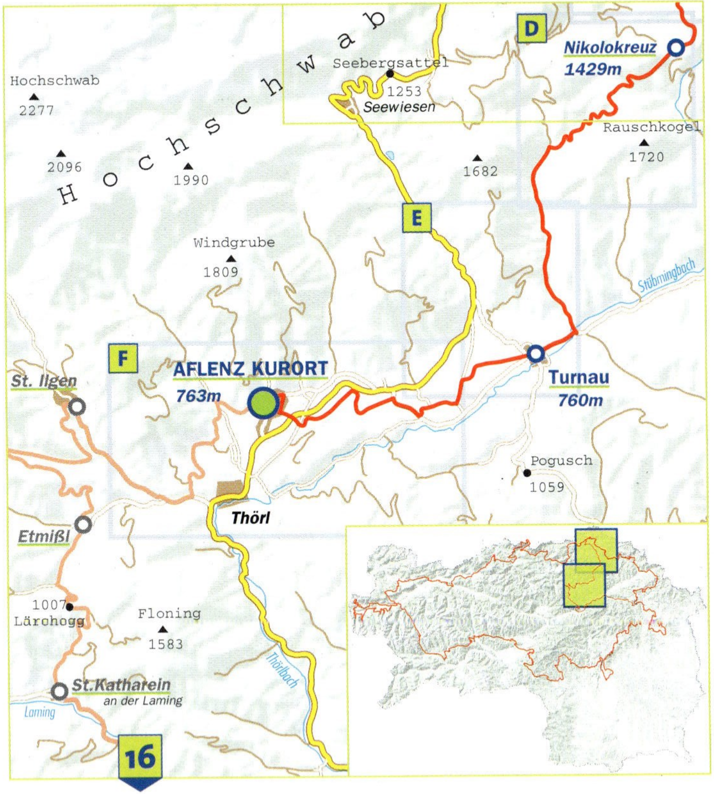

Hochschwab 2277
Hochschwab
Seebergsattel 1253
Seewiesen
D
Nikolokreuz 1429m
Rauschkogel 1720
2096
1990
1682
E
Windgrube 1809
Stübmingbach
F
AFLENZ KURORT 763m
Turnau 760m
St. Ilgen
Poguschy 1059
Thörl
Etmißl
1007 Lärchogg
Floning 1583
Thörlbach
St. Katharein an der Laming
Laming
16

| | | |
|---|---|---|
| **Mariazell – Aflenz Kurort** | 61,3 km | 1795 hm |
| **Aflenz Kurort – Mariazell** | 61,3 km | 1892 hm |

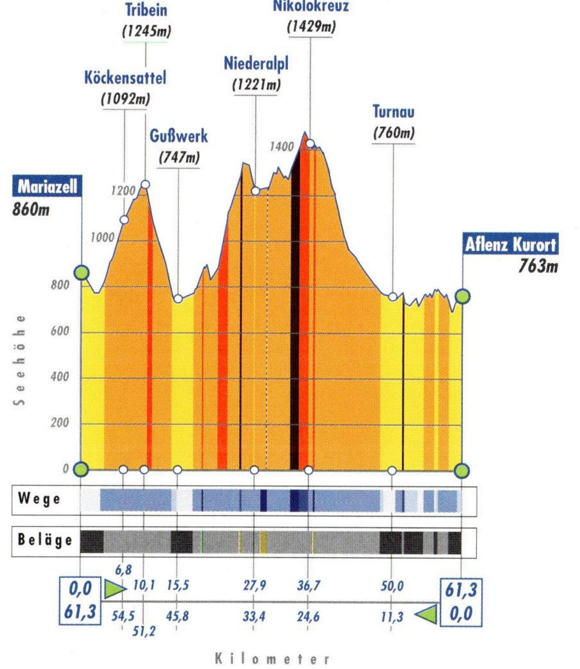


## Kurz gesagt:

Steile Wege, Almen und Gräben.

## Startpunkt:

Mariazell (860 m), am Fuße der Hauptstiege zur Basilika.

## Etappentelegramm:

Mariazell, Knotenpunkt der Touren – Die Schotterstraßen und der Köckensattel – Das Rollen im Tale – Die unglaubliche Steilheit des Lieglergrabens – Lohnender Abstecher vom Wetterl zur Hütte auf die Weißalm - Wundervolle Abschnitte entlang der Hohen Veitsch – Die Weite der Landschaft vor Aflenz Kurort.

## Abkürzungen:

Statt über den Köckensattel auf der Hauptstraße zwischen Mariazell und Gußwerk.

## Wichtige Hinweise:

Vorsicht auf dem enorm steilen Weg durch den Lieglergraben. Täglich verkehrender LKW zum Milchtransport von der Weißalm.

## Streckenstatistik (Km / %)

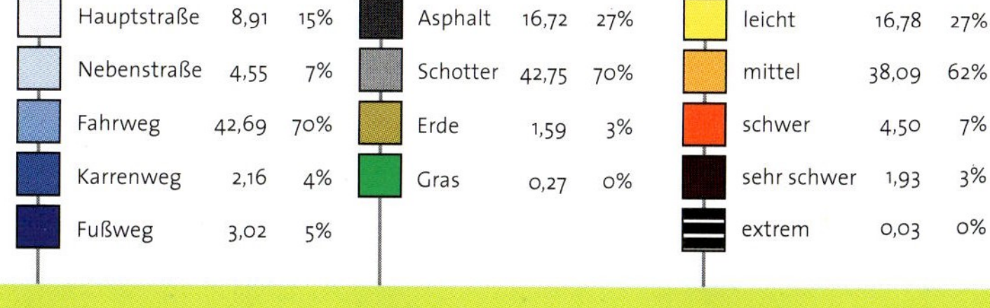

| Wege | km | % | Beläge | km | % | Schwierigkeiten | km | % |
|---|---|---|---|---|---|---|---|---|
| Hauptstraße | 8,91 | 15% | Asphalt | 16,72 | 27% | leicht | 16,78 | 27% |
| Nebenstraße | 4,55 | 7% | Schotter | 42,75 | 70% | mittel | 38,09 | 62% |
| Fahrweg | 42,69 | 70% | Erde | 1,59 | 3% | schwer | 4,50 | 7% |
| Karrenweg | 2,16 | 4% | Gras | 0,27 | 0% | sehr schwer | 1,93 | 3% |
| Fußweg | 3,02 | 5% | | | | extrem | 0,03 | 0% |

Detailausschnitt A

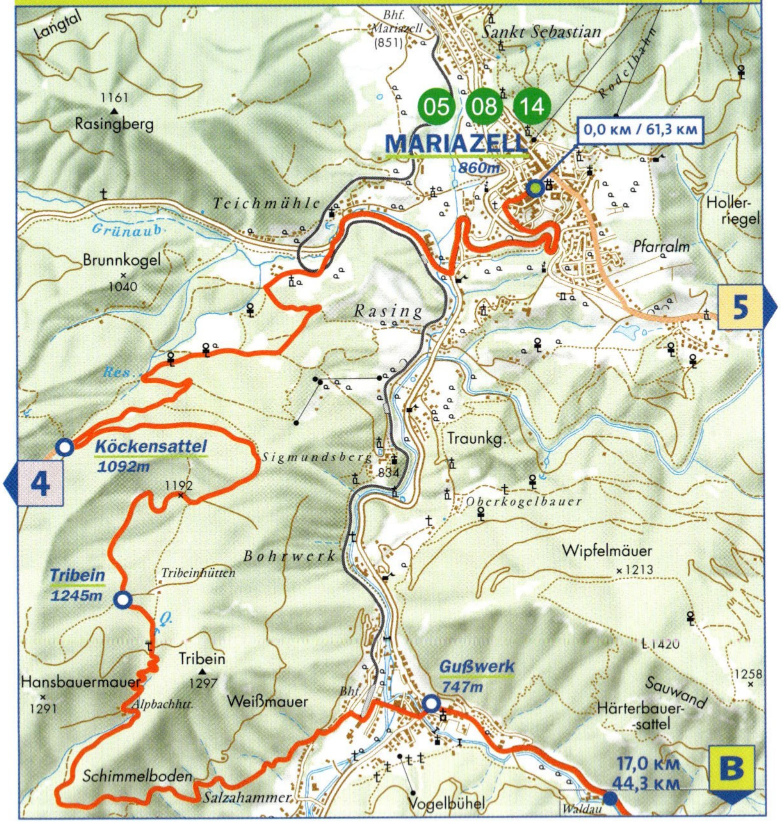

## MARIAZELL

**05 HOTEL SCHWARZER ADLER TEL. +43 3882 28630** (SIEHE S. 79)

**08 BRAUHAUS MARIAZELL TEL. +43 3882 25230** (SIEHE S. 79)

**14 HOTEL GOLDENE KRONE TEL. +43 3882 25830** (SIEHE S. 80)

*Mariazell hat Wallfahrer. In ihrer Mehrzahl handelt es sich dabei um motorisiert anreisende Pilgerscharen, die rasches Heil bei der Gottesmutter suchen. Eine nach Schnellschuss und Bequemlichkeit riechende Sache, die so gar nicht in das Bild des durch Entbehrung und Anstrengung Abbitte leistenden Wallfahrers passt. Und unsportlich obendrein. Allerdings ist für so manchen der hochbetagten Buswallfahrer der Weg über die Stiege zur Basilika eine größere Leistung als für unsereinen ein tausend Höhenmeter-Ritt. Die wahrhaftigen Wallfahrer aber sind in Wirklichkeit Wallgänger. Ganze Pfarrgemeinden machen sich alljährlich auf den meist feuchtfröhlich besinnlichen Marsch an die Grenzen ihrer psycho-physichen Leistungskraft. Zurückgelassen in ihrer hatschenden (dt. hinkenden) Langsamkeit von vorbeiziehenden Mountainbikern, den im Wortsinn wirklichen Wallfahrern. Der Wallfahrtsort als ideales Ziel für Wallbiker aus allen Himmelsrichtungen. Viele Wege führen nach Mariazell und alle über mindestens einen Berg. Aber alles, was ein Ziel ist, kann auch ein Start sein. Und so ist es. – Auf der Alpentour straßige Ortsausfahrt im Sinkflug. – Ganz schön schottrige Annäherung an den Köckensattel.*

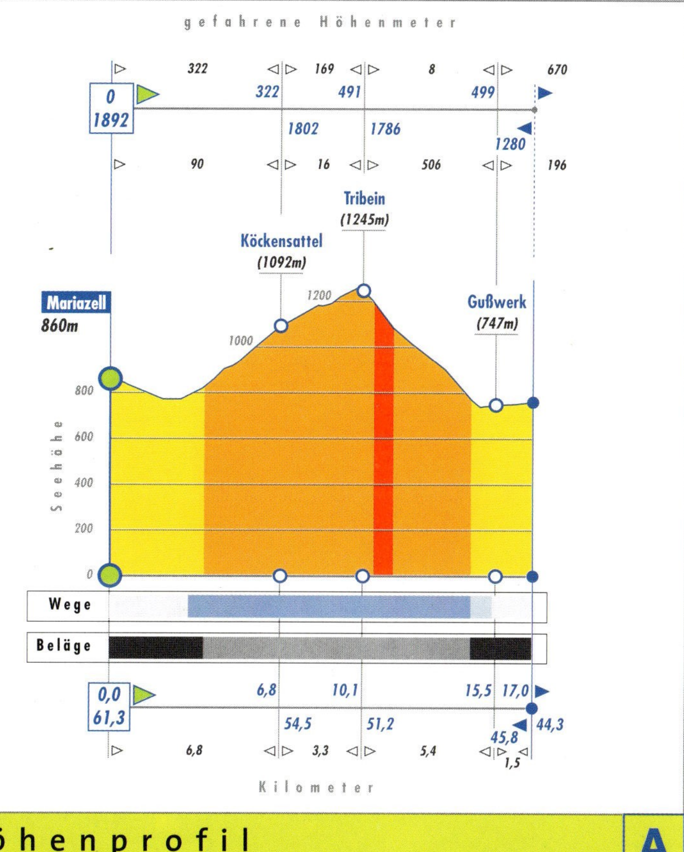


Höhenprofil **A**

## Köckensattel

*Ab hier wirds romantisch. Absprung der Romantiktour vom großen Bruder Alpentour. Forstgestraßte Fortsetzung der Alpentour mit anderen Wegweisern. Romantischen eben. Die Einstellung des Bikerauges schnell nachjustiert, Feeling angepasst, Bewusstsein erweitert und der Alpentourbiker mutiert ohne Selbstverleugnung zum Romantiker.*

## Tribein

*Lieblicher Beginn der romantischen Bemühungen. Schöne gemütliche Forstwege im Hohen Tann. Ohne Vorwarnung der Absturz ins Fetzige. Acht Kehren auf achthundert Metern, das fetzt ordentlich. Bei diesem Untergrund im Sturzfalle auch die Haut vom Knochen.*

## Gusswerk

*Hauptstadt des Forstes. Des Bundesforstes. Die flächenmäßige Riesengemeinde steht ganz im Zeichen des Holzes. Des bundesforstlichen Holzes. Die Österreichischen Bundesforste haben hier eines ihrer steirischen Hauptquartiere. Denn an Wald herrscht kein Mangel im Land um Gußwerk. Und wie wir Biker wissen, ist Wald im allgemeinen und bundesforstlicher Wald im besonderen, im Normalfall von einem dichten Radwegenetz, das nebenbei als Verkehrsweg zur Waldbewirtschaftung genutzt wird, durchzogen. Diese bikerische Sicht der Dinge löste in der Vergangenheit immer wieder gewisse Konflikte mit den Bundesforsten, die auf einem anderen Standpunkt standen, aus. Inzwischen hat sich einiges geändert. Biker haben ihre Sichtweise erweitert, Forstleute ihren Standpunkt bewegt.*

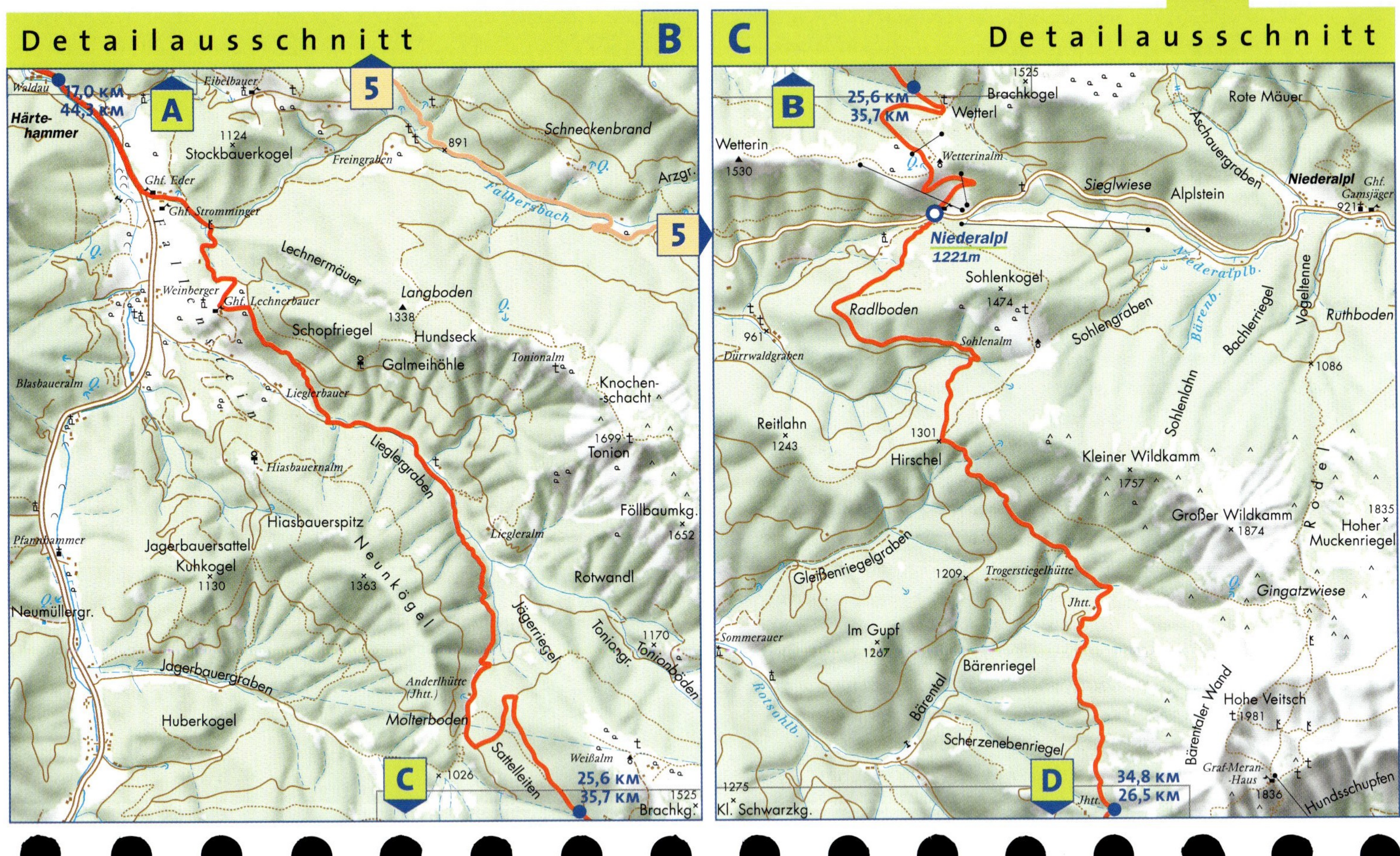
Detailausschnitt
B
C
Detailausschnitt
A
5
5
C
B
D
17,0 KM
44,3 KM
25,6 KM
35,7 KM
25,6 KM
35,7 KM
34,8 KM
26,5 KM
Waldau
Härte-hammer
Eibelbauer
Stockbauerkogel
1124
Freingraben
891
Schneckenbrand
Falbersbach
Arzgr.
Ghf. Eder
Ghf. Stromminger
Fallenstein
Lechnermäuer
Langboden
1338
Weinberger
Ghf. Lechnerbauer
Schopfriegel
Hundseck
Galmeihöhle
Tonionalm
Knochen-schacht
Blasbaueralm
Lieglerbauer
Lieglergraben
1699
Tonion
Hiasbauernalm
Föllbaumkg.
1652
Hiasbauerspitz
Pfannhammer
Jagerbauersattel
Kuhkogel
1130
Neunkögel
1363
Liegleralm
Rotwandl
Neumüllergr.
Jägerriegel
Toniongr.
1170
Tonionböden
Jagerbauergraben
Anderlhütte
(Jhtt.)
Molterboden
Huberkogel
Sattelleiten
Weißalm
1026
1525
Brachkg.
Brachkogel
Wetterl
Rote Mäuer
Wetterin
1530
Wetterinalm
Aschauergraben
Sieglwiese
Alplstein
Niederalpl
Ghf. Gamsjäger
921
Niederalpl
1221m
Niederalplb.
Sohlenkogel
1474
Radlboden
Sohlenalm
Sohlengraben
Bärenb.
Bachlerriegel
Vogeltenne
Ruthboden
961
Dürrwaldgraben
1086
Sohlenlahn
Reitlahn
1243
1301
Hirschel
Kleiner Wildkamm
1757
Rodel
1835
Hoher Muckenriegel
Großer Wildkamm
1874
Gleißenriegelgraben
1209
Trogerstiegelhütte
Gingatzwiese
Jhtt.
Sommerauer
Im Gupf
1267
Bärenriegel
Rotsohlb.
Bärental
Bärentaler Wand
Hohe Veitsch
1981
Scherzenebenriegel
Graf-Meran-Haus
1836
Hundsschupfen
1275
Kl. Schwarzkg.
Jhtt.

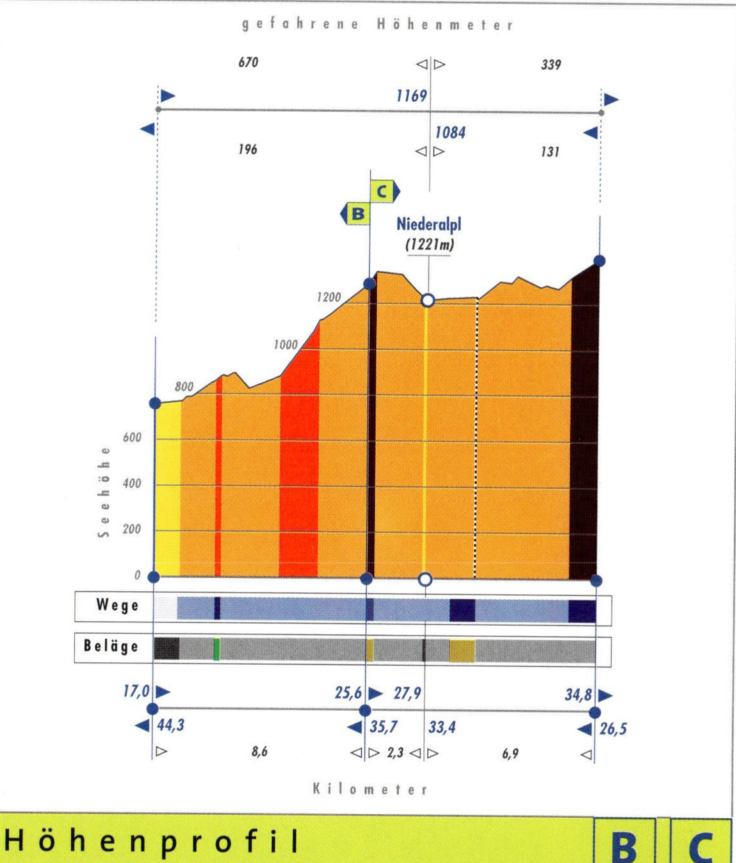


*Auf diesen Umstand geht ein Großteil des Wegenetzes von Alpen- und Romantiktour zurück. – Hauptstraßengerolle im Tal – Und Tschüss. Sagen wir den unerwünschten Segnungen des modernen Verkehrswegebaues und verlassen für geraume Zeit die Wirkungsstätten der Asphaltmaschinen. Für sehr geraume Zeit. In Zahlen: 30, in Worten: dreissig Kilometer geschotterte und geerdete Mountainbike-Glückseligkeit liegt vor uns. – Wegemäßiges Vorgeplänkel auf unmaßgeblichen Höhen. – Eine Furt ist nass. Eine Furt macht nass. Nass ist gleich kalt. Sich nasskalte Füße holen, ist sicher nicht das höchste der Bikegefühle. Das dachten auch andere und schritten zur stegbauerischen Tat. Sportliche Biker furten und nässen aber weiterhin. – Lieglergraben hat eine Entsprechung. Die Leber (Streckenabschnitt 08) in Stattegg. Beide haben eines gemeinsam: Sie gehen steigungsgemäß 28-prozentig an die Nieren. Was schon asphaltiert keine Kleinigkeit mehr ist. Der Lieglergaben ist aber nicht asphaltiert. So gesehen, fehlt ihm doch die Entsprechung. Biker, die fahrtechnisch und konditionell nicht entsprechen, brechen ein oder auf zum Fußmarsch. – Nach Überwindung (Selbst- und Lieglergraben) Knick ins flachere mit anschließendem Gegenknick ins Vertikale. Wetterl, Hochpunkt – Schipistiger „Auf der Alm da gibts ka Sünd"-Radler mit Nieder-lassung aufs gleichnamige -alpl.*

## Niederalpl

*Relationen sind wichtig. Besonders an einem Ort, der 1221 m „nieder" ist. In Relation zur Umgebung ist er wirklich nieder oder zumindest niedriger. Das beherrschende Landschaftsmerkmal heißt ja auch „Hohe" Veitsch. – Klasses Gemisch von Forstautobahnen und lässig-schwierigen Fußwegen mit Panoramablick.*

# Detailausschnitt D

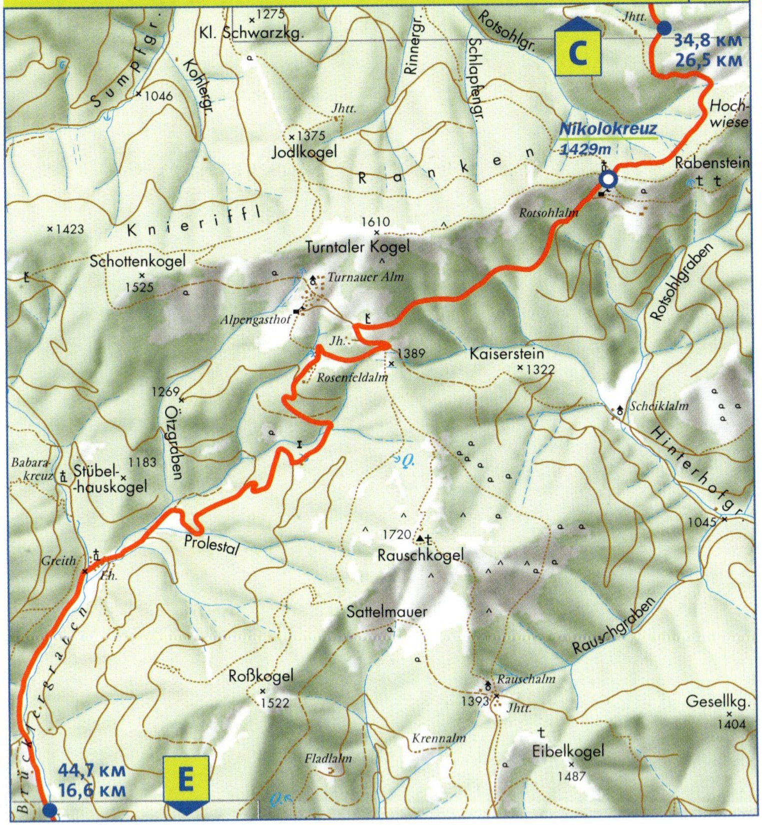

Kl. Schwarzkg. 1275
Sumpfgr.
Kohlergr.
1046
Rinnergr.
Schlapfengr.
Rotsohlgr.
C
Jhtt.
34,8 KM
26,5 KM
Hoch-wiese
Jodlkogel 1375
Nikolokreuz 1429m
Ranken
Rabenstein
Knierifl
1423
1610
Rotsohlalm
Turntaler Kogel
Schottenkogel 1525
Turnauer Alm
Rotsohlgraben
Alpengasthof
1389
Kaiserstein 1322
Rosenfeldalm
1269
Ötzgraben
Scheiklalm
Hinterhofgr.
Babara-kreuz
Stübel-hauskogel 1183
1045
1720
Prolestal
Rauschkogel
Greith
Sattelmauer
Rauschgraben
Roßkogel 1522
Rauschalm
1393
Gesellkg. 1404
Krennalm
Fladlalm
Eibelkogel 1487
Brücklergraben
44,7 KM
16,6 KM
E

# Detailausschnitt E

1127
Hörsterkogel 1609
44,7 KM
16,6 KM
Brückenbauer
D
Lammer-höhe
Seegraben
Weittal
Jhtt.
Brücklergr.
Rötelstein
Schruffen
Schruffenkg. 1259
Seebach
Grüner See
Karlongr.
1446
Wh. zur Gemse
Obere-
Eichholz
1484
Pfischer
Lammer
Schießlingalm
1005
Turnauer Berg 1050
778
-Au
Pöschl
Untere-
Prümsch
Fladischerhof
Farntal
Untere Stübming
Göriach (797)
Kalch
Schnurrer
Turnau 760m
Flugfeld
F
52,2 KM
9,1 KM
778
Seebach
Graßnitz
Schrittwieser
Kamsker

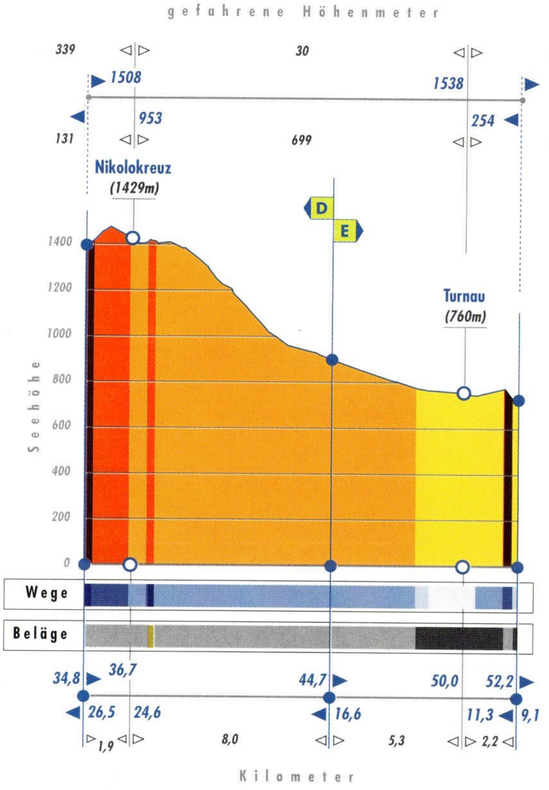

gefahrene Höhenmeter

339 ◁▷ 30 ◁▷ 257

▶ 1508 1538 ▶

◀ 953 254 ◀

131 ◁▷ 699 ◁▷ 254

Nikolokreuz (1429m)

D E

Turnau (760m)

Seehöhe: 1400, 1200, 1000, 800, 600, 400, 200, 0

Wege

Beläge

34,8 ▶ 36,7 44,7 ▶ 50,0 52,2 ▶

◀ 26,5 24,6 ◀ 16,6 11,3 ◀ 9,1

▷ 1,9 ◁▷ 8,0 ◁▷ 5,3 ◁▷ 2,2 ◁

Kilometer

Höhenprofil D E

## O Nikolokreuz

*Definitiv nicht nieder. Herrliche Hochalm mit echten Viechern, echtem Senner, echter Almhütte, echt steirischem Bier und echter Supperl-Wurst-„Gessen wird wos da is"-Verpflegung. Echt guat, ohne Schmäh. Allerdings nur zur Almzeit. Und die ist dann, wenn der Schnee weg und das Gras da ist. Was im Frühjahr dauern kann. – Forstweg-Wanderweg-Szenario bis zur Turnauer Alm – Schotterstraßenhobler mit erhöhter Autogegenverkehrszuralmfahrproblematik – Wunderschöne erholsame Talausfahrt.*

## O Turnau

*Abwechslungsreiches Gefahre auf allen möglichen Wegen, durch alle möglichen Dörfeln, bei allen möglichen Neigungen, durch alle möglichen Wiesen, mit allen möglichen Ein-, Aus- und Rückblicken. Und sonst? Alles mögliche. Und der Hochschwab über allem.*

## Aflenz Kurort

33 **Hotel Post Karlon Tel. +43 3861 2203** (siehe S. 238)

34 **Hotel Aflenzerhof Tel. +43 3861 2245** (siehe S. 238)

# Detailausschnitt

F

E

16

61,3 KM / 0,0 KM
52,2 KM
9,1 KM
AFLENZ KURORT
763m
33
34
Auf der Ran
Schmidbauer
Dörflach
Dralach
Seebach
Jauring
Graßnitz
Blasbauer
Gasenbach
Döllach
Doppelhofer
Thullin
SG
Tutschach
Kleinmühlberg
Steinrieser
Seiserkogel
Pichler
Seiser
Burgstaller
Krugbauer
Kropfrast
Kropf
Neußl
903
887
Mitterberg
Hinterberg
Thalbach
Pfeifer
Schörgenhofer
Schnabelbach
Hasen
Osterer
Reischenbachgr.
Kropflach
Stübmingbach
Groisenbach
Jauringbach
Keiml
Kochberger
Siedlung-
-Apfelhube
Palbersdorf
Riegler
Zöbriach
Fölz
Stügger
Bad
Ghf. Pierer
Lammer
Friedler
836
Jagawirt
Fölzer B.
Jhtt.
Wolfsgrube
Rusteck
1298
Schwaighofer
Hofbauer
Lechner
Rust
1229
Zwainer Berg
Fegenberg
Kammerhofer
Jörgbauer
Mitterbacher
Sulzgraben
Fotz
Leitenbauer
Dirnberger
Zwain
Schwamml
Büchsengut
Bergkreuz
Schöckel
870
Stubenleitner
638
Thörl
Wappensteinhammer
Ilgner B.
Steinitzer
Schwarzbauer
Himmelspitze
999
Ruine Schachenstein
Hammerwald
Eisenwerk Pengg
Thörlbach
Freideneck
1094
Himmel
1145
Thaller
961
Haslergraben
Strohsitzbach
Strohsitz
Federl
Eder
Jh.
Fh.
Margarethenhütte
Fuchsgraben
Lasingergr.
Hammerriegel
Zöberer B.
Neußlalm
Neußriegel
Greitbaueralm
Jh. Pengg
Kropfalm
Pfeiferkg.
1227
1129
Reischenbach-
-boden
1422
Schreinerkg.
Wolfgrubensattel
Zöberer Gr.
Haugalm
Zöberer Alm
Zöberer Höhe
1486
Haugsattel
1414
1374
Roßkg.

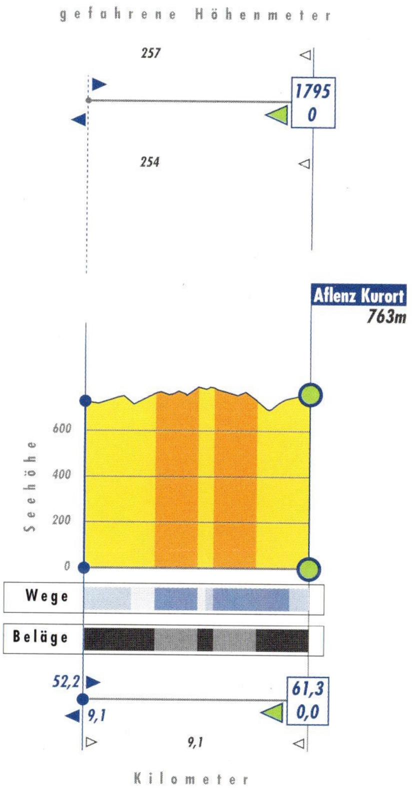

gefahrene Höhenmeter

257

1795
0

254

Aflenz Kurort
763m

Seehöhe

600
400
200
0

Wege

Beläge

52,2
9,1

61,3
0,0

9,1

Kilometer

# Höhenprofil

F

© Steiermark Tourismus/Lanxx

www.Steiermark.com

## Alpentourwirt

### Hotel Post Karlon

**Familie Karlon**
**Mariazellerstrasse 10**
**8623 Aflenz**
**Tel.: ++433861/2203**
**Fax: ++43 3861/22034**
**hotel.post.karlon@aon.at**
**www.tiscover.com/karlon**

*Inmitten der* **Romantik – Tour** *am Südhang des Hochschwab-Massivs liegt das Hotel Post Karlon.*
*Seit 1544 im Familienbesitz, bemühen wir uns, für Sie ein liebevolles Kleinod zu schaffen. In den gemütlichen Gasträumen findet man nicht nur Antiquitäten, sondern auch ausgesuchte Weine, Biere vom Fass, erlesene Schnäpse und mehr. In der Küche wird steirisch und leicht mediterran gekocht. Aus unserer Landwirtschaft wird so manche einzigartige Köstlichkeit wie unser Hauskäse angeboten.*
*Nach einer Bike-Tour in der wunderschönen Umgebung können Sie in großen ruhigen Zimmern im Gartentrakt den ereignisreichen Tag ausklingen lassen. Besonders stolz sind wir auf unsere Romantikzimmer. Große Appartments mit ländlicher Einrichtung, wie Himmelbetten und Nachttopferl oder Jugendstil-Romantik aus dem Jahre 1911 laden zu unvergesslichen Nächten ein.*

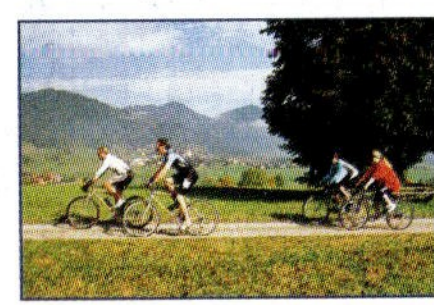

*Unser Bike-Guide kann Ihnen so manchen unbekannten Tour-Tipp empfehlen und Sie auch bei diesem Ausflug auf Wunsch begleiten.*

## Alpentourwirt

### Hotel Pension Aflenzerhof

**8923 Aflenz-Kurort 15**
**Tel.: ++43 3861/2245**
**Fax: ++43 3861/224529**
**aflenzerhof@gmx.at**
**members.aon.at/aflenzerhof**

*Der Aflenzerhof ist ein familiär geführter Betrieb im Zentrum von Aflenz.*

*Unsere Zimmer mit Dusche, WC, TV und Balkon, liegen gartenseitig und ruhig. In gemütlichen Gasträumen können Sie sich von uns bei gutbürgerlicher Küche und gepflegten Getränken verwöhnen lassen.*

*Für Ihr körperliches Wohl sorgen auch Masseure der Kur- und Saunaanlage Aflenz, die in unserem Haus untergebracht ist. Neben Massagen und verschiedenen Kneipp-Anwendungen stehen Ihnen auch Sauna und Dampfbad zur Verfügung.*

**Wir freuen uns, Sie in unserem Haus begrüssen zu dürfen!**

# Aflenz Kurort – Fischbach

## *Fischbach gegen Kapfenberg – das ist Brutalität.*

*Die „Romantiktour" vermittelt zartbesaiteten Bikern Romantik in ihrer brutalsten Art: Beinharte Anstiege, atemberaubende Steilkehren, tiefe Waldböden und gnadenlose Downhills bringen die Seele in Aufruhr und den Körper zur Verzweiflung. Mit Sicherheit das Falsche für schweratmende Kettenraucher, aber genau das Richtige für eine Meute wilder Kettenhunde, die mit rauchenden Ketten über die Trails fetzt. Hinauf gehts mit ächzenden Sehnen und sehnendem Ächzen, mit letztem Biss über die Kuppe und dann die totale Schubumkehr: Sattel einschieben, Abflug in die Vertikale, Sturzpiloten im Geschwindigkeitsrausch. Fasten your seat belts.*

*Es sind Outlaws der besonderen Art: Beim Uphill werfen sie die Gesetze der Biologie über Bord, beim Downhill treten (sie) die Gesetze der Physik außer Kraft. Nur die Chemie stimmt immer. In jeder Kurve rauchen die Bremsen auf, stinkende Feuerzeichen einer brennenden Glut, die in diesen beknackten Körpern für Temperatur- und meist auch andere Stürze sorgt. Reibungswärme lässt Funken über- und Wanderer panisch zur Seite springen. Der Wildwechsel lädt zum wilden Wechsel ein. Kurvenradien werden einfach ausradiert, Totpunkte zum Leben erweckt, Scheitelpunkte kräftig auffrisiert. Pedale pendeln waghalsig in die Waagrechte, weil das Lot völlig aus dem Lot geraten ist. Die wirbelnde Nabe wird zum Nabel der Welt und hebt die Physik aus den Angeln. Die Winkelgeometrie der schiefen Ebene murmelt im labilen Gleichgewicht den Satz von Pythagoras und lässt sich im nächsten Drehmoment erschöpft auf das rutschige Schotterbett fallen. Ein Alptraum für Mathematiker, Geographen und Theologen.*

*Dann die Ruhe nach dem Sturm, die Kälte der plötzlichen Ernüchterung. Der jähe Knick in die Ebene lässt die eben durchlebten Gefühle verfliegen. Der Rausch ebbt ab, das Hirn kehrt wieder. Und die Biker kehren ins Gasthaus ein, als sei nie etwas gewesen.*

Foto: Pail

MOUNTAIN BIKING ROMANTIK TOUR STEIERMARK

# Streckenabschnitt 16

Tourismusregionalverband Waldheimat-Mürztal
A-8680 Mürzzuschlag, Wiener Straße 4, Tel.: +43/3852/4770

15
A
Turnau
Troiseck 1466
St. Ilgen 736m
AFLENZ KURORT 763m
Mitterdorf im Mürztal
Mürz
Pogusch 1059
Wartberg im Mürztal
KINDBERG
Etmißl 720m
Thörl
Zöberer Höhe 1486
B
F
Stanglalpe 1490
Alpl 1099
6
Lärchegg 1007
Floning 1583
Parschlug
St.Lorenzen im Mürztal
Mürzhofen
Thörlbach
St.Katharein an der Laming 650m
Laming
E
St. Marein im Mürztal
Allerheiligen im Mürztal 551m
Jasnitz
Stanz im Mürztal 648m
Stanzbach
Teufelstein 1498
1171
C
Auf der Schanz 1172m
FISCHBACH 1000m
Jasnitzbach
KAPFENBERG 506m
Kotzbach
G
7
Gh. Madereck 1000m
1050
Frauenberg
Eibeggsattel 1001
H
BRUCK an der Mur 483m
Fischbacher Alpen
Mur
Rennfeld 1629
1451
Niklasdorf
Oberaich
St. Jakob-Breitenau
1580
1163
Utschgraben
Utschbach
D
Breitenau
Breitenauer Bach
St. Erhard
Gasen
N

M 1:210 000

| | | |
|---|---|---|
| **Aflenz Kurort – Fischbach** | 100,7 km | 2453 hm |
| **Fischbach – Aflenz Kurort** | 100,7 km | 2216 hm |

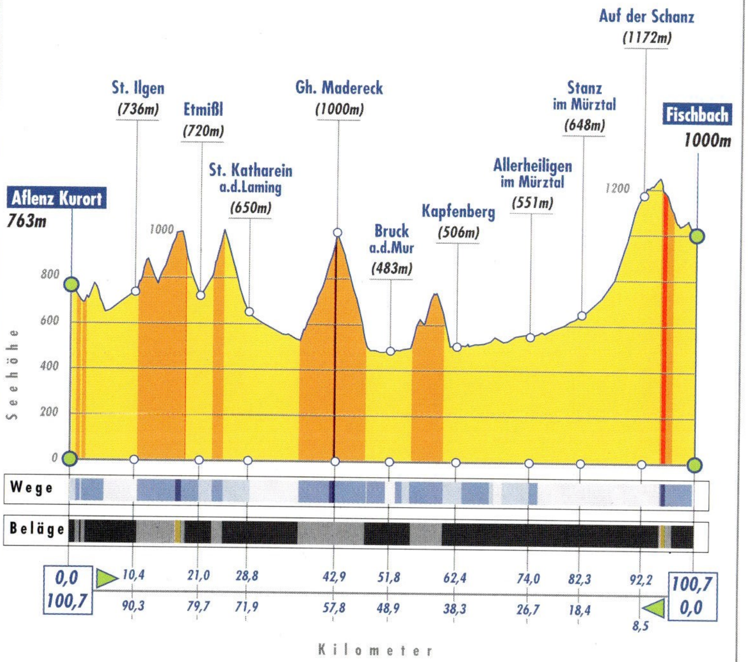

Auf der Schanz (1172m)
St. Ilgen (736m)
Etmißl (720m)
Gh. Madereck (1000m)
Stanz im Mürztal (648m)
Fischbach 1000m
St. Katharein a.d.Laming (650m)
Allerheiligen im Mürztal (551m)
Aflenz Kurort 763m
Kapfenberg (506m)
Bruck a.d.Mur (483m)
1200
1000
800
600
400
200
0
Seehöhe
Wege
Beläge
0,0 100,7
10,4 90,3
21,0 79,7
28,8 71,9
42,9 57,8
51,8 48,9
62,4 38,3
74,0 26,7
82,3 18,4
92,2 8,5
100,7 0,0
Kilometer

MOUNTAIN BIKING ROMANTIK TOUR STEIERMARK

**Streckenabschnitt 16**

## Kurz gesagt:

Halbe Höhen, langes Rollen, breite Täler.

## Startpunkt:

Aflenz Kurort (763 m) im Ortszentrum vor der Kirche.

## Etappentelegramm:

Aflenz Kurort, Wege auf halber Höhe – Wechsel von Anstieg und Abfahrt bis zum Murtal – Bruck an der Mur und Kapfenberg, zwei Städte an der Strecke – Rollen im Mürztal – Der lange Weg über die Schanz und nach Fischbach.

## Abkürzungen:

Statt über St. Ilgen auf der Straße zwischen Aflenz Kurort und Etmißl. Statt über das Madereck auf der Hauptstraße zwischen St. Katharein an der Laming und Bruck an der Mur. Statt über Oberkapfenberg auf dem Radweg zwischen Bruck an der Mur und Kapfenberg.

## Wichtige Hinweise:

Sehr lange Etappe, genaue Zeiteinteilung notwendig.

## Streckenstatistik

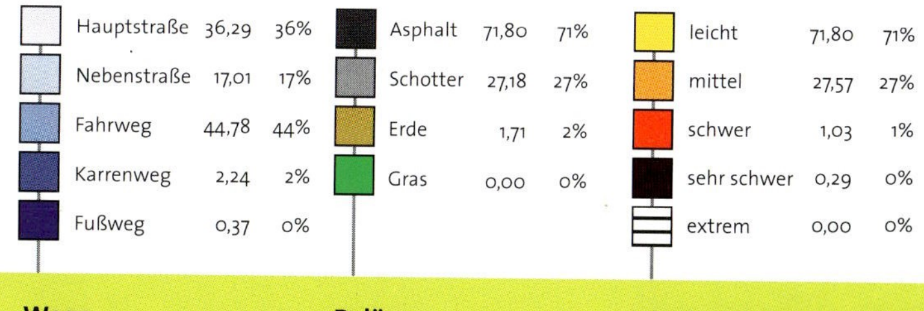

| Wege | km | % | Beläge | km | % | Schwierigkeiten | km | % |
|---|---|---|---|---|---|---|---|---|
| Hauptstraße | 36,29 | 36% | Asphalt | 71,80 | 71% | leicht | 71,80 | 71% |
| Nebenstraße | 17,01 | 17% | Schotter | 27,18 | 27% | mittel | 27,57 | 27% |
| Fahrweg | 44,78 | 44% | Erde | 1,71 | 2% | schwer | 1,03 | 1% |
| Karrenweg | 2,24 | 2% | Gras | 0,00 | 0% | sehr schwer | 0,29 | 0% |
| Fußweg | 0,37 | 0% | | | | extrem | 0,00 | 0% |

# Detailausschnitt

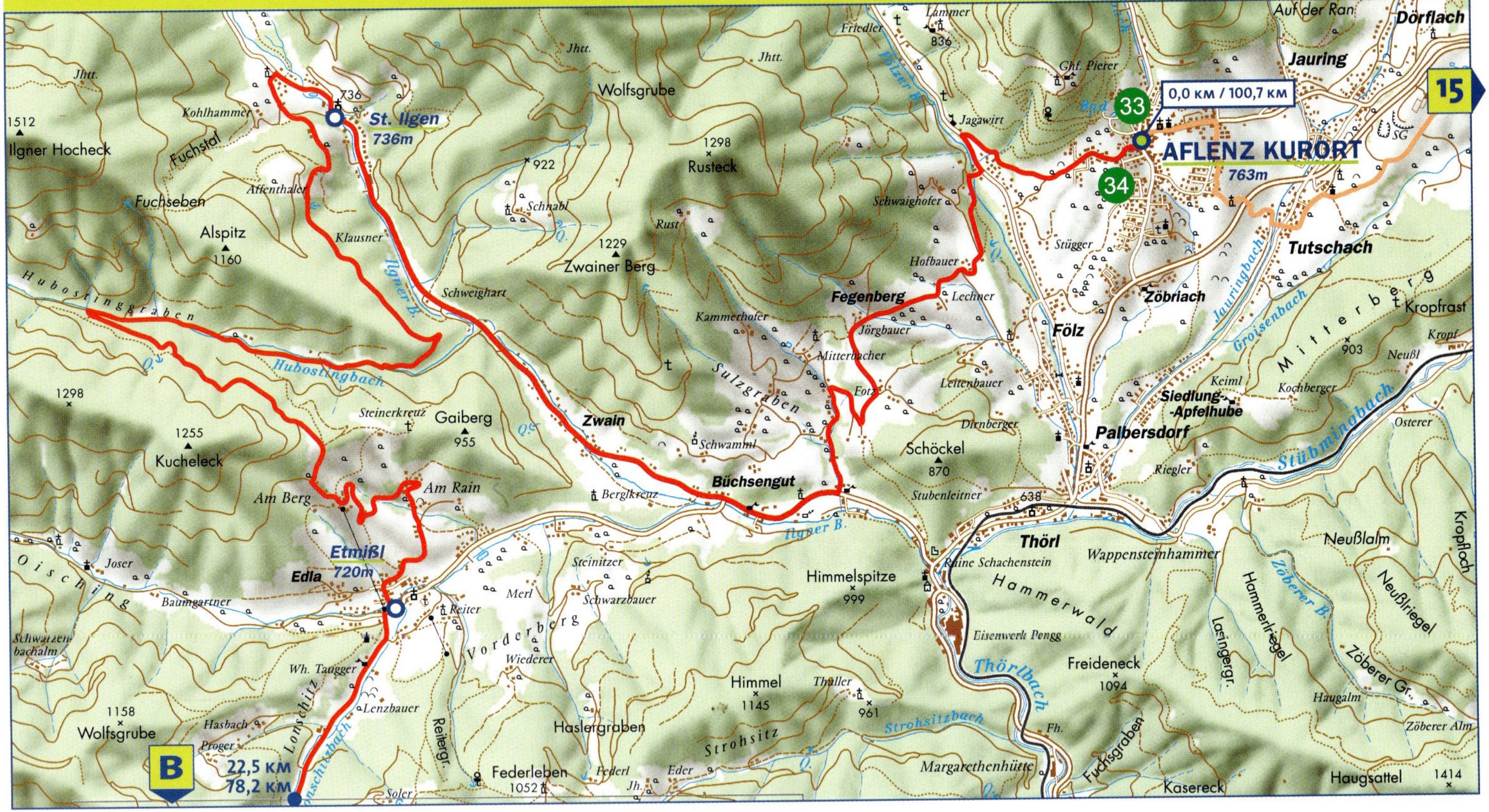

St. Ilgen
736m
0,0 KM / 100,7 KM
33
AFLENZ KURORT
763m
34
Wolfsgrube
Rusteck
Ilgner Hocheck
Fuchstal
Fuchseben
Alspitz
1160
Zwainer Berg
Fegenberg
Fölz
Zöbriach
Tutschach
Jauring
Dörflach
Hubostinggraben
Hubostingbach
Gaiberg
955
Kucheleck
Zwain
Büchsengut
Schöckel
870
Palbersdorf
Siedlung-Apfelhube
Mitterberg
Stübmingbach
Am Berg
Am Rain
Etmißl
720m
Edla
Thörl
Hammerwald
Himmelspitze
999
Wappensteinhammer
Vorderberg
Himmel
1145
Freideneck
1094
Thörlbach
Haslergraben
Strohsitz
Wolfsgrube
1158
Federleben
1052
Margarethenhütte
Kasereck
Haugsattel
1414
B
22,5 KM
78,2 KM

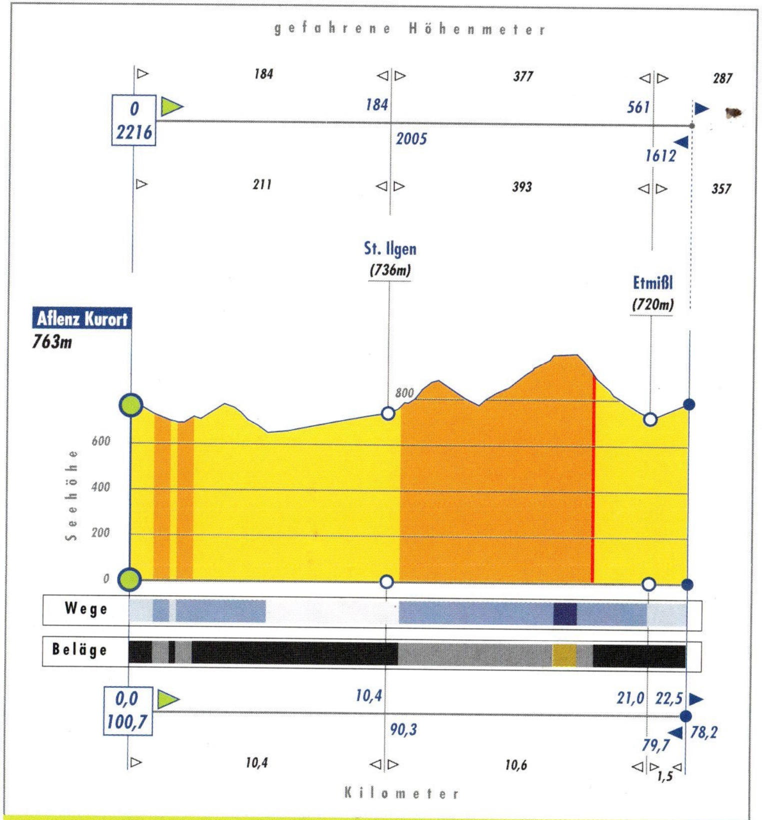

Höhenprofil

A

## Aflenz Kurort

**Hotel Post Karlon Tel. +43 3861 2203** (siehe S. 238)

**Hotel Aflenzerhof Tel. +43 3861 2245** (siehe S. 238)

*Ein Hunderter muss sein. Und das zu guter Letzt. Wie unseren nicht biketechnisierten Freunden von der Lauffraktion der klassische Marathon mit 4 Komma irgendwas Kilometer das Maß aller Dinge ist, sollte das Streben nach dem Hunderter das Ziel von Bikers Mühen sein. Einen Hunderter muss man einmal derfahren. Auch wenn er teilweise sehr asphaltiert daherkommt. – Der Hochschwab schaut auf uns herunter. Das „G´hackte" nennt sich eine Stelle im Aufstieg. Und ist es. Nämlich g´hackt im Sinne von felsig zerklüftet. In Bikers Welt gibt es Ähnliches. „G´schnitzte" und in der Steigerungsform „Handg´schnitzte" sind Turnschuh-Baumwollleiberl-Gepäckträger-Biker mit schier unerschöpflichen Kraftreserven in der Überwindung ihrer Hausberge. Trifft der High Tech-Funktionswäsche-Full Suspension-El Wichtig-Stadtmensch-Biker auf diese eingeboren Einheimischen können sich Tragödien des Selbstvertrauensverlustes abspielen. An den Rande des Selbstmordes werden die Schöcklhirsche (siehe Streckenabschnitt 08) auf Betriebsausflug aber von den sogenannten „Buchenen", deren Name sich von der Härte des Buchenholzes ableitet, gebracht. „Handg´schnitzte hart wie Buchenholz". Lasst euch auf keine Duelle mit den „Buchenen" ein! – Wege zum Genießen, halbhoch in den Wiesen des Aflenzer Landes.*

## Detailausschnitt B

## C Detailausschnitt

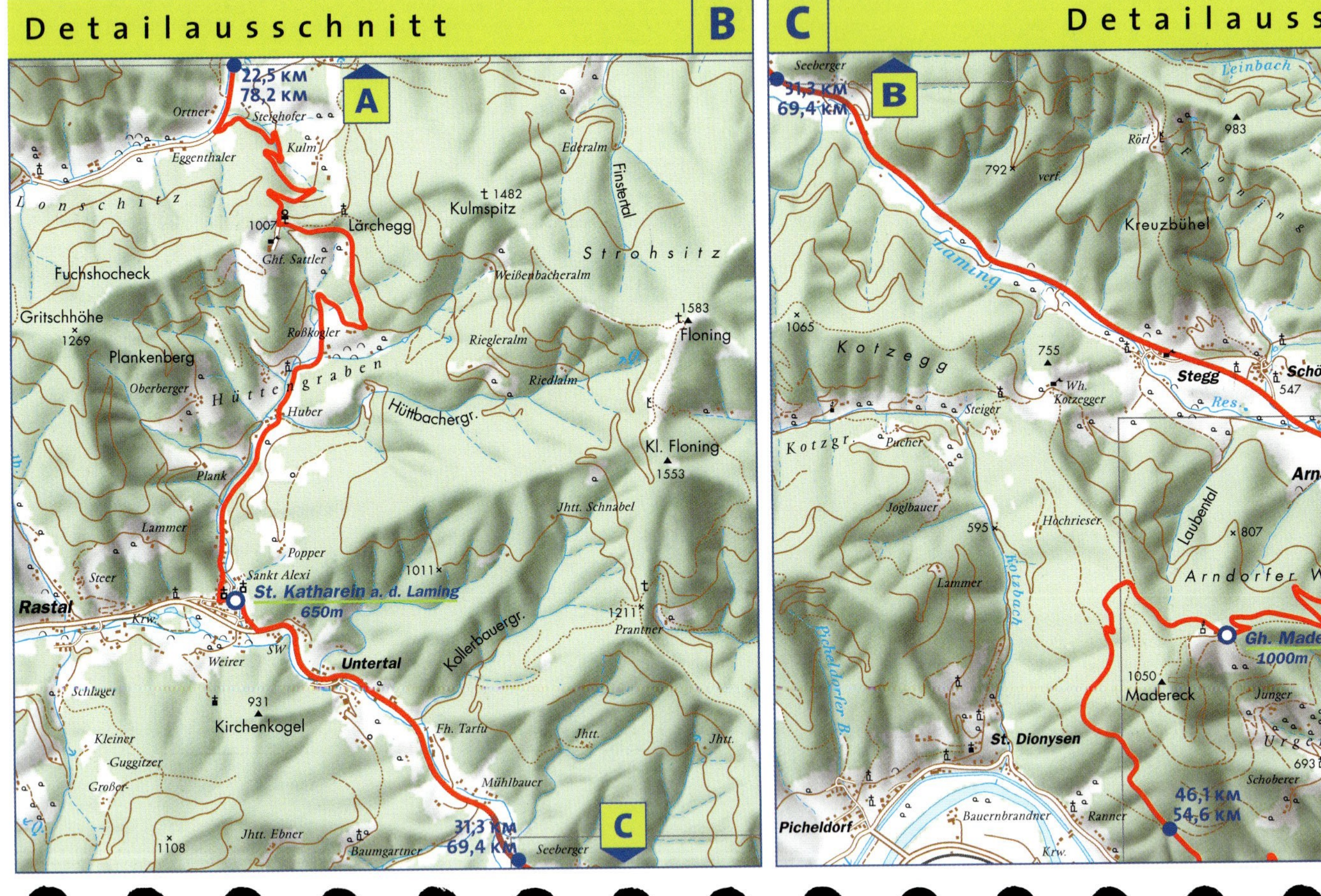

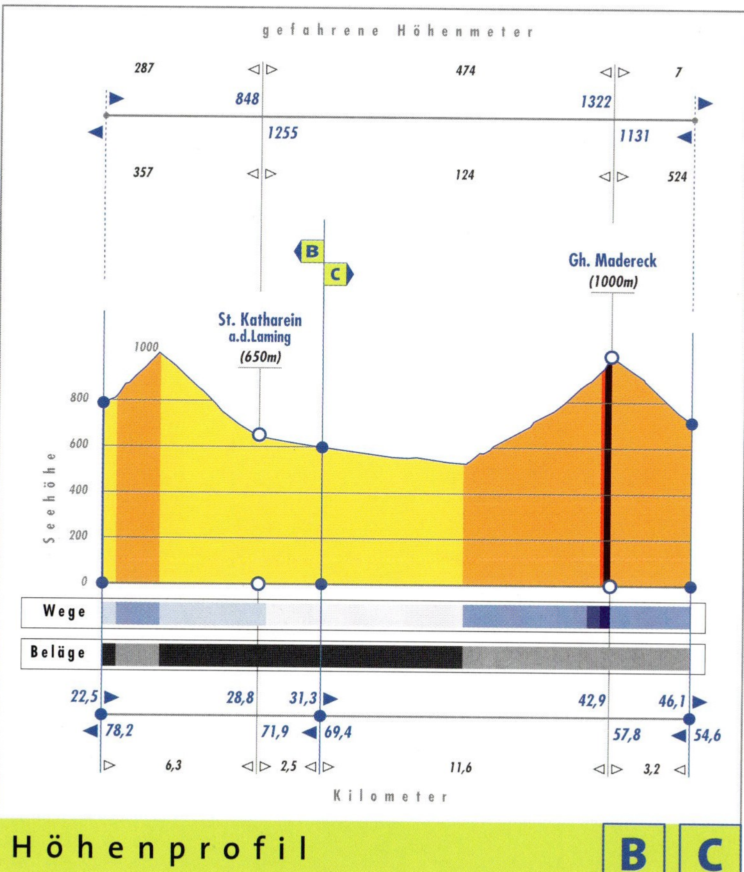


## ST. ILGEN

*St. Ilgen ist berühmt. St. Ilgen ist Trendsetter. St. Ilgen ist vorne, ist Erster. Steht in den steirischen Landen eine Wahl an, spielt sich St. Ilgen für eine Blitzlichtlänge in die erste Reihe der medialen Aufmerksamkeit. St Ilgen hat gewählt. Und das gleich nach der Frühmesse. Wahlschluß 9.00 Uhr. – Mountainbiker hat keine Wahl. Nachdem Hochschwab und „G´hacktes" sich sogar für „Buchene" als mountainbikisch unbezwingbar präsentieren, wenden wir diesen aus der Distanz unser Hardtail zu und sie können uns. Wir bleiben romantisch. – Lässige Forststraßen, Wald, Graben, Wiesen.*

## ETMISSL

*Talgerolle in landschaftlicher Schönheit – Feingerippter Schotterstraßensteig. Autoverkehr auf Schotterstraßen macht Rippen. Kleine, aber feine Ripperl, die aus der mangelnden Traktion leicht durchdrehender frontgetriebener Reifen entstehen. Nachdem sich das frontgetriebene Bike nicht wirklich durchgesetzt hat, machen Biker keine Rippen. Sie brechen sich diese höchstens. Aber vor dem Ripperlstraßen-Downhillproblem stehen wir nur bei gegengerichteter Befahrung. – Asphaltstraßenglatte Abwärtsverlagerung.*

## ST. KATHAREIN AN DER LAMING

*Lieblicher Ort mit anschließender Negativentwicklung der bikerlichen Befindlichkeiten. Hauptstraße steht an. Und Verkehr dazu. Angetreten und durch. – Gasübernahmestation. Ein kleines unscheinbares Ding. Für die Romantiktour das Zeichen der Abwendung von den Gasen des Straßenverkehrs.*

## **O Gh. Madereck**

*Treffpunkt und Stammsitz des Zentralkommitees der Brucker Madereckhirsche (siehe Schöcklhirsche Streckenabschnitt 8). Beidseits geschotterte Weganlage mit Verleitung zu wadelbrennenden Bergsprints. Vor dem Hochpunkt Fahrtechniktraining in Wanderwegumgebung.*

**! Tipp am Ra*(n)*de – Notfälle auf der Alpentour**

Zur Alarmierung der Rettung ist das Mitnehmen eines Mobiltelefons empfehlenswert (funktioniert allerdings nicht überall).

**Notruf-Nummern:**

Bergrettung 140

Gendarmerie 133

Rettung 144

**Alpines Notsignal (akustisch, optisch):**

6 Zeichen pro Minute, 1 Minute Pause - wiederholen

Antwort: 3 Zeichen pro Minute

gefahrene Höhenmeter

7 291

1329

607

524 268

Bruck a.d.Mur (483m)

Seehöhe

600
400
200
0

Wege

Beläge

46,1 51,8 54,9

54,6 48,9 45,8

5,7 3,1

Kilometer

## Höhenprofil D

## O Bruck an der Mur

 **Arcotel Landskron Tel. +43 3862 58458** (siehe S. 256)

*Treffpunkt Mur. Treffpunkt Murradweg. Treffpunkt Bruck an der Mur. Oder besser Brücken an der Mur. Alles, was Beine, Räder und Schienen hat, scheint hier eine Brücke zu brauchen. Zwanghafte brückengewordene Überquerungsneurosen sprießen hier von Ufer zu Ufer. Brücken überqueren Mur, überqueren andere Brücken. Wie zum Beweis der sinnvollen Namensgebung. Bruck an der Mur ist aber auch der richtige Ort für bemountainbikete Stadtspazierfahrer, Muruferpromenierer, Gastgartensitzer und Freibadköpfler. Die Stadt an den Brücken hat aber auch mit Knoten und Wechsel zu tun. Verkehrswege verknoten sich in, auf und unter Brücken. Die Mur wechselt die Orientierung, fließt weiter in die Richtung ihrer südlichen Bestimmung und fusioniert in einer feindlichen Übernahme mit der heraneilenden Mürz. Murradweg verknotet sich mit Mürztalradweg und die Romantiktour wechselt mit fliegenden Fahnen zur jungen temperamentvollen Mürz. – Achtung: Innerstädtisches Einbahnsystem zur Bikerverwirrung. Zum Bahnhof (Guter Einstiegspunkt) und am Mürztalradweg weiter*

# Detailausschnitt

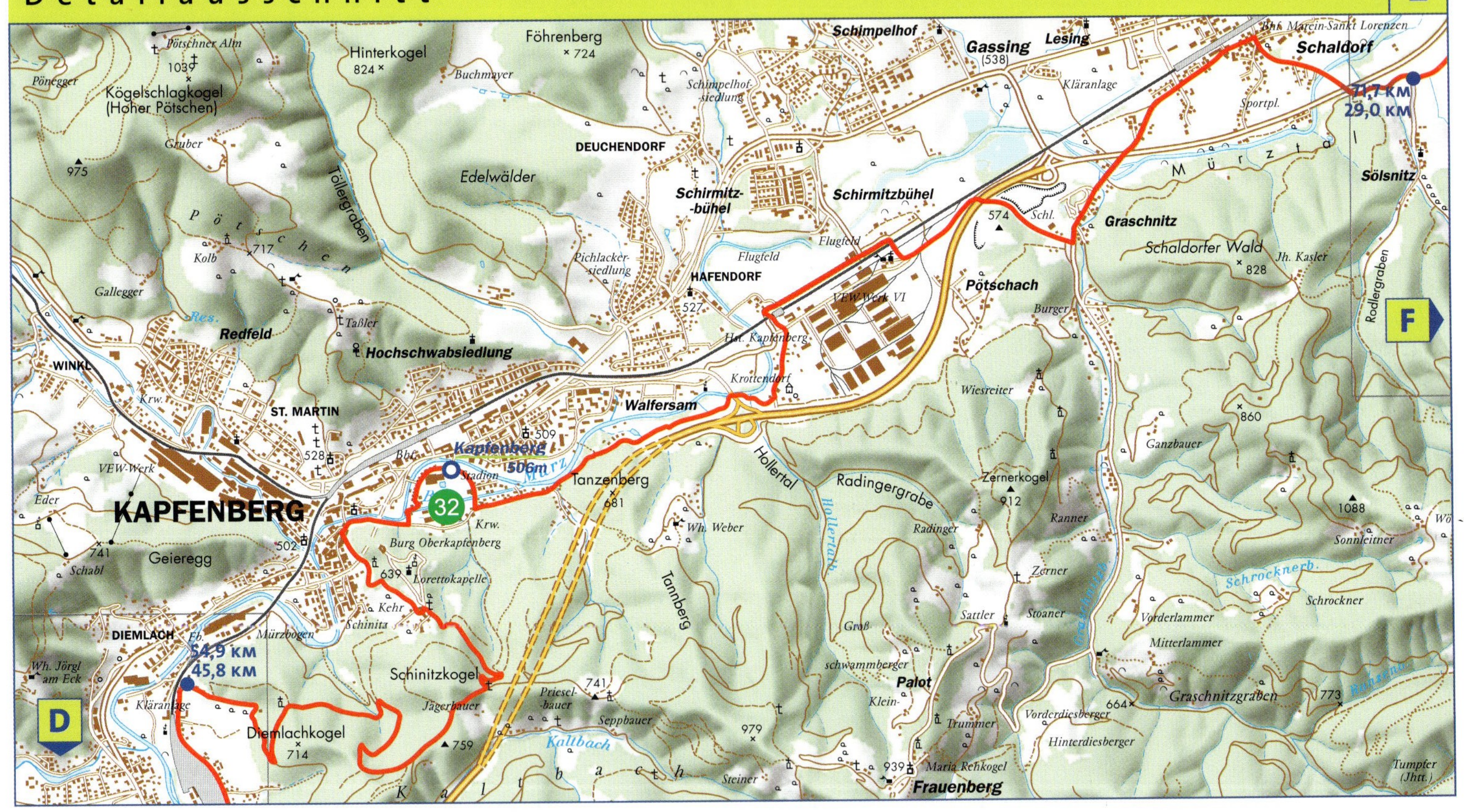

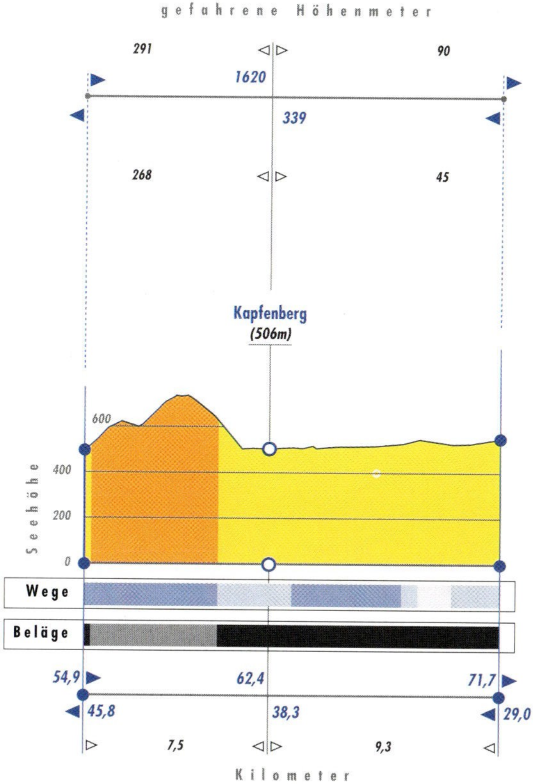

gefahrene Höhenmeter

291 90

1620

339

268 45

Kapfenberg (506m)

600
400
200
0

Seehöhe

Wege

Beläge

54,9 62,4 71,7

45,8 38,3 29,0

7,5 9,3

Kilometer

Höhenprofil E

## O Kapfenberg

### Sporthotel Grabner Tel. +43 3862 21770 (siehe S. 256)

*Die Sportstadt Kapfenberg stellt uns einen Berg auf. Einen innerstädtischen Berg sogar. Jäh aus der Beschaulichkeit radwegrollender Gemütlichkeit gerissen, verziehen wir uns in die forstgestraßte Abgeschiedenheit städtischer Wälder. Oberkapfenberg liegt eben oberhalb. Mit Burg als Tüpfelchen auf dem nicht vorhandenen i. – Steilabflug mit Landung in wattierter Radwegbequemlichkeit. Kapfenberger Sportzentrum für Kicker und Eishackler (dt. Eishockeyspieler), Badepritschler (dt. Freibad- oder Hallenbadgäste) und Mittelstreckenläufer, Eisenbieger (dt. Kraftkammerbesucher) und Tennispracker (dt. Tennisspieler). Der Ort, an dem das Wort des größten aller österreichischen Volksmünder Helmut Qualtinger, des „Herrn Karl" der österreichischen Seele, unerbittliche fußballerische Realität wurde: „Simmering gegen Kapfenberg, des is Brutalität". – Nicht brutal, sondern locker radbewegt gleitend weiter.*

## Detailausschnitt

F

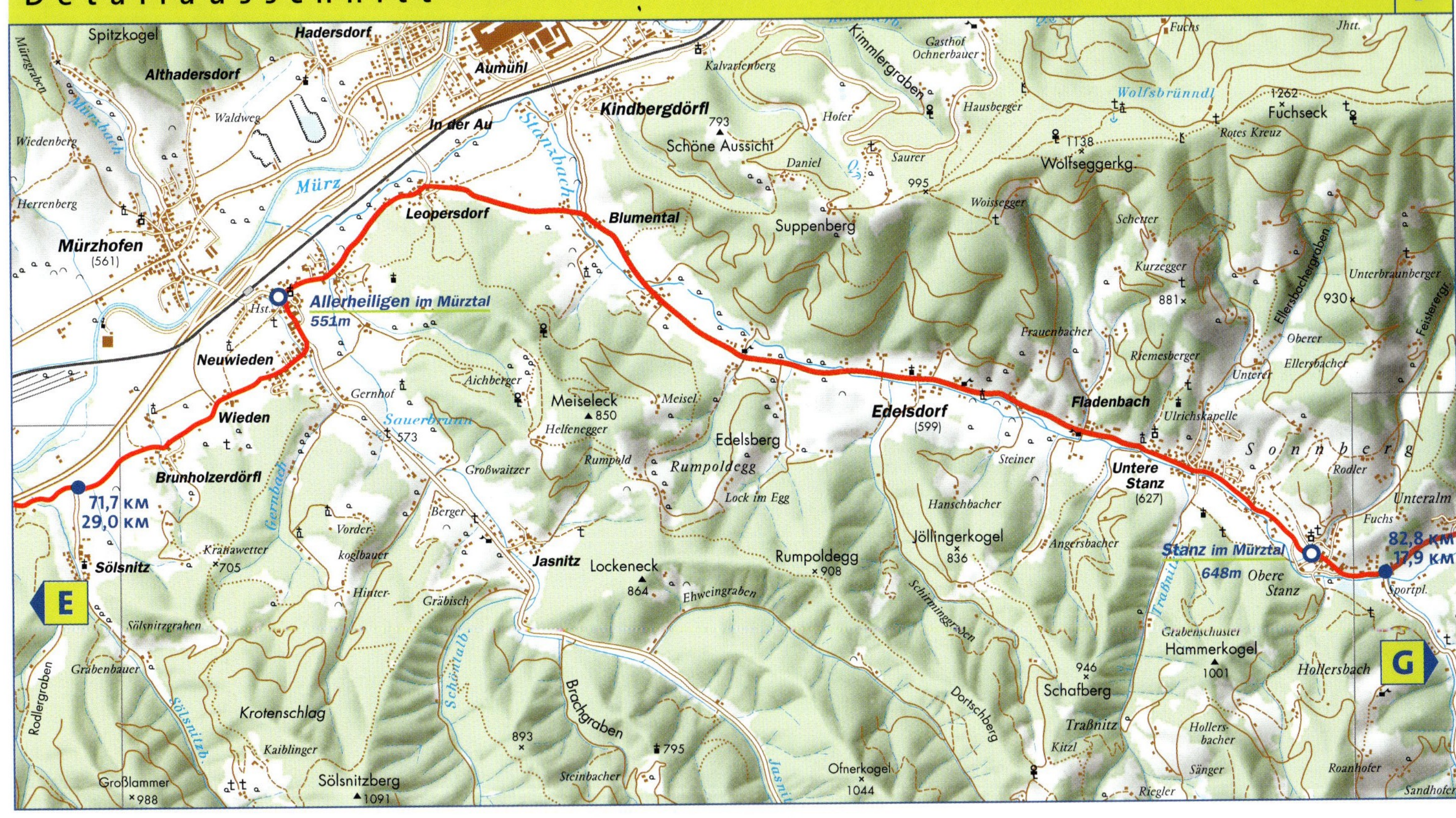

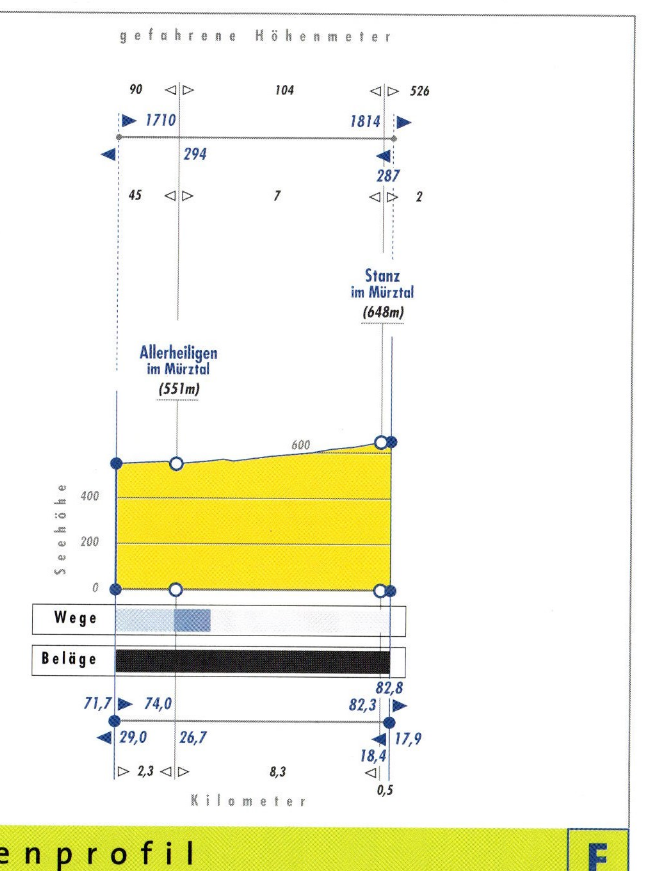


Höhenprofil F

## O Allerheiligen im Mürztal

*Verlassen (vom Mürztalradweg) und hinausgestoßen ins landestraßliche Verkehrsgetriebe macht Biker das beste aus der stollenreifenfeindlichen Situation. Kilometerfressen mit Blickpunkt auf die Hundertervollendung ist angesagt. Aber dieser immer leicht steigende Verkehrsweg frisst sich nicht wirklich gut.*

## O Stanz im Mürztal

*Und im Stanzertal. Das Stanzertal, Modellfall der Halbhochbauernhof- und darüberhinaus Forstraßenerschließung. Beidseitige Wegeverlockungen für den landesstraßengequälten Biker. Aber erstens tritt sich ein Hunderter gegen Ende sowieso schon zäh und zweitens regiert im Stanzertal der Jägerstammtisch für das eigene Weidmannsheil. Deswegen verbeissen wir uns jeden Abstecher.*

**! Tipp am Ra*(n)*de – Alpentour-Gratiskarte**

Für die Alpentour inkl. Romantiktour gibt es eine Faltkarte im Maßstab 1:200.000, die sich hervorragend als Gesamtübersicht eignet und darüberhinaus weitere nützliche Basisinformationen (Höhenprofile, Wirte, Infonummern) enthält. Die Karte kann während der Fahrt unkompliziert eingesteckt werden.
Erhältlich bei Steiermark Tourismus:
Tel.: +43 316 4003-0
e-mail:info@Steiermark.com

# Detailausschnitt

G

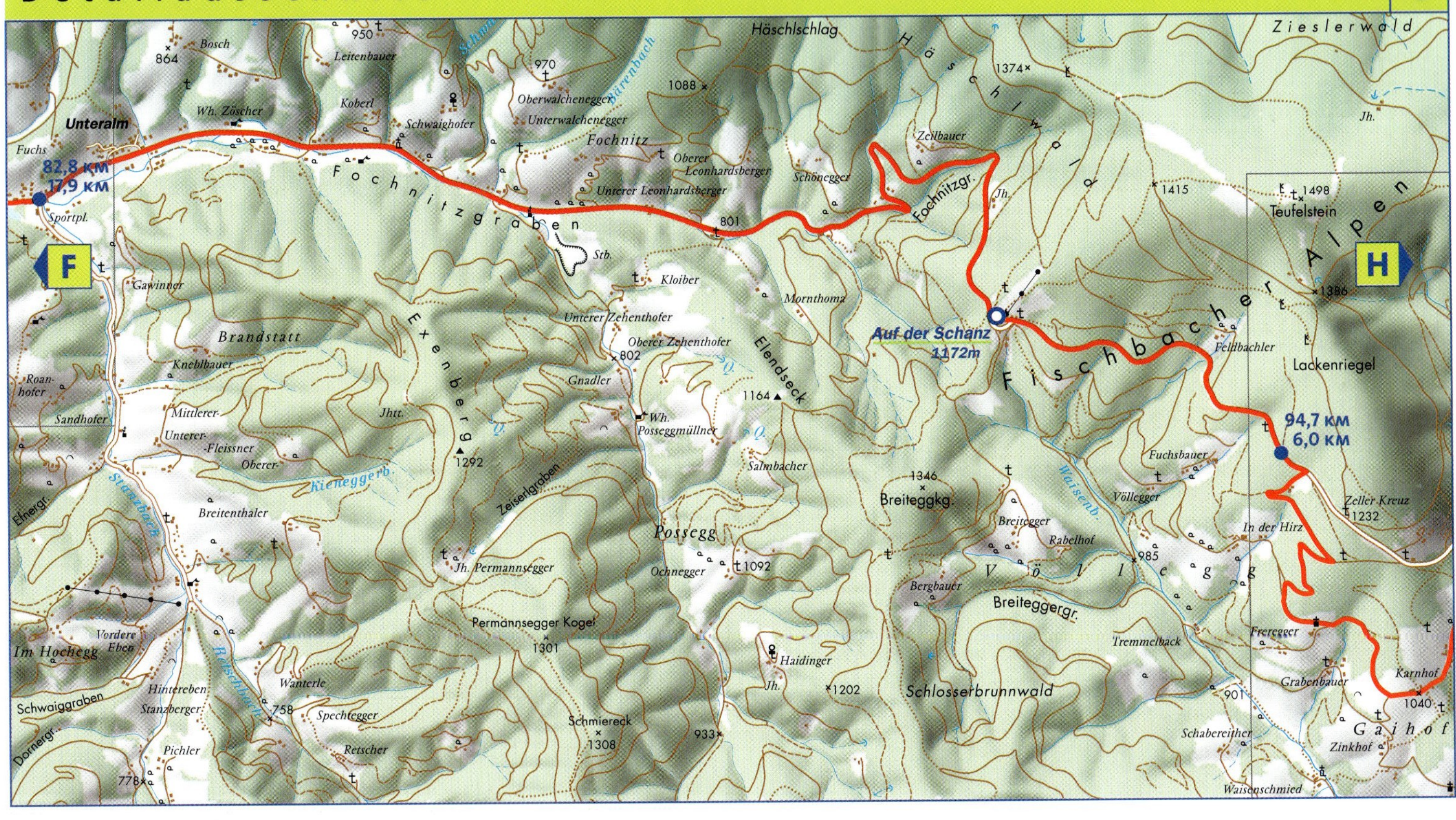

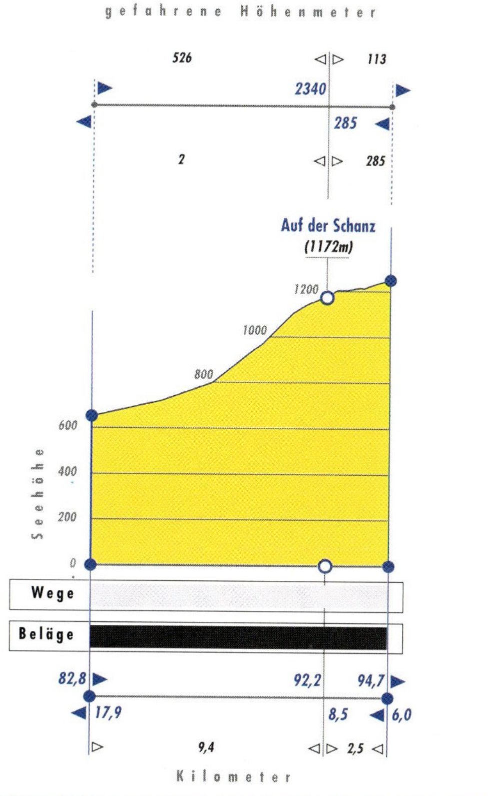


Höhenprofil

G

## Auf der Schanz

*Aus der Stanz auf die Schanz. Der elegante Schwung im Höhenprofil täuscht nicht. Die Straßenauffahrt auf die Schanz zeigt wirklich himmelwärts und dem Hunderterstürmer „Wo der Bartl den Most holt". Nämlich aus den Tiefen der im Grundlagenausdauertraining gestärkten Standfestigkeit von Körper und Geist, von Wadel und Schenkel. Ist die Säure einmal eingeschossen, wird es schwierig. Der Geist erzählt die Geschichte von der letzten Steigung, die der Körper dann nicht glaubt. Recht hat er. Auf der Schanz ist nicht der höchste Punkt. – Wunderbare Wege zum Abschluss. Balsam auf die Bikerseele. Herrliches Eintauchen in die Tiefen der Waldheimat.*

## Fischbach

**26 Gasthof Zellerhof Tel. +43 3170 207** (siehe S. 106)

**18 Hotel Waldheimathof Tel. +43 3855 8251** (siehe S. 106)

**Alpl 18 km**

*Hunderter geschafft. Anschluss Alpentour nach Mürzzuschlag und Birkfeld sofort oder am nächsten Tag. Rundenfreaks schließen den Romantiktourhalbkreis alpentourlich über Mürzzuschlag zurück nach Mariazell und erleben damit eine Rundwallfahrt zur höheren Ehre ihres Mountainbikehandicaps. Die Beurteilung ob die Romantiktour mountainbikemäßig mit Romantik oder wallfahrerisch mit „Zu Kreuze kriechen" zu tun hat, bleibt den Laktaten des Befahrers überlassen.*

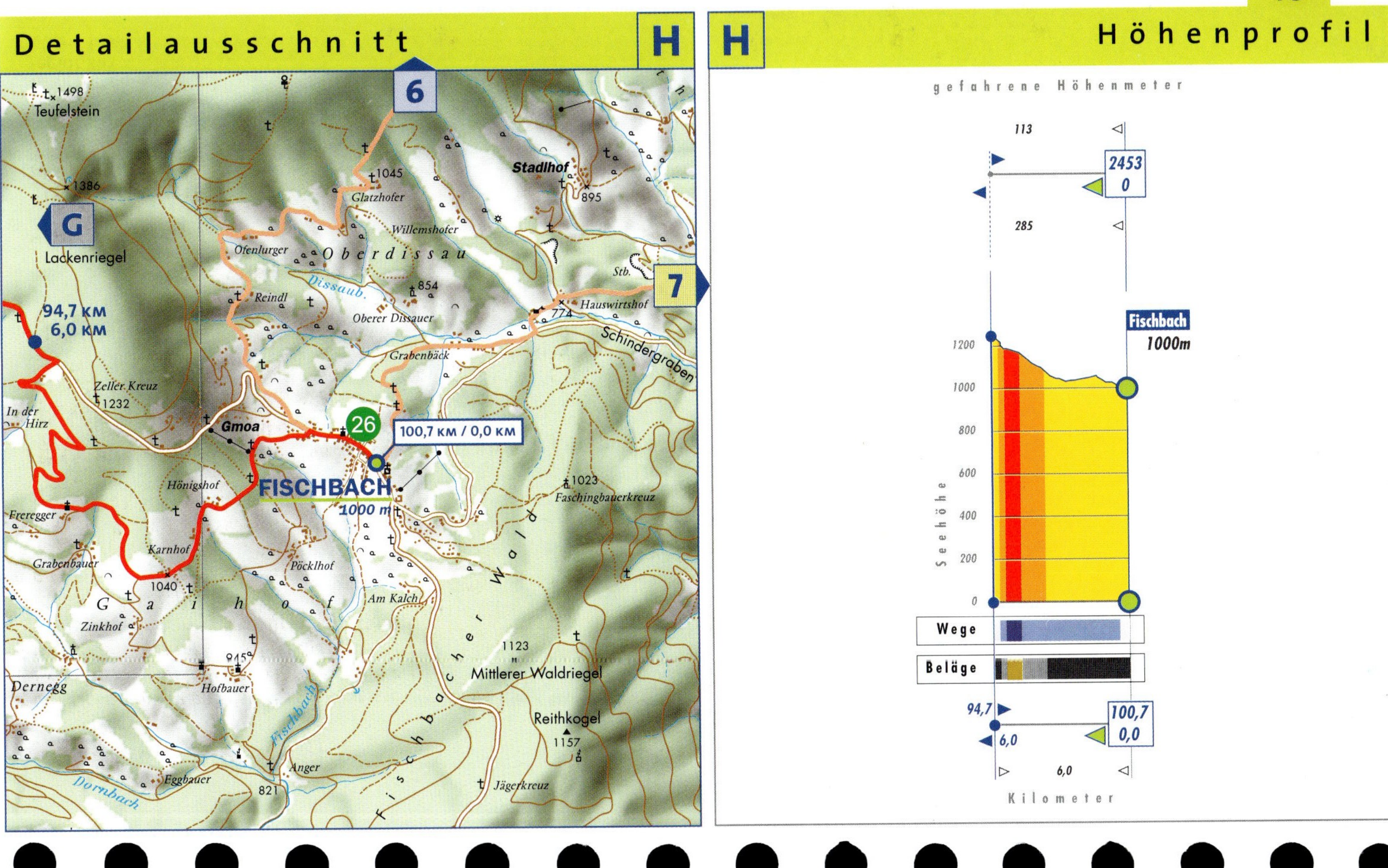

Detailausschnitt
H
Höhenprofil
6
7
G
Teufelstein
1498
1386
Lackenriegel
1045
Glatzhofer
Stadlhof
895
Willemshofer
Ofenlurger
O b e r d i s s a u
Dissaub.
854
Reindl
Oberer Dissauer
Stb.
774
Hauswirtshof
Schindergraben
Grabenbäck
94,7 KM
6,0 KM
Zeller Kreuz
1232
In der Hirz
Gmoa
26
100,7 KM / 0,0 KM
FISCHBACH
1000 m
Hönigshof
1023
Faschingbauerkreuz
Freregger
Karnhof
Grabenbauer
Pöcklhof
1040
G a i h o f
Am Kalch
Zinkhof
1123
Mittlerer Waldriegel
945
Hofbauer
Dernegg
Fischbach
Reithkogel
1157
Eggbauer
Anger
821
Jägerkreuz
Dornbach
Fischbacher Wald
gefahrene Höhenmeter
113
2453
0
285
Fischbach
1000m
1200
1000
800
600
400
200
0
Seehöhe
Wege
Beläge
94,7
6,0
100,7
0,0
6,0
Kilometer

## Bergerlebnis Hochschwab

*Der Hochschwab begeistert Familien wie Extremsportler gleichermaßen. Hier wechseln sich sanfte Hochflächen, die zu gemütlichen Almen und urigen Hütten führen, mit schroffen Felsen, die eine Vielfalt an Genussklettereien bieten, ab.*

*Auf Schritt und Tritt reine Luft einatmen, quellfrisches Hochschwabwasser verkosten, seltene Alpenblumen bestaunen und Gämsen „hautnah" erleben.*

*Übrigens, der Hochschwab ist das* **Gämsenreichste Gebiet Europas**.
*Segelflieger, Paragleiter und Drachenflieger schätzen die ausgezeichnete Thermik im Hochschwabgebiet und Mountainbiker die neu geschaffene* **„Romantiktour"**.

**Tourismusverband**
**Hochschwab**

**Aflenz-Kurort - Aflenz-Land - Turnau-Seewiesen - Thörl - St. Ilgen - Etmissl**

**A-8623 Aflenz-Kurort**
**Tel.: ++43 03861/3700**
**Fax: ++43 03861/32111**
**region.hochschwab@aon.at**
**www.regionhochschwab.at**

 **Alpentourwirt**

## Arcotel Landskron

Am Schiffertor 3
8600 Bruck a. d. Mur
Tel.: ++43 3862/58458
Fax: ++43 3862/584586
landskron@arcotel.at
www.arcotel.at

*Das 1993 eröffnete Haus liegt idyllisch an der Mur und ist nur 2 Gehminuten vom Stadtzentrum entfernt.*

*Einer der beliebtesten Radwege in Österreich führt direkt am Hotel vorbei – der* **Murradweg**.

*Das Restaurant verfügt über eine großzügige, sonnige Terrasse und bietet Platz für Veranstaltungen bis zu 150 Personen. Sauna und Dampfbad, Radabstellplätze und Garage gehören ebenfalls zur Hotelausstattung und – das ARCOTEL Landskron ist ganzjährig geöffnet.*

 **Alpentourwirt**

## Sporthotel Grabner

Familie Grabner
Brandlgasse 25
8605 Kapfenberg
Tel.: ++43 3862/21770
Fax: ++43 3862/217703
sporthotel-kapfenberg@tsk.at
www.sporthotel-kapfenberg.at

*So vielfältig wie die steirische Landschaft zeigt sich auch unser Angebot für den Rad- und Mountainbikefreund. Sie entdecken Blumenwiesen, die sich in Blütenmeere verwandeln und Obstgärten, die das Paradies erahnen und Köstlichkeiten erwarten lassen.*
*Der Sommer bringt dem Radler summende Wiesen und schattige Wälder, und dem Herbst mit seiner Farbenpracht kann man sich als Radfahrer schwerlich entziehen.*

- *Direkt neben dem Mürztalradweg R5 und an der Romantiktourstrecke*
- *Radverleih*
- *Servicemöglichkeit mit Ersatzteilen*
- *Hauseigene Bikergarage*
- *geführte Rad- und Mountainbiketouren für unsere Hausgäste*
- *Spezielle Speisen und Getränke in unserem Restaurant*
- *Gratis Rad- und Mountainbikepläne*

*Wir freuen uns schon jetzt, Sie in unserem Haus zu bewirten*

**Ihr Sporthotelteam**
*Gastgeber, Alfred Grabner*